I0876212

Lucius Kratzert

Theologie zwischen Gesellschaft und Kirche

T V Z

Christentum und Kultur

Basler Studien zu Theologie und Kulturwissenschaft des Christentums
Herausgegeben von
Albrecht Grözinger, Georg Pfleiderer und Ekkehard W. Stegemann

---

I	«Gelebte Religion» als Programmbegriff Systematischer und Praktischer Theologie
II	Protestantische Kirche und moderne Gesellschaft. Zur Interdependenz von Ekklesiologie und Gesellschaft in der Neuzeit
III	Politische Religion. Geschichte und Gegenwart eines Problemfeldes
IV	Christlicher Wahrheitsanspruch – historische Relativität. Auseinandersetzungen mit Ernst Troeltschs Absolutheitsschrift im Kontext heutiger Religionstheologie
V	Religion und Respekt. Beiträge zu einem spannungsreichen Verhältnis
VI	Körper – Kulte. Wahrnehmungen von Leiblichkeit in Theologie, Religions- und Kulturwissenschaften
VII	David Plüss, Gottesdienst als Textinszenierung. Perspektiven einer performativen Ästhetik des Gottesdienstes
VIII	Religion und Ethik als Organisationen – eine Quadratur des Kreises?
IX	Wirtschaft und Wertekultur(en). Zur Aktualität von Max Webers ‹Protestantischer Ethik›
X	Protestantisches Ethos und moderne Kultur. Zur Aktualität von Ernst Troeltschs Protestantismusschrift
XI	Im Auge des Flaneurs. Fundstücke zur religiösen Lebenskunst
XII	Rudolf Otto – Religion und Subjekt
XIII	Erfassen – Deuten – Urteilen. Empirische Zugänge zur Religionsforschung
XIV	Lucius Kratzert, Theologie zwischen Gesellschaft und Kirche. Zur nationalen Prägung von Gesellschaftslehren deutscher und schweizerischer Theologen im 20. Jahrhundert

Lucius Kratzert

Theologie zwischen Gesellschaft und Kirche

Zur nationalen Prägung von Gesellschaftslehren deutscher und schweizerischer Theologen im 20. Jahrhundert

TVZ
Theologischer Verlag Zürich

Die Deutsche Bibliothek – Bibliographische Einheitsaufnahme
Die Deutsche Bibliothek verzeichnet diese Publikation in der Deutschen Nationalbibliographie; detaillierte bibliographische Daten sind im Internet über http://dnb.ddb.de abrufbar

Umschlaggestaltung
Simone Ackermann, Zürich

Druck
ROSCH-BUCH, Scheßlitz

ISBN 978-3-290-17715-7

www.tvz-verlag.ch

Vorwort

Die mentalen Prägungen verschiedener Staats-, Gesellschafts- und Wissenschaftstraditionen sind nicht nur Thema der vorliegenden Arbeit, sie haben auch durchgehend ihren Entstehungsprozess begleitet und sind somit in die Bedingungen eingeschrieben, denen sich diese im Frühjahrssemester 2012 an der Theologischen Fakultät Basel als Dissertation angenommene Schrift verdankt. Denn zur Situation als deutscher Grenzgänger in die Schweiz kamen die Mitarbeit am interdisziplinär angelegten Doktoratsprogramm des Zentrums für Religion, Wirtschaft und Politik (ZRWP), sowie die Angliederung an den Deutschschweizer Lehrstuhl für Systematische Theologie/Ethik in Basel.

So sei in diesem Vorwort all jenen gedankt, die die Entstehung dieser Arbeit engagiert und sachkundig begleitet haben und die mit ihren verschiedenen Denkansätzen immer wieder Grenzerweiterungen meines eigenen Denkens bewirkt haben. Mein grösster Dank gilt meinem Doktorvater Prof. Dr. Georg Pfleiderer, der mir stets ein konstruktiv mitdenkender Ansprechpartner war, sowie den Lehrstuhlmitarbeitenden und den Teilnehmenden des Ethischen Kolloquiums. Ebenso danke ich allen Mitgliedern des Konstruktionsgeschichtenprojektes des ProDoc «Interferenzen» sowie den Fellows des ZRWP, die sich Zeit für die Fragen eines Nachwuchswissenschaftlers genommen haben. Finanziell ausgestattet wurden das Programm und meine Forschungsstelle vom SNF, dem mein Dank gebührt.

Ein herzlicher Dank gilt auch Herrn Prof. Dr. Reinhold Bernhardt für die Mühe des Zweitgutachtens und den Herausgebern der Reihe «Christentum und Kultur», Prof. Dr. Albrecht Grözinger, Prof. Dr. Georg Pfleiderer und Prof. Dr. Ekkehard W. Stegemann, für die Aufnahme des Buches in diese Reihe.

Namhafte Druckkostenzuschüsse der Lang-Stiftung Schweiz und der Ulrich-Neuenschwander-Stiftung, sowie die finanzielle Unterstützung der Evangelischen Landeskirche in Baden und meiner lieben Basler Gastgeberin Luitgard Kienzle haben die Drucklegung ermöglicht. Ihnen allen gilt mein herzlicher Dank.

Nicht zuletzt sei meinen Eltern und Schwiegereltern und vor allem meiner Frau Anne Helene sowie unseren Kindern Elisabeth und Fritz herzlich für die grosse Unterstützung in den vergangenen Jahren gedankt.

Inhaltsverzeichnis

Einleitung

Am Höhepunkt der innertheologischen und innerkirchlichen Diskussionen über die Berechtigung des «nationalen Erwachens» des deutschen Protestantismus diagnostiziert das theologische Haupt der Glaubensbewegung Deutsche Christen, der Göttinger Systematische Theologe Emanuel Hirsch, in polemischer Frontstellung den Grund für das fehlende Verständnis seines ehemaligen Fakultätskollegen Karl Barth für die Grösse und Bedeutsamkeit dieser kirchlichen Neuausrichtung: «Ich kann mir nicht denken, dass Karl Barth [...] hier blind wäre, wenn er von der Wurzel bis zum Wipfel Deutscher wäre wie wir, wenn er das Schicksal unsers Volkes in Krieg und Niederlage und Selbstentfremdung und nationalsozialistischer Erhebung wie wir mit Zittern und mit Freude als sein eignes Schicksal erlebt hätte.»[1] Ähnlich argumentiert auch der kurmärkische Superintendent Otto Dibelius und erklärt die Diskussion mit Barth um die Richtigkeit der Machtergreifung Hitlers[2] für beendet, indem er darauf verweist, Barth als Schweizer könne die Bedeutung der nationalen Engführung der Kirche für das deutsche Volk in der Sache nicht verstehen, weshalb ein weiterer Austausch sinnlos sei.

Diese Beispiele zeigen, dass der Rekurs auf die nationale Herkunft in der ersten Hälfte des 20. Jahrhunderts in der Selbst- und Fremdbeschreibung der verschiedenen Positionen in theologischen Auseinandersetzungen durchaus gängig ist. Barth selber referiert beispielsweise schon im Jahr 1922 auf Einladung von Göttinger Studenten als Experte über die kirchlichen Verhältnisse in der Schweiz und redet dort auch im eigenen Selbstverständnis als Schweizer, wenn er sagt: «Ich komme direkt von der Bühne, die ich Ihnen schildern soll, u. zw. nicht als Zuschauer, sondern als Mitwirkender, wenn auch nur in einer bescheidenen Nebenrolle.»[3] Als Bürger ihrer Staaten und als Vertreter spezifischer, an ihren jeweiligen Nationalstaat gebundener Kulturen wissen sich auch die beiden anderen in dieser Arbeit behandelten Theologen Martin Werner und Friedrich Gogarten. Jenseits der metaphorischen Aufladung durch den Begriff Nation verorten sich die Akteure der theologischen Diskurse in kulturellen und kontextuellen Zusammenhängen, die sie als Orte ihres Handelns verstehen. So beteiligt sich Werner auf der Seite des theologischen Liberalismus rege an der Debatte um das Richtungswesen in den Schweizer Kirchen, die als rein inländische Diskussion stattfindet und das Ende ihrer Wirkmacht an der

---

1 Hirsch, Wollen, 7.

2 Vgl. Barth, Nachwort, 58–62, bes. 62.

3 Vgl. Barth, Zustände, 16.

Staatsgrenze, bisweilen, wie im Streit um die Besetzung der Professur für Systematische Theologie in Bern im Jahr 1927, sogar an der Kantonsgrenze hat. Mit Fritz Barth oder Albert Schädelin und auch Martin Werner selbst hat diese Debatte Protagonisten, deren Bedeutung über die Grenzen der Schweiz hinaus als durchaus überschaubar bezeichnet werden kann.[4] Analog dazu ist auch das theologische Engagement Gogartens nur im Rahmen einer dezidiert deutschen Kultur zu verstehen. So bearbeitet er schon am Ende seines Studiums das Werk von Johann Gottlieb Fichte aus dem Impuls heraus, sich deutschnational zu inkulturieren, was ihm äusserlich mit der Aufnahme in den Kreis um Eugen Diederichs gelingt. Auch seine Hinwendung zu Luther ist in diesem Licht zu sehen, sie ist eben nicht nur durch theologische, sondern auch durch nationale Motive bestimmt.

Angesichts der geschichtlichen Entwicklung Europas im 19. Jahrhundert scheint es folgerichtig, dass die geistesgeschichtlichen Debatten durch Semantiken und Theoreme der Nation und des Nationalen geprägt sind, worin sich eine Fokussierung der Diskurse auf nationalstaatliche Grenzen schon seit dem Ende des 18. Jahrhunderts geltend macht.[5] Die Grenzen der Kulturräume verengen sich und der Kontext, der prägend auf die Einzelnen einwirkt, wird massgeblich mit dem Konstruktionsgebilde der eigenen Nation identifiziert. Die Idee der Nation bedingt, dass Identifikationsangebote und Identitätsmarker immer weniger in konfessionellen Verwandtschaften oder sprachlichen Übereinstimmungen gesucht werden; verstärkt treten solche Marker an deren Stelle, die eine Identität einer innerhalb gesetzter Staatsgrenzen wohnenden Bevölkerungsgruppe herstellen und sichern sollen.[6] Im entstehenden Deutschen Reich steht hierfür paradigmatisch das dem Konservatismus entstammende Bild des organischen Volksganzen, das in den monarchischen Herrschern seine natürliche Spitze hat und das als Bindeglied der verschiedenen Bevölkerungsgruppen und Länder dient. Diese nationale Deutungsstruktur wurde als «liberale Verbindung von deutsch und protestantisch, deutscher Kultur und Reformation»[7] beschrieben, die durch eine geschichtstheologische Transformation des Konservatismus eine neue Nationalreligion entwickelte, in der es durch die

---

4 Sichtbar wird die Begrenzung dieser Debatten in deren oft nur überblicksartiger Behandlung in deutschen Kirchen- und Theologiegeschichtsbüchern. So findet von den oben aufgeführten, die Schweizer Situation mitbestimmenden Theologen bei Hauschild, Lehrbuch, 808f., allein L. Ragaz eine kurze Erwähnung. Ausführliche Darstellungen der Schweizer Kirchengeschichte liegen vor von Pfister, Kirchengeschichte, und Guggisberg, Kirchengeschichte.

5 Vgl. Rendtorff, Freiheit, 98f.

6 Vgl. Maissen, Bedeutung.

7 Nipperdey, Religion, 94.

Nationalisierung des Denkens nach dem Ende des Kulturkampfes ab 1900 sogar möglich war, die katholische Bevölkerung in diese ehemals protestantische Staatsideologie zu integrieren.[8] Gleichzeitig wird mit Österreich der zweite deutsche Nationalstaat, der die Geschicke des Deutschen Reiches immerhin bis spätestens 1815 massgeblich geprägt hatte, exkludiert und ihm eine selbständige identitätsstiftende Selbstkonzeptionalisierung abverlangt. In der Schweiz ist es die um 1800 in der breiten Bevölkerung neu entdeckte Figur des Wilhelm Tell, die mit dem abstrakten Versprechen der Freiheit von Fremdherrschaft aufgeladen wird, in der sich die städtischen und ländlichen, die katholischen und reformierten Kantone gemeinsam finden können und in der es ihnen sogar gelingt, die innerschweizer Sprachunterschiede zumindest zeitweilig zu übertünchen. Auch wenn diese Konstruktion durchaus brüchig bleibt, wird das Selbstbildnis des Schweizervolkes als eines Volkes freier Bauern zur tragenden Identitätsfigur bis weit in das 20. Jahrhundert hinein.[9]

Dass sich die Identitätsstiftung theologischer Akteure im 20. Jahrhundert auch über nationale Marker vollzieht, steht ausser Frage, zu wirkmächtig ist zum einen die Einschränkung der Diskurse auf die einzelnen europäischen Staaten, zum anderen die Überhöhung des Konstrukts der Nation, als dass sich einzelne Handelnde ihrer Prägekraft entziehen könnten. Zu deutlich sind auch die Hinweise darauf, dass sich die protestantischen Theologen in dieser Zeit den Diskursen innerhalb der Staatskultur und um die Nation herum gar nicht entziehen wollten, sondern im Gegenteil sehr aktiv an ihnen teilnahmen. So besteht protestantische Theologie in der ersten Hälfte des 20. Jahrhunderts in guten Teilen als Nationaltheologie und muss als solche gelesen werden, indem die binnengesellschaftlichen Diskursmuster als präfigurierende Elemente für die theoretischen Explikationen der einzelnen Theologen gelesen werden. Gleichzeitig sind protestantisch-theologische Entwürfe aber immer auch Produkte individueller Reflexionsgänge, sie basieren also ausser auf allgemeinen und gruppenspezifischen Prägungen immer auch auf den biografischen Prägungen des einzelnen Theologen. Doch auch diese sind in der Zeit des 19. und 20. Jahrhunderts wiederum rückgebunden an eine konkrete Herkunft mit ihren

---

8 Vgl. Colonge, Frankreichbild. Colonge verweist darauf, dass mit dem parallelen Abflachen des Kulturkampfes in Deutschland und dem Aufkommen der radikalen Republikaner in Frankreich bei den deutschen Katholiken der Identitätsmarker Konfession durch den Marker Nation ersetzt wird, dadurch überwiegt besonders ab der Jahrhundertwende «die Abscheu vor dem gottlosen Land» (326) Frankreich gegenüber den alten Ressentiments gegen die protestantische deutsche Staatsführung.

9 Vgl. Maissen, Geschichte, bes. 208–237, Gäbler, Art. Schweiz, 682–712.

eigenen Prägungen. Insofern ist die Einordnung theologischer Entwürfe in nationale Diskursstrukturen durchaus sinnvoll, die Benennung von Gogartens «Deutschtum», von Barths und Werners «Schweizertum» legitim, allerdings, «man wird das freilich als Einweisung in die analytische Frage nach den biographischen, politischen und historischen Voraussetzungen [...] zu lesen haben und nicht als Einladung zu ihrer Denunziation».[10] Die Frage nach dem Verhältnis zwischen den Voraussetzungen des Denkens und den theoretischen Entwürfen, die hier von Hartmut Ruddies als ein Desiderat systematisch-theologischer Forschung benannt ist, soll in der vorliegenden Arbeit angegangen und versuchsweise beantwortet werden. Eine so gestellte Frage lautet dann in Hinblick auf die vorliegende Arbeit: Inwiefern lassen sich die Theologien von Karl Barth, Friedrich Gogarten und Martin Werner als kontextuell geprägte Theorien lesen? Welche Inhalte wirken als nationale, welche als kulturelle Prägungen auf die Theoriebildung ein? Wo lassen sich diese Elemente innerhalb der Theorien nachweisen? Und wie versuchen sie wiederum, prägenden Einfluss auf ihre Gesellschaft zu nehmen?

Mit der Bearbeitung dieser Fragen liefert die vorliegende Arbeit in erster Linie den von Hartmut Ruddies geforderten Beitrag zum besseren Verständnis der theologischen Entwürfe von Karl Barth, Friedrich Gogarten und Martin Werner. Darüber hinaus will sie aber auch eine Methodik vorlegen und beispielhaft durchführen, die es neben rein kirchenhistorischen oder ideengeschichtlichen Ansätzen ermöglicht, die Entwicklung theologischer Lehrbildungen zwischen biografischer Prägung und systematischer Denkfigur zu beschreiben und beide Pole miteinander zu vermitteln. Denn erst durch eine adäquate Wahrnehmung der biografischen Prägung der systematischen Lehrbildung kann heutige Theologie den Wert einer theologischen Theorie für die eigene Situation ermessen und wiederum mit dieser vermitteln. Zur Beantwortung der so gestellten Forschungsfrage bedarf es dazu einiger im Vorfeld zu klärenden Entscheidungen bezüglich des methodologischen Vorgehens, des innersystematischen Ortes der Untersuchung und der Auswahl der behandelten Autoren.

Der Ort der Untersuchung:
In zweifacher Weise sind die Gesellschaft und die Lehre von der Gesellschaft der Ort, an dem die gesellschaftlich-kulturelle Kontextgebundenheit der Theologen zum Ausdruck kommt. Zum einen zeitigt jeder organisatorisch begrenzte Sozialverband zumindest mittelfristig eine seinem Debattenstand adäquate politische Sozialisationsform, ist also jeder Staat als

---

10 Ruddies, Politik, 179, Fussnote 28.

empirische Erscheinung Abbild der Geschichte seines gesellschaftstheoretischen Diskurses. Die aktuelle Kultur und die Ausformung der Gesellschaft spiegeln also die Ergebnisse eines Diskursprozesses. Zum anderen prägt die aktuelle Sozialisationsform aber auch die spezifischen Erfahrungen der Einzelnen, die wiederum prägenden Einfluss auf den laufenden Diskurs nehmen. Insofern diese Einzelnen wiederum zu aktiven Teilnehmern am Diskurs werden, prägt sie also auch ihre zukünftige Gestalt. Diese gegenseitige Bedingtheit vom faktischen Sein der ansichtigen Gesellschaft und dem Bewusstsein der Gesellschaft ihrer selbst ist Grundlage auch des Bewusstseins des Einzelnen seiner selbst als Teil der Gesellschaft. Es hat darum der faktische Zustand der Gesellschaft als Bedingung des Bewusstseins des Einzelnen zu gelten, ohne die ihm eine Beschreibung seiner selbst nicht möglich ist. Dabei muss das Verhältnis zwischen dem Einzelnen und der Gesamtgesellschaft keineswegs aus dessen Assimilation an jene bestehen. So können sich die völkische Bewegung, der sich Gogarten nahe fühlt, oder der von Barth aufgenommene und bearbeitete Religiöse Sozialismus durchaus als Gegenbewegung gegen einen gesellschaftlichen Mainstream verstehen. Aber auch in einer solchen Haltung der Opposition zu den meinungsbildenden und herrschaftsmächtigen Gruppen bleiben Gogarten und Barth wiederum den Bedingungen der sie umgebenen Gesellschaft verpflichtet und damit auf diese bezogen.

In eine zweite Richtung weist der Blick in die Theoriegebäude protestantischer Theologen selbst hinein. So unterschiedlich die Vorstellungen davon sind, wie Religion als Gegenstand von Theologie konzipiert sei und auf welcher sozialen Ebene sie ihren Anhaltspunkt hat, kommt doch kein Theologe, der eine Gesamtdarstellung des christlichen Glaubens anzugehen wagt, darum herum, zumindest eine implizite, meistens auch explizite Gesellschaftslehre zu entwerfen. Am einsichtigsten ist dies dort, wo wie bei Gogarten das Gesamtleben des Volkes als Ort des religiösen Vollzugs und das Volk selber als potentieller Offenbarungsträger gesehen werden. In einer solchen Konzeption, in der der Einzelne immer nur in seiner vorgängigen Gebundenheit an die Gesellschaft als den ihm vorgegebenen Sozialrahmen in den Blick kommt, bekommt die Gesellschaftslehre den Zweck, die strukturellen Bedingungen zu reflektieren, innerhalb derer sich Menschen in einer solchen Form der Vergemeinschaftung treffen können, die das Potential besitzt, dem Einzelnen die Möglichkeit der Erkenntnis der göttlichen Wahrheit zu schaffen und zu erhalten. Auch eine Theologie, die wie Karl Barths Entwurf ihren Ausgangspunkt in der Offenbarung des Gottes nimmt, der als Schöpfer und Herr der Welt in einer Vielzahl von Binnenbeziehungen zu ihr gedacht wird, ist auf die Reflexion der innerweltlichen Sozialisationsformen angewiesen. Denn es muss zumindest gefragt werden, inwieweit die Welt als Schöpfung Gottes einen Abbildcharakter seines Willens besitzt und auf welche Weise innerweltliche Gesellschaftsformen als Darstellungen des göttlichen Gestaltungswillens fungieren können. Den geringsten Stellenwert besitzt die Frage nach der richtigen Gestaltung von Gesellschaft in solchen Theorieentwürfen, in denen Religion als Vollzug der individuellen Erlösung oder der Sinnstiftung des Einzelnen behandelt wird. So kann eine Theorie, die in der Frage des Einzelnen nach dem Grund seines eigenen Seins ansetzt, Gefahr laufen, die soziale Dimension des Menschen als integralen Bestandteil auch seiner religiösen Selbstbestimmung zu verpassen. Dass dies bei Martin Werner nicht geschieht, liegt an seiner Bestimmung des religiösen Menschen als ein ethisches Subjekt, das seinen Ort konstitutiv im Rahmen der Gesellschaft hat.

Die hier beschriebene gegenseitige Bedingtheit von gesellschaftlichen Bedingungen und ideengeschichtlichen Reflexionen führt zu der These, dass sich in den theologischen Theoriebildungen protestantischer Theologen solche Elemente und Momente ausfindig machen lassen können, in denen die spezifische Prägung durch ein bestimmtes nationales Gepräge ansichtig wird. Differenzen in den Lehrbildungen sind dann nicht allein durch die Herkunft aus unterschiedlichen theologischen Traditionslinien zu erklären, sondern auch aus einer unterschiedlichen nationalen Herkunft. Diese Unterschiede sollen in der vorliegenden Arbeit durch einen transnationalen Vergleich ansichtig gemacht werden; Vertreter deutscher und schweizerischer Theologie sollen auf eine solche Weise miteinander kontrastiert werden, dass im Vergleich jene Elemente ausgesondert und auf ihre Wirkung befragt werden, die die einzelnen Theorien nicht aufgrund genuin theologischer Motive prägt, sondern in der sich eine länderspezifische Disposition vermuten lässt. Zu diesen nationalgeschichtlichen Differenzen gehören zwar auch konfessionelle Unterschiede, weshalb man ein mehrheitlich lutherisches Deutschland einer reformierten Schweiz gegenüberstellen kann. Da aber auch die konfessionellen Entwicklungen als Ausdruck gesellschaftlicher Verhältnisse zu lesen sind, beispielsweise die bürgerliche Verfasstheit der schweizerischen und süddeutschen Städte der Übernahme der reformierten Theologien vorgängig ist, kommen in der vorliegenden Arbeit die Konfessionsunterschiede nicht gesondert zur Geltung, sondern nur als Prägemomente nationaler Verfasstheiten.[11]

---

11 Auch die schwindende Bedeutung der konfessionellen Unterschiede fällt unter die von Graf, Zeitgeist, bezeichnete Ambiguitätstoleranz, 77–88, bes. 77: «Wer Weimarer Intellektuellendiskurse verstehen will, muss die in vielen Suchbewegungen zu beobachtende schillernde Vieldeutigkeit zentraler Begriffe sehen und deuten können. [...] Dies gilt gerade auch für religiöse Symbolsprachen. [...] Hier haben selbst Grundbegriffe keine feste, fixierte, von allen am Diskurs beteiligten Akteure (sic!) geteilte Bedeutung.»

Die Auswahl der Autoren:
Die Auswahl der Vergleichsautoren stellt eine doppelte Schwierigkeit dar, weil die zum Zweck der Handhabbarkeit notwendige Begrenzung der behandelten Positionen Gefahr läuft, durch die Arbitrarität der Wahl das Gesamtbild nationaler Momente in der deutschsprachigen Theologie des 20. Jahrhunderts unrechtmässig einzuengen. Es steht also das Verhältnis zwischen einer allgemeinen nationalen mentalen Verfasstheit und deren partikularer Darstellung in einer individuell verfassten Theorie zur Frage. Sollen also drei Einzelpositionen sinnvollerweise als sachgemässe Repräsentationen jeweils eines Ganzen Geltung erlangen, dann muss ein solcher Kriterienkatalog festgelegt werden, der die Vergleichbarkeit der verschiedenen Einzelpositionen gewährleistet und eine sinnvolle Vergleichskonstellation schafft. In der Aufstellung eines solchen Katalogs liegt allerdings eine weitere Schwierigkeit, denn die Wahl der Kriterien ist auch schon präfiguriert durch die Notwendigkeit, solche Theologen zu finden, die als typische Vertreter einer national geprägten Theologie gelten können. Es wird also vom Ergebnis der Arbeit her das typologische Potential eines Theologen bewertet und retrospektiv behauptet, dieser könne sinnvoll als Repräsentant einer bestimmten Prägung in Anschlag gebracht werden. Die Plausibilisierung dieser Inanspruchnahme wiederum kann nur in der nachgängigen Reflexion erbracht werden.

Bekanntermassen wurde «seit Mitte der 1880er Jahre [...] in buchstäblich jährlicher Abfolge ein systematischer Theologe von Rang nach dem anderen geboren, manchmal mehrere in einem Jahr».[12] Diese Altersgenossen, zu denen Rudolf Bultmann (*1884), Werner Elert (*1885), Paul Tillich (*1886), Emanuel Hirsch (*1888), Paul Althaus (*1888) oder Emil Brunner (*1889) gehören, «betreten fast gleichzeitig die theologische Szenerie, übertönen mit kräftiger Stimme den bisherigen Gesprächsverlauf und verändern abrupt die Priorität der Themen».[13] Reiht man in diese Liste noch die drei in dieser Arbeit behandelten Theologen Karl Barth (*1886), Friedrich Gogarten (*1887) und Martin Werner (*1887) ein, erhält man eine breite Phalanx der die protestantische Lehrbildung um die Mitte des 20. Jahrhunderts prägenden Protagonisten. Bei aller inhaltlichen Verschiedenheit der genannten Theologen, die im Laufe der Jahrzehnte zu unterschiedlichsten Parteienbildungen und Verwerfungen führt, teilen sie doch als Altersgenossen alle die für ihre Generation prägenden Erfahrungen, sie erleben in ihrer Jugend und in der Erarbeitung ihrer theologischen Selbständigkeit das letztgültige Ende der vorindustriellen Zeit und als offen-

---

12 Fischer, Theologie, 10.
13 Ebd.

sichtliche Epochengrenze den Ersten Weltkrieg – oftmals sogar als Beteiligte –, weshalb Detlev Peukert für diese Jahrgänge den Begriff der Frontgeneration in die wissenschaftliche Debatte gebracht hat.[14] Geradezu kontrastiv zu diesem Generationsbegriff wirkt eine weitere Gemeinsamkeit der drei Bezugsautoren, insofern sie dieser Generation zwar nach ihrem Geburtsjahrgang angehören, nicht aber selber an der Front gewesen sind. Umso mehr lässt die Verbindung des Erlebens in einem vergleichbaren Alter und in einer vergleichbaren biografischen Lebensphase die Wahl dreier Altersgenossen als sinnvoll erscheinen.

Trotz Nuancen in der Richtungswahl haben Barth, Gogarten und Werner als Kinder des Liberalismus um 1900 die gleiche theologische Herkunft. Die von ihnen gewählten Studienorte Marburg, Berlin, Jena, Heidelberg und Bern stehen für eine theologische Richtung, deren Vertreter sich von den lutherisch-konservativen Fakultäten, wie sie z.B. in Greifswald, Halle oder Erlangen zu finden sind, bewusst abgrenzen. So sind es – wiederum mit Nuancen und Abstufungen – in Wilhelm Herrmann, Adolf von Harnack und Martin Rade, in Ernst Troeltsch und Friedrich Niebergall, in Hermann Lüdemann und Albert Schweitzer die progressiv-liberalen Theologen, die sich die drei als prägende Lehrer aussuchen.

Für den transnationalen Vergleich erscheint als drittes Kriterium die Herkunft und die Selbst- und Fremdverortung in einem nationalen Rahmen. Friedrich Gogarten kann als typischer Vertreter einer deutschen protestantischen Theologie gewertet werden, weil sich in seiner Theologie und Kirchenpolitik trotz seiner Differenzen zu anderen deutschen Schulrichtungen wie der Erlanger lutherischen Schule um Althaus und Elert und trotz seiner Distanz zu den pietistischen Kreisen Elemente zeigen, mit denen er im Mainstream deutscher Theologie mitgeht. Vorläufig sei hier auf seine feste ideelle Verankerung in einem solchen Konservatismus hingewiesen, der als Produkt der deutschen Geistesgeschichte des 19. Jahrhunderts gelten kann.[15] Dass Martin Werner auch von Zeitgenossen als typischer Vertreter einer schweizerischen Theologie wahrgenommen wurde, tritt in seiner Berufung nach Bern offensichtlich vor Augen. Denn gegen den Willen und Rat der Fakultät ist es die Staatsregierung des Kantons Bern, die ihn letztlich den beiden anderen Bewerbern, dem der Regierung nicht vermittelbaren Karl Barth und dem Kieler Wilhelm Bruhn[16], vorzieht, weil sie in ihm einen Vertreter der eigenen Staatsanschauungen sieht. Werner

---

14 Vgl. Peukert, Republik, 25–31.

15 Eine nähere Bestimmung des Konservatismus findet sich in Kap I, 1.1.2, die Beschreibung von dessen Einfluss auf die Theologie Friedrich Gogartens in Kap III, 3.4 und 3.5.

16 Über diese Episode der Berufungsverhandlungen berichtet Marti, Anfänge, 116f.

rechtfertigt diese Sicht auf solche Weise, dass er sich bald nach seiner Berufung als Haupt der liberalen Theologie Schweizer Prägung profiliert, die er als spezifische Volksreligion bearbeitet. Schwieriger ist hingegen die nationale Einordnung Barths. Denn obwohl auch seine weltanschauliche Herkunft deutlich in der Schweiz liegt, entwickelt er durch die 15 Jahre, die er in Deutschland verbringt, eine enge Beziehung zum Geschick und der Genese dieses Landes und bringt sich seit 1933 dauerhaft in die Debatten um deutsche Politik, Kirche und Gesellschaft ein. Auf diese Weise wird er zu einem beruflichen und mentalen Grenzgänger zwischen einem Deutschland, dem gegenüber er sich verantwortlich fühlt, und einer Schweiz, die er sogar mit der Waffe zu verteidigen bereit ist.[17]

Die Methoden:
Für einen weiterführenden transnationalen Vergleich müssen solche Elemente bestimmt werden, die einer national verfassten Gesellschaft als typisch zugeordnet werden können. Dabei kann es sich um verschiedene Arten von Elementen handeln, die sich auf verschiedenen Reflexionsstufen des Individuums befinden und darum in unterschiedlichen Ausdrucksformen gesucht werden müssen. In der neueren Geschichtsforschung gibt es eine Tendenz, die Gesamtheit solcher Dispositionen, die auf den Einzelnen im Rahmen seiner Sozialgruppe einwirken, als Mentalitäten zu bezeichnen. Mit der Definition von Peter Dinzelbacher, dem wohl einflussreichsten deutschsprachigen Vertreter der Mentalitätsforschung, kann man unter einer historischen Mentalität ein «Ensemble der Weisen und Inhalte des Denkens und Empfindens» verstehen, «das für ein bestimmtes Kollektiv in einer bestimmten Zeit prägend ist».[18] In dieser Definition kommt zum Ausdruck, dass es sich bei Mentalitäten um solche «Denk- und Verhaltensmuster»[19] handelt, die den Einzelnen noch weitestgehend vorreflexiv prägen, ihm also in seinem individuellen Inkulturationsprozess inhäriert werden und ihn damit in einen kulturellen Gesamtzusammenhang einstellen. Solcherart verstandene Mentalitäten können einerseits von Moden und andererseits von Ideologien unterschieden werden. Während unter einer Mode eine kurzzeitige kollektive Anschauungsweise verstanden wird, die keine kontinuierliche Verbindlichkeit zu generieren vermag, zeichnet sich eine Mentalität durch ihre generationenübergreifende Verbindlichkeit aus, «üblicherweise wird eine längere Dauer als konstitutiv für Mentalität

---

17 Barths Haltung im Rahmen der Geistigen Landesverteidigung der Schweiz wird thematisiert in Kap III, 2.2.4.

18 Dinzelbacher, Theorie, XXIV.

19 A.a.O., XXVIII.

angesehen».[20] Diese Dauerhaftigkeit der Prägekraft einer Empfindungsdisposition wird als die *longue durée* der Mentalitäten bezeichnet. Andersherum kann darum auch nur das als Mentalität bezeichnet werden, was sich der schnellen und freien Verfügbarkeit des Einzelnen entzieht und sich vielmehr als zumindest potentiell kontinuierliche Voraussetzung seines Denkens aufweisen lässt. Die graduelle Unverfügbarkeit grenzt die Mentalität auch von der Ideologie ab. Zwar wird auch eine Mentalität durch Ideen und Denkinhalte gebildet und beeinflusst, «die auf Ideen beruhenden Ideologien vermögen also sehr wohl, Bestandteile von Mentalitäten zu sein»[21], als deren Inhalte sind sie aber schon transformiert und zu «unbewussten Komponenten einer Mentalität»[22] verinnerlicht. Wird im Folgenden also von Mentalität gesprochen, dann ist damit eine solche Disposition gemeint, in der der Einzelne als Teil eines ihm vorausgehenden und vorausgesetzten Sozialisationsrahmens gesehen wird, dessen Konstitution seine Denk- und Verhaltensoptionen schon vorreflexiv massgeblich prägen.

Allerdings kann und will die vorliegende Arbeit nicht die Leistung einer mentalitätsgeschichtlichen Untersuchung erbringen. Denn Mentalitätsgeschichte ist durch ihre Methodologie als eine rein historische Arbeitsweise ausgewiesen, die auf der miteinander verbundenen Erforschung kollektiver und individueller Quellen beruht.[23] So verbindet sie «die Analyse serieller, in grosser Zahl erhaltener Quellen»[24] mit der Betrachtung solcher Quellen, die individuelle Denk- und Verhaltensmuster darstellen, und rekonstruiert aus der deutenden Zusammenschau beider Quellenkorpora ein Gesamtbild der Mentalität einer räumlich und zeitlich begrenzten Sozialgruppe. Mit dieser Arbeit bringen mentalitätsgeschichtliche Untersuchungen allerdings notwendige und weiterführende Arbeiten hervor, die in der vorliegenden Untersuchung rezipiert werden, um die mentalen Dispositionen der drei Theologen Barth, Gogarten und Werner wenn nicht zu definieren, so zumindest zu «beschreiben»[25], worin die Mentalitätsforschung als hermeneutische Wissenschaft selber ihre Grenze sieht. Dabei bietet die Forschungslage besonders zum Bürgertum in Deutschland einen breiten Einblick in

---

20 A.a.O. XXVIII.

21 A.a.O., XXVII.

22 A.a.O., XXVI.

23 Eindrücklich wird die beschriebene Methode von Sarasin, Stadt, angewendet. Einer statistischen Erhebung der Lebensbedingungen der Bürger in Basel in der angezeigten Zeit folgen Einzeluntersuchungen zu drei Bürgern, bei denen sich Sarasin auf die Auswertung von Tagebüchern stützt.

24 Dinzelbacher, Theorie, XXII.

25 A.a.O., XXI: «Mentalität [...] lässt sich besser beschreiben als definieren.»

die Mentalitäten des Übergangs vom 19. zum 20. Jahrhundert, deren Ergebnisse als Beschreibungen der Prägungen Gogartens, aber auch Barths übertragen werden können. Auch die deutlich geringer vorhandenen mentalitätsgeschichtlichen Forschungen zum schweizerischen Protestantismus bieten einen guten Einblick in die mentalen Hintergründe von Barth und Werner.[26]

Ein Spezifikum der theologischen Theoriebildung, wie sie bei den drei untersuchten Autoren vorliegt, liegt in dem hohen Mass der Reflexivität, in dem diese ihre Theorien immer wieder zwischen der theologischen Tradition, der gegenwärtigen Situation und der eigenen Position vermitteln. Diese ständige Reflexionsleistung lässt es nicht zu, die Theorien als direkte Abbilder derjenigen Prägungen und ideengeschichtlichen Einflüsse zu verstehen, in denen sie wurzeln. Ihr innovatives Potential liegt vielmehr in ihrer Fähigkeit, die gefundenen Positionen durch wiederholte Reflexion flexibel zu halten, sie transformieren zu können und in zeit- und situationsgemässe Sprachformen und Denkmuster umzubauen. Diese bewusste Selbsteinordnung der individuellen Position in einen ideengeschichtlichen Kontext macht die Rekonstruktion dieses Einordnungsprozesses unerlässlich und stellt die Frage, inwieweit die schon erwähnten nationalen Nationalitätsdebatten als ideengeschichtlich abgesonderte Diskurse verstanden werden können. Dabei tritt als Problem hinzu, dass es trotz der partikularen Nationalitätsdebatten und nationalen Identitätsstiftungsmodelle keinen vollkommen abgeschlossenen Schweizer protestantisch-theologischen Diskurs gibt, sondern sich dieser vielmehr ideengeschichtlich aufs Engste an den deutschen Protestantismus anlehnt.[27] Zu sehr überragen die Theorien von I. Kant, F. D. E. Schleiermacher und G. W. F. Hegel die geistige Lage des 19. Jahrhunderts, als dass sich die grossen theologischen Vertreter des Schweizer Protestantismus wie Alois E. Biedermann[28] und Alexander Schweizer[29] diesen Traditionen entziehen könnten. Hinzu kommt die Bedeutung, die in der Schweiz arbeitende Deutsche auf die Lehrbildung der Schweiz nehmen. Wohl am einflussreichsten ist hierbei David Friedrich Strauss, durch dessen Berufung nach Zürich und sein dortiges Wirken es im sog. «Straussenhandel» sogar zu einer für einige Jahre erfolgreiche antibürgerlichen Revolution im Kanton Zürich kommt.[30] Zu nennen ist aber auch der zwischen 1884 und 1926 in Bern lehrende Kieler Theologe

—

26 Weiterführende Literatur findet sich in Kap I, 1.1 zu Deutschland und Kap I, 2.1 zur Schweiz.

27 Vgl. Barth, Zustände.

28 Dellsperger, Biedermann.

29 Flückiger, Schweizer; Campi, Schweizer.

30 Hildebrandt, Strauss; Graf, Kritik.

Hermann Lüdemann, bei dem Karl Barth und Martin Werner studieren. Gleichzeitig zur Beeinflussung des Schweizer Protestantismus durch Deutsche gibt es aber auch lange vor dem Wechsel Karl Barths nach Göttingen eine Bewegung Schweizer Theologen in die andere Richtung, es gewinnen auch Schweizer nach ihrem Wechsel nach Deutschland dort an grossem Einfluss. So gelingt es dem aus Schaffhausen stammenden und theologisch in Basel gross gewordenen Daniel Schenkel, der ab 1851 als Professor und Predigerseminarleiter in Heidelberg wirkt, massgeblich die Personalpolitik und das Frömmigkeitsprofil der Pfarrer der Evangelischen Landeskirche in Baden zu beeinflussen. Und auch Adolf Schlatter entfaltet seine breite Wirkung auf seinen Lehrstühlen in Deutschland.[31]

Angesichts dieser ideengeschichtlichen und berufsbiografischen Vermischung der beiden Kulturräume der Schweiz und Deutschlands ist zu fragen, in welchen Bereichen ideeller Inhalte es zur Ausprägung nationaler Spezifika gekommen ist, in denen dann vorideelle Momente die ideengeschichtliche Entwicklung in beiden Ländern auf verschiedene Pfade geleitet haben. Oder anders ausgedrückt, angesichts «der Dialektik von einerseits gesellschaftlichen Strukturen bez. Ereignissen und andererseits ideengeschichtlich zu erfassenden Phänomenen»[32] muss verstärkt den gegenseitigen Wechselwirkungen zwischen beiden Bereichen Aufmerksamkeit gezollt werden. Immer wieder wird in dieser Frage die konfessionelle Prägung ins Spiel gebracht. So wird gesagt, dass sich in der Behandlung der Souveränität Gottes im Rahmen der Gotteslehre eine Differenz in der Weise aufzeigen lasse, dass in der reformierten Lehre der Schweiz die Unterschiedenheit Gottes als des absoluten Souveräns und der von ihm regierten Welt[33] deutlicher zum Tragen komme als in der den deutschen Diskurs prägenden Zwei-Regimenten-Lehre, die durch die Betonung des *Deus pro nobis* stärker die Möglichkeit der Vermittlung zwischen den beiden Sphären betont.[34] Den sichtbarsten Ausdruck finde dieser Unterschied im Lehrstück

---

31 Neuer, Schlatter.

32 Dantine, Thien, Weinzierl, Einleitung.

33 In diese Richtung wird die «Konkretisierung der Selbstbegründung Gottes in den tragenden Grundgedanken der Kirchlichen Dogmatik» (150) von Rendtorff, Freiheitsbegriff, gelesen. So beruhe Barths Theologie der KD auf dem «Konzept der Selbstbestimmung und unbedingten Souveränität Gottes» (150), aus der sich dann die Freiheit des im trinitarischen Geschehen eingezogenen Menschen ergebe.

34 Beispielhaft sei hier auf die Darlegung der Gotteslehre bei Trillhaas, Dogmatik, verwiesen. Gegen eine zu starke Trennung der Bereiche des Göttlichen und des Weltlichen, die in der berechtigten Betonung der Geheimnishaftigkeit Gottes auf eine Unmöglichkeit seiner Erkennbarkeit hinauslaufen könnte, stellt er fest,

der Prädestination, in der die rigoristisch anmutende Lehre Calvins auf dessen streng juridisch-logisches Durchdenken der Souveränität Gottes zurückgeführt wird, wodurch die Prädestination zur ewigen Verdammnis als logische Konsequenz für jene Menschen zu stehen kommt, die von Gott nicht zum ewigen Leben berufen sind.[35] Angesichts der These, dass Mentalitäten und ideelle Konzeptualisierungen der Gesellschaft in wechselseitigen Beeinflussungsverhältnissen zur deren faktischer Verfasstheit stehen, müsste die Frage nach dem konfessionellen Einfluss auf die Mentalitäten historisch so rekonstruiert werden, dass die Gründe plausibilisiert werden, warum sich die jeweiligen Gesellschaften für unterschiedliche theologische Grundtheorien entschieden haben und inwiefern diese Wahl wiederum die Entwicklung der gesellschaftlichen Institutionen geprägt hat. Vordergründig könnte man auf die Analogie von patriarchalen Regierungs- und Wirtschaftsstrukturen in den frühneuzeitlichen Gesellschaften des Heiligen Römischen Reiches Deutscher Nation und einem lutherischen Ständedenken auf der einen Seite und der von bürgerlich-frühindustriellen Stadtstaaten im oberdeutschen Raum und einem Ämterdenken in der reformierten Tradition andererseits verweisen und das Beeinflussungsverhältnis monolinear sehen, so dass das Luthertum zur Hüterin der Monarchie, der Calvinismus zum Vorkämpfer der Demokratie stilisiert wird. Doch eine solche Deutung ginge sicher an der Wechselseitigkeit des Beziehungsverhältnisses vorbei, deren geschichtliche Entwicklung allerdings einen Forschungsgegenstand von Neuzeithistorikern darstellt.[36]

Neben dem konfessionellen Moment ist an den Komplex der Bestimmung des Verhältnisses zwischen dem Einzelnen und der ihn umgebenden

---

«man wird die alte theologische Formel festhalten müssen: *Deus cognoscibilis, sed non comprehensibilis*» (98). Dabei bestreite die These der Erkennbarkeit Gottes nicht die Tatsache des «*Deus semper maior*» (131), vielmehr begrenze sie die Rede von Gott auf den Bereich dessen, was er von sich zu erkennen gibt und leite daraus ab, «dass Gott nicht anders sein kann als er sich uns offenbart» (117).

35 Vgl. Bernhardt, God's. Allerdings betont Bernhardt und entpolemisiert damit diese Sicht, dass «the doctrine of condemnation to eternal damnation was for Calvin only the necessary *consequence* of the doctrine of predestination, but not its real *intention*. The intention was to glorify God's grace and to assure believers of it, not to threaten non-believers.» (43) Denn die ewige Verdammnis sei kein Akt der Verwerfung, sondern der natürliche Zustand des Menschen, mithin die Erwählung zum ewigen Leben als reiner Gnadenakt zu verstehen.

36 Die gegenseitige Durchdringung von theologischer Lehrbildung, gesellschaftlichen Umständen und politischer Machtausübung beschreibt z. B. Strohm, Calvin, 101–121.

Sozialform zu denken. Wenn sich Sein und Bewusstsein immer gegenseitig bestimmen, dann muss auch die Tatsache der unterschiedlichen gesellschaftlichen und politischen Entwicklungen in Deutschland und der Schweiz eine Einwirkung auf das Denken in beiden Debattenräumen haben. Der augenfälligste Unterschied zwischen beiden Nationen als verfassten Staaten liegt in ihrer jeweiligen Regierungsform. So wird in Deutschland trotz des Versuchs der Revolution von 1848 und dem zweiten republikanischen Versuch zwischen 1919 und 1931 eine Demokratie im modernen Sinne erst 1949 bzw. 1989 eingeführt und durchgesetzt. Bis dahin sind es aristokratische oder oligarchische Herrschaftsformen, die die deutsche Politik prägen und die jeweils eine Trennung zwischen einem Bereich der privaten Sphäre der individuellen Betätigung und einer der Masse unzugänglichen öffentlichen Sphäre produzieren. Diese Trennung wird durch das an die Steuerlast angelehnte Dreiklassenwahlrecht in Preussen und im Wilhelminischen Kaiserreich ebenso perpetuiert, wie durch die Notwendigkeit der Zugehörigkeit zur Regierungspartei für die Beteiligung am Staatsapparat im Dritten Reich und in der DDR. Die vorherrschenden Staatsformen wurden dabei in gegenseitiger Bedingtheit von konservativem Denken und autoritär-hierarchischen Strukturen gebildet, wobei die Staatsform durch die ihr zur Verfügung stehenden Mittel der Bildung und der Weltanschauungsproduktion durch öffentliche Selbstsymbolisierungsakte[37] wiederum den weltanschaulichen Boden für autoritäre Staatsformen schuf.

Im Gegensatz dazu entwickelte sich in der Schweiz aus so verschiedenen Wurzeln wie dem patriarchalen Bergbauernwesen, der jahrhundertealten politischen Mitgestaltung der städtischen Bürgerschaften und dem Einfluss französischer Staatsrechtsideen auf die Eliten[38] schon in der Folge der Französischen Revolution ein politisches System, das seit der Eidgenössischen Verfassung von 1848 als neuzeitlich-demokratisch bezeichnet werden kann. In Überlagerung verschiedener Traditionslinien kann dann auch aus einem konservativen Geist heraus die ältere und tiefere Schicht der Forderung nach Freiheit der jüngeren Forderung nach Gleichheit untergeordnet werden, wodurch die Realisation von Freiheit als Ausdruck der Gleichheit der Bevölkerungsteile gewertet wird.

Niederschlag finden die mentalitätsgeschichtlichen Dispositionen und ideengeschichtlichen Prägungen auf sprachlicher Ebene in einer unterschiedlichen Semantik, in einer differenten Konnotation und Verwendungs-

---

37 Als solche Akte zur Stiftung einer nationalen Identität gelten im deutschen Kaiserreich besonders die Kaisergeburtstage und der Sedantag, vgl. Schellack, Nationalfeiertage, bes. 347–353.

38 Vgl. die Schilderung von Leben und Werk J. J. Rousseaus in Barth, Theologie, 153–207; vgl. auch Kersting, ‹Gesellschaftsvertrag›.

frequenz bestimmter Schlüsselbegriffe, über die sich «Ideen zu Leitbildern [...] bündeln».[39] Auf inhaltlicher Ebene sind es die Argumentationsmuster und Themensetzungen, die die jeweiligen nationalen Diskursräume bestimmen. Ein wichtiger semantischer Identitätsmarker, auf den hier beispielhaft verwiesen werden soll, ist der Begriff der «Autorität».[40] Diese Leitvokabel des deutschen Konservatismus[41] wird im deutschen Kontext seit der Mitte des 19. Jahrhunderts verstärkt in die theologische Frage integriert, um die Bestimmung des Verhältnisses des Einzelnen zur ihn bestimmenden Wirklichkeit zu beschreiben, wobei diese Wirklichkeit immer schon als die das göttliche Handeln repräsentierende Gestalt dargestellt wird. Es wird darum eine grosse Anstrengung unternommen, die formale Bestimmung des göttlichen Gegenübers als eines autoritär Übergeordneten[42] in den empirisch auffindbaren Sozialformen der Welt aufzuweisen. Die als sittlich gefasste religiöse Erfahrung wird dabei als von aussen kommende sittlich erfahrene Verpflichtung zur Selbstrealisation eines immanenten höchsten Zweckes beschrieben, die sich im rechten Verhältnis zur Gemeinschaft realisiert,[43] die ihren empirischen Träger in der Volksgemeinschaft[44] oder im Staat[45] hat. Das Volk, dessen Autorität den Einzelnen übersteigt und diesen gleichwohl organisch in sich aufnimmt, wählt sich als Träger der Autorität einen Führer, in der Vorstellung des 19. Jahrhunderts den von Gottes Gnaden regierenden Monarchen, im 20. Jahrhundert den von der Volksversammlung akklamierten Herrscher. Das Volk lässt sich also von einem durch seinen Willen legitimierten Führer repräsentieren, wobei der Legitimationsakt nicht als vertragsrationale Entscheidung der vielen Einzelnen gedacht wird, sondern dem Beschluss des Volkes als unbewusster, grundlegender Einheit verstanden ist. Eine solche Verwendung des Autoritätsbegriffs hängt nicht von der politischen oder theologischen Schulrichtung ab, sondern scheint zumindest der Sache nach alle Formen deutscher protestantischer Theologie zu durchziehen.[46]

---

39 Hübinger, Generationen, 183.

40 Vgl. hierzu die ausführliche Behandlung des Autoritätsbegriffs bei Barth, Gogarten und Werner in Kap III, 2.2.5; 3.5; 4.1.5.

41 Vgl. Rabe, Autorität, bes. 396f.

42 Vgl. Pannenberg, Problemgeschichte, 95f.; 223.

43 Vgl. Slenczka, Glaube, bes. 87ff.

44 Vgl. Gogarten, Ethik.

45 Vgl. Hirsch, Suverän. Mit der Schreibweise «Suverän» will Hirsch diesen Begriff verdeutschen.

46 Vgl. beispielsweise die unbefangene Verwendung des Begriffs bei Bonhoeffer, Ethik, 380: «Der Widerstreit, der sich aus der direkten göttlichen Einsetzung der mannigfaltigen Autoritäten ergibt, wird aufgrund einer mehr oder weniger

Auffallend unterschiedlich wird im Schweizer Kontext der Begriff der Autorität verwendet. So geht der frühe Barth mit dem Begriff sehr sparsam um und verwendet ihn hauptsächlich im Zusammenhang der Beschreibung Gottes, der in seiner absoluten Andersartigkeit als einzig wahre Autorität beschrieben wird.[47] Die exponierte Verwendung des Begriffs in der Kirchlichen Dogmatik hingegen ist als bewusste Abweisung des Begriffsgebrauchs bei Gogarten zu lesen. Diese Feststellung lässt sich auch auf andere Schweizer ausweiten, so findet der Begriff z. B. im ersten Teil der Ethik von Alfred de Quervain nur in der Auslegung des Gebotes der Elternliebe Verwendung, wo die Autorität der strukturell übergeordneten Personen als aus der göttlichen Autorität abgeleitetes helfendes Befehlen[48] beschrieben wird. Ähnlich verweist Brunner in der gelegentlichen Verwendung des Autoritätsbegriffs in seiner Ethik auf deren Bindung an Gott, wobei dem Staat Autorität nur dafür zukommt, seinen Sinn, die Gewährleistung der «Befriedung und der Gerechtigkeit», erfüllen zu können und also «den notwendigen Rahmen des Lebens»[49] schaffen zu können.

Jenseits der reinen Begriffsverwendung sind es aber auch ideengeschichtliche Komplexe, die auf beiden Seiten der Grenze ganz unterschiedliche Selbstverständlichkeiten in der Argumentation generieren. In der Gesellschafts- und Staatslehre ist es die Frage nach dem Wesen des rechten Staates als einer göttlichen Schöpfungsordnung oder als einer vertragsrational gestalteten Sozialform, an der sich die Differenz der beiden Argumentationsräume aufzeigen lässt. Auch hier sind es die deutschen Theologen, die den Staat weitestgehend als in der Schöpfung gegebenen Rahmen des gemeinschaftlichen Lebens seiner Teile beschreiben und die dessen sachgemässe Ausgestaltung als Anwendung des göttlichen Schöpfungswillens im Bereich der Gesellschaft verstehen. Gegenüber dieser metaphysisch-spekulativen Aufladung des Staates wird dieser in der protestantischen Theologie der Schweiz als der Verfügungsmacht des Menschen zufallend beschrieben, es gehört also zur ethischen Aufgabe des Christen, in einem auf rationalen Entscheidungen beruhenden, kulturellen Akt einen solchen Staat zu schaffen, der den moralischen Forderungen des Christentums gerecht zu werden und dem Menschen einen sozialen Lebensrahmen zu geben vermag. Dass solche national bedingten Zuschreibungen aber immer fliessende Grenzen haben, zeigt sich, wenn beispielsweise in der Theologie des frühen dialektischen Barth die Leistungsfähigkeit allen menschlichen

---

willkürlichen Entscheidung zugunsten des Absolutheitsanspruch einer dieser Autoritäten entschieden.» Vgl. auch Althaus, Grundriss, 74–79.

47 Vgl. Barth, Römerbrief I, 30.

48 Vgl. de Quervain, Heiligung, 391.

49 Brunner, Gebot, 444.

Kulturhandelns, wenn also die vertragsrationale Grundkonzeption so gegen die absolute Andersartigkeit Gottes gewendet wird, dass seine Theologie von Zeitgenossen faktisch als eine Theorie der Entethisierung gelesen wird.[50]

Der Aufbau der Arbeit:
Die vorliegende Arbeit ist synchron und diachron aufgebaut. Im synchronen Aufbau der Arbeit wird die Entwicklung protestantischer Gesellschafts- und Kirchentheorien im 20. Jahrhundert unter der Fragestellung behandelt, wie die Veränderungen in den geistesgeschichtlichen, gesellschaftlichen und politischen Rahmenbedingungen in theologischen Theoriebildungen reflektiert werden und sich dort niederschlagen. Dabei ist die These leitend, dass theologische Theoriebildung immer kontextuell gebunden ist,[51] so dass sie ohne implizite oder explizite Rezeption der sie umgebenden Theorie nicht auskommt. In drei diachron aufeinander aufbauenden Kapiteln (Kap. II–IV) geht die vorliegende Arbeit der Entwicklung der Gesellschaftslehren der Bezugsautoren um die Mitte des 20. Jahrhunderts nach. Wenn sich Sein und Bewusstsein gegenseitig bedingen und bearbeiten, dann müssen Einschläge zeitgeschichtlicher Ereignisse bei der Entfaltung theologischer Theorieentwürfe ebenso nachweisbar sein, wie sich der Einfluss theologischer Interventionen in der Entfaltung der Geschichte darstellbar machen lassen muss. Eine systematisch-theologische Arbeit kann die zweite Aufgabe nicht übernehmen, die Wechselwirkungen von der Seite der Geschichte zu betrachten, zumal besonders die Bedeutung von Kirche und Theologie in der Entwicklung des Dritten Reiches, der Entstehung der Bundesrepublik Deutschland, aber auch der politischen Geschichte der neueren Schweiz schon differenziert von kirchenhistorischer Perspektive dargestellt wurden. Es geht dann also darum, den Einfluss ansichtig zu machen, den sowohl die politische Geschichte, als auch die theologische und kulturwissenschaftliche Diskursgeschichte auf die einzelnen theologischen Autoren genommen haben. Dieser besteht in offensichtlichster Weise in der Übernahme und Bearbeitung von Themen, die gegenwartsrelevant sind oder werden. Für den bearbeiteten Zeitraum sind das vornehmlich die Fragen nach Krieg und Frieden, nach der organisatorischen Gestaltung der Gesellschaft zwischen Faschismus und Demokratie und nach der Rolle des Einzelnen in der spätindustriellen Gesellschaft. Die Bearbeitung dieser Themen vollzieht sich aber im Rahmen eines kulturwissenschaftlichen Diskurses, der den Teilnehmern ideelle Themen wie die im Erleben des Ersten Welt-

---

50 Vgl. Kap III, 2.

51 Vgl. Anselm, Ekklesiologie, bes. 22f.

kriegs kulminierende Krisenstimmung nach 1900 oder das politische Blockdenken nach 1945 vorgibt und sie zur Parteinahme oder zumindest zur reflektierten Neutralität auffordert. Diese Stellungnahme basiert auf einem vorreflexiven Fundament, das sich als mentalitäts- und ideengeschichtliche Prägung der einzelnen Diskursakteure beschreiben lässt. Dieses Fundament gibt die Muster und Strategien vor, nach denen auf den oberen Schichten argumentiert und gewertet wird. Da der mentalitätsgeschichtliche Teil dieser Schicht gemäss dem Konzept der Mentalitäten keine massgeblichen kurzfristigen Veränderungen erlebt, sondern eine langfristige Prägung des Einzelnen durch die ihn umgebenden gesellschaftlichen Strukturen meint, werden in einem vorangestellten Kapitel (Kap. I) diejenigen mentalen Prägungen vorgestellt, die in den Gesellschaftssegmenten Wirkung zeitigen, denen die drei Bezugsautoren angehören. Ebenso wird neben den Lebensläufen ein kurzer Blick auf jene ideengeschichtlichen Prägungen geworfen, die massgeblichen Einfluss auf das Denken der drei Theologen nehmen. In jedem der drei systematischen Hauptkapitel wird die Entwicklung des Denkens synchron dargestellt und dabei auf die Wechselwirkungen befragt, in denen die Theorien zur geschichtlichen Entwicklung stehen, wobei ein besonderes Augenmerk darauf liegt, wie unterschiedliche Semantiken in den jeweiligen gesellschaftlichen Situationen zur Geltung kommen und wie dadurch die jeweiligen Diskurslagen durch gesellschaftstheoretische und ethische Entwürfe bearbeitet werden. Dabei kommt Geschichte allein als das in den Blick, was in Form von Ereignissen prägenden Einfluss auf die drei Bezugsautoren genommen hat.[52] Einen wichtigen Punkt nimmt dabei die Frage nach der Kirche ein, die in den theologischen Entwürfen oft als eine Art weltlicher Idealgesellschaft aufgebaut und verstanden wird. Es baut sich darum jedes Kapitel so auf, dass nach einer allgemeinen geschichtlichen Situationsanalyse in der zufällig gewählten Reihenfolge Barth – Gogarten – Werner die systematische Darstellung folgt. Die dargestellten Theorien werden am Schluss jedes Einzelkapitels jeweils in einem kurzen Zusammenblick miteinander verglichen und daraufhin befragt, wie es ihnen gelingt, die gesellschaftlichen und politischen Veränderungen in die Theorie einzubeziehen und die gegenwärtige Situation mit dem Inhaltskern der eigenen Theologie zu vermitteln.

---

52 Da der Fokus der Arbeit auf der individuellen Verarbeitung der gesellschaftlichen Eindrücke auf theologische Autoren liegt, wird die Frage nach dem Wesen von Geschichte, wie sie in den Geisteswissenschaften in der Nachfolge Hegels, Rankes oder Droysens verhandelt wurde, hier nicht weiter thematisiert, vgl. Conze, Sozialgeschichte.

Kapitel I: Die Voraussetzungen des Denkens

1) Mentalitäten

1.1) Zur Mentalität des deutschen Bürgertums um 1900

1.1.1) Die gesellschaftlichen Voraussetzungen des Bürgertums

Im Folgenden soll die Mentalität des Bürgertums als der prägende Denkrahmen beschrieben werden, in dem die Mehrzahl der protestantischen Denksysteme im späten 19. und frühen 20. Jahrhundert in Deutschland beheimatet sind. Diese Eingrenzung ist wegen der vielfältigen Ausdifferenzierungen des deutschen Kulturraums notwendig. Deren staats- und kirchenpolitischen Faktoren sind die Entwicklung einer Vielzahl souveräner Staaten nach 1806, sowie auf kirchlicher Seite die Spaltung nicht nur zwischen römisch-katholischer und protestantischer Konfession, sondern innerprotestantisch auch zwischen lutherischen, reformierten und den verschiedenen unierten Kirchen. Daneben steht die Gegensätzlichkeit zwischen den vielen wirtschaftlich, kulturell und politisch wichtigen Klein- bis Grossstädten und einem immer mehr marginalisierten Land.[1] In dieser sich pluralisierenden und in ihren Wertvorstellungen auseinanderstrebenden Gesellschaft werden einheitliche Mentalitäten vornehmlich in begrenzten sozialen Gruppierungen tradiert und entwickelt. Eine dieser Gruppen, neben der v. a. die entstehende Sozialdemokratie[2], das handwerkliche Kleinbürgertum der Städte[3], die Bauernschaft[4] oder die aufkommende Schicht der technischen Angestellten genannt werden müssen, ist das Bildungsbürgertum. An dessen Spitze stehen, bewundert auch von der aufgrund ihrer formalen gesellschaftlichen Stellung und ihrer Bildung dem Bürgertum zugehörigen protestantischen Theologenschaft, die «Mandarine»[5], die geisteswissenschaftliche Elite an den Universitäten. Neben den gruppenspezifischen Unterschieden in Standeszugehörigkeit, wirtschaftlicher Kraft und formaler Bildung gibt es aber auch mentale Elemente, die eine verbindende Struktur zwischen den verschiedenen Sozialgruppen schaffen. Als solche sind nationale Erzählungen, religiöse Praktiken und weltanschauliche Übereinkünfte zu sehen, in denen die verschiedenen Gruppen oft eng miteinander verbunden sind.

—

1 Vgl. Schwaabe, Modernitätskrise.
2 Vgl. Steinberg, Sozialismus.
3 Vgl. Abel, Handwerksgeschichte.
4 Vgl. Kittel, Provinz.
5 Ringer, Mandarine.

Besonders die Mentalität der zum Bürgertum gehörenden Theologen ist in den Jahrzehnten um 1900 massgeblich von zwei Charakteristika geprägt, die sich auf verschiedene Weise Ausdruck verschaffen. Zum einen besteht diese Mentalität in einem ausgeprägten Standesbewusstsein, das mit einem Sendungsdrang verbunden ist, dessen kulturprotestantische Variante man so zusammenfassen kann: «Kulturprotestanten zeigen sich bildungselitär im Habitus und kulturhegemonial im Anspruch.»[6] Affirmativen Ausdruck findet diese Beschreibung in der – soziologisch verkürzten – Rede vom «heiligen protestantischen Kaiserreich deutscher Nation», dessen Anbruch Adolf Stoecker mit der Reichsausrufung in Versailles im Jahr 1871 gekommen sieht. Theoretische Behauptung wie teilweise praktische Bewahrheitung findet diese semantische Verbindung von protestantischer Kirche und dem Kaiserstaat in der engen Beziehung der Repräsentanten beider Bereiche, wie sie in Gestalt der grossen Hofprediger und kaiserlichen Wissenschaftsberater wie Stoecker[7] oder v. Harnack[8] auch geschieht, die den Anspruch einlösen und durchführen, die Machteliten mit den wissenschaftlich-theologischen und kirchlichen Eliten zu verknüpfen. Erst aus der Wahrnehmung der Höhe dieses Selbstwertgefühls und Machtbewusstseins wird ersichtlich, wie hart der Fall der Pfarrerschaft in die kirchlichen Strukturen einer von den Machtzentren systemisch weitestgehend gelösten Institution in der Weimarer Republik ist. Aber auch wenn sich die strukturelle Situation der protestantischen Theologen schlagartig mit der Staatskirchentrennung in der Weimarer Reichsverfassung vollzieht, deutet sich dieser Sturz schon an, der positiven Selbstwahrnehmung steht schon früh eine Verlustangst zur Seite, die sich in einer Krisen- und Untergangssemantik ausdrückt. Ihren empirischen Hintergrund hat sie in einem sozio-ökonomischen Wandel, der sich im finanziellen und gesellschaftlichen Aufstieg der neuen technischen Eliten zeitigt, die mehr und mehr die Stellung der alten Eliten einnehmen.[9] Der Prozess der Entmächtigung schlägt sich aus zwei Gründen in besonderem Masse auf den Pfarrerstand nieder. Denn mit dem Aufkommen der naturwissenschaftlichen Eliten und der sozialdemokratischen Bewegung ist eine Entchristlichung der Bevölkerung und eine Verachtung der Religion verbunden, die eine Menge der Ungebildeten und «Gebildeten unter ihren Verächtern»[10] umfasst, die die von Schleiermacher Adressierten bei weitem übersteigt. Dieser breite Glaubensverlust zehrt an der Weltanschauungssicherheit der Pfarrer. Denn zum

---

6 Hübinger, Generationen, 188.

7 Vgl. Beyreuther, Geschichte, 152–171, bes. 165f.

8 Vgl. Claussen, Adolf von Harnack, 142–144.

9 Vgl. Ringer, Mandarine.

10 Schleiermacher, Religion.

anderen hatten sie bis 1918 wenigstens nominell noch eine privilegierte gesellschaftliche Stellung genossen, in der sie in ländlichen Gebieten oft noch an der hierarchischen Spitze der Gesellschaft standen. Doch wurde diese Gesellschaftsordnung ab 1918 obsolet und so mussten «mit dem Zusammenbruch der Verbindung von Thron und Altar, mit dem Wegfall der kirchlich-gesellschaftlichen Übereinkunft über staatliche Autorität und hohes Prestige des Pfarrerstandes [...] auch die, die es vorher nicht sehen wollten, zur Kenntnis nehmen, wie weitreichend und tiefgreifend die Veränderungen waren, die sich seit der Mitte des 19. Jh., in der sogenannten ‹Basis› der Position des Pfarrerstandes im Blick auf seine tatsächliche soziale Funktion vollzogen hatten».[11]

1.1.2) Der Konservatismus als Bindeglied der deutschen Pfarrerschaft

Als Leitideologie der protestantischen Pfarrerschaft entwickelt sich im 19. Jahrhundert der Konservatismus, mit dem sie auf die beiden Momente der Entchristlichung der Gesellschaft und des Machtverlustes der Kirche reagiert, und so ist es kein Zufall, dass ein Generalsuperintendent in den 1920er Jahren sagen kann: «Jeder evangelische Pastor ist mit einem Tropfen konservativen Öles gesalbt.»[12] Diese konservative Prägung findet ihren Ausdruck im Menschen- und Weltbild, im Politikverständnis und in bestimmten semantischen Clustern. Konservatismus wird dabei nicht als eine «formalpsychische Eigenschaft»[13] verstanden, als «allgemein menschliche seelische Veranlagung, die sich darin äussert, dass wir am Althergebrachten zäh festhalten und nur ungern auf Neuerungen eingehen», sondern als geschichtlich gewachsenes Werte- und Weltanschauungssystem, als «ein bewusstes oder unbewusstes Sich-Orientieren an einer Denk- und Handlungsweise, die inhaltlich und formal stets in Fülle historisch charakterisierbar und ausweisbar ist».[14] Hier sind vornehmlich die Problemlagen von Interesse, auf die konservative Ideologien reagieren, die sich aus der geschichtlichen und soziologischen Situation zu Beginn des 19. Jahrhunderts entwickeln. Grundlegend für diese sind die in der Französischen Revolution offenbar werdenden vier Faktoren der Dynamisierung der Gesellschaft; der durch diese Dynamik bedingten Ausdifferenzierung der Gesellschaft in verschiedene, «mehr oder minder homogen reagierende» Schichten; der schichtenspezifischen Aufspaltung der Ideenwelt; und der durch die Ausdifferenzierung der Gesellschaft bedingten Entwicklung des Politischen

---

11 Dahm, Pfarrer, 50, vgl. auch Lindt, Theologie.

12 Trunckenbrodt in D.PF.Bl. 1930, 98, hier zitiert nach Dahm, Pfarrer, 148.

13 Mannheim, Konservatismus, 93. Karl Mannheim verwendet hierfür die begriffliche Unterscheidung zwischen Traditionalismus und Konservatismus.

14 A.a.O., 94.

zum «Agglomerationskern der Schichtungen».[15] Durch die Ausdifferenzierung der Gesellschaft in immer mehr voneinander abgegrenzte Schichten und Stände entwickeln die verschiedenen Trägerschichten konservativer Mentalitäten eine Reihe von Ideologien, in denen dieser Prozess nicht nur verarbeitet, sondern auch die Stellung dieser Trägerschichten gesichert werden soll. Ihre Gemeinsamkeit haben diese auf der mentalen Disposition des Konservatismus basierenden Theorien «in der Regel in der Opposition zu Leitbegriffen liberalen Denkens». So wird im Konservatismus «Natürlichkeit gegen Künstlichkeit aufgeboten, Ganzheitlichkeit gegen Rationalismus, Tradition gegen gesellschaftlichen Wandel, Gemeinschaft gegen Gesellschaft, Sozialität gegen Individualität».[16] Die deutsche Pfarrerschaft beispielsweise erweist sich als konservativ, «insofern [sie] sich in eine der Phasen dieses konservativen Strukturzusammenhangs einstellt [und] aus diesem Strukturzusammenhang heraus handelt», indem sie ihn sowohl «partiell [...] reproduziert», als auch «an eine besondere lebendige Situation anpasst, weiterbildet».[17] Dessen mentalitätstheoretische Charakteristik ist die Annahme einer die soziale Welt gliedernden göttlichen Ordnung, die sich in den traditionellen Gesellschaftsverbänden der Familie oder des Volkes ausdrückt und die dem menschlichen konstruktiven Zugriff entzogen ist. Es wird sich in der Rekonstruktion der Theologie Gogartens zeigen, inwiefern dessen übliche Zurechnung zum Konservatismus plausibel und er in seiner Pfarramtstätigkeit zwischen 1915 und 1931 ein Kind seiner Zeit ist.[18] Dabei muss die Beschreibung des Konservatismus als mentale

—

15 A.a.O., 108.

16 Schieder, Art. Konservatismus, 1615. Diese Gegenüberstellungen von weltanschaulichen Implikaten prägen die lexikalischen Definitionen des Konservatismus, wobei diesen teilweise legitimatorische Interessen beigemischt werden, wenn z. B. Konservatismus profiliert wird durch die Abgrenzung von einem durch pejorative Begriffe gekennzeichneten Gegner. Dann kann sich Konservatismus dadurch auszeichnen, dass er Werte und Ethik besitzt, statt beliebig und indifferent zu sein, oder es wird jedes Interesse an Natur und Umwelt gleich als Ausdruck konservativer Weltdeutung gewertet, wie dies Weigelt, Art. Konservatismus, 891f., macht. Ebenso beliebig ist der Versuch, aus einer bestimmten historischen Gestalt heraus Konservatismus zu bestimmen und alles dem nicht entsprechende als nicht konservativ zu diskreditieren, wenn man beispielsweise Konservatismus rein als Adelsbewegung im 19. Jahrhundert bestimmt, die mit dem Ende der Monarchie ihre Grundlage und somit ihre Existenz verloren habe, vgl. Kondylis. Konservatismus, bes. 11–28.

17 Mannheim, Konservatismus, 96.

18 So v. a. Strohm, Theologie, der Gogarten als exemplarischen Vertreter der konservativen Romantik im Bereich der protestantischen Theologie liest; Karlheinz Weissmann, Art. Gogarten, 218–220; Nowak, Kirche, 239, der Gogarten in die

Disposition der deutschen Pfarrerschaft der Tatsache Rechnung tragen, dass dieser immer gleichzeitig als psychische Veranlagung, weltanschauliche Prägung und politisches Programm aufgetreten ist und sich prägend auswirkte, er also immer eine vorreflexiv handlungsleitende, mentale Disposition und eine ausgeformte Ideologie ist.

Im Bereich des Menschen- und Weltbildes liegt der weitreichendste Unterschied des konservativen zum aufgeklärt-liberalen Denken im Verständnis von Freiheit. Während das in den Revolutionen von 1776 und 1789 zur Geltung gekommene aufgeklärt-liberale Verständnis die Grenze individueller Freiheit im Postulat der Gleichheit aller Bürger und damit im Freiheitswillen des anderen sieht, wird im konservativen Verständnis Freiheit in Anzweifelung der faktischen Gleichheit der Menschen, die «in ihrem innersten Sein *ungleich*» sind, als Ermöglichung dessen aufgefasst, «dass alles und jeder, seinem innersten Prinzip entsprechend, das ihm eigentümliche Wachstumsgesetz in sich entfalte».[19] Die Unterordnung des Einzelnen unter dieses Wachstumsgesetz fungiert gleichzeitig als Grenze gegen eine individualistische Wendung, indem neben die als Selbstverwirklichung verstandene Freiheit sofort eine vorgängige, göttlich oder national legitimierte Ordnung tritt, in der eine «prästabilierte Harmonie»[20] existiert, der sich auch der Freiheitsdrang des Einzelnen zu unterwerfen hat. Diese Einordnung des Einzelnen in einen postulierten Gesamtzusammenhang der Welt kommt auch im Zeiterleben zur Geltung. So wird im Gegensatz zum aufgeklärt-liberalen Selbstbewusstsein die Gegenwart nicht als erste Epoche der Zukunft bestimmt, sondern als letzte Epoche der Vergangenheit, die den Einzelnen einreiht und mit der vor ihm liegenden Ahnenreihe verbindet.[21] Diese Ahnenreihe, versinnbildlicht mit den Begriffen des Volkes, der organischen Gemeinschaft und der Familie, bildet dann die Lebenswelt des Einzelnen, in der er seine Freiheit ausüben kann.

Gruppe der Jungkonservativen einordnet; Fischer, Theologie, der in Gogartens Personalismus eine Theorie sieht, die an der Wirklichkeit der Welt vorbeigeht und deshalb ungeeignet ist zur zeitgenössischen Orientierung. Dagegen versuchen Lessing, Problem, und Pfleiderer, Theologie, Gogarten von seinen Wurzeln im liberalen Historismus Ernst Troeltschs aus und im soziologischen Denken Max Webers zu lesen. Ein anderes Beispiel der sich überschneidenden Einordnungen einzelner Personen in verschiedene, sich widersprechende weltanschauliche Lager ist Eugen Diederichs, den Nigg, Geschichte, 237 als liberal, v. d. Bussche, Konservatismus, 369, als konservativ eingruppiert.

19 Mannheim, Konservatismus, 115.

20 A.a.O., 117. Offensichtlich ist die begriffliche und inhaltliche Anleihe bei Leibniz.

21 Vgl. a.a.O., 122.

Die Einordnung des Einzelnen in einen ihn übersteigenden Gesamtzusammenhang wird mit dem Begriff des Naturrechtes verbunden. Darunter versteht der Konservatismus allerdings nicht mehr, wie in der Diskussion der Aufklärung, einen guten Urzustand, der durch die Vernunft zu eruieren und in einem Gesellschaftsvertrag zu positiver Gestalt zu bringen ist. Vielmehr wird die Vernunft ausgespielt durch die Betonung von Geschichte, Leben und Volk als den Trägern der Wirklichkeit, die in sich irrational strukturiert ist. Diese Grössen sind aber dem Einzelnen, der als Teil einer Totalität aufzufassen ist, unverfügbar, sind sie doch nur jeweils aus dem anderen heraus erklärbar, indem z. B. das Volk als ein durch die Geschichte organisch gewachsenes und somit nicht dem Willen einer einzelnen Generation verfügbares Subjekt zu gelten hat.

Das Politikverständnis ist darum von der Vorstellung geprägt, Aufgabe des Staates sei es, eine der vorgegebenen Ordnung entsprechende Sozialstruktur zu verwalten. Diese Verwaltung ist Aufgabe einer Beamtenschaft, die jenseits der vielen Einzelwillen in der Gesellschaft aus einem vorgegebenen Gesamtwillen heraus handelt. Für die Einzelnen hat das zur Folge, dass sie aus dem Bereich des Politischen herausgenommen werden und diesen den Verwaltungsexperten überlassen können. Die aus diesem Verständnis entspringende unpolitische Haltung der Konservatismus ist darum nicht als Verweigerung der Partizipation am gesellschaftlichen Diskurs, sondern als höchst politischer Transformationsprozess zu verstehen, in dem durch die Umformung der politischen Frage auf ihre Metaebene versucht wird, die ihm morphologisch zugehörigen Individuums- und Ordnungsvorstellungen zur Durchsetzung zu bringen. Aktuell wird die Frage nach aktiven politischen Partizipation der Konservativen mit dem Beginn der Weimarer Republik, denn deren Gründung zwang sie dazu, selber in den Raum des Politischen mit der Absicht einzutreten, diesen abzuschaffen, bzw. das Politische wieder den «ewigen und rational nicht zu hinterfragenden Gesetzen»[22] unterzuordnen, denen es zugehöre. Dabei ging es dem Konservatismus nicht um die «Rückkehr zu politischen Institutionen, sondern [um] die Rückkehr zu einer traditionellen Haltung – der Haltung des Unpolitischen».[23]

Der Staatsrechtler Hans Nawiasky, der direkt nach der Machtergreifung der Nationalsozialisten aus Deutschland in die Schweiz emigrierte, veröffentlichte im Jahr 1934 eine Studie unter dem Titel *Staatstypen der Gegenwart*[24], in der er auch die Staats- und Gesellschaftsdenken des Kon-

—

22 V. d. Bussche, Konservatismus, 19.

23 Diese Haltung ist beschrieben in den Betrachtungen eines Unpolitischen von Thomas Mann.

24 Nawiasky, Staatstypen.

servatismus thematisiert. Hier lässt sich – wenn auch aus liberaler Perspektive – aufzeigen, wie die Grundannahmen der Bindung des Einzelnen an sein Volk, die vorgängige Bestimmtheit des Volkes, die Auflösung der Politik in Verwaltung und Opposition gegen liberale Begrifflichkeit staatstheoretisch ausgebaut werden. Nawiasky sieht die moderne Gesellschaft geprägt durch die Auseinandersetzungen von mit den Gegensatzpaaren Individualismus gegen Kollektivismus und Rationalismus gegen Emotionalismus beschreibbaren Gruppen.[25] Der durch Kollektivismus und Emotionalismus geprägte Konservatismus sieht die Gesellschaft in einer in der Vergangenheit entwickelten gesellschaftlichen Wirklichkeit verwurzelt, die «stets soziale Gebundenheiten enthält, die sich nach eigenen, von aussen nicht dirigierbaren Antrieben entwickeln».[26] So gliedern sich qua ihrer Natur die verschiedenen Völker jeweils in die «sozialen Einheiten der Familie, der Sippe, der Landschaft, der Berufe»[27], was gewöhnlich mit dem Bild des Organismus im Gegensatz zur mechanischen Maschine visualisiert wird. Nawiasky sieht in dieser charakteristischen Gesellschaftsbeschreibung konservativen Denkens dessen Impuls gegen die individualistische Aufklärung und die rationale Moderne durchscheinen und weist zugleich auf den Selbstwiderspruch des Konservatismus hin, der die Gesellschaft durch die Darstellung als eines Organismus einer schöpferischen Tat im Vertragsabschluss entzieht und einen solchen für unmöglich erklärt, gleichzeitig dem Rationalismus aber vorwirft, den Staat auf ebendiese Weise tatsächlich erschaffen zu haben. Will der Konservatismus nicht inhaltlich inkohärent sein, so kann er allein als Wertsystem, nicht aber als Welterkenntnis auftreten.[28] Die Elemente eines konservativen Wertsystems sieht Nawiasky in der Betonung von Gemeinschaft, von Hierarchisierung, der Entwicklung statt der Schaffung und des Emotionalismus.

Aus der Setzung der Familie oder der Sippe als primären Bezugsrahmen des Einzelnen und der legitimatorischen Gründung des Staates nicht in einem souveränen Vertragsabschluss des Volkes, sondern im «angestammten» Herrschaftsanspruch des adligen Souveräns oder der republikanischen «Idee des alten Rechts»[29], ergeben sich Bild, Funktion und Aufgaben, sowie die Grenzen des Staates. Der Staat wird im Gegenüber zum Volk als dessen hypostasierte Einheit gesehen, deren Symbol dieses ist. Die Funktion des Staates ist dann die überzeitliche Legitimation des Volkes, dessen politische Fragen die Beamten als Staatsfunktionäre dem Einzelnen

---

25 A.a.O., 15f.
26 A.a.O., 117.
27 A.a.O., 118.
28 Vgl. a.a.O., 119.
29 A.a.O., 121.

abnehmen können, um dadurch «die übrige Bevölkerung entpolitisieren und auf die Lebensgebiete beschränken zu können»[30], die zu entscheiden sie kompetent sind. Da die Staatsaufgabe in der Verwaltung besteht, wird die unter der Verwaltung liegende Tätigkeit dem Einzelnen überlassen. So hat dieser das Recht auf die freie Wahl und Ausübung der Religion, das der Staat zu gewähren hat. Ebenso steckt und überwacht der Staat in Kultur und Wirtschaft allein den Betätigungsrahmen der Individuen, interveniert aber nicht in die freie Betätigung der Bürger. Darum lässt sich das im sozialen Bereich für konservatives Denken grundlegende Prinzip der Subsidiarität auf alle Bereiche staatlichen Handelns ausdehnen.

Auf diese Weise «strebt der konservative Gedanke danach, an Stelle der Maxime vom grössten Glück der grössten Zahl das Ideal der wohlgeordneten Gemeinschaft zu verwirklichen».[31]Eine besondere Affinität zu den «festgefügten Wertsystemen der positiven Religionen»[32] hat der Staat deshalb, weil diese ihm materiale Weltordnungen liefern, die zudem dem emotionalen Charakter des Konservatismus entsprechen.[33]

Diejenigen Begriffe, über die sich in den Jahrzehnten um 1900 konservative Mentalitäten ausdrücken und verbreiten und die auch in den hier untersuchten theologischen Debatten Einzug finden, sind die Beschreibung der Gesellschaft als eines Organismus oder einer organisch verfassten Gemeinschaft, das Verständnis von Politik als eines dem Mehrheitswillen entzogenen Verwaltungsaktes und der Prävalenz der Freiheit des Einzelnen vor der Gleichheit Aller. Inwiefern diese Ausdrucksformen einer konservativen mentalen Disposition Eingang in die theoretischen Konzeptionen der untersuchten Theologen finden, wird die Rekonstruktion von deren gesellschaftstheoretischen Entwürfen in den folgenden Kapiteln aufzeigen.

1.2) Schweizer Mentalitäten um 1900

Auch die verhältnismässig kleine Bevölkerung der Schweiz um 1900 lässt sich nicht auf eine gemeinsame handlungsleitende Mentalität reduzieren,

—

30 A.a.O., 124.

31 A.a.O., 127. Auffallend ist die Nähe eines so beschriebenen Konservatismus mit Grundausrichtung und Programm aktueller kommunitaristischer Ethikentwürfe, die diese im Rahmen einer dem Einzelnen vorgegebenen Gemeinschaft aufbauen und sich damit gegen einen ethischen Liberalismus stellen.

32 A.a.O., 130.

33 Vgl. die Aktualität dieses konservativen Gedankens in der heutigen Debatte um das berühmte Böckenförde-Diktum, dass der freiheitliche, säkularisierte Staat von Voraussetzungen lebe, die er selber nicht garantieren könne. Böckenförde, Staat, 60.

vielmehr ist auch sie durchzogen von den Linien, die die verschiedenen regionalen Bevölkerungsgruppen sowie kulturellen Milieus voneinander trennen und die sich auf unterschiedlichen Ebenen zeitigen. So ist das Land geografisch durch die Kleinteiligkeit der alpinen und voralpinen Siedlungsräume, des Jura und des Mittellandes geteilt, gesellschaftsorganisatorisch durch die Vielzahl der jeweils eigenständigen Kantone, politisch durch die Spaltung in Bürgerliche, Bäuerlich-Konservative und Linke, konfessionell durch die Spaltung in Reformierte und Katholiken, sprachlich durch die drei bzw. vier Landessprachen, und wirtschaftlich durch das Nebeneinander des aufkommenden Banken- und Fabrikenwesens in den Grossstädten, der sich darum gruppierenden Arbeiterschaft und der ländlichen, meist als Bauern oder Heimarbeiter tätigen Bevölkerung. Diese äusseren Faktoren markieren die wichtigsten Bruchlinien, entlang derer die Mentalitätsgrenzen verlaufen. Stark vereinfachend sind diese oft auf die handhabbaren Kontraste zwischen konservativen und liberalen Kräften, zwischen katholischen und reformierten Kantonen, zwischen städtischer und ländlicher Bevölkerung und seit 1914/18 zwischen Arbeiterschaft und Bürgerblock samt Bauern gebracht worden, die sich allerdings gegenseitig geschichtlich ablösten.

Die Genese der Schweiz von einem in den aus dem Mittelalter überkommenen Sozialstrukturen organisierten Kleinststaatenbündnis zu einem modernen Nationalstaat vollzieht sich analog zur gesamteuropäischen Entwicklung im 19. und frühen 20. Jahrhundert. Dieser Prozess der Nationwerdung geht mit sichtbaren Konflikten einher, die an den Grenzen der verschiedenen Bevölkerungsgruppen und damit in gewisser Weise auch aufgrund der Mentalitätsunterschiede aufbrechen. Allerdings ist zu beachten, dass sich in der Grundfrage der Konflikte eine die gesamte Schweiz übergreifende Disposition aufzeigen lässt, um deren sachgemässe Umsetzung die Auseinandersetzungen geführt werden. Dies wird offenbar im Sonderbundskrieg von 1847, der der Höhepunkt eines schon länger schwelenden Konfliktes der unterschiedlichen Gruppeninteressen ist. Grob zusammengefasst trifft dort eine Gruppierung konservativ-katholischer Kantone auf die von den liberal-protestantischen Kantonen Bern und Zürich geführte Mehrheit der Tagsatzung, wobei letztere die hauptsächlich innerschweizer Kantone in diejenigen Eidgenössischen Strukturen zwingt, die durch die Verfassungsrevision und die Schaffung des 1848 realisierten Bundesstaates durchgesetzt werden und denen sich diese teilweise entziehen wollten. Dies geschieht im militärischen Vorgehen der Tagsatzungsmehrheit gegen den Sonderbund, den eine Reihe konservativer Kantone gegen den Plan einer liberalen Verfassungsreform gegründet hatte. Der durch einen einzigen, mit 91 Toten vergleichsweise verlustarmen Feldzug beendete Krieg verläuft allerdings nicht mehr entlang der lange Zeit gültigen «Bruchlinien»[34], sondern er geht diesen teilweise quer. Dies wird daran deutlich, dass sich ein konservativ-protestantischer Kanton wie Basel-Stadt mit dem Sonderbund solidarisiert, während die liberal-katholischen Kantone Solothurn und Tessin auf der Seite der Tagsatzungsmehrheit stehen. Es lässt sich dabei zuerst feststellen, dass die Konfliktlinie zwischen den Konfessionen, die seit 1530 die politischen Diskussionen der Eidgenossenschaft geprägt hatte, an Wirkmacht verliert und durch die ideologisch-politischen Interessen des konservativen und des liberalen Lagers ersetzt wird. Hinzu kommt die irritierende Feststellung, dass sich beide Kriegsparteien mit der Schweizer Freiheit auf den gleichen Wert berufen, den sie zu verteidigen trachten. Es liegt also das Konfliktpotential im Sonderbundskrieg in der Frage nach der richtigen Auslegung und praktischen Ausformung der eigenen Freiheit. So nehmen beide Parteien für sich in Anspruch, Erben und Hüter des abstrakten Eidgenössischen Ideals der Freiheit von Fremdherrschaft zu sein. Die liberale Mehrheit beschreibt diese Freiheit als ein vom liberalen Nationalstaat gewährleistetes Recht des Einzelnen gegenüber jeder sich ihm überordnenden Macht, während die konservative Minderheit im souveränen Kanton als der Heimat der Gemeinschaft, der der Einzelne angehört, den legitimen Rechtsträger der Freiheit sieht.[35]

Das zweite wichtige Ereignis der Schweizer Geschichte, an dem die Auseinanderentwicklung der verschiedenen Bevölkerungsgruppen offenbar wird, ist der Landesstreik im November 1918. In dieser mehrtägigen Auseinandersetzung verläuft die Konfrontationslinie zwischen der Arbeiterschaft, die im Weltkrieg durch die Inflation der Lebensmittelpreise, die anhaltend schlechten Arbeitsbedingungen in den Fabriken sowie den kaum vergüteten Wehrdienst stark beansprucht sind, und den Bauern und Fabrikanten, die in diesen Rahmenbedingungen oft finanzielle Gewinne erzielen konnten.[36] Diese zweite grosse Krise in der Entstehung der modernen Schweiz signalisiert die fortgeführte Marginalisierung der konfessionellen Differenzen, die in diesem Konflikt keine Rolle spielen. Gleichzeitig gelingt es der Schweizer Gesellschaft, auch diesen Konflikt weitgehend friedlich zu lösen, indem wichtigen Forderungen der Arbeiter wie nach einer gleichberechtigten politischen Mitbestimmung durch das Proporzwahlrecht, ob-

---

34 Maissen, Geschichte, 198; die Entstehung der modernen Schweiz unter konfessionellen Aspekten hat Maissen in ders., Bedeutung, bes. 23–25, dargestellt. Dort schildert er die Ghettoisierung des Katholizismus in der Mitte des 19. Jahrhunderts und dessen Bündnis nach Ende des Kulturkampfes in der «bürgerlichen Blockbildung gegen die sozialistische Linke», 24.

35 Maissen, Geschichte, 194.

36 Vgl. a.a.O., 244–246.

wohl sie den Streik scheinbar ergebnislos abbrechen müssen, stattgegeben wird.

Versucht man, an den Bruchstellen der politischen Geschichte allgemeine handlungsleitende Motive zu extrapolieren, die als mentale Dispositionen aller Handlungsträger geltend gemacht werden können, dann sind es besonders ein Freiheitsverlangen des Volkes, um das herum die Erzählungen der Befreiung von Fremdherrschaft im Mittelalter konstruiert werden, und die grundsätzliche Bereitschaft, über die Umsetzung dieses Verlangens in demokratischen Strukturen zu verhandeln. Zu Konflikten kommt es immer dann, wenn danach gefragt wird, was Freiheit sei, wer Träger der Freiheit sein könnte und was das Fremde sei, gegen dessen Herrschaft man sich zu wehren hätte. Im Sonderbundskrieg sehen die Konservativen in der vertragsrationalen liberalen Verfassung einen Ausdruck des Fremden, während die Liberalen im konservativen Festhalten an der alten Verfassung eine Einschränkung individueller Freiheit erkennen. Richtungsübergreifend wird das Freiheitsverlangen im Laufe des 19. Jahrhundert verstärkt im Geschichtsmythos des Wilhelm Tell ausgedrückt. Als dessen inhaltlichen Anfangspunkt kann man ein Schillerzitat heranziehen, an dem entlang sich die neue nationale Identität der Schweiz gründen konnte: «Doch wir, der alten Schweizer echter Stamm, wir haben stets die Freiheit uns bewahrt.»[37] Durch die bewusste Einbeziehung der katholisch-konservativen Innerschweiz in die ideologische Selbstbestimmung wird über dieses Konstrukt eines bis ins Hochmittelalter reichenden Freiheitswillens ein Nationalbewusstsein aufgebaut, das so weit geht, sogar «die Zentren des Widerstandes gegen staatliche Modernisierung zum Stammland moderner Freiheit»[38] zu machen. Dabei widerspricht diese narrative Selbstkonstruktion eines durch bäuerliche Freiheit geprägten Volkes sogar den faktischen Zuständen, das Bürgertum bleibt also trotz der Industrialisierung und der faktischen Machtallokation in den grossen Städten des Mittellandes dem «nationale[n] Wertemuster eine[s] idealisierten Bauerntum[s] verpflichtet».[39] Dieses Selbstbild erfüllt im Bürgertum die Funktion, den «durch Wanderbewegungen und Berufswechsel aus ihrem ursprünglichen Umfeld»[40] gerissenen Bürgern einen ideellen, überlokalen Bezugsrahmen zu geben. Dieser kann aber nicht der des nördlichen Nachbarn

---

37 Schiller, Tell, Zweiter Aufzug, zweite Szene. Vgl. zur Rezeptionsforschung Mettler, «Tell», 191; Marchal, Gebrauchsgeschichte, 255–304.

38 Siegenthaler, Handbuch, 443–473.

39 Gäbler, Art. Schweiz, 703. Vgl. auch Marchal, Gebrauchsgeschichte, 349–428.

40 Maissen, Geschichte, 231.

Deutschland sein, unterscheiden sich doch beide Völker in der Tatsache, dass in der Schweiz «souveränes Volk und Nation zusammenfielen».[41]

Die demokratische Disposition zeigt sich darin, dass die Konflikte immer auch um die Frage ausgefochten werden, wie eine adäquate formale Umsetzung demokratischer Strukturen aussehen und gelingen könne. Anders als in den meisten europäischen Ländern wissen die Stimmbürger über ihre Möglichkeit, gesellschaftlich-politische Veränderungen in einem demokratisch-diskursiven Prozess zu erreichen, da die verschiedenen Formen demokratischer Entscheidungsstrukturen – die Rätesysteme der grossen Städte ebenso wie die kommunale Selbstverwaltung auf dem Land – eine lange Kontinuität besitzen. Dass die demokratischen Rahmenbedingungen in diesem Prozess immer neu ausgehandelt werden, zeigen die verschiedenen Revisionen der Bundesverfassung von 1848 im späten 19. und im 20. Jahrhundert, in denen diese den aktuellen Gegebenheiten angepasst wurde, ebenso wie die schrittweise Einführung des Frauenstimmrechts ab 1958. Die Frage nach der formalen Ausgestaltung der Demokratie wird also als Teil des grundsätzlich gewollten Prozesses der Demokratie verstanden.

1.2.1) Zur Mentalität des Schweizer Bürgertums

Um auf der Basis dieser allgemeinen schweizerischen Beschreibung tiefer in diejenige Mentalität einzutauchen, die prägend auf Karl Barth und Martin Werner eingewirkt hat, muss eine konfessionelle, eine geografische und eine soziale Eingrenzung vorgenommen werden. Denn obwohl keine dieser Unterscheidungen dauerhaft handlungsleitend wirkt, ist es doch ein Konglomerat aus allen dreien, das das Milieu der Beiden im Gegensatz zu anderen Milieus kennzeichnet. Zusammengefasst kann man dieses Milieu als das des protestantischen Bürgertums der Städte beschreiben,[42] obwohl auch zwischen den Städten wiederum gewissen Mentalitätsunterschiede

---

41 Ebd.

42 Leider steckt die mentalitätsgeschichtliche Erforschung der neuzeitlichen Schweiz noch in den Anfängen. So ist die Zahl der einschlägigen Arbeiten überschaubar. In Hinblick auf Bern und Zürich liegt die wohl ausführlichste Darstellung vor bei Tanner, Patrioten. Sarasin, Stadt, beschreibt das Grossbürgertum in Basel. Nöthiger-Strahm, Protestantismus, bleibt in ihrer Dissertation zur Reaktion der protestantischen Medien auf den Landesstreik trotz des Untertitels sehr in den Bahnen einer rezeptionsanalytischen Geschichtsschreibung und lässt den Versuch einer über die Quellenanalyse hinausgehende Synthese vermissen. Einen Eindruck der Lebenswelt um 1900 bieten biografische Darstellungen wie das von Jehle-Wildberger verfasste Buch, Keller, oder die Schilderung des Berner Kirchenstreites von Ficker Stähelin, Barth.

bestehen, wie eine Episode aus dem Berner Kirchenstreit im Jahr 1951 zeigt, in der der Basler Karl Barth mit dem humorvoll gemeinten Verweis auf den Grossvater seines Berner Kontrahenten Markus Feldmann dessen und vieler anderer Berner und Zürcher Missfallen erregt.[43] Dennoch gibt es verbindende Kennzeichen, die eine solche Gruppenbestimmung sinnvoll erscheinen lassen. Dazu gehört eine gewisse finanzielle Kraft, die die Möglichkeit freiberuflicher Arbeit verschafft, oder eine entsprechende formale Bildung, die neben der Geburt Zugang zu diesem Milieu gewähren. Aufgrund ihrer Bildung können die Familien Werner und Barth in diesen Kreis eingeordnet werden, dem nach Schätzungen von Albert Tanner um 1900 ca. 6 Prozent der Schweizer Gesamtbevölkerung angehören.[44] Tanner betont in seiner Darstellung der Bürgermentalität, dass diese in den oben genannten gesamtschweizerischen Grundwerten, die er als politische Überzeugungen und Haltungen bezeichnet, mit den anderen Bevölkerungsgruppen übereinstimme, allerdings gehöre «zur bürgerlichen Lebensweise ein System von gemeinsamen Werten und Normen wie Leistung und Erfolg, Fleiss und Arbeit, Pflicht und Beruf. Sie gründete auf einer rationalen Lebensführung, auf Individualität und Selbstverantwortung, auf Innenleitung und selbständigem Urteilen, aber auch auf einer hohen Wertschätzung von Familie und Verwandtschaft und einer ausgeprägten geschlechterspezifischen Rollenteilung.»[45]

In religiöser Sicht drückt sich dies in einem Glauben aus, der als auf einer pietistisch-individualistischen Frömmigkeit[46] gegründet bezeichnet werden kann. Diese Feststellung ist auf den ersten Blick erstaunlich, wenn man die harten Richtungskämpfe bedenkt, die den Schweizer Protestan-

—

43 Vgl. dazu Ficker-Stähelin, Barth, 88–103, bes. 89, FN 1: Barth hatte im ersten Brief an Feldmann darauf verwiesen, dass dessen Grossvater als Lehrer von Barth oft unter seinen Schülern zu leiden hatte, weshalb er in Feldmanns Vorgehen gegen ihn die gerechte Strafe dieser jugendlichen Schandtaten sehe. Diesen als Witz gemeinten Einstieg und die humorlose Antwort Feldmanns, sein Verhalten habe nichts mit dem Ergehen seines Grossvaters zu tun, kommentierten die Basler Nachrichten am 14.8.1951 so: «Barth hat den Fehler begangen, der einem Basler gelegentlich passiert: Er hat seine Kontroverse mit einem erasmischen Witz begonnen, und das ist ihm verübelt worden. Natürlich geht Dr. Feldmann nicht auf diesen Scherz ein. [...] Womit er die ganz seriösen Leser auf seiner Seite hat, ebenso die NZZ, welche den barthschen Anknüpfungspunkt als ‹höchst eigenartig› bezeichnet. Das ist eine Lehre; Man soll eben vom Rhein aus seine ernste Meinung nicht als lachende Wahrheit über den Jura schicken!»

44 Vgl. Tanner, Patrioten, 683.

45 A.a.O., 687.

46 Vgl. zum Pietismusbegriff Wallmann, Anfänge.

tismus im 19. und frühen 20. Jahrhundert prägen und erschüttern. Im Laufe dieser Kämpfe spalteten sich Pfarrerschaft und engagierte Gemeindeglieder in die drei in ihrer Theologie und Frömmigkeit auseinandergehenden Parteien der Liberalen, der Vermittler und der Positiven, die einen harten Kampf um die theologische Wahrheit und die kirchliche Macht ausfochten.[47] Durch die verbreitete Rezeption der Ergebnisse der historisch-kritischen Bibelforschung und der philosophischen Errungenschaften der Aufklärung entwickelte sich in den Schweizer Kirchen eine starke liberale Parteiung, der es in ihrem Handeln um eine «Neubesinnung der Kirche auf ihre Grundlagen und auf die Notwendigkeit des Glaubenszeugnisses in einer sich rasch wandelnden Welt»[48] ging. Diese Neubesinnung sollte über die Entwertung der kirchlichen Bekenntnisse zugunsten des individuellen Glaubensausdrucks funktionieren, wobei sich dieser individuelle Glaube an einem von der dogmatischen Konstruktion befreiten historischen Jesus orientieren sollte.[49] Diese zweite Bestimmung, die starke Bibelbezogenheit der liberalen Theologie, stellte bei allen differierenden Auslegungsergebnissen das verbindende Element mit den Positiven dar. Denn auch diese hatten in der Betonung der Bibellektüre als Grundlage des Glaubens ihr Fundament, die sie allerdings mit dem Geltungsanspruch der altkirchlichen und reformatorischen Bekenntnisse und deren dogmatischen Entscheidungen verbanden, die sie verteidigten und bewahrten. Da sich diese Richtungskämpfe jedoch hauptsächlich auf spezifisch theologische Fragestellungen reduzierten, kam es dazu, dass «die oft erbitterten Richtungskämpfe […] eine innere Verunsicherung weiter Kreise»[50] der Gläubigen verursachte und Gemeindeglieder von der so zerstrittenen Kirche entfremdete.

Folgende Elemente scheinen die bürgerliche Frömmigkeit über die Grenzen der politischen Richtungen hinweg zu prägen. An erster Stelle steht ein individualisierter Glaubensbegriff, in dem die Bewahrheitung des Glaubens nicht einer autoritären Kirchenmacht zugeschrieben wird, sondern in dem sich Glaube im Gewissen des Einzelnen bewahrheiten muss. Äusseres Kennzeichen dieses Glaubensverständnisses ist z. B. die Abschaffung der Bekenntnisgebundenheit der Berner Landeskirche in der Kirchenverfassung von 1874. Dieser Glaube ist zweitens aber nicht beliebig, sondern orientiert und speist sich aus einer starken Bibellektüre. Indiz dafür, dass die Bibel tatsächlich gelesen wurde, ist das rasche Entstehen von Bibel-

---

47 Vgl. Schweizer, Freisinnig; Vischer (Hg.), Kirchengeschichte, 236–240, Gäbler, Schweizer, 143–155.

48 Pfister, Kirchengeschichte, 260.

49 Vgl. Guggisberg, Protestantismus, bes. 3–49.

50 Pfister, Kirchengeschichte, 267.

gesellschaften im frühen 19. Jahrhundert und deren guter Absatz in den folgenden Jahrzehnten.[51] In dieser Prägung christlichen Bürgertums sind die meisten Theologenfamilien dieser Jahrzehnte zu verorten, in denen der Beruf des Vaters nicht selten die Berufswahl der Söhne beeinflusst.[52] Dabei ist die Intensität der gelebten Frömmigkeit auch in diesem Milieu durchaus unterschiedlich. Philipp Sarasin weist in Bezug auf Basel auf ein tendenziell auch auf Bern übertragbares Faktum hin, dass einer «jedem Luxus abgeneigte[n] und der Wohltätigkeit ‹am Geringsten› verpflichtete[n] Glaubenslehre […] längst nicht alle» Bürger anhingen. Allerdings, und darin liegt das dritte Element bürgerlicher Frömmigkeit, hätte es eine Übereinstimmung in der «in einem allgemeinen Sinne christlichen Überzeugung [gegeben], dass der Reiche Verantwortung für das Los der Armen ‹in seiner Mitte›, das heisst in der eigenen Gesellschaft trage.»[53] Die Betonung der Notwendigkeit tätiger Nächstenliebe durchzieht die Programme des religiösen Bürgertums und kann als allgemein protestantische Überzeugung geltend gemacht werden. In der praktischen Durchführung dieser Programmatik lassen sich wiederum Unterschiede zwischen den Kirchenparteien ausmachen, die unter den Bedingungen des 20. Jahrhundert wieder zur Geltung kommen werden. Die Lage um 1900 stellt sich so dar, dass sich für die Positiven kirchliche Liebestätigkeit «strikte auf die karitative Situation»[54] beschränkt. Kirchliche Hilfe ist dann akute Nothilfe an Menschen, deren Not Ausdruck einer an sich erlösungsbedürftigen Welt ist. Das liberale, auf die Eigenverantwortung des Einzelnen vertrauende Menschenbild, das eine positive Entwicklung der Welt durch kulturschaffendes Handeln als reale Möglichkeit ansieht, findet den Sinn karitativer Arbeit darin, den Einzelnen zur Selbsthilfe zu befähigen. Darum treten neben die Geldspenden auch Erziehungsprogramme. Angesichts der faktischen Schichtung und Spaltung der Gesellschaft verlangt der aufkommende Religiöse Sozialismus im Sinne des liberalen Programms eine Umgestaltung der Gesellschaftsstrukturen, die es den entrechteten Massen erst ermöglicht, durch Kultur selbst- und weltverändernd zu wirken. Bei allen Einzelheiten im theologischen und programmatischen Detail zeigt sich doch eine Verhaltensdisposition in der grundsätzlichen Übereinkunft, die Gesellschaft als einen solchen Rahmen auch kirchlichen Handelns zu betrachten, in dem sich der Einzelne verantwortlich einzubringen habe.

Aus dem Letztgenannten ergibt sich der Bereich der politischen Einstellungen als weiterer Bereich, aus dem sich eine mentale Disposition des

---

51 Vgl. a.a.O., 199–210.
52 Vgl. Busch, Lebenslauf.
53 Sarasin, Stadt, 138.
54 Nöthiger-Strahm, Protestantismus, 94.

Schweizer Bürgertums ansichtig machen lässt. Diese soll anhand eines Phänomens umschrieben werden, das im späten 19. Jahrhundert auffällige Bedeutung erlangt. In der Biografie vieler Deutschschweizer Bürger fällt eine Verbindung zu Deutschland auf. So studieren Barth und Werner wie viele andere Schweizer ihrer Generation[55] einige Semester im Deutschen Kaiserreich. In dieser Zeit erleben sie dort einen gesteigerten Nationalismus, der sich aus romantisch-irrationalen Quellen speist und sich in völkisch-konservativen Bildern ausformt, als prägendes Element der deutschen Mentalität und werden mit ihm konfrontiert. Dabei werden sie als Schweizer allerdings nicht exkludiert, vielmehr wird ihnen die Möglichkeit zur Anknüpfung gegeben, wie sie beispielsweise im offiziellen Bereich dadurch vollzogen wird, dass Kaiser Wilhelm II. bei seinem Staatsbesuch im Jahr 1912 einem Manöver der Schweizer Armee beiwohnt.[56] Doch trotz dieser Offenheit zur Identifikation des deutschen mit dem schweizerischen Volk und trotz der biografischen Nähe im Erleben des deutschen Autoritätsdenkens bleibt das bürgerliche Selbstbewusstsein eigenständig und es bleibt der Wert der bürgerlichen Freiheit handlungsleitend. Dieser Befund lässt sich plausibel erklären durch das Postulat eines grundlegend am westeuropäischen Kontraktualismus geschulten Staatsdenkens und einer tief verwurzelten Grundüberzeugung der bürgerlichen Selbstbestimmung. Doch führt diese Nähe zur Kultur und Gesellschaft des Deutschen Reiches auch dazu, dass sich diese Grundüberzeugung mit Sprachelementen der in Deutschland virulenten konservativen Mentalität vermischt, die oben geschildert wurde. So kommt es, wie in der Rekonstruktion der theologischen Gesellschaftslehren von Barth und Werner gezeigt werden soll, zur Vermischung eines deutsch-konservativen Begriffsarsenals mit liberal-schweizerischen Grundanschauungen.

---

55 In einer unvollständigen Aufzählung seien die Theologen Fritz Barth und Leonhard Ragaz, der Begründer der später nach ihm benannten und von Karl Barth und Martin Werner besuchten Schule Theodor von Lerber oder der Oberbefehlshaber der Schweizer Armee während des Zweiten Weltkriegs Henri Guisan genannt. Vgl. auch als Zeitzeugenbericht Kasser, Erinnerungen: «Der Plan für die Vorlesungen und Seminarien hielt die Vor- und Nachpropaedeutiker streng auseinander. Diese pflegten, von Stipendien ausdrücklich ermuntert und gefördert, ein oder mehrere Auslandssemester anzuschliessen», 87.

56 Vgl. Stadler, Reich, 7. Das Interesse Wilhelms II. lag dabei darin, die Wehrfähigkeit der Schweiz zu inspizieren, um vor einem erwarteten Krieg mit Frankreich die Erfolgschancen eines französischen Angriffs über Schweizer Territorium einschätzen zu können.

2) Die theologischen Prägungen von Karl Barth, Friedrich Gogarten und Martin Werner als ideologische Ausdrucksformen mentaler Dispositionen

Im Folgenden sollen überblicksartig diejenigen reflexiven Theoriengestalten dargestellt werden, in denen sich die bürgerliche Mentalität vornehmlich ausgedrückt hat. Denn die Reflexionsgestalten des durch bestimmte Mentalitäten geprägten Lebensvollzugs liegen in bestimmten Weltanschauungen vor, die wiederum einem theoriegeschichtlichen Überlieferungsprozess zugehören. Da im Bereich der Theologie Theorieproduktion als Arbeit Einzelner entsteht, muss die biografische Perspektive, aus der heraus diese Arbeit geschieht, mit bedacht werden. Darum werden nach einem kurzen Lebenslauf der drei Theologen diese Weltanschauungen präsentiert, in denen sich Barth, Gogarten und Werner zumindest zu Beginn ihrer wissenschaftlichen Arbeit bewegt haben und in denen ein Ausdruck der sie prägenden Mentalitäten vorliegt. Dies ist auf theologischer Ebene in besonderer Weise ein vielfältig gestalteter Liberalismus, auf kirchlicher Ebene nimmt der Religiöse Sozialismus einen Einfluss auf sie, in gesellschaftlicher Sicht sind Barth und Werner geprägt von einem grundsätzlich demokratisch-vertragsrationalen Denken, während Gogarten schon früh in Kontakt zum völkisch angehauchten Kreis um den Verleger Eugen Diederichs gerät.

2.1) Biografische Skizzen

2.1.1) Karl Barth

Karl Barth wurde am 10. Mai 1886 in Basel als erster Sohn von Fritz Barth und Anna Katharina Barth, geb. Sartorius geboren.[57] Sein Vater war zu dieser Zeit Lehrer an der pietistisch geprägten Evangelischen Predigerschule Basel, die 1876 als Gegenpol zur liberal geprägten theologischen Fakultät an der Basler Universität gegründet worden war. Über die Mutter war Barth verwandtschaftlich mit dem Basler Grossbürgertum verbunden. 1889 wurde sein Vater an die Berner Theologische Fakultät berufen, weshalb die Familie nach Bern übersiedelte. Karl wuchs fortan im Milieu des pietistisch geprägten Berner Bürgertums auf. Er besuchte das in diesem Sinne geleitete Freie Gymnasium, wo er 1904 maturierte. Der der modernen liberalen Theologie zugeneigte Barth studierte vier Semester in Bern, bevor er bedingt durch harte Auseinandersetzungen mit seinem Vater semesterweise in Berlin besonders bei Adolf v. Harnack, wieder in Bern und in

---

57 Die massgebliche biografische Darstellung des Lebens von Karl Barth ist immer noch Busch, Lebenslauf.

Tübingen bei Adolf Schlatter studierte. Erst im letzten Studiensemester erlaubte sein Vater einen Studienaufenthalt im von Karl präferierten Marburg, wo mit Wilhelm Herrmann der Theologe sass, der ihm im Laufe seines Studiums zum eigentlichen Lehrer geworden war. Daneben wurde Barth in Marburg massgeblich durch Herman Cohen und Paul Natorp, die beiden Führer des Neukantianismus, geprägt. Ebenso begann die lebenslange Freundschaft mit Martin Rade, dem Herausgeber der *Christlichen Welt*, der wichtigsten Zeitschrift der liberalen Theologie. Über eine durch Rade vermittelte Anstellung in der Zeitschriftenredaktion konnte Barth nach den Examina ein weiteres Jahr in Marburg bleiben. Nach einem Vikariat in Genf wurde Barth 1911 als Pfarrer in das durch frühindustrielle Arbeitsformen geprägte aargauische Dorf Safenwil berufen. Wichtige Ereignisse dieser Zeit sind sein sozialpolitisches Engagement für die ortsansässige Arbeiterschaft, die über Eduard Thurneysen geknüpften Kontakte zu Christoph Blumhardt in Bad Boll und der Beginn seiner eigentlichen wissenschaftlichen Tätigkeit, die ihren ersten grossen Ausdruck in der eigenwilligen Auslegung in der ersten Fassung seines Römerbriefkommentars fand. Immer wieder konnte sich Barth für einige Monate Urlaub zur Abfassung des Römerbriefkommentars nehmen, währenddessen er u. a. auch vom Vikar Martin Werner vertreten wurde. Dieses Buch brachte ihm eine Berufung auf einen gestifteten Lehrstuhl für reformierte Theologie in Göttingen, die er 1921 annahm. Der Eintritt ins Universitätslehramt entfachte eine grosse dogmengeschichtliche und dogmatische Produktivität, die Zeit seines Lebens nicht mehr aufhörte. 1925 erfolgte die Berufung auf eine ordentliche Professur in Göttingen, 1930 diejenige nach Bonn. Eine mögliche Berufung nach Bern als Nachfolger von Hermann Lüdemann war im Jahr 1927 gescheitert, da die Kantonalregierung die Forderungen Barths nicht erfüllen wollte, woraufhin Martin Werner berufen wurde. Von Bonn aus intensivierte Barth sein kirchenpolitisches Engagement, das ihn zu einer der theologischen Führungspersonen der Bekennenden Kirche machte. Dieses Engagement führte anlässlich seiner Weigerung, den von ihm als deutschem Staatsbeamten geforderten Führereid zu leisten, zu seiner Zwangspensionierung und Ausweisung aus Deutschland. Diesmal war es Basel, das ihm schnell eine annehmbare Professur einrichtete. So lehrte Barth von 1935 bis zu seiner Emeritierung 1962 mit Ausnahme der beiden Sommersemester 1946 und 1947, die er in Bonn tätig war, in Basel. Die Kirchliche Dogmatik ist ein Werk hauptsächlich dieser Zeit. Ebenso ist die Basler Zeit durch eine grosse politische Tätigkeit geprägt, in der er sich zu inländischen Themen ebenso äusserte wie zum europäischen Zeitgeschehen. Von seiner grossen Strahlkraft im letzten Lebensjahrzehnt zeugen die Dokumente der vielen offenen Gespräche, die er noch führte. Am

10. Dezember 1968 starb Barth in seiner Geburtsstadt im Alter von 82 Jahren.

2.1.2) Friedrich Gogarten

Friedrich Eduard Gogarten wurde am 13. Januar 1887 als Sohn des Uhrmachers Karl Emil Gogarten und dessen zweiter Ehefrau Friederike, geb. Bennekämper in Dortmund geboren. Wenige Monate nach Friedrichs Geburt starb sein Vater. Dennoch konnte nach dem Besuch der Volksschule in Dortmund auch der des Gymnasiums finanziert werden, zuerst in Minden i. W., ab 1903 in Dortmund und ab Ostern 1905 in Hannoversch Münden. Dort legte er im März 1907 die Reifeprüfung ab.

Ein ausgeprägter religiöser oder kirchlicher Hintergrund scheint in der Familie Gogarten nicht vorhanden gewesen zu sein, und so war es die eher zufällige Begegnung mit dem in Dortmund ansässigen Pfarrer Gottfried Traub, die bei ihm ein Interesse an Religion und Christentum weckte. Im Gegensatz zu vielen seiner späteren Kollegen in Kirche und Universität kommt Gogarten nicht aus einer Pfarrers- oder Theologenfamilie, sondern ist nach seiner Herkunft gewissermassen ein Aussenseiter im theologischen Betrieb. So fing er denn auch nach der Gymnasialzeit erst einmal ein Studium der Kunstgeschichte in München an. Nach einem Semester entschloss sich Gogarten in Rücksprache mit Traub zum Studienwechsel. Ab dem Herbst 1907 studierte er auf Anraten Traubs Theologie in Jena, wo ihn besonders Heinrich Weinel prägte. Dieser versuchte über ein ethisierendes Jesusbild breitenwirksam das Christentum in der Gesellschaft zu verankern und betrachtete dabei den geschichtlichen Jesus als Vollender einer sittlichen Erlösungsreligion.[58] Mit dieser Prägung im Gepäck wechselt Gogarten nach drei Semestern im Sommer 1909 für ein Jahr nach Berlin, wo ihn besonders v. Harnack, Kaftan und Gressmann auf seiner Suche von Lebenspositionen jenseits «äusserer Vergewisserungsinstanzen wie der Bibel und der Bekenntnisse»[59] beeindruckten. Eine dritte Form liberaler Theologie lernte Gogarten in Heidelberg kennen bei dem Theologen, der ihm wohl am Stärksten zum Lehrer wurde, bei Ernst Troeltsch. Ab Sommer 1910 war Gogarten für vier Semester in Heidelberg eingeschrieben und besuchte dort alle Veranstaltungen von Troeltsch, u. a. die von seiner Freundin Gertrud v. le Fort, die er dort kennengelernt hatte, mitgeschriebene und 1925 nach dem Tode Troeltschs veröffentlichte Vorlesung über die Glaubenslehre.[60] An Troeltschs Seminar nahm er auch

---

58 Vgl. Bezzel, Art. Weinel; Kroeger, Gogarten, 34f.
59 Claussen, Adolf von Harnack, 148.
60 Troeltsch, Glaubenslehre.

noch während seiner praktisch-theologischen Ausbildung teil.[61] Die Bedeutung Troeltschs kommt in einer autobiographischen Skizze aus dem Jahr 1922 zum Vorschein, in der Gogarten schreibt: «Von Ostern 1910 bis Ostern 1912 studierte ich in Heidelberg, von allem bei Professor Troeltsch, dessen unerschrockene Auseinandersetzung mit den Problemen des modernen Geistes und Einführung in diese Arbeit mit die wertvollsten und bedeutendsten Eindrücke meines Universitätsstudiums geworden sind.»[62]

Schon während des Studiums besuchte Gogarten 1910 zur Examensvorbereitung den in Fiesole bei Florenz wohnenden Arthur Bonus, zu dem ihm Gottfried Traub den Kontakt vermittelt hatte und mit dem ihn bald eine intensive Freundschaft verband. Einen zweiten Aufenthalt in Fiesole 1912/13 nutzte er vornehmlich zur Abfassung seiner Fichte-Arbeit. Die langen Italienaufenthalte machten ihm Bonus zu einem zweiten grossen Lehrer, mit dem er bis in die späten 1920er Jahre in Kontakt blieb. Dem Studienabschluss in Heidelberg mit der 2. Theologischen Prüfung folgte ein halbjähriger Studienaufenthalt in Zürich, wo er mit Leonhard Ragaz in einen engen Kontakt kam, der brieflich fortgesetzt wurde und in der unterschiedlichen Einschätzung des Ersten Weltkrieges ein Ende fand.[63]

Durch die Veröffentlichung der Fichte-Schrift im Diederichs-Verlag und der damit verbundenen Absage an Ernst Troeltsch, die Arbeit als Dissertation in Heidelberg einzureichen, beschritt Gogarten ohne offizielle universitäre Qualifikation eine kirchliche Laufbahn, die ihn über Stolberg bei Aachen im Sommer 1914 nach Bremen und ab 1917 nach Stelzendorf, einem Dorf 50 km südöstlich von Jena brachte. Dort arbeitete er, schon im Sommer 1913 als kriegsuntauglich gemustert, während des Krieges. Im Oktober 1925 übernahm er die Pfarrstelle im 13 km hinter Jena liegenden Dorndorf, mit deren Übernahme ein Lehrauftrag an der Theologischen Fakultät in Jena verbunden war. Dort konnte er sich, nachdem er von der Giessener Fakultät im Dezember 1924 den Ehrendoktortitel verliehen bekommen hatte, im Frühjahr 1927 habilitieren. Nachdem ein Ruf nach Marburg, Münster und Berlin an seiner konservativen politischen Haltung gescheitet war,[64] wurde er zum Sommersemester 1931 auf einen Lehrstuhl für Systematische Theologie nach Breslau berufen. Im Sommer 1935 vertrat er den Bonner Lehrstuhl von Karl Barth, der kurz davor aus dem Dienst entlassen worden war. Zum Herbst ging er nach Göttingen, wo er

---

61 Vgl. M. Kroeger, Gogarten, 47–52.

62 Zitiert nach M. Kroeger, Gogarten, 25.

63 Vgl. zur oft übersehenen Prägung Gogartens durch Ragaz: Graf, Deutung, 179f.

64 Vgl. Schneider-Ludorff, von Tilling, 221–225.

bis zu seiner Emeritierung im Februar 1955 als ordentlicher Professor für systematische Theologie und als Universitätsprediger blieb.

Schon bald nach der Übernahme der Pfarrstelle in Stelzendorf begann Gogarten eine rege Vortragstätigkeit, die ihn v. a. durch Deutschland, aber auch in die Schweiz führte. Aus dieser Tätigkeit entstammt eine Vielzahl von Aufsätzen, die teilweise in eigenen Aufsatzbänden im Diederichs-Verlag publiziert wurden, oft aber auch in der von ihm mit initiierten Zeitschrift «Zwischen den Zeiten» erschienen, die ab 1923 zum Hausblatt der dialektischen Theologen um Karl Barth, E. Thurneysen und später auch Rudolf Bultmann wurde.[65] Nach 1933 geriet Gogarten immer mehr in Isolation, da er zu keiner der Kirchenkampfparteien eine bleibende Verbindung knüpfte. Die kurzzeitige Parteinahme für die Deutschen Christen im Sommer 1933 beendete er nach der Sportpalastrede im November 1933, wodurch er seine Freunde sowohl auf der Linken wie auf der Rechten verlor. Mit Rudolf Bultmann, seinem engsten Vertrauten innerhalb der Theologie während der 1920er Jahre, kam es erst ab 1940 durch die Heirat eines Neffen Bultmanns mit einer der Töchter Gogartens wieder zu engerem Kontakt. Zu seinen alten Freunden Bonus, Barth oder Merz war der Kontakt schon deutlich früher abgerissen.

Einer schweren Krankheit folgte ab 1938 eine mehrjährige Veröffentlichungspause, die Gogarten erst 1948 mit dem Buch «Die Kirche und die Welt» beendete. Die letzten 20 Lebensjahre arbeitete Gogarten meistens von Göttingen aus an der Anpassung seiner Theologie an die Bedingungen der Nachkriegsmoderne. Reisen führten ihn noch nach Glasgow und in die USA. Am 16. Oktober 1967 starb er im Alter von 80 Jahren in Göttingen.

2.1.3) Martin Werner

Johannes Martin Werner wurde am 17. November 1887 als Sohn von Martin Werner und Rosette Werner, geb. Geissbühler in Bern geboren.[66] Sein Vater arbeitete als Stadtmissionar für die Evangelische Gesellschaft, die seit der Mitte des 19. Jahrhunderts aus dem Geist des Pietismus heraus Innere Mission betrieb. Werner wuchs im Vereinshaus der Evangelischen Gesellschaft im proletarisch geprägten Länggassquartier auf, wo er stark durch den ihn dort umgebenden Pietismus und die Arbeit z. B. in der Bekämpfung des Alkoholismus geprägt wurde. So besuchte er die freie Schule, die in Abgrenzung zu den liberalen kantonalen Schulen in Bern gegründet worden war und von «aktiv-positiven Protestanten»[67] unterhalten wurde.

---

65 Eine ausführliche Bibliographie Gogartens hat Brandi-Hinnrichs, Theologie, 560–576, zusammengestellt.

66 Vgl. zum Lebenslauf Marti, Leben.

67 Busch, Zeit, 370.

Aus dieser Zeit ist er mit Karl Barth bekannt, dessen Bruder Peter Klassenkamerad von ihm war.[68] Seine weitere Ausbildung erhielt Werner im Muristaldenseminar, wiederum einem pietistisch geprägten, 1854 gegründeten Lehrerseminar. Nach seiner Ausbildung wurde er im Jahr 1907 Lehrer und Organist im kleinen emmentalischen Heimenschwand. Dort begann er unter Anleitung des Ortspfarrers ein Studium der alten Sprachen und holte das Maturitätsexamen nach. Ab 1910 studierte Werner in Bern evangelische Theologie und absolvierte im Sommer 1913 ein Auslandssemester in Tübingen, wo ihn der aus St. Gallen stammende Adolf Schlatter massgeblich prägte. Nahezu als Erweckungserlebnis kann Werner die Lektüre der «Leben-Jesu-Forschung» von Albert Schweitzer bezeichnen, die ebenfalls in das Tübinger Semester fällt: «Martin Werner wurde von der Darstellung Schweitzers derart ergriffen, dass er schliesslich an Schweitzer schrieb und sich zu dessen Forschungsergebnissen bekannte.»[69] Diese persönliche Beziehung zwischen Werner und Schweitzer blieb ein Leben lang bestehen, wovon ein durchgängiger Briefwechsel Zeugnis gibt.[70] 1914 wurde Werner examiniert und arbeitete bis 1916 als Pfarrvertreter in verschiedenen Gemeinden, im Sommer 1915 auch als Vertreter von Karl Barth in Safenwil. Ab 1916 war er Pfarrer im oberhalb von Bern gelegenen Krauchthal. Die aufgrund einer Viehseuche im Herbst 1920 über Krauchthal ausgesprochene Quarantäne verschaffte Werner einige freie Wochen, in denen er eine Dissertation über den «Einfluss der paulinischen Theologie im Markusevangelium» verfassen konnte, mit der er im Juli 1921 das Lizentiat in Bern ablegte und sich im Herbst des Jahres ebendort habilitierte. Auch wenn sein erstes wissenschaftliches Buch im Bereich des Neuen Testamentes angesiedelt war und er sich mit diesem klar auf der Seite Albert Schweitzers positionierte, blieb Werner noch gewissermassen auf der Suche, wenn er in den Jahren nach dem Ersten Weltkrieg «die Zusammenkünfte eines Theologenkreises [besuchte], der sich um den [Berner] Münsterpfarrer Albert Schädelin»[71] sammelte und in dem auf der Basis des religiös-sozialen Denkens der Weg von Barth, Gogarten, Brunner und Thurneysen mit verfolgt wurde. Doch in den folgenden Jahren profilierte er sich, vornehmlich mit der Streitschrift gegen Karl Barth «*Das Weltanschauungsproblem bei Karl Barth und Albert Schweitzer*» aus dem Jahr 1924 als Parteigänger Schweitzers. Als nach zähen Verhandlungen die Berufung Barths nach

---

68 A.a.O., 450.

69 Luder, Deuter, 96.

70 Schweitzer, Briefwechsel, 748–899.

71 Marti, Anfänge, 109. Vgl. auch den Bericht Eduard Thurneysens an Karl Barth über einen Besuch im Schädelin-Kreis und den Angriff Werners auf Thurneysen, Briefwechsel Barth – Thurneysen, 1922–1930, Brief vom 11.6.1925, 338.

Bern platzte, setzten liberale Kreise in der Regierung die Berufung Werners auf den Lehrstuhl für Dogmatik und Symbolik, Geschichte der protestantischen Theologie und der Philosophie durch. Dieses Amt versah Werner bis zu seiner Emeritierung im Frühjahr 1958. In die Zeit seiner Professur fällt die Wahl als Rektor der Universität im Jahr 1942/43, sowie eine rege Beteiligung am kirchlichen Leben in Bern, in der er sich als Kirchengemeinderatsmitglied und Synodalmitglied ebenso engagierte, wie als Vizepräsident der Volkshochschule und Vorstandsmitglied des allgemeinen Missionsvereins.[72] Erst im Ruhestand begann Werner, Reisen zu unternehmen und hielt Vorträge auch vor einem Laienpublikum. Angegriffen durch ein Herzleiden starb Martin Werner am 23. März 1964 im Alter von 76 Jahren in Bern.

2.2) Die liberale Theologie als Grundlage des Denkens

Als Leitbewegung eines bürgerlich geprägten Protestantismus um 1900 kann für die Schweiz und für Deutschland der theologische Liberalismus geltend gemacht werden, wobei sich dieser auf einer gemeinsamen Grundlage in diverse Spielarten ausdifferenziert.[73] Darum sollen die Leitlinien des Denkens von Wilhelm Herrmann, Ernst Troeltsch und Albert Schweitzer als derjenigen Lehrer gezeichnet werden, die massgeblichen Einfluss auf die Theologie von Barth, Gogarten und Werner genommen haben. Unter Leitlinien werden dabei die fundamentaltheologischen Konzeptualisierungen verstanden, auf denen die sachlichen Explikationen aufbauen und in deren Tradition oder Abgrenzung die drei Bezugsautoren ihre eigenen Entwürfe abfassen.

Man kann folgende fünf massgebliche Problemkreise identifizieren, die in allen liberalen protestantischen Theologien um die Wende zum 20. Jahrhundert in abgewandelter Form auftauchen und behandelt werden.[74] Durch die Aufnahme der Methode der historischen Kritik in den Bereich der Theologie kann diese das Christentum in seiner Geschichtlichkeit und damit auch in seiner Relativität betrachten. Die daraus entspringende Aufgabe des Primatanspruchs innerhalb der Wissenschaften ebenso wie in Bezug auf die Begründung allgemeiner Wahrheit, die sich in der Ausdifferenzierung in historische und dogmatische Methode sichtbar machte, liess

---

72 Vgl. zum sozialen Engagement Werners, Balsiger, Werner, 10f.

73 Vgl. Graf, Götze?, 428: Die «innere Übereinstimmung zwischen politischem und religiösem Liberalismus gründet vor allem darin, dass hier wie dort die Erhebung des Individuums zur ‹Persönlichkeit› als höchstes Ideal aller Kultur proklamiert wird.»

74 Vgl. Fischer, Perspektive, 32–51, und Ruddies, Theologie, 176–203.

Theologie pluralitätstauglich werden und erhielt ihr die Möglichkeit der Teilhabe am wissenschaftlichen Diskurs. Regulativ der Theologie als Wissenschaft wurde eine Vernunft, die sich mit einem aussertheologischen Vernunftbegriff treffen konnte, in dem Wahrheit als Korrelation des Denkens mit der ihr wahrnehmbaren Wirklichkeit behauptet wurde. Konstitutiv wurde mit der Aufgabe des allgemein-normativen Weltdeutungsanspruchs die Trennung von Staat und Kirche ebenso wie die zwischen Öffentlichkeit und Privatheit, wobei die Religion, die sich als Gegenstand theologischer Betrachtung verhält, im Bereich des Privaten wirkt, in dem sie die Gesinnung auch derjenigen prägt, die dann in der Öffentlichkeit und im Staat handeln. Die Auffassung des Christentums als Religion machte aber auch die Verhältnisbestimmung zu anderen Religionen nötig und drängte nach der Erklärung seiner Vorrangstellung. Das entwicklungsgeschichtliche Denken brachte hier die Möglichkeit, das Christentum gegenüber anderen Religionen als höhere Stufe einer allgemeinen Entwicklung der Religion zu begreifen, die sich im Rahmen der Geschichte abspielt. Durch die Fokussierung auf die Geschichte war auch diese als Ort der Offenbarung gesetzt, die in der Bibel in ursprünglicher Form dargestellt ist, dann aber auch im gegenwärtigen religiösen Erleben beschrieben werden kann. Das Prinzip des *sola scriptura* wurde also in das von Schrift und Tradition als Offenbarungsquellen umgewandelt.[75]

2.2.1) Barths Marburger Wurzeln

Seine fruchtbarste theologische Studienzeit erlebt Barth in den drei Semestern, die er in Marburg erstmals vor dem Examen als Student, dann nach einen Sommervikariat als Redaktionshelfer von Martin Rade bei der *Christlichen Welt* verbringt.[76] Es ist besonders der ihm literarisch schon bekannte Wilhelm Herrmann, wegen dem es ihn dorthin zieht und der ihn bleibend prägt. Schlaglichtartig sollen diese Elemente dargestellt werden, die Barth in seiner frühen Theologie von Herrmann übernimmt und an denen er sich auch später abarbeitet.

Besonders in der frühen dialektischen Phase kommt eine starke Prägung Barths durch Herrmanns Begründung der Theologie ausserhalb eines natur-

---

75 Dadurch kommt es zu einer erstaunlichen Nähe zu dem Beschluss des Tridentinums, «hanc veritatem et disciplinam contineri in libris scriptis et sine scripto traditionibus». Deceretum de libris sacris et de traditionibus recipiendis, Denzinger-Schönmetzer, Enchiridion, 364, wenn auch die Bewertungskriterien der Tradition, des Lehramtes der Kirche oder der wissenschaftlichen Vernunft grundsätzlich unterschiedlich sind.

76 Die Beziehung zwischen Barth und Rade hat Schwöbel, Einleitung, beschrieben.

wissenschaftlichen Paradigmas zum Tragen. Als echter Ritschl-Schüler verwehrte sich Herrmann gegen die sowohl im Pietismus wie auch in der rationalen Theologie vollzogenen apologetischen Versuche, theologische «Beweise auf religiös gleichgültige Sätze der theoretischen Weltanschauung zu gründen»,[77] und forderte die Eigenständigkeit der Religion gegenüber den Naturwissenschaften ein. Eine solche «– wenigstens relative – wissenschaftliche Eigenständigkeit»[78] entbindet die Theologie vom Anspruch, im Bereich empirisch beweisender naturwissenschaftlicher Welterkenntnis anschlussfähig zu sein. Denn vielmehr habe sie es im Gottesglauben mit einem Gegenstand zu tun, dessen Erkenntnis sich einerseits individuell vollzieht, andererseits als «Hervorbringen des Glaubens in einem Individuum durch Gott selbst»[79] dem tätigen Zugriff naturwissenschaftlichen Erkennens entzogen ist und auf einem unbedingten Gabenmoment beruht. Dieses methodologische Grundanliegen der Eigenbereichlichkeit theologischer Lehrbildung bearbeitet Barth in seiner frühen dialektischen Phase in der Reflexion über die methodische Berechtigung der Römerbriefauslegung, in der er für diese einen Weg sucht, der jenseits von historisch-kritischer Exegese einerseits und Auslegung einer als verbalinspiriert gedachten Schrift andererseits bewegen kann; in der es also gelingt, eine philosophisch angemessene Weltdeutung im sprachlichen Rahmen eines biblischen Realismus zu vollziehen.

Der Grund der Ablehnung aller scheinbar objektiven empirischen Religionstheorien ist die individualitätstheoretische Ausrichtung von Herrmanns Theologie, in der unter Religion als Thema von Theologie das Selbstbewusstsein des eigenen Lebens verstanden wird. Mit der Individualisierung der Religion, in der Glaube als «vernünftige Selbstauffassung [...] und vernünftig kommunikative Selbstauslegung individualisierter religiöser Subjektivität»[80] zu stehen kommt, ist die Fokussierung der Theorie auf den Begriff des Lebens verbunden, unter dem im Gegensatz zur Vorstellung einer mechanischen Aufschlüsselbarkeit von Leben das verstanden wird, was «uns über das nachweisbar Wirkliche hinausführt»[81] über die Vorstellung, Welterkenntnis könne rein durch naturwissenschaftliche Mittel gelingen. Herrmann nähert sich begrifflich und sachlich mit dieser Hinwendung zum einzelnen Erleben der zu dieser Zeit in Konjunktur stehenden Lebensphilosophie an und betont mit dieser die Loslösung der Religion als

---

77 Brief von W. Herrmann an A. Ritschl vom 5.2.1877, zitiert nach Chalamet, Birth, 274, Anm. 41.

78 Jüngel, Art. Barth, 254.

79 McCormack, Dialektik, 69.

80 Pfleiderer, Theologie, 445.

81 Herrmann, Theologie, 184.

Gefühl von der Sittlichkeit als einer aus dem Gefühl bloss abgeleiteten, zweitgradigen Tätigkeit. Die Prägung durch den religiösen Individualismus zeigt sich bei Barth in seinem anfänglichen Desinteresse an den Lehrsystemen orthodoxer Dogmenbildung, die er auch später in freier Verwendung aufgreift. Eine Brechung des Individualismus liegt in der Entwertung der Kategorie des Erlebnisses des Glaubens, die Barth «durch das Ereignis des Glaubens ersetzt, über welches Gott in seiner Freiheit verfügt».[82] Inwieweit Barth Begrifflichkeiten und Denkstrukturen aus Marburg übernimmt und verarbeitet, wird näher in der Behandlung der Epoche nach 1918 thematisiert.[83]

2.2.2) Gogarten als Troeltsch-Schüler

Wenn auch in einem durch und durch ambivalenten Verhältnis ist Ernst Troeltsch der entscheidende theologische Lehrer Gogartens geworden. Das lässt sich einerseits an den äusseren Daten aufzeigen, es sind aber auch die theologischen Linien, die Gogarten mit Troeltsch verbinden, unübersehbar. Äusserlich drückt sich die Bedeutung im Besuch aller Lehrveranstaltungen Troeltschs in den zwei Jahren der Heidelberger Studienzeit aus[84], und auch das ursprüngliche Vorhaben, die später im Diederichs-Verlag veröffentlichte Fichte-Schrift bei Troeltsch als Dissertation einzureichen, zeigt die zeitweise enge Verbindung. So kann Gogarten noch nach Troeltschs Tod gegenüber seiner Studienfreundin aus Heidelberger Tagen Gertrud von le Fort äussern, er sei doch «sein einziger Schüler»[85] gewesen, eine Einschätzung, die R. Bultmann in seinem Sondervotum zur Nachfolge von Rudolf Otto in Marburg 1929 wiederholt: «Die Parallelität [zwischen der Phänomenologie und Gogarten] ist nämlich keine zufällige. Sie beruht darauf, dass Gogarten der echteste Schüler E. Troeltschs ist, der die Aporie, in die Troeltsch's Arbeit hineingeführt hatte, ernst genommen und sozusagen am eigenen Leibe durchlebt hat. Das bedeutet aber, dass seine Arbeit aus der geistesgeschichtlichen Situation erwachsen ist, in welcher Theologie und Philosophie in gleicher Weise standen. Und wiederum ist für die Echtheit der Gogartenschen Arbeit dieses beweisend, dass er in seinem Ansatz nicht durch die gleichzeitige philosophische Arbeit bestimmt ist, sondern durch die theologische Tradition, durch den Anschluss an Luther und durch die Frage nach der Kirche. Und es ist bemerkenswert, dass er dabei wieder den Anschluss an denjenigen Theologen gefunden hat, der unter den Systematikern der vorigen Generation die echte theologische Aufgabe am deut-

---

82 Weinhardt, Art. Herrmann, 1687.

83 Vgl. bes. Kap II, 2.2.

84 Vgl. Kroeger, Gogarten, 50.

85 Zitiert nach Kroeger, Gogarten, 296.

lichsten ergriffen hatte, an Wilhelm Herrmann. Man könnte Gogartens Arbeit geradezu als eine Synthese von Troeltsch und Herrmann bezeichnen und sich daran klar machen, wie eine echte Synthese aussieht.»[86] Besonders entlang diesem Bultmann-Zitat soll aufgezeigt werden, an welche Elemente liberaler Theologie Gogarten positiv angeknüpft und sie in seine «synthetisierende» Arbeit aufgehoben hat, und sie von denen zu scheiden, die ihm als Abgrenzungsmarker seiner neuen Theologie dienen. Denn diese Synthese des geschichtsrelativierenden Historismus, der weltliche Geschichte dem Menschen und seinem wissenschaftlichen Denken zuordnet, und der von Herrmann übernommenen Forderung des existentiellen Bezugs der Theologie verhindert Gogartens Weg aus einem geisteswissenschaftlichen Theologenglauben in eine neupietistische Betroffenheitsreligion.

Anhand von Gogartens Auseinandersetzung mit der Theologie Troeltschs im Aufsatz *Historismus* aus dem Jahr 1924 kann nachgezeichnet werden, wie er durch die theologisch-liberalen Grundanschauungen geprägt ist. In der Wahl des Titels und dem einleitenden Satz ist die Aufnahme der liberalen Gedanken und deren Kritik im selben Moment enthalten: «Die Historisierung unseres gesamten Denkens hat sich heute in einer so umfassenden Weise durchgesetzt, dass sich ihr kein Gedanken, den wir denken, mehr entziehen kann.»[87] Diesem Fundament moderner Weltanschauung, die die Welt nur als immanenten Geschichtsverlauf auffassen kann, weiss sich Gogarten verpflichtet und stimmt darum ein in die Kritik sowohl an der von einer supranaturalen Heilsgeschichte ausgehenden und sich auf dem inneren Wunder der Bekehrung gründenden Orthodoxie wie auch der «idealistisch-evolutionistischen Theologie», die mit einer «Gleichsetzung des Begriffs der absoluten, vollendeten Religion und des Christentums»,[88] die sie aus der Geschichtsentwicklung erkennt, durch den Rückgriff auf die Religion als einen Allgemeinbegriff die relativierenden Konsequenzen der Historisierung für die Entwicklung des Christentums ausklammert und für dieses ein Offenbarungshandeln postuliert. Mit der historischen Kritik spricht er beiden Versuchen ihre Berechtigung ab, zumal der idealistisch-evolutionäre einen Zirkelschluss begeht, kann er doch aus keiner anderen Quelle wissen, was die absolute Religion sei, als aus der historischen Betrachtung des Christentums, kann aber gleichzeitig nicht anders um dessen Absolutheit wissen, als aus einem Offenbarungswissen. Gogarten steht in seiner Neuzeitanalyse also vollkommen auf der Seite einer liberalen Histo-

---

86 Bultmann, in Göckeritz, Bultmann, Anhang Nr. 8; Bultmanns Sondervotum, 294f.

87 Gogarten, Historismus, 171.

88 A.a.O., 174.

risierung der Betrachtung des Christentums als geschichtlicher Erscheinung und verteidigt sie als denknotwendig, zumal es nach ihm gar keinen denkerisch redlichen Weg an ihr vorbei gibt, «denn dass sie erfolgt ist, steht ausser Frage».[89] Ihre Folgewirkungen wie die Relativierung und die Entwertung aller «Autoritäten und Normen, [...] deren fraglose Gültigkeit, die sie so gut wie alle besassen, in Frage gestellt ist»,[90] bewegt Gogarten nun zur Überlegung, wie trotz der als kontingent erfahrenen Geschichte feste Ordnungen gedacht werden können, die mehr als individualistische Gebote sind. Denn eine pluralitätstaugliche Struktur von Autoritätsdenken beinhaltet auch die Kritik an autoritären Systemen, die auf dem Einzelwillen einer Führerfigur oder einer Führungselite beruhen, wenn diese ihren Autoritätsanspruch nicht zweifelsfrei als eine Herrschaftsübertragung durch Gott legitimieren können. Doch auch ein solcher Selbstanspruch wird sich immer wieder vor der historischen Kritik rechtfertigen müssen. Gogarten rezipiert als Versuch der Überwindung des Historismus ausserhalb der wissenschaftlichen Weltdeutung einerseits den ihm von Bultmann bekannten existentialen Geschichtsbegriff, zum anderen dient ihm die Gegenüberstellung von Zeit und Ewigkeit, also des «unendlich qualitativen Unterschiedes zwischen Mensch und Gott»[91] dazu, den Bereich Gottes aus der historisch zu betrachtenden Geschichte hinauszunehmen und dadurch der Relativierung des Historismus zu entziehen.

Dabei kann aber der Gedanke der Trennung zwischen der geschichtlich verfassten Welt und dem zeitlosen Gott schon einen Hinweis geben, wie seine eigenständige Weiterentwicklung des Liberalismus funktioniert. Denn die Methode der Historisierung als einziger Möglichkeit wissenschaftlicher Behandlung[92] des Christentums bei gleichzeitiger Unmöglichkeit, die im Glauben erfahrenen Gegenstände wissenschaftlich auszudrücken und damit der historisierenden Kritik zu unterstellen, führten dazu, dass Gogarten in Troeltschs System kein greifbares Gegenüber des Glaubens zu fassen bekam und er ein Fehlen «lebens- und identitätsphilosophisch erfüllter Individualität und Entschiedenheit»[93] feststellen musste. Diese Leerstelle konnte Troeltsch nach Gogarten deshalb nicht füllen, weil er neben der geschichtlich verfassten Welt keine zweite Sphäre überzeitlicher Göttlichkeit annahm, sondern im Individualitätsbegriff «nicht bloss die rein faktische Besonderheit eines jeweiligen historisch-geistigen Komplexes [sieht], sondern er bedeutet eben damit eine Individualisation des

---

89 A.a.O., 180.

90 A.a.O., 172.

91 Kierkegaard, Einübung, 62ff.

92 So z. B. Troeltsch, Soziallehren, 966.

93 Kroeger, Gogarten, 59.

Ideellen oder Sein-Sollenden».[94] Das Individuum ist dann eine je konkrete Individuation des Ganzen,[95] was dem Einzelnen bewusst wird durch das «Wagnis des Sprungs, [...] dass wir einen aufblitzenden Vernunftgedanken als Ausfluss der göttlichen Lebendigkeit zu betrachten, zu erfassen und durchzuführen wagen».[96] Doch diese Vorstellung, die Lebensbetrachtung letztendlich als Selbstbetrachtung vornimmt, «führt nicht aus dem Kreis der Kontemplation hinaus, sie ist selbst nichts anderes als Kontemplation, Selbstanschauung».[97] Ob Gogarten damit Troeltschs Anliegen wirklich erfasst, oder ob nicht auch in dessen Denken ein Sprung aus der wissenschaftlich-historischen Behandlung in die auf eine unbeeinflussbare transzendenzbezogene Wirklichkeit vorhanden ist, und ob es, mit Bultmann gesprochen, tatsächlich erst des Rückgriffs auf W. Herrmann bedarf, um im Denksystem einen Ort für Glaubensaussagen zu schaffen, ist jedoch zu bezweifeln.[98]

In der werkimmanenten Darstellung von Gogartens Gesellschaftslehre wird genau dieser Grundgedanke, die Trennung der Wirklichkeit in den geschichtlichen Bereich der Welt und die der Geschichtlichkeit entzogene Sphäre Gottes, immer wieder aufscheinen. Es bleibt dabei die historische Kritik durchgehend Gogartens Methode der Weltanalyse, soweit sie als Teil des Geschichtsverlaufs erscheint. Insofern ist festzuhalten, dass sich Gogartens theologisches Denken grundlegend konstruiert und aufbaut in der positiven Auseinandersetzung und Weiterentwicklung einer solchen Form liberaler Theologie, die er in Troeltschs religionsgeschichtlichem Ansatz kennengelernt hatte.

2.2.3) Werner als Schüler Albert Schweitzers

Das liberale Erweckungserlebnis, dem die Richtung aller weiteren theologischen Tätigkeit Werners entspringt, ist die Lektüre der Geschichte der Leben-Jesu-Forschung von Albert Schweitzer im Jahr 1913. Auch wenn Werner erst mit einem Brief im Sommer oder Herbst 1921 Kontakt zu Schweitzer aufnimmt[99], ist er schon in seiner frühen theologischen Entwicklung massgeblich von diesem geprägt. Diese Schülerschaft, die haupt-

—

94 Troeltsch, Methode, 211, zitiert nach Gogarten, Historismus, 183.
95 Vgl. Gogarten, Historismus, 183.
96 Troeltsch, Methode, 185, zitiert nach Gogarten, Historismus, 189.
97 Gogarten, Historismus, 189.
98 Vgl. Fischer, Perspektive, 32–51.
99 Vgl. Schweitzer, Briefwechsel, 743f. Die Einordnung Werners in eine Schweitzer-Schule findet sich auch in den einzigen beiden Darstellungen Werners in systematisch-theologischen Überblickswerken der letzten Jahre: Rohls, Theologie, 308–311; 491f.; 627–632, Lessing, Geschichte, 147–151.

sächlich literarisch vermittelt ist durch die Lektüre der Schriften und den umfangreichen Briefwechsel und die mit den wenigen persönlichen Treffen auskommen muss, die sich während der Europaaufenthalte Schweitzers ergeben, währt das ganze Leben Werners, der früher als sein zwölf Jahre älterer Lehrer stirbt, und bleibt lebenslang prägend.[100]

Diese Prägung vollzieht sich in unterschiedlicher Weise und lässt sich auf drei Ebenen aufzeigen. An erster Stelle ist hier das Bibelverständnis zu nennen. Für den aus einer biblisch-pietistischen Frömmigkeitsstruktur kommenden Werner muss es eine Befreiungserfahrung sein, einen Umgang mit der Bibel zu erleben, in dem diese nicht als verbal inspirierte Quelle des Wortes Gottes gelesen wird, sondern dem historisch-kritischen Zeitgeist gemäss auf die historische Plausibilität ihrer Erzählungen hinterfragt wird. Das Überzeugende scheint Werner in der theoretischen Trennung des historischen Jesus von Nazareth von der zeitlosen Kraft, die von ihm ausgeht, zu finden. Denn diese ermöglicht es, trotz der Auflösung der das 19. Jahrhundert prägenden Jesusbilder einen über die Figur Jesus vermittelten christlichen Glauben beizubehalten. Grundthese der historischen Dekonstruktion der geschichtlichen Jesusbilder ist dessen aus den Evangelien herausgearbeitete Schilderung als eines vorderasiatisch apokalyptisch geprägten Menschen, dessen «primitive, spätjüdische Metaphysik»[101] uns völlig fremd bleiben muss und heutigem Weltverstehen diametral entgegensteht. Allerdings besitzt dieser Mensch Jesus auch heute noch glaubensstiftende Wirkung, weil «eine gewaltige geistige Strömung von ihm ausgegangen ist und auch unsere Zeit durchflutet»[102], die das Objekt christlicher Theologie ist. Der Trennungsthese zwischen dem historischen Jesus und der von ihm ausgehenden Kraft entspringt die theologische Aufgabe, die historische Genese des Christenglaubens und der Transformationsprozesse der Grundideen Jesu zu erforschen, um dadurch derjenigen Grundidee Jesu ansichtig zu werden, die es gegenwärtig darzustellen gilt. Während die erste Aufgabe, die dogmengeschichtliche Forschung, zum Arbeitsschwerpunkt Werners bis 1941 wird, beschäftigt er sich besonders in seinem durch kontinuierliche Vorlesungspraxis schon seit 1928 vorbereiteten Spätwerk

---

100 Dagegen meint Balsiger, Werner, 14, Werner sei ein «eigenständiger theologischer Denker», der von Schweitzer nur «entscheidende Impulse für sein theologisches Forschen und Denken empfangen» habe. Allerdings erläutert Balsiger nicht, worin, neben der späteren Rezeption Jaspers', die eigenständige Denkweise Werners liege und inwiefern man bei Werner eine kritische Auseinandersetzung mit den Thesen Schweitzers wahrnehmen könne.

101 Schweitzer, Geschichte, 623.

102 A.a.O., 621.

Der protestantische Weg des Glaubens[103] mit der Frage, wie die Botschaft Jesu in der von Schweitzer formulierten Weise aktuell anzuwenden sei. Diese Botschaft besteht darin, «dass Jesus über die Vollendung und Seligkeit des Einzelnen hinaus auf eine Vollendung du Seligkeit der Welt und einer erwählten Menschheit ausschaut. Er ist von dem Wollen und Hoffen auf das Reich Gottes hin erfüllt und bestimmt.»[104]

In der Bearbeitung der zweiten Aufgabe zeigt sich eine weitere Ebene der Beeinflussung Werners durch Schweitzer. Denn neben der Übernahme des Bibelverständnisses und der konsequent-eschatologischen Deutung Jesu rezipiert Werner auch Schweitzers systematisch-theologische Grundgedanken und kommt dessen Forderung nach, diese in existentieller Anwendung für den aktuellen, einzelnen Menschen zu explizieren. Religion ist in diesem Verständnis individuelle Sinnstiftung, wobei sich der zu stiftende Sinngehalt in der durch die Ehrfurcht vor dem Leben normierten Gesinnung zeitigt. Diese theologische Prägung ist hauptsächlich durch die im Jahr 1923 erschienene Kulturphilosophie Schweitzers vermittelt, in der Schweitzer die Möglichkeit reflektiert, die durch Industrialisierung, Vermassung der Menschen und Nationalisierung niedergegangene abendländische Kultur wieder aufzubauen. Denn diese Phänomene hätten das Denken des Menschen in ein Fühlen und Meinen verwandelt, was eine adäquate Wirklichkeitserkenntnis verunmöglicht habe.[105] Zudem habe die Nationalisierung die konstitutiv allgemeinmenschliche Weite der Ethik unsachgemäss eingeschränkt. Der denkende Geist könne aber eine Weltanschauung schaffen, die dem kulturellen Niedergang so entgegensteht, indem sich der Einzelne und die Gesellschaft «über Wesen und Zweck der Welt und über Stellung und Bestimmung der Menschheit und des Menschen in ihr»[106] bewusst werden und aus diesem Bewusstsein handeln konnte. Christlich ist eine solche Weltanschauung, in der «wir in der Willensgemeinschaft mit Jesus von der Welt und uns selbst frei werden und Kraft und Frieden und Mut zum Leben finden».[107] Sie ist optimistisch, weil sie «das Sein höher als das Nichtsein stellt», und ethisch, weil sie die «auf die innerliche Vollendung seiner Persönlichkeit gerichtete Tätigkeit des Menschen»[108] ist. Die ethische Engführung von Weltanschauung bei Schweitzer,

---

103 Noch unbearbeitet liegen die Vorlesungsmanuskripte, die durch Einfügungen und handschriftliche Kommentare den Entstehungsprozess der Vorlesung luzide darstellen, im Berner Staatsarchiv.

104 Schweitzer, Geschichte, 623.

105 Vgl. Schweitzer, Verfall, 26.

106 A.a.O., 50.

107 Schweitzer, Geschichte, 629.

108 Schweitzer, Verfall, 58.

in der jede metaphysische Spekulation abgelehnt wird, liegt in der Beschränktheit begründet, die er den Fähigkeiten des Denkens beimisst. Das Denken ist auf den Bereich des Physischen beschränkt, dessen eigentlichste Ausformung das Leben selber ist. Auf diese Weise wird das Leben selber zur Norm aller Ethik, in der sich die natürlich veranlagte Bejahung des eigenen Lebens und deren denkerische Systematisierung in der Grundform einer Lebensethik vereinen, die in der Erhaltung aller einzelnen Lebensformen ihren Sinn sieht, insofern diese das Lebensganze repräsentieren, dessen Teil auch der Einzelne ist. Diese «Nötigung, allem Willen zum Leben die gleiche Ehrfurcht vor dem Leben entgegenzubringen wie dem eigenen», drückt Schweitzer in der von Werner übernommenen Grundansicht aus: «Gut ist, Leben erhalten und Leben fördern; böse ist, Leben vernichten und Leben hemmen.»[109]

Eine dritte Beeinflussung Werners wird schon in der Übernahme dieser Grundformel ansichtig. Wie hier übernimmt er neben den Grundgedanken auch viele zentrale Begriffe wie den der Weltanschauung, das Gegensatzpaar optimistisch-pessimistisch oder die Sein-Sinn-Begrifflichkeit von Schweitzer. Die Art, in der Werner diese Begriffe übernimmt, stellt für die Erforschung seiner Theologie ein dreifaches Problem dar. Zum einen besteht die Schwierigkeit, die theologischen Gehalte, die er direkt von Schweitzer übernimmt, von denen zu trennen, die er selber entwickelt. Das langzeitige Fehlen einer eigenen Begrifflichkeit lässt Werner als den Adepten von Schweitzer erscheinen, als den Barth ihn in seiner Erwiderung auf die Streitschrift von 1924 bezeichnet.[110] Aus der Schülerschaft droht eine Epigonenschaft zu werden. Weiter verwendet Werner teilweise Begriffe, ohne sich über deren Implikationen Rechenschaft abzulegen und die Kontexte zu reflektieren, die sie transportieren. Beispielhaft soll hier auf die Übernahme des Begriffspaars von Gesellschaft und Gemeinschaft hingewiesen werden.[111] Zwar ist die Verwendung im Rahmen seiner Argumentation durchaus schlüssig, ein Wissen um die begriffsgeschichtlichen Konnotationen und ideologischen Aufladungen dieser Begriffe in der Folge der gleichnamigen Schrift von Ferdinand Tönnies scheint aber nicht durch.[112] Das dritte Problem liegt in der selektiven Rezeption der theologischen Forschung, die durch die starke Bindung an Schweitzer bedingt ist. Auffällig ist dies besonders in der von Werner selber eingestandenen langen Kenntnislosigkeit der Theologie von Paul Tillich, die er erst Mitte der 1950er

---

109 Schweitzer, Kultur, 239.
110 Barth, Sunt denique fines.
111 Vgl. Kap IV, 4.3.2.
112 Vgl. Kap. II, 2.3.1. und Kap. III, 3.1.1.

Jahre wahrzunehmen beginnt.[113] Dies ist umso erstaunlicher, als dass diese beiden Theologen eine ähnliche theologische Grundausrichtung haben, aus der Werner schon früher starke Impulse für seine Theologie hätte gewinnen können.[114] Doch die mögliche Öffnung der eigenen Theologie ist immer wieder begrenzt durch die enge Bindung an Schweitzer, den Kampf gegen Karl Barth, sowie die enge Verzahnung mit einem rein innerschweizer theologischen Diskurs.

2.3) Der religiöse Sozialismus in der Schweiz

Der Streit zwischen den Liberalen und den Positiven als den Hauptvertretern des Schweizer Richtungswesens sowie die sozialen Verwerfungen in der Gesellschaft durch die Industrialisierung führen zur Entstehung der Religiösen Sozialisten als einer dritten, neuen Kirchenpartei, die in den ersten Jahrzehnten des 20. Jahrhunderts massgeblichen Einfluss auf die Entwicklung der Kirche und Theologie in der Schweiz gewinnt. Dabei gelingt es einer kleinen Anzahl an Pfarrern durch die Besetzung wichtiger Stellen, eine breite Wirkung zu erzielen. Hauptträger der Bewegung sind die an den Basler, Zürcher und Berner Hauptkirchen tätigen Leonhard Ragaz, Hermann Kutter, Oskar Pfister und später Albert Schädelin, die sich 1907 zur Religiös-Sozialen Konferenz zusammenschliessen. Trotz der Versuche einer Zusammenarbeit und engeren Verbindung mit ähnlich gesinnten Kreisen in Deutschland – «Ragaz bemühte sich bis zum Beginn des Ersten Weltkrieges [...] darum, für sein ‹Schweizer Modell› der religiös-sozialen Bewegung in Deutschland Anhänger zu gewinnen»[115] – bleibt die Bewegung auf die Schweiz begrenzt; die nach dem Ersten Weltkrieg in Deutschland entstehende Bewegung ist so unterschiedlich geprägt, dass ihr Einbezug hier nicht sinnvoll erscheint.

Als Leitfigur der Bewegung kann Ragaz gelten, der für unseren Zusammenhang noch einmal an Bedeutung gewinnt durch die enge Verbindung, in der er zu Karl Barth stand, aber auch die Verbindungen zu Friedrich Gogarten, der wegen ihm 1912 nach Abschluss seines Studiums in Heidelberg für ein Semester nach Zürich kam[116], und zu Martin Werner, wovon deren Briefwechsel zeugt.[117] Die Theorie von Ragaz kann beschrie-

---

113 Vgl. Kap III, 4.1.1.

114 Diese Nähe ist auch Rössler, Seinsgrund, 119, nicht verborgen geblieben, einem der wenigen Theologen, die in den letzten Jahren zu Werner gearbeitet haben.

115 Vgl. Dunkel, Art. Sozialismus, 506.

116 Vgl. Bajohr, Ursprung, 38–42.

117 Die Briefe zwischen Werner und Ragaz liegen noch unausgewertet im Staatsarchiv Bern.

ben werden als eine Verbindung von liberaler Theologie, demokratischem Grundverständnis, genossenschaftlicher Tradition und einem Willen zur Bibellektüre.[118] Angeregt durch die aufkommende Arbeiterfrage in seiner ersten grossen Wirkungsstätte in Chur fragt der von der Theologie A. Biedermanns geprägte Ragaz nach einer adäquaten Reaktion der Kirche. Zu sehr irritiert ihn die enge bürgerliche Bindung der Kirche und stört ihn die Tatsache, trotz eines individuell empfundenen sozialen Interesses bei seiner Wahl zum Churer Stadtpfarrer kaum Stimmen aus dem Lager der Arbeiter erhalten zu haben. Zum theologischen Durchbruch gelangt er nach dem 1903 vollzogenen Wechsel ans Basler Münster, wo er bald Zeuge eines erfolglosen Arbeiterstreikes wird. In der Folge erkennt er die Arbeiterfrage als brennendes Thema der Zeit und leitet die christliche Antwort aus der Forderung nach Nächstenliebe ab. Auf diese Weise wird ihm die Nachfolge Jesu in Hinblick auf das Reich Gottes zum Kernthema seiner Verkündigung, das er aber nicht in Rückgriff auf die antiliberalen dogmatischen Systeme, sondern durch einen starken Bibelbezug zu lösen versucht. So kann er nun den Gegensatz behaupten zwischen «der ruhenden und der vorwärtsdrängenden Form der Religion»[119], wobei er unter der ruhenden Religion einen solchen religiösen Individualismus versteht, der in der Differenzierung zwischen weltlicher und geistlicher Sphäre die Vermittlung des Selbst mit der geistlichen Sphäre herzustellen versucht. Dadurch bewirke «diese Art Frömmigkeit, [...] dass das Christentum [als] eine konservative Macht»[120] erscheine. Die vorwärtsdrängende Religion vereinigt beide Bereiche und versucht, aus der geistlichen Dimension heraus die weltliche Dimension umzuformen, denn «die Botschaft vom Reich Gottes hebt diese Scheidung auf, weil ja auch Jesus in die Welt gegangen ist. Gottes Liebe ist so gross, dass die Sphären nicht mehr getrennt bleiben müssen.»[121] «Nicht die Frage: ‹Was sollen wir denn tun?›, sondern die Frage: ‹Wo ist Gott?› hat Ragaz durch seinen Durchbruch beantwortet bekommen, und darum kann er nun das Reich Gottes verkündigen.»[122] An Stelle eines dogmatisch bestimmten Glaubens wird nun der Fokus christlichen Lebens auf die Nachfolge Christi gerichtet, die biblische Erzählung von der «Offenbarung Gottes in der Geschichte, die [Ragaz] immer deutlicher in Jesus Christus sah»[123] gewinnt an neuer Bedeutung. Die inhaltliche Prägung dieses Nachfolgegedankens geschieht durch die Rezeption des Reich-

---

118 Vgl. Spieler, Freiheit, 27f.

119 Ragaz, Evangelium, 20f., Zitiert nach Mattmüller, Sozialist, 486.

120 Ebd.

121 Buess, Mattmüller, Sozialismus, 87.

122 Mattmüller, Ragaz, Band I, 116.

123 Schweizer, Freisinnig, 245.

Gottes-Glaubens Christoph Blumhardts, der durch eine starke realistische Erwartung des kommenden und wirkenden Gottesreiches geprägt war. So «verkündete Blumhardt die Diesseitigkeit des anbrechenden Reiches Gottes»[124], dessen Merkmale er in der Arbeiterbewegung teilweise schon umgesetzt sehen konnte. Diese Verbindung von realistischem Reich-Gottes-Glauben und einem Einstehen für die Arbeiterschaft wurde für Leonhard Ragaz wie für die meisten anderen Schweizer Religiösen Sozialisten stilbildend und so traten viele der sozialdemokratischen Partei bei. Über diesen Weg wollten sie ihrer Forderung nach gesellschaftlicher Umwandlung zur Durchsetzung verhelfen, da sich christliche Nächstenliebe nicht in einem reinen Almosengeben zu realisieren habe, sondern vornehmlich durch eine gesellschaftliche Umwandlung, die auf die Beteiligung aller Schichten an der Macht- und Sachverteilung innerhalb der Gesellschaft hinarbeitete.

In der praktischen Umsetzung seines Programms war Ragaz erkennbar geprägt durch die gesellschaftliche Konstitution und Struktur seiner Heimat, worüber er sich durchaus bewusst war und was er auch reflektierte. «Die genossenschaftliche Kooperation im Bergdorf, wo ein grosser Teil des Bodens Gemeinbesitz war und viele Aufgaben im Gemeinwerk gelöst wurden»[125], wurde für sein politisches Programm beispielgebend. In dieser wirtschaftstheoretisch genossenschaftlichen Ausrichtung unterscheidet sich das Programm von Ragaz von solchen sozialistischen Programmen, die aus der Industriearbeiterschaft oder aus der Erfahrung städtischer Eliten entstammen. Ebenso unterscheidet sich seine von den Bündner Verhältnissen geprägte Vorstellung von Demokratie von dem demokratischen Ideal, das Schweizer Stadtbürgern wie den im System des Berner Patriziats verwurzelten Barth und Werner vor Augen stand und aus dessen Perspektive diese programmatisch in den religiösen Sozialismus hineinwirkten, bzw. in der sie ihre sozialethischen Schriften bewähren lassen mussten. Doch unbenommen dieser Unterschiede ist festzustellen, dass bei aller Verschiedenheit der Programme zur politischen Umsetzung und deren theologischer Begründungen die Arbeit der Religiösen Sozialisten zu einer neu ansetzenden Reflexion auch innerhalb der anderen kirchlichen Richtungen über Zweck und Form karitativer Arbeit der Kirche geführt hat.

---

124 Raupp, Art. Blumhardt, 1647.
125 Mattmüller, Sozialist, 486.

2.4) Gogarten als Bonus-Schüler und als Autor im Eugen-Diederichs-Verlag

Neben der Wurzel des theologischen Liberalismus, den Gogarten vor allem in der Form von Ernst Troeltsch vermittelt bekam, lässt sich eine zweite gewichtige Traditionslinie ausmachen, in der sein Denken begründet liegt. Diese ist vornehmlich mit Arthur Bonus, aber auch mit Eugen Diederichs verbunden. Während sich Gogartens Verhältnis zu letzterem vornehmlich über die langjährige Lektüre von Schriften des Diederichs-Verlags ausdrückt, entsteht zwischen Bonus und Gogarten eine so enge Bindung, dass Gogarten im Jahr 1922 schreiben kann, dass «Arthur Bonus mein eigentlicher theologischer Lehrer geworden»[126] ist.

Der heute beinahe unbekannte Bonus wurde 1864 in auf Gut Prussy in Westpreussen geboren.[127] Im Zusammenhang des Krieges zog die Familie 1870 nach Berlin, wo Bonus das Gymnasium besuchte und anschliessend Theologie studierte. Ab 1893 arbeitete er als Pfarrer, seit 1895 im kleinen Dorf Gross-Muckrow in der Niederlausitz. Nach einem Hausbrand liess er sich 1904 vom Dienst pensionieren und zog nach kurzem Aufenthalt in Dresden nach Fiesole bei Florenz, wo er als freier Schriftsteller arbeitete. 1914 zog er wegen der Ausbildung seiner Kinder zurück nach Deutschland, allerdings kam er durch die veränderte politische und gesellschaftliche Lage in finanzielle Bedrängnis. Er arbeitete verschiedentlich als Redakteur und als Lehrer an mehreren Reformschulen. Die letzten Jahre seines Lebens, in denen er sich hauptsächlich mit nordischer Literatur befasste, verbrachte er in Bischofstein im Eichsfeld, wo er 1941 starb.

Seine eigentliche Berühmtheit erlangte Bonus durch seine 1902 beginnende schriftstellerische Tätigkeit im Eugen-Diederichs-Verlag. Eugen Diederichs hatte 1896 jenen Verlag gegründet, den er zum «Versammlungsort moderner Geister»[128] machte, wobei ihm unter dem Schlagwort der Moderne nicht wie gewöhnlich «Säkularisierung und Rationalisierung aller Lebensbereiche durch Wissenschaft und Technik […], sondern lediglich die freie Entfaltung schöpferischer Persönlichkeit im Kreis organischer Gemeinschaften […] aus den Fesseln moderner industriekapitalistischer Lebens- und Arbeitswelt»[129] im Blick war. Mit diesem Verlagsprogramm wollte er einem Bildungsbürgertum intellektuelle Stützangebote machen, das geprägt war durch «eine Verunsicherung angesichts der stürmischen wirtschaftlichen Entwicklung, die neue gesellschaftliche Eliten schaffen

—

126 Gogarten, Lebenslauf von 1922, zitiert nach Kroeger, Gogarten, 25.

127 Vgl. zur Biografie: Kroeger, Gogarten, 77–80; Bautz, Bd. 1, 698.

128 Hübinger, Titel, 9, vgl. auch Kittsteiner, Denken, 486–507.

129 Hübinger, Verlagsgeschichte, 16.

sollte, die das Proprium der Bildungsschicht bedrohten».[130] Gegen den Aufstieg technischer und wirtschaftlicher Eliten, die in der zweiten Hälfte des 19. Jahrhunderts die alten Bildungseliten in ihrer Finanzkraft oft schon weit überholt hatten, sollte die eigene Schicht gestärkt werden durch den Rückgriff auf philosophische und theologische Denker der Antike, des Mittelalters und der Romantik ebenso wie auf die zeitgenössischen lebensphilosophischen Strömungen, auf gegenwärtige Literatur oder moderne Kunstschulen. So liest sich z. B. das Verlagsprogramm aus dem Jahr 1904 wie das Curriculum des neuromantischen Bürgertums des Wilhelminismus. Diederichs verlegte Marc Aurel und Seneca neben Leonardo, Meister Eckehart, Hölderlin, Kierkegaard und Tolstoi. Aktuelle Lyriker waren Ricarda Huch oder Ferdinand Avenarius, dazu kamen Naturbeobachtungen oder Bücher über den Werkbund.[131] In diesem «Sammelbecken solcher Aussenseiter»,[132] die in ihrer Ablehnung orthodoxer Inhalte und Formen ganz auf sich standen, war der eng mit Diederichs befreundete Bonus anfangs der massgebliche Schriftsteller religiöser Literatur. Neben Bonus waren es Theologen wie Gottfried Traub, Gogartens Bremer Kollege und Freund Karl König[133] oder Leonhard Ragaz, die im Diederichs-Verlag veröffentlichten und die alle «unter der Erschöpfung des etablierten Kirchenchristentums» leidend «nach einer Religion suchen, die in den Alltagserfahrungen des ‹modernen Menschen› verankert ist».[134]

Bonus selbst greift dabei auf der einen Seite zurück auf eine völkische Tradition, die auch bei Paul de Lagarde oder Herbert Chamberlain zu finden ist. Auf der anderen Seite orientiert er sich an einem mystischen Idealismus. Dabei wird Mystik aber nicht als weltabgewandte Kontemplation verstanden, in der der Einzelne in einem Akt der Weltflucht die wahre Wirklichkeit allein in seinem Innern zu finden hofft, sondern sie ist «ein ganz und gar diesseitiger Bezugspunkt vernunftkritischer Auseinandersetzung mit der Moderne».[135] Eine solche schöpferische Religionsumwandlung, wie sie beispielsweise das Wirken Jesu ist, «entsteht nicht aus Anschauen, Umdenken, Philosophieren, sondern hat zur Voraussetzung sehr hart treibende Wirklichkeiten und ist höchstens selbst die Wirklichkeit, welche neue Anschauungen, ein Umdenken und Philosophieren hervor-

---

130 Jochmann, Gesellschaftskrise, 40.

131 Vgl. zum Verlagsprogramm und zu dessen geistesgeschichtlicher Einordnung Meyer, 1896–1930, 26–89.

132 Nigg, Geschichte, 286.

133 Vgl. Kroeger, Gogarten, 133.

134 Graf, Laboratorium, 255.

135 Hübinger, Kulturkritik, 102.

ruft».[136] Im mystischen Akt, für dessen Form Meister Eckehart Pate steht, kommt es zur Identifikation des Selbstbewusstseins mit dem schöpferischen Grund des Seins. Aus dieser Identitätserfahrung heraus geschieht die religiöse Tat als «geistige Schöpfung des Selbstbewusstseins kräftiger Persönlichkeiten».[137] Religion ist also als positive Form der Ausdruck des Empfindens der Tiefe des eigenen Seins. Eine so verstandene Religion lässt sich aber nicht einfangen in Kirchentümern, die mit ihren festen Formen und dogmatischen Inhaltsverpflichtungen das sich aus Gottes *creatio ex nihilo* wissende «zeit- und weltüberlegene religiöse Ich»[138] nur eingrenzen können. Neben dieser Kirchenkritik, die auch andere Diederichs-Autoren aus ihren landeskirchlichen Bindungen in freireligiöse Vereine geführt hat,[139] schwingt eine starke Rationalismuskritik mit. Dem Gottesbegriff der Aufklärung wirft Bonus vor, er sei nicht aus der Tiefe menschlichen Empfindens geschöpft, sondern sei ein Produkt der dafür nicht befähigten Vernunft. «Man hat das Experiment ja gemacht», einen der Vernunft entsprechenden Gott zu beschreiben, «und es ist etwas dem Würdiges herausgekommen. Man hat all die Volksgottheiten in eine Retorte getan und in einem dialektischen Destillierprozess *per negationem et abstraktionem* einen – wenn man so sagen darf – *Deunculus* herausgeholt, ein Gedankenmonstrum, von dem der deutsche Normalgelehrte nunmehr behauptet, es sei eine rechtschaffene, wissenschaftlich ‹gefundene› Gottheit.»[140] Ein solcher Retortengott und eine solche «Retortenreligion»[141] ist aber höchstens Ausdruck menschlicher Erfindung, nicht aber des schöpferischen Weltgrundes und der Identität mit diesem.

Der Einfluss des völkischen Denkens drückt sich aus im Versuch Bonus', spezifische Eigenheiten der verschiedenen Völker im Charakter oder den Fähigkeiten der einzelnen Glieder eines Volkes zu identifizieren. Er reiht sich damit in eine lange Tradition nationalen Gedankengutes ein, die in der Entwicklung des Nationen-Gedankens quer durch die philosophischen und theologischen Lager gepflegt wurde und der bei Schleiermacher[142] ebenso zu finden ist wie bei Ernst Moritz Arndt. Eine eigen-

---

136 Bonus, Krisis, 178f.

137 A.a.O., 51.

138 A.a.O., 105.

139 Vgl. Graf, Laboratorium, 255.

140 Bonus, Krisis, 47.

141 A.a.O., 112.

142 So typisiert auch Schleiermacher in seinen Reden die verschiedenen Völker schematisch, wenn er «keine andere Losung als gewinnen und geniessen» bei den «stolzen Insulanern» am Werke sieht und in der «frivolen Gleichgültigkeit» der Franzosen ihre Unfähigkeit zu «einer heiligen Scheu und einer wahren

tümliche Wende nimmt das völkische Denken bei Bonus dadurch, dass er es mit dem religiösen Schaffen verbindet. Denn nach Bonus schafft sich jedes Volk eine zu ihm passende Form der Religion und führt also durch die Tiefe der Selbsterkenntnis als Gotteserkenntnis eine Verbindung der Volkharakteristika mit dem religiösen Gehalt herauf, will sie als Religion nicht leer bleiben. In der Geschichte des Christentums identifiziert Bonus verschiedene Phasen der volkstümlichen Fassung von Religion, die jeweils aus dem kulturell prägenden Volk stammen.[143] So ist das Proprium des Judentums die Sittlichkeit, die sich im Gesetz des Alten Bundes ausdrückt und die Nährboden des Urchristentums ist. Der Hellenismus findet seinen Wesenskern im Ästhetizismus, die romanische Form der Kirchlichkeit im Recht, das zur Grundlage der römisch-katholischen Kirche wurde. Die Eigenheit des Germanentums ist nun der Wille zur Macht, das Streben nach Herrschaft. «Die deutsche Frage ist: wie herrsche ich über die Welt?»[144] Aufgabe moderner deutscher Theologie ist es, ein germanisches Christentum zu schaffen, das die als fremd empfundenen Einflüsse des Jüdischen, Griechischen und Römischen[145] ausschliesst und einen dem deutschen Volkscharakter entspringenden Mythos aufbaut, der sich auf die deutschen Helden Martin Luther und Ernst Moritz Arndt gründet.[146] Mit diesem Denken, das das Weltmachtstreben des deutschen Reiches religiös legitimiert, wird Bonus' Theologie applizierbar auf konservative Weltanschauungen[147], denn auch wenn bei Bonus der chauvinistische Versuch einer Wertung der verschiedenen Volkschristentümer fehlt – dafür ist er viel zu sehr auf den deutschen und italienischen Raum fokussiert, als dass er über schlagwortartige Beschreibungen anderer Völker hinauskom-

---

Anbetung» erkennt, Schleiermacher, Religion, 63f. Vgl. auch die Charakterisierung des «tiefen Denkens» der Deutschen bei Schweitzer, Geschichte, 45.

143 Wird «Volk» nicht als ontologisch vorgegebene Grösse verstanden, sondern als empirisch vorfindbare Sozialgestalt, sind hier Forderungen vorweggenommen, die im Aufkommen kontextueller Theologien in der Gegenwart und der Einschätzung von Theologie als immer auch ihren Kontexten geschuldet aufs Neue gestellt werden.

144 Bonus, Krisis, 16.

145 Zum Topos der Überfremdung des Wilhelminischen Kaiserreiches vor allem durch «die Juden», vgl. Jochmann, Gesellschaftskrise, 99–170.

146 Vgl. Lächle, Protestantismus, 149–163.

147 Es ist vor allem wegen der Übernahme des Volkstumsgedankens zu fragen, ob die Einordnung von Arthur Bonus in die Liberale Theologie, wie sie von Nigg, Geschichte, 237, vorgenommen wird, plausibel ist, oder ob seine Definitionskriterien für Liberalismus, die hauptsächlich in einer Ablehnung von Orthodoxie und Pietismus zu bestehen scheinen, zu kurz greifen, vgl. zur Definition von liberaler Theologie, Kap I, 2.2.

men würde –, öffnet seine religiöse Überspitzung nationaler Elemente einer Verwendung durch nationalistische Ideologen Tor und Tür.

Ein weiteres Element dieser sich aus dem Antikapitalismus speisenden Weltanschauung ist die Überhöhung des Landes und der Bauernschaft, die gegen die Grossstadt und die in ihr lebenden gesellschaftsuntauglich gewordenen Arbeiter und Angestellten ausgespielt wird. Die Stadt entmenschlicht mit ihrem maschinellen Funktionalismus den Menschen, indem sie ihn von seiner lebensschaffenden Grundlage, dem Land entfremdet, auf dem noch die Familie und die Dorfgemeinschaft als Bindungskräfte existieren und wirken. Diese Propagierung des Stadtlebens, das in der Funktion eines arbeitsteiligen Produktionsprozesses aufgeht, und des Landlebens als Teil eines organischen Schaffens schlägt sich bei Bonus wie später auch bei Gogarten biografisch nieder in der Übernahme einer Dorfpfarrei in der Hoffnung und Erwartung, dort noch ursprüngliche, sich von der Quelle der Volksseele speisende Menschen anzutreffen, die diese in ihrer Originalität zu wahren im Stande sind. Auch mit diesen Vorstellungen reiht sich Bonus ein in ein konservatives Gedankengut, das in den 1920er Jahren durch Ferdinand Tönnies Studie *Gemeinschaft und Gesellschaft* breitenwirksam rezipiert wurde, aber schon im 19. Jahrhundert zur Geltung kam.[148]

Die entscheidende Bedeutung von Bonus für Gogarten scheint dessen Versuch zu sein, neben der wissenschaftlich-kritischen Behandlung von Theologie auch den persönlichen Glauben als irrational verstandenes Element in reflektierter Form in den Blick zu bekommen. In dessen Forderung und der praktischen Durchführung eines wissenschaftlich fundierten religiösen Mystizismus findet Gogarten eine legitime Art, die von Troeltsch gelernte Wissenschaftlichkeit mit seinem eigenen Glaubensaffekt in Einklang zu bringen. Nebenbei wächst er in ein konservatives (vgl. Kap I, 1.1.2) Gedankengut hinein, das auf solche Weise mit einem den liberalen Grundüberzeugungen nahen Affekt gegen orthodoxe Kirchlichkeit verbunden ist, dass es nicht in den sonst oft pietistischen oder neulutherischen Konservatismus verfällt. Damit ist das Denken von Bonus vorbildhaft für Gogarten geworden und hat dessen Vermittlung an Diederichs und die damit verbundene Aufnahme in die «Versammlung moderner Geister» grösste Bedeutung für ihn gewonnen. Denn besonders auch die Aufnahme in diesen Kreis bedeutet für Gogarten einen Ritterschlag, der allerdings auch zu einer unsachgemässen Verleugnung seiner liberalen Wurzeln führen kann, wenn Gogarten im Rückblick an Diederichs schreibt, er verdanke es der im Diederichs-Verlag publizierten Schrift von A. Bonus *Religion*

---

148 Vgl. Greiffenhagen, Dilemma, 148–152.

als Schöpfung, «dass ich bei meinem theologischen Studium nie dem Liberalismus verfallen bin».[149] Man wird diesem Satz in seinem Kontext als Glückwunschschreiben zum 60. Geburtstag von Eugen Diederichs vielleicht nicht zu viel inhaltliches Gewicht beilegen müssen, dennoch ist der Einfluss des Diederichs-Verlags mit seiner Werkausgabe der Schriften Kierkegaards, mit den Büchern zum germanischen Christentum und der romantischen Dichtung nicht zu unterschätzen. Und auch wenn, wie oben (vgl. Kap I, 2.2.2) gezeigt, eine kontinuierliche Verbindung zwischen Gogartens Theologie und der liberalen Theologie festzustellen ist, ist seinem Satz, dass, wenn Ernst Troeltsch sein wissenschaftlicher Lehrer wurde, «Arthur Bonus mein eigentlicher theologischer Lehrer geworden»[150] ist, durchaus zuzustimmen.

---

149 Gogarten, Rückblick von 1927, zitiert nach Kroeger, Gogarten, 27.
150 Gogarten, Lebenslauf von 1922, zitiert nach Kroeger, Gogarten, 25.

Kapitel II: Theologie im Angesicht der Krise

1) Einleitung: Zwischen den Zeiten. Theologische Entwürfe nach dem Ersten Weltkrieg als Krisentheologien

In der deutschen wie in der schweizerischen Geschichtsschreibung wird die eigentliche Epochengrenze zwischen dem 19. und dem 20. Jahrhundert mit guten Gründen auf die Zeit des Ersten Weltkrieges gelegt. In diesen Jahren vollziehen sich die äusseren Weichenstellungen, die beide Länder auf Jahrzehnte hinweg politisch und gesellschaftlich prägen und die auf ihre Weise auch zu einem Umbruch theologischen Denkens führen, dessen Folgen die protestantische Theologie des gesamten 20. Jahrhunderts prägen werden, weshalb man für diese zurecht konstatieren kann, dass sie «von den Problemstellungen und Einsichten [lebt], die in der Theologie»[1] dieser Jahre in der Bearbeitung der aktuellen Situation aufgeworfen wurden. Allerdings ist der als Krisenerfahrung wahrgenommene Erste Weltkrieg nicht allein als eine situative Reaktion auf die Ereignisse der unmittelbaren Kriegs- und Nachkriegszeit zu lesen, sondern die Problemkonstellationen, nämlich «erstens die sozialen Folgen der Industrialisierung und der kapitalistischen Modernisierung der Ökonomie und zweitens die eng damit verknüpfte Frage, welche Strukturen die politischen Institutionen haben müssen, um die Krisen bewältigen zu können, die der rapide gesellschaftliche Wandel erzeugte»[2], bahnen sich schon im Ausgang des 19. Jahrhunderts an und fordern die verschiedenen gesellschaftlichen Deutungsmächte zur kritischen Bearbeitung der mit einem kaum regulierten kapitalistischen Wirtschaftssystem verbundenen rationalen Moderne auf.[3] Ihren konkreten kulturellen Ausdruck findet diese Bearbeitung hauptsächlich in den alle politischen Lager übergreifenden Bewegungen des «im Kaiserreich zu voller Blüte gediehen[en]»[4] Expressionismus, der Lebensphilosophie[5], der eng «mit der Zivilisations- und Kulturkritik im wilhelminischen Deutschland»[6]

---

1 Fischer, Theologie, 10.

2 Graf, Kulturluthertum, 35.

3 Vgl. Henning, Wirtschafts- und Sozialgeschichte.

4 Gay, Republik, 20.

5 Vgl. Kozljanič, Lebensphilosophie.

6 Herrmann, Art. Jugendbewegung I, 659. Vgl. für die Situation in Deutschland auch: Bias-Engels, Wandervogel. Für die geistige Lage, in die hinein Gogarten mit seinem Stellenwechsel nach Thüringen kommt, dürfte das hier beschriebene Engagement Eugen Diederichs in der Jenaer Jugendbewegung bezeichnend sein, 126–130. Vgl. für die Schweiz: Petersen, Jugend.

verbundenen Jugendbewegung, die ab 1907 besonders in der Abstinenzbewegung auch in der Schweiz organisatorisch Fuss fassen konnte, oder den neureligiösen Bewegungen.[7] Es ist darum die Zeit um den Ersten Weltkrieg als eine gesamtgesellschaftliche Umformungskrise zu deuten, die im Krieg einen Katalysator findet.[8]

Die Verwendung des Begriffs «Krise» wird gerechtfertigt durch zwei Bedingungen, nämlich durch das Vorhandensein von äusseren Faktoren, die als Krisensymptome verstanden werden können, und durch den Willen, diese tatsächlich als Krisenphänomene zu deuten. Erst in der Korrelation dieser beiden Bedingungen wird der Begriff der Krise mit einem Inhalt gefüllt, der ein aktuelles Weltverstehen ermöglichen kann. Reinhart Koselleck hat die Transformation des über die Felder der Medizin und der Theologie in die neuzeitliche allgemeine Zeitdeutung eingegangenen Begriffs Krisis nachgezeichnet und dabei herausgearbeitet, dass «spätestens seit der Französischen Revolution ‹Krise› zum zentralen Interpretament sowohl für die politische wie für die Sozialgeschichte»[9] wird. Dieses Interpretament entwickelt sich in der Folge in drei verschiedenen semantischen Modellen. In einem ersten Modell wird «die Geschichte als Dauerkrise interpretiert».[10] Krise geht ihrer Geschichtlichkeit verlustig und wird zu einem Strukturmerkmal der Welt, die in permanenter Gegenwart der Möglichkeit ihrer eigenen Aufhebung existiert und damit die eschatologische Erlösung geschichtsimmanent vereinnahmt. In dieses erste semantische Feld kann Karl Barth eingeordnet werden, der «diese Dauerkrisis aller finalistischen oder teleologischen Obertöne entkleidete, um sie existentiell auszulegen».[11] Ein zweites Modell, das vornehmlich im ökonomischen Denken seinen Raum hat, sieht in der Krise «das Überschreiten einer Epochenschwelle» als

---

7 Genannt sei z. B. der Lassalle-Kult in der zweiten Hälfte des 19. Jahrhunderts. Herzig, Lassalle-Kult, spricht von einer «Parallelisierung von Jesus und Lassalle», 123, die «durchaus auch den Protestanten im A[llgemeinen] D[eutschen] A[rbeiter]V[erein] plausibel [war] und wohl ihrer Sozialisation entsprach», 122.

8 Mit Nachdruck hat Tanner, Verstaatlichung, darauf hingewiesen, dass es sich in der Erfahrung der Krisenhaftigkeit der Gesellschaft nicht um ein theologisches Spezialempfinden handelte, sondern dass diese Erfahrung von einem Grossteil der Bevölkerung geteilt wurde, denn «weder ist die Krisenhaftigkeit der modernen Kultur erst ein Grundthema der Theologie nach 1918/19, […] noch hat sie sich in den zwanziger Jahren exklusiv dem Reflexionsvermögen einiger weniger Theologen im Umkreis von Zwischen den Zeiten erschlossen», 60.

9 Koselleck, Fragen, 206.

10 A.a.O., 207.

11 A.a.O., 210.

«einen einmaligen, sich beschleunigenden Vorgang».[12] In dieses Modell kann man die Theologie Gogartens einordnen, der die Krise schon im Titel seines Krisenrufes paradigmatisch als Übergangszeit proklamiert, indem er von der Gegenwart als einer Zeit «Zwischen den Zeiten» redet, wobei er offen lässt, welcher Gestalt die kommende Zeit ist. Das dritte semantische Modell entspringt der christlichen Vorstellung der Auflösung aller Geschichte im Jüngsten Gericht und beschreibt «Krise als Letztentscheidung» und ist damit die «Umsetzung eines theologischen Glaubenssatzes».[13] Mit der Bearbeitung dieses Krisenbegriffs, der in der religiösen Sphäre üblicherweise mit der Setzung von moralischen Normen verbunden ist, über deren Einhaltung der Einzelne in eschatologischer Perspektive Anteil an der Überwindung der Krise erhalten soll, setzt sich Werner kritisch auseinander und zieht aus der Ablehnung eines solchen Krisenbegriffs die positive Gestaltungskraft seiner Theologie.

Doch auch wenn sich alle drei Theologen den von Koselleck entworfenen semantischen Modellen zuordnen lassen, ist die grundsätzliche Begriffsverwendung nur zu plausibilisieren, wenn die phänomenale Erscheinung der Lebenswelt auch sinnvoll als Krise gedeutet werden kann. Nur aus der begriffskonformen Erfahrung lässt sich die Verwendung des Begriffs weiterführend erklären, weshalb diese Erfahrung detaillierter zu beschreiben ist. Dies geschieht in den vier Dimensionen der politisch-gesellschaftsorganisatorischen, der kulturellen, der theologischen und biografischen Dimension, wobei die politische Dimension noch einmal zu unterteilen ist in die Situation in Deutschland und die in der Schweiz.

Dass der Kriegsbeginn 1914 innerhalb der protestantischen deutschen Pfarrerschaft auf meist begeisterte Resonanz gestossen ist, liegt nicht bloss an der mit breiten Teilen der deutschen Bevölkerung geteilten chauvinistischen und deutschnationalen Grundstimmung.[14] Vielmehr kommt es in der Folge des nationalen Erwachens nach der Reichsgründung 1871 zu einem, wenn auch kurzen, so doch abrupten Abbruch der die vorhergehenden Jahre zwischen 1906 und 1913 das Bewusstsein der Amtskirche bestimmenden Entfremdung vieler Kirchenmitglieder, die mit ersten Austrittswellen und einem Niedergang der Beteiligung an kirchlichen Vollzügen besonders in den Städten verbunden ist.[15] Während die Jahre vor dem Krieg

---

12 A.a.O., 208.

13 A.a.O., 212.

14 Vgl. Nowak, Geschichte.

15 Vgl. zu den Zahlen: Pollack, Art. Kirchenaustritt I; Nipperdey, Religion, 118–123. Eine Vielzahl statistischer Daten, die diese These stützen, hat Hölscher, Datenatlas, zusammengetragen. Dort sind die Zahlen der Kirchenmitgliedschaften und der in Anspruch genommenen Kasualien aller deutscher Landes-

vom Auseinandertreten des religiösen Vollzugs und der kirchlichen Organisationen geprägt waren, durch das «die Einheit von religiöser und gesellschaftlicher Lebenswelt zerfällt, [weil] die Lebensbereiche zu separieren sind, [weshalb] in der pluralistischen Industrie- und Stadtwelt Religion privat [wird], und wechselseitig nicht mehr»[16] verstehbar ist, scheint der Kriegsausbruch diese Bewegung umzukehren und eine neue Einheit nicht nur von Kirche und Staat, sondern auch der kirchlichen Organisationen und den Vollzügen der Bürger zu bewirken. Doch dieses Phänomen ist nur ein kurzer Aufschub der ab 1918 rasant fortschreitenden Entfremdung namhafter Teile der Gesellschaft von einer Identifikation mit den Kirchenorganisationen und ihren Vollzügen, die sich in den Mitgliederzahlen ebenso manifestieren wie in der Menge der angeforderten Kasualien. Dieses besonders in den Städten auftretende Phänomen der Kirchenaustrittswellen führt zu einem massiven gefühlten und realen Bedeutungs- und Prestigeverlust der protestantischen Pfarrerschaft und der Kirche als Organisation.[17] Dabei ist der Relevanzverlust der organisierten Kirche nicht mit einem Rückgang von Religion gleichzusetzen, diese wird im Verlauf des 19. Jahrhunderts vielmehr fluide und kann in freireligiösen Vereinen ebenso emanieren wie im weltlichen Kult um Ferdinand Lassalle.[18] Strukturelle Folgen zeitigt dieser Bedeutungsverlust der protestantischen Kirchen in Deutschland in ihrer endgültigen Entlassung aus dem Patronat der monarchischen Herrschaftsdynastien und damit in der wenn auch nur hinkenden Trennung von Thron und Altar.[19] Nach der Sonderstellung, die die Kirche als Organisation noch bis in die Neuzeit im Leben einer breiten Bevölkerung einnehmen konnte, verliert sie hiermit auch noch ihre Sonderstellung im Gegenüber zum Staat und muss sich mit der immerhin mit gewissen in der Weimarer Reichsverfassung garantierten Privilegien ausgeschmückten

---

kirchen, aufgeschlüsselt auch auf die Kirchenbezirke, hauptsächlich für die Jahre zwischen 1880 und 1930, teilweise bis 1945 gesammelt. Betrachtet man die Taufstatistik für die Gemeinden in der Stadt Bremen, so wurden dort in den Jahren 1913 und 1914 jeweils die Zahl von ca. 87 Prozent der im Vergleich zu den in evangelischen Familien geborenen Kindern evangelisch getauft, in den Jahren 1915 und 1916 steigt die Zahl auf 100,5 Prozent bzw. 104,9 Prozent, bevor sie 1919 wieder auf 70,5 Prozent fiel. Mit Ausnahmen blieb sie in der Folge in etwa bei dieser Kennzahl. Auch die Trauquote lag 1912 bei 80 Prozent. Allein bei den kirchlichen Bestattungen ist ein grosser Anstieg zu verzeichnen, seit 1880 stieg der Wert von 26 Prozent auf durchschnittlich ca. 70 Prozent im Ersten Weltkrieg.

16 Nipperdey, Religion, 121.

17 Vgl. als zeitgenössischen Ausdruck dieser Verunsicherung Jacobi, Tagebuch.

18 Vgl. Herzig, Lassalle-Kult.

19 Vgl. Winter, Staatskirchenrecht.

Rechtsform einer Körperschaft des öffentlichen Rechts begnügen, in der sie rechtlich in vielen Bereichen Organisationen wie gemeinnützigen Vereinen, Parteien, Verbänden oder Gewerkschaften gleichgestellt ist. Die Zeit nach 1918 nötigt also zu einer ideellen wie zu einer strukturellen Neuorientierung des deutschen Protestantismus.

Der vergleichende Blick auf die politische und ökonomische Situation in Deutschland und der Schweiz zwischen 1900 und 1920 ergibt ein Bild gewisser Gemeinsamkeiten bei grundsätzlichen Differenzen. Während sich v. a. die Deutschschweiz dem deutschen Kulturraum, wenn auch in eigener Prägung und im Wissen um die geschichtliche Nähe zu Frankreich, verbunden fühlt, unterscheidet sich die Eidgenossenschaft insgesamt in beinahe allen äusseren Faktoren teils diametral von Deutschland. Spätestens mit der Verabschiedung der Bundesverfassung von 1848 etabliert sich in der Schweiz eine Demokratie, die zwar über das Majoritätswahlrecht dem in den städtischen Eliten verwurzelten Freisinn bis zur Änderung des Wahlsystems im Jahr 1919 und der Einführung des Proporzes als Konstitution einer Allparteienregierung die politische Dominanz sichert, doch ist diese Mehrheit eben nicht wie in Deutschland konservativ und chauvinistisch gesinnt, sondern denkt nach der Entmachtung der «Bundesbarone»[20] genannten führenden Wirtschaftsliberalen in Politik und Wirtschaft in einer grundsätzlich liberalen Haltung. Der späte Durchbruch der Industrialisierung führt aufgrund der geografischen Gegebenheiten und der dem Kantonswesen geschuldeten Kleinteiligkeit der Verwaltungseinheiten weniger zur Gründung grosser Industriestandorte, sondern es etabliert sich ein dezentrales Netz kleiner Fabriken, die zudem oftmals mit dem Produktionssystem der Heimarbeit verflochten sind. So waren die im Industriesektor Erwerbstätigen – um das Jahr 1900 ca. 20 Prozent aller Beschäftigten – «in Fabriken von zumeist überschaubarer Grösse»[21] angestellt. Die dort produzierten Güter sind zum grösseren Teil für den Aussenhandel bestimmt, dem die Notwendigkeit des Lebensmittelimportes korrespondiert. Ein Beispiel dieser Entwicklung ist das Dorf Safenwil, das, obwohl es nicht im näheren Einzugsgebiet einer der Schweizer Grossstädte liegt, im Jahr 1920 eine Beschäftigungsquote von 75 Prozent in Gewerbe und Industrie hatte.[22] Die industrialisierte Grossstadt, die Nährboden des deutschen Kommunismus und Sozialismus ist, gibt es in der Schweiz wenn, dann nur in Zürich, wo denn auch Leonhard Ragaz im Arbeiterbezirk Aussersihl seine religiös-soziale Arbeit aufbaut. In dieser Arbeit verbinden sich die Dimensionen der Politik mit ihrem demokratischen Grundverständnis und

—

20 Maissen, Geschichte, 213.
21 A.a.O., 222.
22 Vgl. Lüthi, Art. Safenwil.

der, besonders für die ländlichen Gebiete der Schweiz typischen, in der Ortsbindung wurzelnden Wirtschaft, wenn Ragaz annimmt, dass «die kleine Einheit des Zusammenlebens von Menschen in einer Ortsgemeinde eher demokratisch sein [kann], speziell, wenn sie von Ausbeutung befreit ist, das heisst wenn die Kooperation sich nicht auf den traditionellen Bereich der politischen Tätigkeit beschränkt, sondern wenn auch wirtschaftlich gemeinsam gearbeitet wird».[23]

Trotz dieser politisch-ökonomischen Unterschiede weiss sich die Deutschschweiz kulturell nach Deutschland hin orientiert. Die offene Grenze zwischen den Ländern, die schon im 19. Jahrhundert zu selbstverständlichen wechselseitigen Bewegungen zwischen den einzelnen deutschen Ländern und der Schweiz geführt hat, fördert diese auch zu Beginn der 20. Jahrhunderts So ist es für Karl Barth und Martin Werner eine Selbstverständlichkeit, zu Studiensemestern ins Deutsche Reich zu gehen,[24] und auch eine Generation später studiert ein Theologe wie der Berner Schüler Werners, Fritz Buri,[25] ganz selbstverständlich in Deutschland und sammelt in deutschen Gemeinden pfarramtliche Erfahrungen. Doch die Eigen- und Fremdwahrnehmung dieser Schweizer Studenten zeigt, dass eine Differenz zu den deutschen Studenten durchaus vorhanden ist.[26] Die Melange aus Nähe und Distanz zum deutschen Kaiserreich kommt in der Zeit des Ersten Weltkrieges zu allgemeinem Bewusstsein. Hier öffnet sich in eklatanter Weise der Graben zwischen der mehrheitlich mit den Alliierten sympathisierenden welschschweizer und der weitgehend aufseiten des Deutschen Reiches stehenden deutschschweizer Bevölkerung. Diese Diskrepanz zwischen den beiden grossen Bevölkerungsgruppen ist umso gefährlicher für die der Neutralität verpflichteten Schweiz, als auf beiden Seiten der Kriegsparteien ausgearbeitete Pläne vorliegen, durch einen Durchmarsch durch die Schweiz dem Gegner in den Rücken zu fallen oder sogar einen Teil der Kriegshandlungen, wie es in Belgien geschehen ist, auf das Gebiet der Schweiz zu verlegen. Diesen Plänen setzte die Schweiz die allgemeine Mobilmachung entgegen, die über 5 Prozent der Gesamtbevölkerung ins Feld führte und durch die Kosten sowie den Niedergang der Exportwirtschaft zu einer hohen Staatsverschuldung und zur Verarmung grösserer Bevölkerungsteile führte. Neben die von dieser Situation hervorgerufenen politischen Wirren, die ihren Höhepunkt im Landesstreik im November 1918 fanden, traten mit der spanischen Grippe und der Maul- und Klauenseuche zwei epidemische Krankheiten hinzu, die die Schweiz an den

—

23 Vgl. Buess, Mattmüller, Sozialismus, 130f., vgl. auch Kap I, 2.3.

24 Vgl. Barth, Zustände, 26.

25 Vgl. Schulz, Sommer, Buri.

26 Vgl. Busch, Lebenslauf; Bajohr, Ursprung; Kroeger, Gogarten.

Rand ihrer staatlichen Existenz brachten.[27] Eine bleibende Erfahrung aus dieser Zeit wurde das Wissen darüber, im Krieg nicht aus eigener Aktion heraus verschont geblieben zu sein, was auch im Hinblick auf künftige Kriege trotz der Neutralität nicht als Selbstverständlichkeit gelten kann.

Aus theologischer Sicht stellt sich die Krise auf deutscher deutlicher als auf schweizerischer Seite dar als ein Erleben des innergesellschaftlichen Bedeutungsverlustes der eigenen Weltanschauung, der mit dem Verlust der Bedeutung der Kirche als Institution parallel einherging. Denn in dem Masse, in dem die Kirche ihren Einfluss auf die Weltanschauungskonstitution des Einzelnen verliert, büsst auch die Theologie an Überzeugungsmacht ein und muss sich dem Kampf um die Weltanschauung stellen, der nun in einer mit den als Kombattanten auftretenden säkularen Bewegungen der Lebensphilosophie, des Nihilismus oder des ökonomischen oder biologischen Rationalismus gut gefüllten Arena stattfindet. Besonders das Erstarken eines naturwissenschaftlichen, technisierten Weltbildes zwingt die verschiedenen Theologien zu Reaktionen, die aus der Rezeption naturwissenschaftlicher Erkenntnisse ebenso bestehen kann wie aus der bewussten Übernahme irrationaler und absolutheitstheoretischer Elemente.

Nimmt man die biographische Dimension der drei Theologen Barth, Gogarten und Werner in den Blick, dann gelangt noch eine weitere Perspektive in die Darstellung der Situation.[28] Denn die drei gleichaltrigen Männer erleben die äussere Krise der Gesellschaft jeweils in der Phase der eigenen Ausbildung und des Berufseinstiegs, die äusseren Faktoren wirken also zeitgleich mit dem sich notwendig vollziehenden Prozess der Selbstpositionierung auf dem Feld der Theologie und im Sozialbereich der Kirche. Eine Gemeinsamkeit aller drei Berufsbiografien ist die Tatsache, dass auf das Studium eine Phase des Gemeindepfarramtes folgt, obwohl Gogarten mit einer Promotion zur Philosophie Fichtes bei Ernst Troeltsch[29] und

---

27 Mattmüller, Ragaz, Band 2.

28 Auf diese Dimension hat Wagner, Metamorphosen, hingewiesen, der den Ansatz der Wort-Gottes-Theologie als eine Transformation der biografisch notwendigen Umformungskrise des religiösen Subjektes in eine «Zustandskrise», 52, der Religion überhaupt deutet. Die Auslegungskompetenz des Wortes Gottes komme dabei nur der existentiell am stärksten betroffenen Gruppe der Berufstheologen und der Kerngemeinde zu, wodurch eine Theologie «von Berufstheologen für Berufstheologen produziert wird», 57, die ausserhalb von deren biografischen Lebenswegen keine Relevanz zu entfalten vermag, vgl. 52–59.

29 Vgl. Kroeger, Gogarten, 66–76.

Barth über eine Lizenziatsarbeit bei Wilhelm Herrmann[30] die Möglichkeiten gehabt hätten, direkt in eine wissenschaftliche Laufbahn einzuschwenken. Der zumindest vorläufige Gang ins Pfarramt scheint besonders für Barth und Gogarten als Möglichkeit zur praktischen Erprobung der sich anbahnenden theologischen Grundsatzentscheidungen wichtiger gewesen zu sein als der Erwerb eines akademischen Grades mit der mit diesem verbundenen Hoffnung auf eine Betätigung im Rahmen institutionalisierter Wissenschaft. Dass der Sprung auf universitäre Lehrstühle später doch gelingt, hängt neben vielen anderen Gründen auch damit zusammen, dass ein nicht zu vernachlässigender Teil der Schüler von Troeltsch und Herrmann im Ersten Weltkrieg gefallen ist und darum die Zahl der graduierten Theologen in den Bewerbungsverfahren entsprechend reduziert ist.[31] Denn im Gegensatz zu vielen Generationsgenossen wie z. B. Paul Tillich,[32] Martin Niemöller[33] oder Otto Piper[34] hat keiner der drei das diese Generation prägende Ereignis der Materialschlachten im Stellungskrieg als Augenzeuge erlebt. So wurde Werner nicht als Feldprediger eingesetzt, während Barth und Gogarten schon vor dem Krieg als dienstuntauglich ausgemustert worden waren.[35]

Als Leitfrage in der Rekonstruktion der frühen Entwürfe von Barth, Gogarten und Werner dient die Frage danach, auf welche Weise die Krise, die sich sowohl als Weltanschauungskrise wie auch als materielle und gesellschaftliche Krise äussert, in den bewusst als theologisch angelegten Theorien niederschlägt und welche Lösungsversuche sie sowohl in fundamentaltheologischer wie auch in materialethischer Weise geben. Denn dass in der Zeit des staatsorganisatorischen Umbruchs in Deutschland in der deutschsprachigen Theologie in prononcierter Weise «die Zuordnungs-, Selbstverständnis- und Steuerungsfragen von Kirche und wissenschaftlicher Theologie unter den Bedingungen einer modernen und politisch säkularen demokratischen Gesellschaft»[36] traktiert werden und aus heutiger Sicht exemplarisch zu studieren sind, liegt deutlich vor Augen.

---

30 Die in der Kritischen Gesamtausgabe veröffentlichten «Gedanken zur Religionsphilosophie» stellen wohl die Skizze zur geplanten und nicht durchgeführten Arbeit dar.

31 Vgl. Troeltsch, Geist; Kroeger, Gogarten, 121.

32 Vgl. Tillich, Grenze, bes. 25f.

33 Vgl. Niemöller, U-Boot.

34 Graf zählt einige Theologen auf, die schwerverletzt aus dem Krieg kommen, Zeitgeist, 41.

35 Vgl. Kroeger, Gogarten, 69f, 134; Busch, Lebenslauf, 37.

36 Pfleiderer, Gemeinschaft, 210.

2) Karl Barth: Die Verweltlichung der Welt und deren permanente Krise zwischen Zeit und Ewigkeit

Barths Bearbeitung der erfahrenen Umwandlungskrise soll im Folgenden auf zwei Ebenen in den Blick genommen werden, die sich, auch wenn Barth sie selber nicht in einen konstitutiven Zusammenhang stellt, in rekonstruktiver Perspektive gegenseitig aufeinander beziehen lassen. Auf der Textebene entfaltet Barth seine Antwort auf die Krise dezidiert theologisch, indem er die aus dem 19. Jahrhundert tradierten Prämissen liberaler Theologie, in denen er denkerisch gross geworden ist, auf ihre Plausibilität zur Erklärung der Krise hinterfragt und im Ergebnis ablehnt.[37] In Abgrenzung zur gelernten Theorie plädiert er dabei dafür, diese weltanschauliche Neukonstruktion rein im theologischen Bereich zu vollziehen. Doch diese Theologizität, die in der ersten Auflage des Römerbriefkommentars noch in gewissem Masse durch die zeitdiagnostischen Einschübe[38] unterbrochen wird, kaschiert trotzdem kaum das hinter den theologischen Aussagen mitlaufende Gesellschaftsbild, mit dem sie sich wechselseitig bedingt. Darum muss nach der Rekonstruktion der theologischen Grundentscheidung in einem zweiten Schritt diese mitlaufende Ebene in einem spekulativen Zugriff herausgearbeitet werden. Dabei zeigt sich, wie Barth sich diejenigen Krisenerfahrungen aneignet, die sich in den am Ersten Weltkrieg direkt beteiligten Ländern entwickeln, wie er diese zur Grundlage seines eigenen Denkens macht und gleichzeitig dennoch von seiner Erfahrung mit dem Schweizer «Richtungswesen»[39] als dem Bezugsrahmen seiner Kirchenlehre geprägt bleibt.

Die von Barth in den Jahren um den Ersten Weltkrieg entwickelte theoretische Grundentscheidung prägt in jeweils aktuell abgewandelter Form seine gesamte Theologie. Barth entwickelt sie in Abgrenzung zu einer von ihm beschriebenen Entwicklung der Theologie im 18. und 19. Jahrhundert, die er als Irrweg bezeichnet und verwirft. Kennzeichen dieser Theologie, die er in einem idealistischen Identitätsdenken verwurzelt sieht, sei ihr Versuch, Wahrheitserkenntnis über die Beschreibung der Identitätserfahrung des Selbstbewusstseins mit dem sich als göttlichen Grund manifestierenden Absoluten zu erlangen. Diese drücke sich im als religiös bestimmten

---

37 Vgl. Pfleiderer, Theologie, 240–261. Den aktuellen Stand der Forschung stellen immer noch die Beiträge des ersten internationalen Karl-Barth-Symposiums in Emden im Jahr 2003 dar, vgl. Beintker, Barth.

38 Vgl. z. B. Barth, R I, 9–11.

39 Auf die Bedeutung des Richtungswesens in der Schweiz, in der sich innerhalb der Kantonskirchen verschiedene Gruppierungen in gleichzeitiger Feindseligkeit und Toleranz gegenüberstanden, weist Müller, Schlagschatten, hin.

Gefühl der Einheit zwischen partikularem Selbst und universalem Anderen aus. Dagegen betont Barth die Unmöglichkeit einer solchen im natürlichen Weltverlauf des individuellen Lebens gewonnenen unmittelbaren Gotteserkenntnis,[40] die er im weiteren Verlauf mit dem pejorativ angewandten Begriff der «natürlichen Theologie»[41] belegt. Ansatzpunkt der Ablehnung und damit Grundmotiv seiner ganzen Theologie wird ihm dabei das Postulat der absoluten Andersartigkeit Gottes als des vollkommen Jenseitigen, der sich in seiner Andersartigkeit der natürlichen Erkenntnismöglichkeit des Menschen entzieht. Als Ort der Gottesbegegnung bleibt dann nur ein von Gott selber bestimmter Bereich seines Vermittlungshandelns, wie ihn die Bibel darstellt. Daraus ergibt sich die eminente Bedeutung biblischer

---

40 Die aus der Kantlektüre Barths resultierende Frage nach dem Unmittelbarkeitsgehalt der Erkenntnis stellt McCormack, Dialektik, als Movens der frühen Dialektischen Theologie Barths dar, in der dieser die Möglichkeiten von Gotteserkenntnis in den Grenzen der menschlichen Erkenntnisfähigkeiten bedenkt.

41 Die Entwicklung des Begriffs der Natürlichen Theologie in der protestantischen Theologie hat Birkner, Theologie, dargestellt. Dabei fragt er anhand des jeweiligen Begriffspartners nach der Bedeutung und der Funktion, die der Begriff der Natürlichen Theologie in den verschiedenen Epochen seit der Hochorthodoxie einnimmt. So ist es dieser ebenso wie der Theologie Barths an der Verhältnisbestimmung von allgemeinem Wahrheitsbewusstsein und christlichen Offenbarungsgehalten gelegen, wobei beide versuchen, «das allgemeine Wahrheitsbewusstsein, wie man es in der Philosophie repräsentiert sieht, in die Theologie hereinzuholen». (294) Während jene dies durch die Wahrnehmung der Zweideutigkeit der Natur als sündig und gerechtfertigt versuchte und damit die natürliche Gotteserkenntnis in den Bereich des göttlichen Handelns einstellte, wodurch «auch die verdorbene natura hominis doch immer noch [als] creatura Dei» (294) dargestellt werden konnte, ziele die Theologie Barths mit der aufklärerischen Verkürzung des Naturbegriffs auf die Weltlichkeit des Menschen durch die Ablehnung der menschlichen, natürlichen Erkenntnis auf die Verlagerung aller auch die menschliche Wirklichkeit «auf die Seite Gottes» (295). Trotz divergierender Wortwahl bestehe demnach eine Strukturanalogie zwischen der Natürlichen Theologie der Orthodoxie und der Offenbarungstheologie Barths.

Die Funktion des Begriffs der «natürlichen Theologie» für Barth um 1933 bestimmt Hüttenhoff, Kampf, in ihrer Möglichkeit, durch eine einfache Prüfnorm andere Theologien auf ihre Korrektheit zu überprüfen. Die Merkmale falscher, weil natürlicher Theologie lägen in ihrer erkenntnistheoretischen Begründung im Menschen, die Offenbarungsinstanzen neben Christus zuliessen und dadurch den Offenbarungsexklusivismus der Schrift negierten. Darum wird jede im Bereich des Geschaffenen gewonnene Erkenntnis als ungöttlich verworfen und theologische Lehrbildung allein als von der Erlösung her denkbar beschrieben.

Begründungen in Barths Theologie. Gleichzeitig verliert die Gesellschaft ihre Funktion als Erkenntnisquelle des göttlichen Wirkens sowie als Handlungsraum, in dem sich der Mensch Gott annähern kann. Die erfahrbare Wirklichkeit wird also entwertet, insofern sie keine glaubensschaffende oder -stärkende Bedeutung hat. Gleichzeitig gewinnt die Gesellschaft aber auch an Bedeutung, insofern sie als im Bereich des göttlichen Herrschaftsanspruchs liegend bezeichnet wird, wodurch der Christ als Teil der Gesellschaft gedacht wird, der er nicht enthoben werden kann. Zweck dieser Trennung ist es, dass die Gesellschaft nicht mehr als mögliche Offenbarungsquelle fungieren muss, sondern vielmehr als Rahmen des freien menschlichen Handelns vorgestellt wird.

Wenn aber die Gesellschaft nicht mehr als Offenbarungsmedium fungiert, muss Barth einen anderen Ort als Ansatzpunkt menschlicher Rede von Gott aufzeigen, in dem die Kluft zwischen der göttlichen Jenseitigkeit und der weltlichen Diesseitigkeit überbrückt werden kann und Gott als vermittelter Teil der Erfahrungswelt des Menschen anschaulich wird. Diese Überbrückung soll in der Inversion der theologischen Arbeit in den beschriebenen Glaubensvollzug gelingen, der sich am Ort Gottes selber vollzieht. Barth muss also eine Erkenntnislehre aufbauen, die eine Prinzipialisierung des Glaubensvollzugs auf der Grundannahme des «Gott ist Gott» vornimmt.[42] Diese philosophische Begründung bedingt für die Ge-

---

42 Die die vorliegende Arbeit leitende Interpretation der Theologie Karl Barths lehnt sich in gewissem Masse derjenigen Deutung an, die Georg Pfleiderer in seiner unter dem Titel *Karl Barths praktische Theologie* veröffentlichten Habilitationsschrift im Jahr 2000 vorgelegt hat. Wegen der interpretatorischen Nähe sollen hier deren zum Verständnis der vorliegenden Arbeit weiterführende Ergebnisse kurz skizziert werden. In seiner Schrift rekonstruiert Pfleiderer aus der Analyse von Barths Werk zwischen 1900 und 1925 und ihrem Vergleich zu den zeitgenössischen Entwürfen von C. Schmitt, G. Lukácz, E. Hirsch und F. Gogarten dessen theologische Theorie, die er im Zusammenhang mit jenen stehend als eine «prinzipialisierte inversierte praktische Transzendenztheorie» (141) bezeichnet. Die hinteren drei Bestimmungen enthalten nach Pfleiderer solche Elemente, die die Entwürfe aller fünf Denker als einen neuartigen Theorietypus erscheinen lassen, durch das erste Moment wird Barths Theorie emporgehoben und ist den anderen in seiner Pragmatik überlegen.

Mit der Bezeichnung des Systems als einer Transzendentaltheorie betont Pfleiderer ihre Verwurzelung in der über den Marburger Neukantianismus vermittelten Philosophie Kants mit deren grundlegender Unterscheidung zwischen immanentem Erkenntnisvollzug und transzendentem Erkenntnisobjekt. Durch die transzendentalphilosophische Anbindung wird die Empirie als mögliche Quelle der Erkenntnis, zu der sie besonders in der praktischen Theologie liberaler Provenienz erhoben worden war, ihres Wertes enthoben und Erkennt-

sellschaftslehre, dass Barth auf der Seite der Gotteserkenntnis und der Weltschöpfung alle synergistischen Elemente, wie sie sowohl zu den Kulturhoffnungen des neuzeitlichen Protestantismus als auch zu den Kulturüberwindungshoffnungen der religiösen Sozialisten gehören, ablehnen muss. So trifft letztlich auch diejenigen gesellschaftstheoretische Versuche, denen Barth sich in der Rezeption Christoph Blumhardts und im Kontakt

---

nis als eine solche der transzendentalen Kategorien gewertet, welche sich allerdings in christlicher Vermittlung präsentieren. Die transzendentale Erkenntnis wird einem «starke[n] Geschichtssubjekt als kollektive[m] Handlungssubjekt» (139) zugeschrieben, das als Kollektivsubjekt eben jenen Erkenntnisvollzug unternimmt, den das Individuum im Rezeptionsprozess als «die theoretische Einsicht in die Konstitutionslogik des Kollektivsubjektes zu übernehmen» (140) habe. Invers sei die Theorie, insofern das Kollektiv- und das Individualsubjekt den Erkenntnisvollzug als empirisch nicht ausweisbaren eigenen Bewusstseinsvollzug vorstellen. Um das Problem der Differenz zwischen der konstitutiven Geschichtlichkeit des Handlungssubjektes und dessen elitären Erwählungsbewusstseins, also zwischen der Vorläufigkeit der Ausdrucksform und der Allgemeingültigkeit des Ausdrucksinhaltes zu lösen, prinzipialisiere Barth seine Theorie durch die sie kennzeichnende Urbegründung, die sich im Signum des ‹Gott ist Gott› ausdrückt. Im Rückgriff auf dieses Grundprinzip kann die Tatsache der Entwicklung von Barths Denken als Beweis für seine eigene Theorie gelten, wenn sich die in ihr entwickelten Ausdrucksformen jeweils als ihrem Inhaltsgrund adäquat erweisen. Die Theorie wird dadurch zugleich praktisch, dass sie «nicht als Aussenreflexion auf ein ihr äusserlich vorausgesetztes religiöses Erlebnis konzipiert» wird, sondern als theologische Theorie ist sie «als dessen – *theoretische und darin zugleich praktische ‹geschichtliche› – Selbstentfaltung* zu präsentieren» (445), wodurch sie «ihre Wirkung mitzukonstruieren und mitzubestimmen versucht» (179).

Pfleiderer weist in seiner Interpretation auf das im Gegensatz zu einer «historisch-deskriptiv-analytischen Ausrichtung moderner wissenschaftlicher Theologie» (179) veränderte Wissenschaftsmodell Barths hin, in dem die theologische Reflexion nicht als ein der Materie äusserlicher Vorgang zu verstehen sei, sondern als «derjenige Handlungsvollzug [...], bei dem Inhalt und Form genau übereinstimmen (sollen)» (278), was der Aufforderung des «kategorischen Imperativs der Handlung» gleichkomme: «invertiere die Methodenreflexion!» (279). Durch die Inversion der Methodenreflexion, die sich besonders im Werk der theologischen Wende ab 1914 findet, werden nun aber die theologische Reflexion und der Glaubensvollzug als ihr Gegenstand als miteinander identisch verstanden, so dass Theologie selbst als Glaubensvollzug aufzufassen ist, oder anders gesagt, «der geltungstheoretische Horizont der Religion [...] nicht auf die sittliche Selbstrealisierung des individuellen Subjektes beschränkt», «sondern auf dessen ganzen praktischen und theoretischen Selbstvollzug» (444) auszudehnen sei.

mit Ragaz und Kutter in durchaus positiver Affirmation zugewendet hatte und die in seiner sozialdemokratischen und gewerkschaftlichen Arbeit zum Ausdruck kamen,[43] das Verdikt der absoluten Diastase, welche Ethik als Versuch der menschlichen Antwort auf das göttliche Geschenk der Gnade unmöglich und sinnlos erscheinen lässt. Denn die Umwandlung der aktuellen in eine dauerhafte Krise, die zwischen der ihrer Zeitlichkeit entledigten und absolut transzendenten Wirklichkeit Gottes und der in Geschichte und Immanenz gefangenen Weltlichkeit des Menschen aufgespannt wird, bedingt, dass eine Lösung der Krise nur als Herrschaftsakt Gottes gedacht werden kann, in dem dieser die Welt samt ihren Konstitutionsbedingungen auflöst. Eine solche Vorstellung eines sich vollkommen unabhängig von den Taten der Menschen ereignenden Aktes macht aber auch die Notwendigkeit ethischer Theoriebildung obsolet. Auf der anderen Seite bekommt Ethik dann einen ganz neuen Stellenwert als eine Reflexion über die Form glaubensaffiner innerweltlicher Tätigkeit. Diesen theologischen Grundgedanken und dessen Auswirkungen auf die Gesellschafts- und Kirchenlehre entfaltet Barth vornehmlich in seinen beiden Auflagen der Römerbriefauslegung[44] sowie im Vortrag *Der Christ in der Gesellschaft.* Seine ideengeschichtliche Verwobenheit in die deutschen Diskurse, die hauptsächlich durch den in Marburg erlernten Neukantianismus in der Auslegung Wilhelm Herrmanns vermittelt ist, ist offensichtlich. Gleichzeitig lassen sich aber in Barths Rezeption dieser Tradition semantische Verschiebungen beobachten, in denen er deutsche Begriffe durch deren schweizerische Alternativen zu substituieren versucht. Auf diese Weise will sich die Theorie von nationalen, konfessionellen oder mentalen Kontexten lösen, um eine überzeitlich gültige Geltung beanspruchen zu können. Dabei bleibt sie aber, wie zu zeigen sein wird, in genau denjenigen mentalen und

—

Die Methodeninversion als Kennzeichen der frühen Theologie Barths bleibe aber ein Zwischenstadium, das im Reifungsprozess der Theorie in eine «dogmatische Schultheorie» umgebaut werde, die sich durch die «Logizität des trinitarisch strukturierten Offenbarungsgedankens» (449) auszeichne. Dadurch wird der Ort der theologischen Reflexion verkirchlicht und durch die damit einhergehende Bindung an eine Institution auf Dauer gestellt. Gleichzeitig bleibt Kennzeichen auch in der nun in traditionelle Lehrbezüge eingestellten Theologie die ihr inhärente Identität des Glaubensvollzugs und seiner Reflexion oder des Handlungs- und des Beobachtungssubjektes. Darum sei auch die KD als Spätwerk Barths als «prinzipialisierte Handlungstheorie der professionellen Vertreter von Religion als Handlungsgewissheit überhaupt» (450) zu lesen.

43 Vgl. Gollwitzer, Reich, bes. 325–327; Buess, Mattmüller, Sozialismus.

44 Vgl. zur Entstehungsgeschichte der Römerbriefkommentare: Busch, Lebenslauf, 109–114.

geistesgeschichtlichen Wurzeln verhaftet, die zu überwinden sie sich vornimmt.

Die detaillierte Entwicklung der Theologie Barths besonders in der Wende von der liberalen zur dialektischen Phase[45] ist seit dem Beginn der Veröffentlichungen der Frühschriften und des umfangreichen Briefwechsels tiefgründig erforscht worden.[46] In diesem Zusammenhang wurde zum einen ein Augenmerk auf die Frage des Zeitpunktes und der Situation des theologischen Umbruchs gelegt, zum anderen wurde die Differenz zwischen den zwei Fassungen des Römerbriefkommentars reflektiert. Dass in der vorliegenden Arbeit besonders die zweite Frage, die der produktiven Auseinandersetzung Barths mit seinem Bruder Heinrich[47] und mit Friedrich Gogarten[48] entspringt, nicht explizit bearbeitet wird, folgt der These, dass trotz der festgestellten Tiefe der Überarbeitung zur zweiten Fassung die grundsätzliche Intention der dialektischen Phase, aus der heraus die

---

45 Härle, Aufruf, dekonstruiert die von Barth selber ins Spiel gebrachte spätere Deutung, der Aufruf der 93 Intellektuellen, in dem sich führende deutsche Wissenschaftler gegen die von ihnen als feindliche Kriegspropaganda gelesenen Vorwürfe deutscher Kriegsverbrechen in Belgien zur Wehr setzen, wäre für Barths neuen theologischen Durchbruch zeitlich verantwortlich gewesen, indem Härle durch die Lektüre des Briefwechsels Barths mit Thurneysen und die Aufschlüsselung der Chronologie der Ereignisse eine Koinzidenz als unmöglich herausstellt, da dieser Aufruf erst im Oktober 1914 verfasst wurde, also Monate nach Barths Distanzierung von der deutschen Kriegsideologie. Vielmehr war es, wie Schwöbel, Einleitung, feststellt, «die ‹Christliche Welt› Martin Rades, [...] die Barth mit einem Mal von ‹Marburg› und damit von der Theologie seiner Lehrer distanzierte», (28) weil nach Barths Empfinden selbst diese in die Kriegsrhetorik mit einstieg. Dabei blieb Barth aber angesichts des persönlichen Leidens im Umfeld vieler seiner Bekannten in Marburg und angesichts der Differenzierungen in Rades Reden, die diesem grosse Anfeindungen einbrachten, nicht lange auf Konfrontationskurs zu Rade.

46 Neben den schon genannten Arbeiten von Pfleiderer und Spieckermann sei besonders auf die Arbeit von Bruce McCormack aus dem Jahr 1995 hingewiesen, die auf Deutsch 2006 in Zürich unter dem Titel: Theologische Dialektik und kritischer Realismus. Entstehung und Entwicklung von Karl Barths Theologie 1909 – 1936, erschien. Den Kirchenbegriff der frühen Theologie Barths behandelt Greive, Kirche.

47 Vgl. Lohmann, Neukantianismus, 255; Heinrich Barth, Gotteserkenntnis. Die Herkunft Barths aus dem Neukantianismus entgeht auch Werner nicht, vgl. Prinzip, 59.

48 Vgl. den Briefwechsel Barth – Thurneysen 1921–1930 und den Bericht über Gogartens Besuch bei Barth, siehe auch: Einleitung zur Kritischen Neuausgabe von R II, XIV.

Gesellschaftstheorie dargestellt werden soll, schon in der ersten Fassung des Römerbriefkommentars leitend ist.

2.1) Explikation

Ihren Ausgangspunkt nimmt die theologische Explikation[49] im frühen dialektischen Denken Barths in der Abkehr vom Versuch eines so verstandenen idealistischen Denkens, die in der mystischen Erfahrung erkannte Identität Gottes mit dem Grund des Ichs zu erweisen. Dem stellt Barth die Behauptung der absoluten Andersartigkeit Gottes entgegen, mit der er die Bestimmungen des von ihm grundlegend übernommenen Kant'schen Denkens noch verschärft. Denn während bei Kant die Vernunft in ihrem Selbstvollzug als praktische Vernunft Gott zumindest als Postulat aufstellen kann,[50] negiert Barth auch diese in der transzendentalen Verfasstheit der Vernunft liegende Erkenntnismöglichkeit. Chiffre für den aller menschlichen Erkenntnismöglichkeit entzogenen Gott ist dessen Grundbestimmung als des *totaliter aliter*.[51] In der Rede von Gott als dem Ganz Anderen bleibt dessen Absolutheitsanspruch ebenso erhalten wie seine prinzipielle transzendentale Verortung.

Trotz der absoluten Andersartigkeit Gottes, die sich jeder Aufhebung durch eine menschliche Tat entzieht, muss Barth die Denkmöglichkeit der unmittelbaren Erfahrbarkeit Gottes durch den Menschen reflektieren, da diese als Glaubenserlebnis die Voraussetzung von Theologie ist. Es müssen also die Vollzugsbedingungen des der theologischen Reflexion vorausgehenden Glaubens analysiert werden. Dies geschieht in einer erkenntnistheoretischen Überlegung, in der Barth Erkenntnis als diejenige Handlung nicht des Menschen, sondern Gottes beschreibt, in der Gott sich selbst als handelndes Subjekt dem Menschen zu erkennen gibt. Hier liegt das «*th*eo-lo*gische Fundamental*problem ersten und prinzipiellen Ranges, nämlich

---

49 Vgl. Spieckermann, Gotteserkenntnis, die ihre Interpretation der frühen Theologie Barths aufbaut in der Differenzierung von Sachintention und von deren Explikation.

50 Kant, Kritik, bes. 152–155.

51 Diesen Begriff übernimmt Barth wahrscheinlich von seinem Bruder Heinrich, der ihn in seinem Vortrag *Gotteserkenntnis* verwendet. Den inhaltlichen Zusammenhang zeichnet Lohmann, Neukantianismus, 306, aufgrund einer Briefnotiz Barths an Thurneysen vom 13.4.1919, Briefwechsel Barth–Thurneysen, 325, nach. Barth entdeckt den Begriff als für ihn bedeutend wieder in der Lektüre von Otto, Heilige, 28–37. Über die Lektüre des Buches und die Auffindung des Begriffs berichtet er Eduard Thurneysen in einem Brief vom 3.6.1919, Briefwechsel Barth–Thurneysen 1913–1919, 330.

eine von der prinzipiellen Selbstvorgabe ihres allererst relationsstiftenden Gegenstandes in seinem Wort in Jesus Christus durch die Schrift herkommende und auf sie hinzielende radikale Umkehrung der Denkrichtung».[52] Diese göttliche Handlung chiffriert Barth mit dem Begriff der Offenbarung, die ihren erkennbaren Ausdruck im Offenbarungszeugnis erhält. Ist der im Erkenntnisgeschehen Handelnde Gott selber und ist damit der Ort der Erkenntnis der Ort der göttlichen Gegenwart,[53] dann muss auch die Reflexion des Erkenntnisinhaltes, also der Vollzug des theologischen Denkens, am Ort der göttlichen Gegenwart stattfinden, welches in noetischer Perspektive der Glaubensakt ist. Dadurch entsteht eine paradoxe Situation. Denn einerseits findet der Glaubensvollzug als menschliches Handeln im konkret-geschichtlichen Rahmen des individuellen Erlebens statt, in dem er in der Form theologischer Lehrbildung einen «Einfluss auf das allgemeine Denken [...] wenigstens intendiert»,[54] wobei er an diesem Ort allerdings dem Verdikt der Vergänglichkeit und des in Bezug auf die Wahrheit gesprochenen Ungenügens unterworfen ist. Andererseits ist der Ort des Glaubensvollzugs derjenige, an dem der Menschen aufgehoben wird in die Sphäre des Göttlichen, indem dort die Differenz zwischen dessen Vorläufigkeit und der Ewigkeit Gottes letztgültig aufgehoben wird, die weder im *status mundi* ansichtig zu machen noch diesen zu transformieren fähig ist.

Die Frage, wie die göttliche Wirklichkeit Ausdruck in menschlichen Erkenntnisvollzügen gewinnen kann, also die Frage nach der «unmöglichen

---

52 Spieckermann, Gotteserkenntnis, 73.

53 Dass Barth in seiner Theorie die «zu thematisieren beanspruchte eschatologische Wirklichkeit» (413) als in ontischem Gegensatz zum idealistischen Weltbild als Realität in den Blick nimmt, betont Dalferth, Realismus. Dabei greift Dalferth auf einen Realitätsbegriff zurück, der davon ausgeht, dass die Komplexität der Wirklichkeit so gross sei, dass sie sich ihrer Darstellbarkeit entziehe. Das Wissen um seine in der Unzulänglichkeit menschlicher Sprache begründeten Fallibilität mache theologisches Sprechen realistisch, wenn es auf die «zeichen- und bewusstseinsunabhängige Wirklichkeit» (405) in einer Weise Bezug nimmt, in der es um die Unzulänglichkeit seines Tuns weiss. Der besprochenen Wirklichkeit wird damit ein Vorrang vor ihrer Explikation eingeräumt. In epistemologischer Perspektive behaupte Barth darum «die ontologische Priorität ontischer Necessität und Rationalität vor aller noetischen Necessität und Rationalität und macht dies zur erkenntnistheoretischen Prämisse seiner theologischen Reflexion» (406).

54 Lessing, Problem, 12.

Möglichkeit»[55] der Gotteserfahrung, beantwortet Barth mit dem Verweis auf die Bibel als Zeugnis des göttlichen Offenbarungsvollzugs. Damit stellt er sich einerseits theoriegeschichtlich in die reformatorische Tradition, andererseits entspricht er mit der Stärkung der Bibelgebundenheit gegen die Einsetzung möglicher anderer Offenbarungsquellen wie einer Schöpfungsordnung dem Kontext einer stark biblisch fundierten Schweizer Frömmigkeit. Die sich abzeichnende Frontstellung Barths gegen jede «Natürliche Theologie», in der sich auch der biblische Realismus anbahnt, der das weitere Denken Barths prägt, gerät allerdings durch die Hochschätzung der Bibel als «die ausser Konkurrenz und ausser Diskussion stehende Deutung schlechthin, die Deutung *sub specie aeterni*»[56] in gefährliche Nähe zu einem Biblizismus. Um diese Nähe zu bearbeiten, zollt Barth den erkenntnistheoretischen Fragen nach dem Erkenntnisvollzug und dem Ort der Erkenntnis grosse Aufmerksamkeit und bekennt sich vehement zur historisch-kritischen Bibelexegese. So erweist sich die Frage nach der Vermittlung von weltlicher Darstellungsform und göttlichem Darstellungsgehalt als durchgängige Fragestellung Barths.

2.1.1) Die Quelle der Erkenntnis

Das Charakteristikum der gesamten Theologie Barths, mit der er sich bewusst vom deutschen Idealismus seiner Lehrer, aber auch von den theologischen Antwortversuchen seiner frühen Mitstreiter wie Gogarten abgrenzt,[57] ist die durchgängige Betonung der Bibel als der einzigen Quelle der Erkennbarkeit Gottes für den Menschen. Nicht das «menschliche Subjekt und sein religiöses Erleben [können] als Basis»[58] und Quelle der Gottesbeziehung fungieren, sondern in der Bibel finde die Theologie einen Ausdruck unmittelbarer Gotteserfahrung, die wiederum als vermittelte Erkenntnis plausibilisiert werden könne. Als «ständige Erinnerung an ein

---

55 Barth, R II, 66, vgl. Spieckermann, Gotteserkenntnis, 108–139, bes. 122. Spieckermann stellt die Phase der Erarbeitung des ersten Römerbriefkommentars unter diesen Titel.

56 Barth, Fragen, 70.

57 Vgl. Briefwechsel Barth–Thurneysen 1922–1930. So beschreibt Barth z. B. Gogarten als «Besitzer eines Wissens, über dessen Herkunft und Inhalt er keinerlei Auskunft zu gebe wusste», Brief vom 7.10.1922, 105, und meint: «Ich bin nun einmal hier auf die deutsche Art im Ganzen aufmerksam geworden, die beständig nach diesem X [in der Gleichung] zu greifen droht, als ob man das nur so könnte, und dann erscheint mir Gogarten in gewissen Momenten wie die höchste, letzte Potenzierung und Sublimierung dieser Art», Brief vom 19.12.1922, 126.

58 Spieckermann, Gotteserkenntnis, 82.

entscheidendes Geschehen»[59] sei sie selbst menschliches Produkt ein suffizientes Zeugnis des Christusgeschehens.

Um diesen biblischen Erkenntnismonismus vor Vereinnahmung von der anderen Seite zu schützen, muss Barth jedoch Mechanismen einbauen, die seine Theorie nicht zu einer reinen Repristination biblizistischer Sprachspiele verkommen lässt und damit den Anspruch liberaler Wissenschaftlichkeit unterläuft, der in der Neuzeit in den verschiedenen Ausgestaltungen historisch-kritischer Exegese seinen Ausdruck gefunden hat.[60] Er muss seinen erkenntnistheoretischen Ort also zwischen der schlagwortartig bezeichneten Skylla der Verbalinspiration und der Charybdis der historisch-kritischen Exegese suchen, um die Autorisierung seiner Theorie durch den Rückbezug auf den ausserhalb des menschlichen Verstandesschaffens liegenden Grund göttlicher Offenbarungswahrheit und die Behauptung, diese werde nur in einem zeitgebundenen Produkt menschlichen Kulturhandelns ansichtig, im Angesicht neuzeitlich wissenschaftlicher Legitimationsstrategien zu gewährleisten. Dabei stimmt er z. B. mit Troeltsch durchaus darin überein, dass es sich in der Bibel um ein menschliches Produkt handele, denn «die literarischen Denkmäler einer vorderasiatischen Stammesreligion des Altertums und die einer Kultreligion der hellenistischen Epoche, das ist die Bibel. Also ein menschliches Dokument wie ein anderes, das auf eine besondere Beachtung und Betrachtung einen apriorischen dogmatischen Anspruch nicht machen kann».[61] Diese erhalte die Bibel ihre Kraft nicht aus dem Diesseits, sondern aus dem Jenseits.[62] Nicht die Bibel an sich ist Offenbarungsquelle, sondern sie wird zu einer solchen erst im Vollzug des göttlichen Handelns. Dennoch sei es aber allein diese Quelle, durch die, über den durch die historisch-kritische Bibelexegese zu erlangenden Rahmen hinaus, Gottes Offenbarungshandeln wirksam werde. Darum kann Barth sagen, die Verbalinspiration enthalte «die weise Aufforderung, sich mit einem biblischen Text hartnäckig so lange zu beschäftigen, bis er zu einem sinnvollen Reden gebracht ist, bis er vor uns steht [...], als ein lebendiges Glied der Bewegung, die auch uns bewegen – sollte».[63] Die historisch-kritische Methode hingegen ziehe bei all ihrer wissenschaftlichen

---

59 Barth, R I, 365.

60 Vgl. die Kritik von Jülicher, Paulus-Ausleger, der Barth z. B. S. 92–94 vorwirft, er würde aus dem Grund, die eigene Theorie stärken zu wollen, eine unsachgemässe Übersetzung des griechischen Wortes Pistis verwenden, was «die Hauptschuld tragen [dürfte], wenn sich Barth in der Paulusexegese als Entdecker fühlt», 92.

61 Barth, Fragen, 76.

62 Vgl. Barth, Christ, 66.

63 Barth, R I, Vorwort III, 596.

Berechtigung die Bibel in den Bereich des Menschlichen und entziehe ihr damit die Möglichkeit, Offenbarungsmittel zu werden.

Mit dem Begriff der Inspiration beschreibt Barth den Akt, in dem das Selbstbewusstsein durch die von aussen gewirkte Bewahrheitung des Erkenntnisinhaltes zu einem existentiellen Verstehen gelangt, als ein Handeln des Heiligen Geistes. Durch die Koppelung der Wirksamkeit der Erkenntnis an das Handeln des Heiligen Geistes können Autor wie Leser zu jeder Zeit in ein unmittelbares Gegenüber zu Gott gehoben werden. Die historisch-kritische Exegese zwingt dabei «zu einer Vorbereitung, die nirgends ganz übergangen werden kann»,[64] indem sie der neuzeitlichen Forderung nach Rationalität Rechenschaft trägt, dass es einer Übereinstimmung des subjektiven Denkens mit dem objektiven Denkinhalt bedarf, wobei das fallible Instrument der menschlichen Vernunft und die ihm verfügbaren Quellen der unmittelbaren empirischen Erfahrung oder der mystischen Selbstversenkung durch die objektive Instanz der als gegebenes Gotteswort postulierten Bibel ersetzt werden. Das gelingt unter der Voraussetzung der Annahme, dass es sich in den biblischen Erzählungen um Wirklichkeitserzählungen[65] handelt, dass sie also Realität ausdrücken.

Wenn aber die Bibel die einzig mögliche Erkenntnisquelle Gottes ist, stellt sich die Frage nach dem Sinn von Bibelauslegung und theologischer Explikation. Denn diese müssten nun als Neuschreibung und somit als Eisegese von Barths eigener geschichtlich kontingenten Position in den Text der Bibel verstanden werden, die zeitbedingten Interessenlagen Barths könnten die überzeitliche Sachintention z. B. des Paulus überspielen und sich so durch den spezifischen methodischen Rückgriff auf den Bibeltext als allgemeingültig legitimieren. Aus dem «Palimpsest»[66] wäre eine solche Überschreibung geworden, die den ursprünglichen Text unleserlich ver-

---

64 A.a.O., Vorwort V, 600.

65 Vgl. zum Begriff der Wirklichkeitserzählung, Klein, Martinez, Wirklichkeitserzählungen. Klein/Martinez erklären für den Bereich der Narratologie die terminologisch auf Genette zurückgehende Differenzierung zwischen faktualer und fiktionaler Erzählung für wenig weiterführend, sondern fragen nach dem Wirklichkeitsanspruch, den eine Erzählung erhebt, und inwieweit sie es schafft, ihrem eigenen Anspruch gerecht zu werden. Angesichts eines konstruktivistischen Denkens, das alles Erzählen unter das Urteil des Fiktionalismus stellen will, plädieren sie für eine Bewertung von «Wirklichkeitserzählungen sowohl [als] konstruktiv als auch referentiell» (1), insofern sie auf eine intersubjektive Wirklichkeit verweisen. Wirklichkeitserzählungen beanspruchen, «auf reale, räumlich und zeitlich konkrete Sachverhalte und Ereignisse zu referieren und sind in diesem Sinne faktuale Erzählungen», 6.

66 Pfleiderer, Theologie, 303.

deckte. Darum identifiziert sich Barth mit dem «Ich, Tertius der den Brief schrieb»[67], und legitimiert seine Arbeit dadurch als ein solches menschliches Handeln, das aufschlüsselnde Bedingung zum Handeln Gottes ist, mithin nicht in seiner eigenen Verfügungsmacht stehe. So erklärten sich auch die Gegenwartsbeziehungen, die Barth «nicht aufgesucht [habe], sondern sie lagen zum einmal in der Sache. Von mir aus hätte ich kein Bedürfnis gehabt, mich über Idealismus, Pietismus, Kirche, Staat u. dgl. auszusprechen.»[68] Die Immunisierungsstrategie gegen den Vorwurf der Selbstreferenzialität läuft mithin über die Behauptung, das eintretende Gelingen der Theorie sei als ein Wirken des Heiligen Geistes im Vollzug der Auslegung und der Rezeption als dem eigentlichen Glaubensvollzug zu verstehen.

In Hinblick auf die zu bearbeitende Krise dient dies zum einen der Möglichkeit, diese als überzeitliche Konstitutionskrise der Welt zu deuten, zum anderen kann ihre Lösung als unabhängig von den zeitlichen Bedingungen beschrieben werden, indem sie auf Gott als ungeschichtliches Faktum der Weltbegründung hin gedeutet wird.

2.1.2) Der Erkenntnisvollzug als Herrschaftsakt Gottes

Im eigentlichen Kern der Theorie versucht Barth den Erkenntnisvollzug so auf der Grundlage seines neukantianischen Denkens[69] systematisch zu entfalten und zu durchdenken, dass Gott in ihm als alleinige Wirkmacht zu stehen kommt. Das grundsätzliche Postulat, Gotteserkenntnis müsse sich am Ort Gottes vollziehen, wird in negativer Abgrenzung in der Forderung nach der Abschaffung des Zuschauers gefasst, in positiver Affirmation spricht Barth von der Gotteserkenntnis als einem Akt, in dem sich Gott in freier Tat dem Menschen zu erkennen gibt.

—

67 Barth, R I, Vorwort III, 597.

68 Ebd.

69 Die neukantianische Prägung Barths ist früh im Bewusstsein gewesen. So nennt z. B. Werner, Weltanschauungsproblem, diese als Grund dafür, dass sich Barth angesichts der «absoluten Rätselhaftigkeit der gegebenen Weltwirklichkeit» nicht zur Schweitzer'schen Lösung «aufraffen» könne, «endlich und ein für allemal zur Freiheit von dem Verstehen der Welt» (Schweitzer, Kultur, 243) zu kommen, sondern mit «diese[r] hartnäckige[n] Proklamation der absoluten Jenseitigkeit Gottes» und der «eisernen Logik des Ursprungsgedankens» fortfährt, was ihn letztlich dazu zwingt, «auch diesen Sündenfall als ein Geschehen in Gott zu erklären. Also ist es am Ende doch der Gott des Lebens, auf dessen Wirken auch das Todesverhängnis dieser Welt zurückgeht.», 25. Dabei lokalisiert Werner den neukantianischen Einfluss besonders im transzendentalen Ursprungsdenken. Die beste systematische Aufarbeitung des neukantianischen Einflusses Barths, auf der auch die folgenden Gedanken beruhen, findet sich bei Lohmann, Neukantianismus.

Der von Barth rezipierte Neukantianismus sah – von den erstarkenden Naturwissenschaften bedrängt – seine Aufgabe darin, im Gegensatz zu den naturwissenschaftlichen und historischen Versuchen der Welterkenntnis die Grundlagen dieser Erkenntnis zu reflektieren. Diese Gegenüberstellung konnte gleichzeitig als Abwehr spekulativer und empirischer Theorien verstanden werden. Gegen einen reinen Empirismus richtete sich das Postulat von «apriorischen, d. h. allgemeinen und notwendigen Grundlagen der Erkenntnis».[70] Mit diesem verbunden ist die Vorstellung der «Erzeugung» des Erkenntnisobjektes im Subjekt, also die Unabhängigkeit der Erkenntnis von einem Erkenntnisgegenstand. Die hier angelegte metaphysische Grundausrichtung sollte durch die Verortung der Erkenntnis im Subjekt gelingen, in der «die alte Definition von Wahrheit als Übereinstimmung von Denken und Sein durch eine neue, die der Übereinstimmung einer Vorstellung mit einer allgemeingültigen Regel der Vorstellungsverknüpfung, also einer apriorischen Norm»[71] ersetzt wurde. So kann Wilhelm Windelband sagen: «Wahrheit ist Normalität des Denkens.»[72] Diese Fundierung des Wahrheitsbegriffs in der normgeleiteten Subjektivität des Erkennenden fungiert als ein zweiter Abwehrmechanismus gegen spekulative Theorien, welche Wahrheit als ein dem Subjekt entzogenes Absolutes setzen.

Auf diesem Hintergrund ist Barths Absage an spekulative ebenso wie an empiristisch verengte Weltdeutungen zu lesen. Dabei greift er den Gedanken Cohens auf, «das Denken [habe] keinerlei Ursprung ausserhalb seiner selbst»,[73] wendet ihn aber in einer ihm eigentümlichen Weise, indem er den menschlichen Verstand im Glaubensakt in den Vernunftvollzug Gottes inhäriert sieht und die dabei tätige Vernunft als die Vernunft Gottes identifiziert.[74] Die reine Vernunft bezeichnet bei Kant das «Vermögen [...], überhaupt a priori», also ohne Erfahrungen des Verstandes, «etwas zu erkennen».[75] Im vom menschlichen Handeln unabhängigen Besitz der reinen Vernunft liegt also die hinreichende Bedingung, von Erkenntnismöglichkeit zu sprechen. Nach Barth wird dieses apriorische Moment in dem aus menschlicher Perspektive passiven Charakter der Gotteserkenntnis christlich transformiert, wodurch der Vollzug in den Selbsterkenntnisprozess Gottes in Christus ausgelagert wird. Barth zieht also die Passivität des Menschen und dessen gleichzeitige prinzipielle Erkenntnismöglichkeit

---

70 Lohmann, Neukantianismus, 44.
71 A.a.O., 46.
72 Windelband, Präludien, 138.
73 Lohmann, Neukantianismus, 100.
74 Vgl. Pfleiderer, Theologie, 139–142.
75 Kant, Fortschritte, 563.

Gottes zusammen, wenn er sagt, dass «unsere Sache unsere in Christus realisierte Erkenntnis Gottes ist, in der uns Gott nicht gegenständlich, sondern unmittelbar und schöpferisch nahetritt, in der wir nicht nur schauen, sondern geschaut *werden*, nicht nur verstehen, sondern verstanden *sind*, nicht nur begreifen, sondern ergriffen *sind*».[76]

Den Versuch des Menschen, über die ihm unmittelbar zugänglichen Erfahrungsgegenstände hinaus Aussagen zu treffen, sieht Barth als unmöglich an. Da einem solchen Versuch das «Bild Gottes» fehlt, «wie es eigentlich in wohlbewusster Wahrheit vor dem Auge unserer Vernunft steht»[77], wenn man diese als das von Gott aktivierte Rezeptionsorgan im Menschen versteht, bleibt ein sich im Menschen gründendes Denken leer. Der sich auf solche Anschauungen bauende Mensch steht der Welt «desorientiert, urteilslos, unsicher, dem Zufall preisgegeben»[78] gegenüber und ist aus diesem, im christlichen Sprachspiel als Sünde zu benennenden Zustand durch diejenige Tat Gottes zu erlösen, in der Gott sich den Menschen einverleibt und ihm dadurch die wahre Erkenntnis seiner selbst und die wahre Welterkenntnis vermittelt. Diesen Akt der Erlösung beschreibt Barth als Übergang von der Kenntnis des in der Schöpfung ansichtigen Gottes zu dessen Erkenntnis[79], in welchem die Menschen transformiert werden, dann «werden sie aus Hörern zu Tätern, will sagen: zu hörenden Hörern, findet die Offenbarung der Gerechtigkeit Gottes, die sich aus dem Gesetz ergeben könnte, ihren Glauben, die Botschaft von Gottes Alleinherrschaft und Alleinherrlichkeit ihre Ohren, brechen sie durch von der Kenntnis zur Erkenntnis, […] dann werden sie gerecht gemacht und vom Zorne errettet werden und *sind* es schon».[80] Durch die Übernahme des in der Bibel vermittelten Weltbildes, verstanden als dezisionistischer Akt, erhält der Mensch dann ein Kategoriensystem, anhand dessen er zur wirklichkeitsadäquaten Deutung der von ihm wahrgenommenen Phänomene befähigt wird.

Die doppelte Abgrenzung von der historisch-kritischen Methode als präferiertem Vorgehen einer sich selbst neben die Sache stellenden und diese zu ihrem Anschauungsobjekt machenden Wissenschaft, sowie von der Vorstellung der Möglichkeit einer im Individuum gründenden Gotteserkenntnis entspringt nach Barth einem Wirklichkeitsverständnis, das den Menschen als genuin von Gott Betroffenen beschreibt, der seiner eigenen

---

76 Barth, R I, 19. Nach Lohmann, Neukantianismus, 226, wählt Barth als «unhintergehbare, nicht weiter begründbare Voraussetzung» des Denkens, die Erkenntnis ermöglicht, den theologischen Topos der Erlösung.

77 Barth, R I, 36.

78 A.a.O., 31.

79 Vgl. a.a.O., z.B. 52, 100.

80 A.a.O., 53.

Wirklichkeit nur dadurch gerecht wird, dass er sich als in Gott existierend wahrnimmt. Deshalb sei nun die Zeit der «Zuschauerfragen, die nicht vom Zentrum, sondern von allerlei Punkten der Peripherie aus erdacht sind»[81] vorbei. Diese formten die christliche Botschaft immer wieder in die Frage nach ihrer alltagspraktischen, weltlichen Anwendbarkeit um und überführten ihren Fragesteller, «sofern er *diese* Frage aufwirft», als einen «Zuschauer, ein[en] Unberechtigte[n], Eine[n], der nicht in der Sache lebt, sondern darüber Glossen macht».[82] Die wahre Gotteserkenntnis hingegen, von der Paulus berichtet, schafft diesen Zuschauer ab, der neben ihr stehend sie beobachten will, denn «eine Botschaft von Gott hat er (= Paulus) auszurichten, keine menschliche Religionslehre». Das Neue dieser Botschaft ist, dass sie «eine objektive Erkenntnis, nicht Erlebnisse, Erfahrungen und Empfindungen» enthalte und darum «nicht nur gehört, sondern – *gehört* werden will, […] nicht nur auf Notiznahme, sondern auf Teilnahme»[83] rechnet. Die hier geforderte Abschaffung des Zuschauers drängt auf eine ontische Wandlung des menschlichen Erkenntnissubjektes und eine veränderte Sicht des Erkenntnisprozesses insgesamt. Allerdings vollzieht sich die Erkenntnis aus Sicht des menschlichen Erkenntnissubjektes als noetische Realisierung einer schon vollzogenen ontischen Zustandsveränderung.

2.2) Die Inhalte des neuen Glaubenssystems

Auch wenn in der ersten Fassung des Römerbriefkommentars das Grundmodell der Erkenntnistheorie vorliegt, ändert Barth die sprachliche Ausdrucksform der Erkenntnisinhalte im Folgenden häufig, um die intendierte Aussage klarer zu fassen.[84] So spitzt er seinen theologischen Ansatz in der Überarbeitung des Römerbriefkommentars und im bei der Versammlung Religiöser Sozialisten in Tambach gehaltenen Vortrag *Der Christ in der Gesellschaft* zu und stellt die Explikation in das inzwischen entwickelte System ein, das darin besteht, dass, wie Barth es nennt, «ich das, was Kierkegaard den ‹unendlichen qualitativen Unterschied› von Zeit und Ewigkeit genannt hat, in seiner negativen und positiven Bedeutung möglichst beharrlich im Auge behalte. ‹Gott ist im Himmel und du auf Erden.›»[85]

---

81 A.a.O., 209.

82 A.a.O., 210.

83 A.a.O., 12.

84 Der Notwendigkeit der sprachlichen Umarbeitung seiner Grundaussagen mit dem Ziel, der Aussageintention gerecht zu bleiben und somit der Fehlbarkeit seiner Explikationsversuche, ist sich Barth sehr bewusst, wie seine offenen Hinweise z. B. R II, 272 und 426 belegen.

85 Barth, R II, XIII.

Sein vertieftes Kant-Studium[86] lässt ihn die transzendente Verfasstheit seines Gottesbegriffs schärfer konturieren und macht «den kategorischen Imperativ zur methodologischen Maxime der Theologie»[87], indem Barth die theologische Reflexion als einen solchen Prozess auffasst, in dem Form und Inhalt übereinstimmen. Diese inhaltlichen Folgen des philosophischen Profilierungsprozesses zeitigen eine Bearbeitung seines metaphorischen Repertoires, was in der Ausscheidung der organischen Sprachbilder und der Umarbeitung der Leib-Christi-Metapher ansichtig wird.[88] Dabei werden alle durativ konnotierten Metaphern durch statische ersetzt, da die durativen Metaphern zu sehr die Denkmöglichkeit eines menschlichen Eingreifens in die Konstitutionsbedingungen der Welt transportieren. Dies aber widerspräche der von Barth betonten konstitutiv permanenten Krisenhaftigkeit der Welt. Auf inhaltlicher Ebene korreliert mit dieser sprachlichen Bearbeitung die Ausarbeitung des Postulats, dass ein solches kulturelles Schaffen unmöglich sei, das den Anbruch des Reiches Gottes forcieren könnte. Dabei bedingen sich Sach- und Sprachgehalt der Explikation gegenseitig, wie in der Applikation auf die Gesellschafts- und Kirchenlehre sichtbar wird, in der die Kirche in den Bereich der Diesseitigkeit eingetragen und insofern als Produkt menschlichen Handelns beschrieben, im Bereich der Diesseitigkeit aber als Ort der noetischen Realisierungsmöglichkeit der vom Individuum nicht produzierbaren Unmittelbarkeitserfahrung Gottes beschrieben wird. Die an der Kirche als Gemeinschaft Beteiligten werden dadurch in Barths Theologie zu einer Bewusstseinselite[89], die im Vergleich zu den anderen Menschen in erkenntnistheoretischer Überlegenheit in Bezug auf Gott steht.

Beispielhaft lässt sich die Umarbeitung der Terminologie am Begriffspaar der «sogenannten» historischen und der «eigentlichen» heilsgeschichtlichen Geschichte aufzeigen.[90]

In R I versucht Barth durch diese begriffliche Verdoppelung der Geschichte, das Problem in den Griff zu bekommen, das sich aus der Doppelung von menschlich-immanenter Kenntnis und transzendenter Erkenntnis ergibt und zu einer Parallelität von menschlichem und göttlichem Handeln führt. Denn die beiden unterscheidbaren Wirkweisen des menschlichen und des göttlichen Wachsens konstruieren mit ihren jeweiligen Handlungsfol-

---

86 Vgl. Pfleiderer, Theologie, 275ff., Busch, Lebenslauf, 129–133.

87 Pfleiderer, Theologie, 279.

88 Vgl. Spieckermann, Gotteserkenntnis, 107; 121f., Korsch, Cohen, 71.

89 Vgl. zum elitären Charakter der Theorie Pfleiderer, Gemeinschaft, 223: Die theologische Avantgarde zielt «auf die Erzeugung und die reflexive Selbstdurchsichtigkeit einer professionellen Elite».

90 Vgl. Barth, R I, z. B. 46; 67; 86.

gen einen je eigenen Geschichtsverlauf. So entsteht menschliche Geschichte dadurch, dass der Mensch beansprucht, die Grundlage für die Gerechtsprechung seines Handelns zu liefern und dadurch «das vom Gesetz gemeinte Handeln»[91] als menschliche Möglichkeit begreift. Dieser Fehlschluss generiert im menschlichen Erleben der Welt einen dem eigentlichen Sinne parallel verlaufenden unsinnigen Geschichtsverlauf, der als «Wirklichkeit»[92] wahrgenommen wird. Schon im Begriff des Erlebens wird die Wirklichkeit der sogenannten Geschichte als falsche Wahrnehmung deutlich, die den «tieferen Gehalt»[93] der Geschichte verkennt und zu einem Auseinanderfallen der Geschichte «im Bewusstsein der Menschen»[94] führt. Da Gott selber Ursprung aller Geschichte ist, ist der Übergang von der sogenannten zur eigentlichen Geschichte nicht als Ablösung, sondern als Transformation zu verstehen. «Gottes Reich lässt die ‹Wirklichkeit› nicht stehen und bricht sie nicht ab, sondern es wächst in ihr als ihr eigener und eigentlicher Sinn, bis es sie ganz in sich aufgenommen, bis Gott Alles in Allem ist.»[95] Im Erscheinen Christi, in dem die Einheit von Gottesgerechtigkeit und Gesetz sichtbar wurde, wird die Parallelität der Geschichtsverläufe aufgehoben und kommt die sogenannte Geschichte unter den Einfluss der eigentlichen Geschichte zu stehen. Von diesem Punkt aus wird die Abhängigkeit der menschlichen Geschichte von der göttlichen offensichtlich und es kommt «objektiv und positiv gerade ihr tiefster Sinn zum Durchbruch und zur Klarheit».[96] Durch dieses Geschichtsmodell kann der ideelle Geschichtsverlauf, der sich in der von Gott gewirkten Überwindung solcher überkommenen Sozialformen wie Israel, dem alten Griechenland, dem römischen Katholizismus, aber auch den protestantischen Konfessionen vollzieht[97], als ein der menschlichen Tätigkeit enthobener Prozess ansichtig gemacht werden.

In R II bemerkt Barth allerdings, dass die Rede von der Differenz zwischen sogenannter und eigentlicher Geschichte grundsätzlich im von ihm kritisierten spekulativen Denken stehen bleibt und sich einreiht in die «vor allem von Oetinger bis zu Beck, von Rothe bis zu Steiner (und schüchtern auch in der ersten Auflage dieses Buches!) gewagten Versuche, durch naturphilosophische Spekulation zu einer anschaulich wirklichen Geistleibigkeit vorzudringen, [die] als irreführend abzulehnen [sind]: sie verfälschen, ent-

---

91 A.a.O., 81.
92 A.a.O., 68; 105, dort in Anführungszeichen.
93 A.a.O., 45.
94 A.a.O., 80.
95 A.a.O., 105.
96 A.a.O., 67.
97 Vgl. a.a.O., 444.

leeren und entwerten die Aussage, um die es hier geht.»[98] Denn in der Rede von einer im Wechselspiel zweier Erkenntnisformen gestalteten Geschichte wird die Denkmöglichkeit der sich im menschlichen Bewusstsein vollziehenden Synthese dieser beiden Formen, durch die sie in einem höheren Erkenntnisbereich vereint werden könnten, erhalten. Das würde aber den Gedanken der überzeitlichen Verfasstheit der Krise aushebeln und die Möglichkeit einer weltimmanenten Krisenlösung denkbar machen. Barth reagiert, indem er die Unterscheidung zwischen dem Wirken Gottes in der «eigentlichen Geschichte» und der weltlichen Wahrnehmung der eigenen Entwicklung in der «sogenannten Geschichte» zugunsten der Geschichte als rein innerweltlicher hermeneutischer Kategorie einzieht: «Geschichte ist das Spiel der vermeintlichen Vorzüge des Geistes und der Kraft der einen Menschen vor den anderen»[99] und ist deshalb «relativ und somit sinnlos».[100] Die Beziehung Gottes zur Welt wird nun mit dem statischen Bild des «Oberlichtes» beschrieben, durch das das «Gericht Gottes [als] das *Ende* der Geschichte, nicht der Anfang einer neuen zweiten Geschichte»[101] hineinscheint und der einen Geschichte ihren Sinn gibt, welcher in ihrem transzendenten Grund liegt, da «das Gegebene selbst von seiner nichtgegebenen Voraussetzung»[102] zeugt. Dieses Oberlicht eröffnet dabei keine eschatologische Perspektive, sondern fungiert als mit der Geschichte mitlaufende permanente Kritik der Geschichte. Gleichzeitig aber öffnet die durchgeführte Trennung der geschichtlichen Welt und des ungeschichtlichen Gegründetseins der Welt in Gott der Geschichte einen praktischen Freiraum, in dem zu handeln ihr jenseits der Frage nach Welterhaltung und Weltschöpfung möglich ist. Allerdings entspringt eben jener Entgegensetzung von Geschichte und Wirklichkeit Gottes die Schwierigkeit, Ethik als geschichtliches Verhalten zu normieren.

Ein weiteres Beispiel, wie Barth die dynamischen und damit synergistischen Elemente aus seiner Theorie ausscheidet, sind die Naturmetaphern wie die Bilder des Organismus und des Wachsens. Mit der Verwendung dieser Begriffe hatte sich Barth eng an die Semantiken des deutschen Konservatismus gebunden, die er im Studium erlernt hatte.[103] Durch deren Aussonderung kann Barth den realitätsmonistischen Gedanken auch für das Gesellschaftsbild stärken und den Absolutheitsanspruch seiner Theorie einlösen, indem er die geschichtliche Handlungsmacht ganz auf Gott be-

---

98 Barth, R II, 272.
99 A.a.O., 51.
100 A.a.O., 67.
101 A.a.O., 51.
102 A.a.O., 91.
103 Vgl. Kap I, 1.1.2.

schränkt. In R I beschreibt Barth die neue, erlöste Welt noch als durch Christus, den «Anfänger und Haupt eines neuen Organismus von neuen Menschen und neuen Dingen»[104], geprägt. Dieser Organismus sei die ursprüngliche Weltverfassung als eines «organische[n] Einheitsverhältnis[ses] zwischen Gott und Mensch und darum zwischen Mensch und Welt», in dem «der mythische Gegensatz zwischen dem Bewusstsein Gottes und dem Bewusstsein der Menschheit sich auflöst»[105] in einen Prozess menschlichen Lebens, in dem «wir als Glieder am Leib des Christus erst hineinwachsen müssen in das siegreiche Leben, das in ihm erstmalig hervorgebrochen ist».[106] Das Reich Gottes erscheint dann im Prozess des Werdens der Welt, es «lässt die ‹Wirklichkeit› nicht stehen und bricht sie nicht ab, sondern wächst in ihr als ihr eigener und eigentlicher Sinn, bis es sie ganz in sich aufgenommen, bis Gott Alles in Allem ist».[107] Ist die Aufgabe der Gotteserkenntnis die noetische Realisierung der ontischen Einverleibung der Welt in Gott, scheint der Begriff des Organismus mit der ihm inhärenten realitätsmonistischen Vorstellung durchaus folgerichtig zu sein. Denn wenn der Mensch aufgrund seines Geschaffenseins gar nicht anders kann, als Teil des einen, die Wirklichkeit darstellenden Organismus zu sein, dann ist Erlösung allein als noetischer Vorgang, nicht aber als Inkorporation im Sinne eines ontologischen Wechsels zu denken, da es keinen ausserhalb der Erlösung liegenden Ort geben kann, an dem der nicht erlöste Mensch stehen könnte. Dies liefe auf eine ontisch bereits realisierte Allversöhnungslehre hinaus, die mit der faktisch schon geschehenen Rechtfertigung rechnet, die nur noch ihrer noetischen Bewusstwerdung im menschlichen Verstand harrt. Denn bloss die Behauptung der Möglichkeit der Vernichtung existierenden Seins, also die Idee, dass Einzelexistenzen durch einen Verwerfungsakt ihr Sein tatsächlich verlören und somit aus dem einen Organismus in den Nichtorganismus des Nichts hinausfielen, könnte dem widersprechen.

Das Bild vom Organismus beinhaltet allerdings weiterhin den Gedanken des Wachstums aller seiner Teile und somit die Vorstellung der Selbsttätigkeit des Menschen im Realisierungsprozess der göttlichen Erlösungstat. Damit verwischt das Bild des Organismus diejenige Differenz zwischen dem Menschen und Gott, der nicht einmal in seiner Andersartigkeit, sondern allein als Leerstelle anschaubar ist, indem die in Naturbildern agierende Theologie durch die darin enthaltene Vorstellung eines organischen Zusammenhangs genau diese Grenze einzieht, sei es, indem sie Gott als

---

104 Barth, R I, 296.
105 A.a.O., 85.
106 A.a.O., 311.
107 A.a.O., 105.

innerweltliche Funktion betrachtet, sei es, dass sie die Existenz der Welt vorschnell mit der ihr zugrundeliegenden Ursprünglichkeit Gottes harmonisiert. Um die kategoriale Verschiedenheit der Bereiche aufrechtzuerhalten, muss Barth darum die assoziativ mit weltlichen Kategorien wie der räumlichen Ausdehnung oder der zeitlichen Dauer verbundene Organismusmetapher aus seinem System entfernen, wodurch er die Differenz zwischen Gott und Welt stärkt.

Bloss der von Cohen übernommene Begriff von Gott als Ursprung erweist sich in der Beschreibung des Sachinhaltes als tragfähig. Cohen bezeichnet mit «Ursprung» den Ausgangspunkt der reinen Erkenntnis, die dem den gegebenen Dingen vorgelagerten Denken entspringt. Die Erkenntnis des Gegebenen ist das Resultat von dessen Hervorbringen in der Erfahrung, die an die apriorisch im Ursprung enthaltenen Kategorien gebunden ist.[108] Durch die Verknüpfung mit den Naturbildern wird bei Barth der «Ursprung» nun zum dynamischen Bewegungsmoment der Weltwirklichkeit, die in Verbindung «mit seiner ewigen Kraft und Gottheit»[109] lebt. Anschaulich wird der «Ursprung» in Christus, in dem Gott «in einem fruchtbar-lebendigen Punkt seine ursprüngliche Schöpfung wieder hergestellt»[110] hat. Diesem Ursprung, der Grundbedingung allen Erkennens ist, kann der Mensch nicht entkommen, ihm ist er verbunden, ohne dass er sich «als unverantwortlicher Zuschauer» ihm «gegenüberstellen dürfte», sei es «als Angenommener oder als Verworfener».[111] Diesem von ihm aufgestellten Postulat der Allgemeingültigkeit der Ursprungsmacht widerspricht Barth selber, wenn er den Grund der Verwerfung des Menschen im Akt von dessen Loslösung von Gott und dem daraus entspringenden eigengesetzlichen Handeln, das einer zweiten Quelle entspringt, sieht, die er als die in Adam aufgekommene Selbsttätigkeit beschreibt: «Jeder Tropfen des Doppelstroms des jetzigen und des kommenden Äon, in dem wir stehen, fliesst deutlich unterscheidbar aus der Quelle Adams oder aus der Quelle des Christus und weist in der Richtung seiner Bewegung ebenso unverkennbar auf seinen Ursprung zurück.»[112] Soll der Ursprung als transzendentales Erkenntnisprinzip aufgebaut werden, bedarf es demnach einer Überarbeitung des Ursprungsbegriffs selber. Tatsächlich gelingt es Barth, in der Transformation des raum-zeitlich indifferenten Begriffs des Ursprungs die totale Alterität Gottes so zu beschreiben, dass Gott als der Welt verbunden bestehen bleibt, ohne dass er sich ihr dabei gleich machte und

---

108 Vgl. Lohmann, Neukantianismus, bes. 69.
109 Barth, R I, 43.
110 A.a.O., 169.
111 A.a.O., 381f.
112 A.a.O., 173.

seine Alterität aufgäbe. Vielmehr signalisiert die Ursprungsmetapher die überzeitliche Kontinuität Gottes im Gegensatz zur weltlichen Vergänglichkeit: «Der wahre Gott ist aber der aller Gegenständlichkeit entbehrende Ursprung der *Krisis* aller Gegenständlichkeit, der Richter, das Nicht-Sein der Welt»[113] und damit «die umfassende und unwiderstehliche Aufhebung der Welt, der Zeit, der Dinge und der Menschen».[114] Aus dieser Bestimmung des Verhältnisses des Menschen zum Ursprung leitet sich dessen Passivität ab, die zu Bewusstsein kommt in der «Offenbarung und Anschauung des unbekannten Gottes, in der der Mensch sich selber erkennt als erkannt, als gezeugt von dem, der *er*, der Mensch, *nicht* ist, von dem zu ihm keine Kontinuität, kein Zusammenhang, kein Weg und keine Brücke führt, den er *nur* als seinen Schöpfer, *nur* als seinen reinen Ursprung begreifen kann».[115]

Den Menschen im ontologischen Sinne als Teil der göttlichen Realität zu denken, gelingt Barth über das Postulat seiner kategorialen Umwandlung im Rechtfertigungsgeschehen: «Die Beziehung des Subjekts auf seinen Ursprung bedeutet, dass *alle* seine Prädikate aufgehoben sind, auch das seiner Identität mit sich selber.»[116] Dies ist eine zwingende Schlussfolgerung aus der Ablösung der raum-zeitlichen Kategorien, kann man die Bildung von Identität doch durch die Bestimmungen der Kontinuität als der empirisch anschaulichen Dauerhaftigkeit und der Kohärenz als der Regelkonformität in einem räumlich definierbaren Sozialrahmen beschreiben.[117] Diese Identitätskriterien schaffen im weltlichen Bereich abgrenzbare Individualität innerhalb eines bestimmten Sozialrahmens. Kirchenlehre tendiert nach Barth nun dazu, diesen Sozialrahmen, wenn er der Ort christlicher Identitätsbildung sein soll, mit der «christlichen Korporation, die als solche dem Einzelnen gegenüber das Recht Gottes zu vertreten behauptet, [oder mit der] ‹Gemeinde›, [der] Pluralität, [der] – Masse der Gläubigen als Instanz zwischen Gott und dem Menschen»[118] gleichzusetzen, für die sie das Bild Christi als des einen Leibes verwendet, an dem die Gläubigen die einzelnen Glieder seien. Zwischen den Einzelnen und Gott trete auf diese Weise eine Sozialform, die sich als Mittlerin zwischen diesen beiden Grössen generiere. Diese könne aber wieder nur als eine zeitliche Gemeinschaft verstanden werden, die sich als solche nur auf «das empirisch-wirkliche Individuum» beziehen könne, nicht aber auf das «transzen-

---

113 Barth, R II, 56f.

114 A.a.O., 66, ähnlich auch 146; 208.

115 A.a.O., 208.

116 A.a.O., 272.

117 Vgl. Straub, Identität, 42–90.

118 Barth, R II, 427.

dentale Ich».[119] Dabei ist allerdings das im Glauben angesprochene Subjekt nicht die empirische Person des einzelnen Menschen, sondern der vor Gott stehende Mensch ist zu denken als im Besitz eines Glaubens, den Barth als einen «Hohlraum»[120] beschreibt, den Gott durch seinen Heiligen Geist füllt. In der Füllung des Glaubens macht sich Gott einerseits zum Handlungssubjekt des Einzelnen, was Barth in der Formulierung ausdrückt: «Ich – doch nun nicht ich! und unter Anbetung und Dank: Christus in mir!»[121] Andererseits wandelt Gott auf diese Weise den Menschen in die Gestalt des Christus um, die er selber ist. Die göttliche Selbstunterscheidung wird also zur Unterscheidung zwischen Gott und dem Menschen und die Identifizierbarkeit im Christus die Identitätsbestimmung des Einzelnen.

Individualität existiert im eigentlichen Sinne nur einmal, nämlich in Christus selber, in den aufgenommen «die Gläubigen gerade als Einzelne *ein* Leib, *ein* Individuum in Christus»[122] sind. Barth versucht also, das Problem der individuellen Identität zu lösen, indem er wahre Individualität als Eigenschaft Christi beschreibt, die gleichnishaft in menschlicher Individualität durchscheint, sofern sich diese in jener gegründet weiss. Versteht man unter Identität die Stellung des Einzelnen im Rahmen der Gesamtheit bei gleichzeitiger Abgrenzung von den anderen, muss nach dem Anderen des Christus gefragt werden, in Differenz zu jenem sich seine Identität bildet. Es kommt also die Frage nach dem Individuationsprinzip von Christus selbst auf, das nur in Gott liegen kann, demnach in einem Akt der göttlichen Selbstdifferenzierung liegen muss, wie ihn die innertrinitarische Lehre beschreibt. Das Postulat des Christus als des wahren Individuums drängt also zu einer Ausarbeitung der trinitätstheologischen Begründung des Gesamtsystems von Barth, wie er sie in der KD vornehmen wird.[123] Gleichzeitig beruht sein theologischer Ansatz auf der Möglichkeit des denkenden Nachvollzugs der trinitarischen Bewegung, die es ihm erst erlaubt, innerhalb seines realitätsmonistischen Systems eine Differenz zwischen dem Ich Gottes und dem Anderen einzubauen. Denn durch die Vorstellung, dass, indem er sich im Menschen Jesus verbirgt, «Gott selbst radikales Selbstsein beim Andern»[124] ist, kann der an Christus hingegebene Mensch das Andere als das in ihm selbst vorhandene finden, «die definitive Bestimmung unsres Selbstseins als Sein im Fremden»[125] bestimmt

---

119 Ebd.
120 A.a.O., 134.
121 A.a.O., 140.
122 A.a.O., 429.
123 Vgl. Jüngel, Sein, 12–120.
124 Korsch, Ort, 18.
125 A.a.O., 19.

werden. Die erlebte aktuelle gesellschaftliche Krise ist damit ein weiterer Ausdruck der Fundamentalkrise des Menschseins, die in der Tatsache der Welt als Schöpfung Gottes wurzelt, was Barth folgendermassen zusammenfassen kann: «Gottes Offenbarung ist Offenbarung der Wahrheit. Das ist die *Wahrheit*, dass der Mensch sich selbst in einer letzten Krisis befindet. [...] Er ist Kreatur und darum Gottes Kind. Aber dieses ‹*und darum*› ist das Ende aller Dinge, aller Geschichte, aller Anschaulichkeit, aller Möglichkeit und der Anfang einer neuen Welt»,[126] die der tätigen Sinnstiftung des Menschen entzogen ist.

2.3) Die Applikation der Glaubensinhalte auf die Gesellschaft

In der Anwendung der theologischen Grundintention auf die gesellschaftstheoretische Lehrbildung zeigt sich eine zweifache Verwurzelung Barths im Schweizer Gesellschaftsdiskurs, die seine Lehre hintergründig mitprägt. Die eine Wurzel kommt in der Rede von Gott als dem sich in einem transzendentalen Erkenntnisakt dem Menschen selbst erschliessenden Ganz Anderen zur Geltung. Denn durch diese Diastasierung der beiden Sphären des Göttlichen und des Weltlichen erscheint Gesellschaft als ein sich eigenständig organisierender Bereich. Im Rahmen der göttlichen Souveränität erhält der Mensch die Freiheit autonomen Handelns, in der er die Gesellschaft als staatliches Gebilde, aber auch jede andere strukturierte Sozialisationsform, unter gewissen Umständen also auch die Kirche als Interessengemeinschaft, in eigengesetzlichem Handeln konstruieren kann. Allerdings ist in dieser Eigengesetzlichkeit immer schon das jedes autonome menschliche Handeln signifizierende Urteil der Sündhaftigkeit indiziert. Gesellschaft ist auf diese Weise als Organisationsform des Geschaffenen Teil der Realität Gottes, sie erreicht als Produkt menschlicher Tätigkeit allerdings nie die Gestalt einer der Erlösung des Menschen entsprechenden Vergemeinschaftung.

Die semantische schweizerische Wurzel lässt sich in dieser Epoche erst noch ansatzweise zum Vorschein bringen, einerseits in der geschilderten Abwendung vom Vokabular des deutschen Konservatismus, andererseits in der Beschreibung von Gesellschaft und Kirche in den Leitbegriffen des Schweizer Staatsverständnisses. Allerdings ist diese zweite Wurzel durch die eschatologische Prägung der frühen dialektischen Theologie Barths noch unausgeprägt, seine Theorie enthält noch kein affirmatives, gesellschaftsgestaltendes Element, sondern bleibt dabei stehen, der Kirche die

---

126 Barth, Kirche (1922), 2.

Aufgaben zuzuschreiben, auf die eschatologische Verfasstheit der Welt hinzuweisen.

2.3.1) Gesellschaftslehre

Gesellschaft ist für Barth jener empirisch erfahrbare Bereich menschlicher Sozialisation, der sich selbst in Eigengesetzlichkeit konstituiert und sich damit aus dem Fundierungszusammenhang löst, der faktisch in Gottes schöpferischem Handeln gesetzt ist. Sie ist eine verfehlte Sozialisationsform, insofern sie die im Gedanken der Schöpfung intendierte in Gott angelegte Gemeinschaft der Individuen untereinander aus sich selbst zu generieren versucht und somit als menschliche Tat eine Handlung im Bereich der sogenannten Geschichte bleibt. Ansichtig wird dies z. B. in der Formulierung der «schattenreichen Täler der Menschheit und der Gesellschaft».[127] Den Ursprung dieser aus der Erkenntnis der Wirklichkeit Gottes gelösten Selbsttätigkeit entdeckt Barth in der Hinwendung des Menschen zur «Freiheit Adams», die «eine Lösung von der eigentlichen Natur und Bestimmung des Menschen durch den Übergang in die Unnatur und Unbestimmtheit, eine Herrenlosigkeit unter der Herrschaft der Sünde, [...] eine Ungebundenheit in der Nichtigkeitswelt des Todes» bedeutet, die mit Bedeutung zu füllen eine auf dem Ideal dieser Freiheit «begründete ‹liberale› Kultur und Gesellschaftsordnung»[128] zu unternehmen versucht. Die Loslösung aus dem Zusammenhang der Gemeinschaft Gottes und die Hinwendung zu «Adams Freiheit» vollzieht sich in der Abwendung des Selbstbewusstseins vom Ursprung seiner eigentlichen Konstitution als einer subjektiven Tat, die darum einen Individualismus gebiert, der durch die Vielzahl der Einzelindividuen, aus denen sich die Erfahrungswelt zusammensetzt, in potenzierter Form die von Barth beschriebene sozio-organisatorische Grundstruktur der menschlichen Welt darstellt. Aus dieser Analyse ergibt sich aufgrund der individuellen Grundstruktur eine aus der Vielzahl der subjektiven Einstellungen hervorgehende Mannigfaltigkeit sich widersprechender Weltkonstruktionsversuche. Die mit der Individualisierung der Selbstbegründung einhergehende Loslösung aus einem dem Subjekt entzogenen Fundierungszusammenhang, wie er allein von Gott als fundamentaler Überindividualität dargestellt werden kann, führt zur Unmöglichkeit tatsächlicher Gemeinschaft: «Ist die Objektivität dahin, so ist auch keine Gemeinschaft mehr möglich. Das Leben wird zum systematischen Sich-

---

127 Barth, R I, 55.
128 A.a.O., 242.

zuleidleben, der Kampf ums Dasein […] zur Signatur der Gesellschaft»,[129] die damit «den Absichten Gottes diametral entgegengesetzt»[130] ist.

Innerhalb der Gesellschaft als des systematisch geordneten Gesamtzusammenhangs des Sozialen organisieren sich wiederum verschiedene Interessengruppen, für die Barth den Begriff der Gemeinschaft wählt. Eine Gemeinschaft ist demnach eine solche Sozialform, in der sich die Einzelnen gemäss ihrer Interessen zu einer sie selbst übersteigenden Form zusammenfinden. Allerdings gibt es zwei verschiedene Arten von Gemeinschaften. Einerseits generieren sie sich als Interessengemeinschaft aus den sie verbindenden, die Individuen übersteigenden Vorstellungen. Andererseits kann Barth den Begriff aber auch für die Gemeinschaft verwenden, die als wahre Gemeinschaft durch einen schöpferischen Akt des Christus entsteht, der sich in ihr realisiert. Der qualitative Unterschied zwischen verfehlter und gelungener Sozialisation wird also nicht mit der – dem Diskurs um die Formulierung von Tönnies entspringenden – Differenz zwischen Gesellschaft und Gemeinschaft[131] bezeichnet, sondern die Zuschreibung von Wahrheit verschiebt sich durch das Differenzkriterium der autonomen Selbstbegründung in den durch den Begriff der Gemeinschaft beschriebenen Raum. Dies wird anschaulich in der Beschreibung der Kirche, die als Interessenverbund vieler einzelner Individualinteressen eine Gemeinschaft ist, allerdings in ihrer empirischen Gestalt eine «äusserliche, zufällige Gemeinschaft […] auf die Autorität und Freiheit *ohne* Gott und *ohne* Liebe aufgebaut».[132] Sie legt sich ihren Grund selber, selbst wenn sie «ihre Ansprüche legitimier[t] durch ihre Vergangenheit, durch ihre göttliche Bestimmung, der sie ihre Existenz verdankt»,[133] denn sie transformiert diese Legitimationsmomente in innerweltliche, ihr verfügbare Eigenschaften, wodurch sie ihren Stand in Gott als dem prinzipiell ausserhalb der Erfahrungswelt Stehenden verliert. Wahre Gemeinschaft wird sie erst durch die Anerkenntnis des ihr vorgehenden schöpferischen Handelns Gottes, in der sie den Anspruch eigener Schöpfungstätigkeit aufgibt. In affirmativer Perspektive präsentiert sich Barths Gesellschaftslehre hier als Individualtheorie, in welcher Individualität und Kollektivität verbunden werden in der

---

129 A.a.O., 39.

130 A.a.O., 501.

131 Mit dieser Unterscheidung arbeitet Tönnies in seinem Buch *Gesellschaft und Gemeinschaft, Grundbegriffe der reinen Soziologie*, das in der Erstauflage 1887 erschienen war und dessen theoretische Grundannahmen von Barth ab Anfang der 1920er Jahre ebenso rezipiert werden wie z. B. von Gogarten. Vgl. dazu Kap III, 3.3.

132 Barth, R I, 476.

133 A.a.O., 435.

Vorstellung von Christus als dem einen wahren Individuum, das die menschlichen Subjekte in sich aufhebt und zu einer Gesamteinheit verbindet. Der Einzelne als Erkenntnisindividuum wird also als in die wahre, transzendentale Seinsgemeinschaft Christi aufgehoben beschrieben.

Gesellschaft als Sozialverbund der immanenten Individuen bleibt allerdings ein «nach aussen in sich geschlossenes Ganzes für sich – ohne Fenster gegen das Himmelreich».[134] Dieser Sozialverbund, der den Rahmen allen weltlichen Soziallebens darstellt, schafft sich eine aus ihm entspringende Struktur, die genuin weltlich ist und der darum die Eigenschaft der Vergänglichkeit eignet: «Die Gesellschaft *ist* nun beherrscht von ihrem eigenen Logos oder vielmehr von einer ganzen Reihe von gottähnlichen Hypostasen und Potenzen.»[135] In dieser Beherrschtheit verfällt sie zwar der Vergänglichkeit und präsentiert sich als Ort der Sünde und Eitelkeit. Durch eine dialektische Denkfigur versucht sie Barth aber wieder einzufangen, indem er die Gesellschaft als empirische Form der Welt als die Antithese der in Christus anschaulichen These beschreibt, die gemeinsam in der gleichzeitig ursprünglichen und eschatologischen Synthese als der «ursprünglichen, absolut erzeugenden Kraft»[136] wurzelt. Mit diesem Gedanken bestärkt er die unauflösbare Verbundenheit der diesseitigen Welt mit der jenseitigen Realität Gottes, ohne die sie trennende Grenze aufzulösen. Dabei erwächst der Welt aus dem «absolut Trennenden»[137] ein relatives Eigenrecht: «In der Erkenntnis der *absoluten Einheit* des Lebens unter der Sonne im Lichte des überhimmlischen Lebens Gottes liegt eben auch die Erkenntnis der *relativen* und nicht ganz unwichtigen und glanzlosen *Möglichkeit* und *Berechtigung* dieses eitlen Lebens.»[138] Der dialektische Gedanke ermöglicht es Barth nun, in der Gesellschaft mehr als nur die verfehlte Möglichkeit menschlicher Sozialisation zu sehen. Denn als in der göttlichen Synthesis gründend lässt sich in ihr immer auch «die Analogie des Göttlichen»[139] erkennen, evoziert das Wissen um den absoluten qualitativen Unterschied «ein Verstehen des Weltlichen, ein Begreifen des Menschlichen, ein Sehen des Geschichtlichen in seinem profanen relativen und letztlich sinnlosen Zusammenhang, aber auch in seinem Sinn als Gleichnis, als Zeugnis, als Erinnerung der ganz anderen Welt, des ganz anderen Menschen, der ganz anderen Geschichte, als Gleichnis, Zeugnis,

---

134 Barth, Christ, 37.
135 A.a.O., 38.
136 A.a.O., 65.
137 A.a.O., z. B. 52; 55.
138 A.a.O., 52.
139 A.a.O., 55.

Erinnerung Gottes».[140] Im Zusammenhang der Bestimmung des Verhältnisses zwischen der einen, übergreifenden Wirklichkeit Gottes und dem in ihr befindlichen eigengesetzlichen menschlichen Raum bringt Barth die Begriffe der Analogie und des Gleichnisses ins Spiel, die es ihm später ermöglichen werden, politische Handlungsoptionen im Bereich der Gesellschaft aus dem Sein Gottes abzuleiten und zu begründen.[141] Die absolute Sphärentrennung als Unmöglichkeit menschlichen Handelns in der Auferbauung des Reiches Gottes wird so immer schon dadurch durchbrochen, dass menschliches Handeln faktisch formativ wirkt.

Zum Präzedenzfall für das innerweltliche Selbstverständnis und das daraus entspringende Verhalten der Kirche und der Christen in der Gesellschaft wird die Auslegung von Röm. 13 mit der dort gestellten Forderung, dass sich «Jedermann [...] den jeweiligen regierenden Obrigkeiten»[142] zu unterziehen habe. Versteht man «Obrigkeit» als Kennzeichen für die notwendige Tatsache hierarchischer Strukturierung von Gesellschaft, dann wird hier die Funktion deutlich, die Barth dieser beimisst und aus der sich das christliche Verhalten innerhalb der Gesellschaft ableitet. Innerhalb des weltlichen Zusammenhangs hat die Obrigkeit als von Gott eingesetzte Ordnungsmacht die beiden Aufgaben, beispielhaft für die Tatsache zu stehen, dass Gottes Reich geordnet ist, und, auch wenn dies grundsätzlich misslingen muss, in ordnungsschaffendem Handeln das «Gericht Gottes»[143] durchzuführen. Innerhalb der Gesellschaft als eines Herrschaftszusammenhangs ist die Funktion der Herrscher diese: «ihr ganzes Dasein, ihre ganze Gewalt, ihr ganzes seltsames Gerechtfertigtsein vor euch verkündigt laut das Eine: das Unrecht des Menschen und als Ziel die Gotteswelt».[144] Von dieser Funktionsbeschreibung lässt sich nicht auf eine inhaltliche Bestimmung guten obrigkeitlichen Handelns schliessen, vielmehr kommt zum Ausdruck, dass in jedem Herrschaftshandeln die Sündenverfallenheit und das Rechtfertigungsbedürfnis der Welt durchscheinen. In dieser doppelten Begabung der Welt liegt dann auch ihr Wert, denn «es ist in allen gesellschaftlichen Verhältnissen, in denen wir uns vorfinden mögen, auch in ihrem schlechthinnigen Sosein und Gewordensein, ein Letztes, das wir erkennen, eine ursprüngliche Gnade, die wir als solche bejahen, eine Schöp-

---

140 Barth, R II, 82, ähnl. 41; 48 u.ö.

141 Vgl. Kap III, 2.2.1. Auf diese frühe Verwendung des Begriffs der Analogie weist McCormack, Dialektik hin. Er stellt sich damit gegen die von Hans von Balthasar eingeführte Lesart Barths, nach der sich eine Wende zum Analogiedenken um 1931 aufweisen lassen. Vgl. 27–33; 38–41.

142 Übersetzung Barths, R II, 465.

143 A.a.O., z.B. 467; 469.

144 A.a.O., 475.

fungsordnung, in die wir uns finden müssen».[145] Das Handeln der Gesellschaftsleitung ist immer von der anmassenden Annahme des Menschen geprägt, das Gute bewirken zu können, wodurch sich dieser selbst an die Stelle Gottes setzt. Dieser Anmassung entspringt auch der revolutionäre Gedanke, der meint, durch einen Umsturz der Obrigkeit und die Errichtung einer christlich normierten Obrigkeit eine bessere Gesellschaft bilden zu können und damit die Umwandlung der Welt in das Himmelreich vorantreiben zu können. Der Christ steht zwar im «Schreien nach dem *Erlöser* der jetzigen Welt [...] tiefer im Nein als im Ja, tiefer in der Kritik und im Protest, als in der Naivität».[146] Darum wird er auch «das alles» – Barth meint hier die Gesellschaftskritik des späten 19. und frühen 20. Jahrhunderts, die ideologiebildend für revolutionäre Bewegungen auch unter den Religiösen Sozialisten war – «verstehen, ohne es zu verstehen, bejahen, ohne es zu bejahen, [...] bei dem ganzen Angriff, der sich da aus einer letzten Tiefe gegen die Grundlagen der Gesellschaft richtet, mitgehen müssen, ohne es zu wollen».[147] Denn die Gesellschaft als «Gleichnis ist Verheissung und Verheissung will Erfüllung».[148] Aber der Revolutionär übersieht, wenn er für die Option der Revolution plädiert, ebenso wie die sich selbst hypostasierende Obrigkeit, den qualitativen Unterschied zwischen Gott und Mensch und die obrigkeitliche Funktion innerhalb der Welt und versucht, die Tat der göttlichen Revolution in die eigene Hand zu nehmen: «Empört *er* sich gegen die Obrigkeit [...], als ob er etwa der Bringer der neuen Schöpfung wäre, so verkennt er damit nicht sowohl eine menschliche Autorität als eine Einsetzung und Anordnung Gottes; er übersieht, wie sehr die Obrigkeit *ihm* gegenüber gerechtfertigt ist im Augenblick, wo er sich erlaubt, sich zu empören.»[149]

2.3.2) Kirchenlehre

Als Unterscheidungsmerkmal zwischen den verschiedenen Vergemeinschaftungsformen dient das Attribut der Wahrheit. Dieses kommt einer Gemeinschaft als vorläufiger Gestalt menschlich-innerweltlichen Handelns dann zu, wenn sie als «innerliche, notwendige Gemeinschaft [...] durch höheren Willen besteht und erhalten wird»[150] und sie dadurch ihren Ort in Christus hat, durch den sie in Gott hineingenommen wird. Das Attribut der Wahrheit ist dann auf sie anwendbar, wenn sie nicht das Produkt einer

---

145 Barth, Christ, 51f.
146 A.a.O., 59.
147 A.a.O., 62.
148 A.a.O., 63.
149 Barth, R II, 469.
150 Barth, R I, 476.

menschlichen Handlung ist, sondern im eigentlichen Sinne die eine von Gott berufene Gemeinschaft ist, «aus deren», wie in Barths Paraphrase Paulus den Römern schreibt, «befreiender und verbindender Kraft ihr untereinander schon zu leben beginnt».[151] Diese eine Gemeinschaft ist in ihrer empirischen Gestalt die von Paulus adressierte Gemeinde in Rom, aber auch jede andere aktuell existierende Gemeinde, die sich nicht durch ihre geschichtliche Herkunft eine Selbstdefinition konstruiert, sondern der «sogenannten Geschichte» enthoben ist und sich je und je unmittelbar von Gott rufen lässt und auf sein Wort hört, was dann im Hinblick auf «die erfüllende geschichtliche Stunde [...] die sozialistische Kirche in einer sozialistisch gewordenen Welt»[152] sein kann. Die Kirchwerdung einer empirischen Gemeinschaft ist als dynamischer und unverfügbarer Akt aufzufassen, die «unanschauliche Vereinigung von Ewigkeit und Zeit vollzieht sich in einem jeweils unvorhersehbaren und unerwartet hereinbrechenden Ereignis».[153] So wird der Kirchenbegriff radikal aktualisiert und entinstitutionalisiert, Kirche existiert nicht als Institution oder durch bestimmte Ordnungen, sondern immer nur als aktuelle Gemeinschaft.

Durch die Verknüpfung des Wahrheitsbegriffs mit dem aktuellen Vollzug der Gemeinde, theologisch gesprochen mit der Berufung der vielen Einzelnen in die Gemeinschaft der Erkenntnis Gottes, gelingt es Barth, den Begriff der Kirche als den weltlichen Kategorien des Raums und der Zeit und darum der empirischen Wahrnehmbarkeit enthoben darzustellen. Die Verlagerung des Wahrheitsbegriffs in die ausserempirische Wirklichkeit Gottes erschwert die Beschreibung dessen, was wahre Gemeinschaft ist, entzieht diese sich doch immer wieder dem Blick des Beobachters. Das von Barth in der Definition des theologischen Vollzugs verwendete paradoxe Bild des Nachzeichnens des Vogels im Flug,[154] das die fortwährende Nachträglichkeit der Versprachlichung des Beschriebenen und dadurch die Uneigentlichkeit der Beschreibung charakterisiert, wird nun auch zur Beschreibung des sich in der Welt vollziehenden Entweltlichungsprozesses der Kirche als wahrer Gemeinschaft plausibel. Das Verhältnis zwischen Dynamik und Statik ist so zu fassen, dass der statische geschichtliche Begriff von Kirche dynamisiert wird durch diejenige göttliche Tat, in der Gott eine kontingente Sozialgestalt zu seiner Kirche macht. Weil diesem dynamischen göttlichen Handeln nichts Statisches zukommt, ist aus ihm kein Naturgesetz ableitbar. Ein solches wäre aber notwendige Grundlage für die Vorstellung einer in der Kirche dauerhaft vorhandenen Wahrheits-

---

151 A.a.O., 491.
152 A.a.O., 444.
153 Honecker, Kirche, 163.
154 Barth, Christ, 40.

form, die sich durch menschliche Vermittlung konservieren und rekonstruieren liesse. Wird Wahrheit aber als allein in der Überzeitlichkeit Gottes vorhanden verstanden und werden die menschlichen Ausdrucksversuche der erkannten Wahrheit als je aktuelle Explikationsversuche aufgefasst, die um ihre eigene Vorläufigkeit und Brüchigkeit wissen, dann müssen sich diese immer aufs Neue ihrer Verifikation durch einen göttlichen Erkenntnisakt stellen und ihre Verwerfung oder Aufhebung in Kauf nehmen. Ist Gottes Wahrheit als sein «Wille kein ehernes Naturgesetz, sondern ein lebendig fortschreitendes Handeln»,[155] muss daraus geschlossen werden, dass sich das Sein Gottes in seiner Relation zum Menschen in immer neuer Explikation zu erschliessen hat.[156] Durch diese Dynamisierung der göttlichen Essenz bestimmt Barth Wahrheit als allein Gott verfügbaren Besitz und damit dem einzelnen Menschen ebenso wie der sozialen Gruppe dauerhaft entzogen. Daraus ergibt sich der Sinn der Aussage über die Vermittlung der Wahrheit an die Heiden, die «nicht *durch* die Kirchen, sondern *ohne* sie und *gegen* sie» geschieht und die sich doch «aus ihrem eigensten Lebensquell»[157] nährt.

Die Diastase zwischen Gott und Mensch kommt in der Ekklesiologie dadurch zum Ausdruck, dass Barth die Kirche in ihrer empirischen Sozialgestalt mit den Sozialformen von «Staat und Kultur und Natur, [zu] Mammon und ‹Persönlichkeit›, Kunst und Wissenschaft» parallelisiert, in denen er «abgeleitete Herrlichkeiten» von Gottes Herrlichkeit sieht, «in deren Abbildern ihm der Mensch eine zweideutige Verehrung darbringt».[158] Als ein solches Abbild von Gottes Herrlichkeit ist die Kirche zwar tatsächlich auf Gott bezogen, den sie als den Gegenstand ihres Handelns hat und auf dem sie sich gründet. Indem ihr eigenes Handeln aber menschlich ist, pervertiert sich der in ihrem Gründungsmoment waltende Geist der Gnade in einen «Geist der Knechtschaft», der überall da gedeiht, «wo das Gesetz Gottes über uns Unbussfertige hereinbricht».[159] Die Unbussfertigkeit liegt in der Weigerung der in der Kirche versammelten Menschen, «das ge-

—

155 Barth, R I, 427.

156 Auf die Dynamik des Seins Gottes in seiner Beziehung zur Welt hat Jüngel, Sein, aufmerksam gemacht. Besonders in Bezug auf die KD beschreibt Jüngel den Erkenntnisprozess Gottes als in dessen innertrinitarischer Bewegung der Selbsterkenntnis verwurzelt, die sich in der extratrinitarischen Selbstmitteilung spiegelt. Auf diese Weise wird der allgemeine «Seinsbegriff am Gottesbegriff gemessen, wobei der Gottesbegriff wiederum aus der Interpretation der Offenbarung als Selbstinterpretation Gottes gewonnen wird», 77.

157 Barth, R I, 447.

158 A.a.O., 34.

159 A.a.O., 318.

schichtliche *Ganze* der Kirche in Frage» zu stellen «und für das *Ganze* eine neue Antwort in Gott und aus Gott zu gewinnen».[160] So vollzieht zwar die Kirche, indem sie die unmittelbar erkannte Offenbarungsbotschaft in ihrem Reflexionsprozess vereinnahmt, dessen Transformation in eine vermittelbare menschliche Weltdeutung, in welcher sie in ihrer Frömmigkeit lebt.[161] In diesem Transformationsprozess liegt aber «die ganze Tragik des Geschehens zwischen Gott und Mensch»,[162] die darin besteht, dass es dem Menschen nicht gelingt, die Offenbarung in der ihr eigenen Form zu bewahren, wodurch Kirche als Institution nicht dauerhaft in der Wahrheit stehend zu existieren vermag. Der Kirche fehlt die Möglichkeit, die von ihr vertretene Weltanschauung in einem eigenständigen Handeln der Wahrheit Gottes anzupassen, weshalb sie als deren Erbin die ihr bekannte göttliche Botschaft vermittelt. Sie ist darum zwar ein Kind Gottes, aber doch ein solches, in dem «die Kontinuität des lebendigen Gottesgedankens»[163] nicht anwesend ist. Insofern sie sich nicht von ihrem Weltbild löst und sich einer neuen Offenbarung Gottes öffnet, fällt eine solche Kirche unter das Verdikt der «Scheinkirche»,[164] einer Kirchenform, die von Gott verworfen wird, weil in ihr «der Gedanke der Möglichkeit eines Weiterarbeitens mit Gott [...] ob [Israels] allzu grossen Frömmigkeit abhanden gekommen»[165] ist. Eine Gemeinde, die das Göttliche als ein ihr verfügbares Gut zu verwalten versucht oder die Gott an, und sei es «die höchste Stelle in unserer Welt»[166] setzt, begeht einen «Titanismus»,[167] denn «wer sich selbst» auch in echter, aufrichtigster Religion «unterwindet, das Ewige zeitlich zu erleben, zu denken, zu besprechen, darzustellen und zu vertreten, der sagt Gesetz. Und wer Gesetz sagt, der sagt auch Übertretung.»[168] Der Versuch, Gottes Jenseitigkeit in diesseitigem religiösem Reden und Handeln zu erschliessen, misslingt, da das Ergebnis «*diesseitige* Jenseitigkeit ist, Menschliches, allzu Menschliches, und wenn es sich noch so transzendent gebärdete».[169] Vielmehr sollte sich Kirche als Teil der menschlichen Welt «auf alle Fälle [...] ihrer letzten und unverbrüchlichen Solidarität mit der sog.

—

160 A.a.O., 418.
161 Vgl. a.a.O., 390.
162 A.a.O., 443.
163 A.a.O., 367.
164 A.a.O., 367.
165 A.a.O., 390.
166 Barth, R II, 19.
167 Ebd., u. ö.
168 A.a.O., 112.
169 A.a.O., 414.

Schädelwelt»[170] bewusst bleiben. Kirchliches Selbstbewusstsein kann demnach nur empirisch-immanentes Bewusstsein sein, in dem es sich als relative weltliche Grösse erkennt, womit es der Gesellschaft gleichgestellt ist.

Die Denkmöglichkeit, den so dynamisierten Kirchenbegriff gänzlich von den empirischen Formen von Kirche zu trennen und Kirche als je aktuelles Produkt göttlichen Handelns zu beschreiben, führt Barth nicht aus. Wohl durch die Begründung seiner Theorie auf der als Wirklichkeitserzählung aufgefassten Bibel betrachtet er nur diejenigen Sozialgruppen als befähigt, aktuell Kirche zu werden, die ihr Handeln auf die Verkündigung der biblischen Inhalte verwenden. Barth erhält also wenigstens in diesem Bereich den überlieferten Kirchenbegriff, insofern er in ihm die Grundvoraussetzung einer Gemeinschaft erfüllt sieht, tatsächlich wahre Kirche zu werden. Als positives Moment enthält der Akt der Verwerfung der so verstandenen Kirche durch Gott die Erwählung als von ihm präferierte Sozialgestalt, da sie ihren Ursprung in Gottes Offenbarungsgeschehen hat, weshalb sie um seine Wahrheit weiss. So ist die Kirche als empirische Gestalt zwar nichts als «ein Haus, eine Einrichtung, ein Betrieb, Stein unter Steinen», aber sie hat dennoch die ursprüngliche Erkenntnis Gottes und kann deshalb «vielleicht noch schreien: *mehr* als Kirche, *mehr* als Religiosität!»[171] In ihrem Gründungsakt liegt darum die anderen Sozialgestalten fehlende Möglichkeit ihrer Selbsttranszendierung, denn «die Kirche *hat* die Wahrheit»[172] als einen ihr gleichsam inhärenten Besitz. Wo Kirche als weltliche Institution greifbar wird, kann sie verstanden werden als ein von Gott befestigter Brückenkopf, der den absoluten Gegensatz zwischen ihm und der Welt überwindet und der damit wenigstens partiell das totaliter des aliter aufhebt. Die ursprüngliche unmittelbare Erkenntnis der Wahrheit Gottes wirkt in der Kirche nach, diese «kann die Botschaft *hören*, dass Gott *allein* es tut und dass *er* gesucht werden muss. Ihr eigener Wahrheitsbesitz drängt ihr diese Botschaft förmlich auf. […] Es könnte denn auch die Kirche sofort *sein*, was sie *scheint*, *werden*, was sie *ist*: Israel, Gottes Kämpfer.»[173]

Soll diese Aufhebung aber gelingen, soll also die als Sozialgestalt verstandene Kirche im theologischen Sinne wahre Kirche werden, dann gelingt dies nur über die auch dem Individuum abverlangte Aufgabe der Zuschauerrolle und die Positionierung am Ort des durch Gott gewirkten Glaubensgeschehens. Wie das erkennende Individuum seine Erkenntnis nicht aus sich selbst generiert, sondern sie in der Hineinnahme in das innergöttliche Erkenntnisgeschehen erlangt, so wird auch die Kirche dadurch

—

170 A.a.O., 413.
171 Barth, R I, 122.
172 A.a.O., 417.
173 A.a.O., 405.

zur wahren Kirche, dass sie Gott «als lebendigen Schöpfer des eigenen freien Willens walten»[174] lässt. Handlungssubjekt der wahren Kirche ist also Gott selber, der sie als den immanenten Ort nimmt, an dem er sein Reich zum Wachsen bringt. Diese Bevorzugung der Kirche als Ort der göttlichen Offenbarung fasst Barth im Begriff der «göttlichen Wahlverwandtschaft»,[175] in dem er die Aktivität Gottes bei vollkommener Passivität des Menschen im Erwählungshandeln zum Ausdruck bringen will. Insofern übersteigt Kirche Gesellschaft, als dass sie Gemeinschaft nicht nur des im konkret-empirischen Du erscheinenden anderen ist, sondern in der Gemeinde bleibt die Andersheit jedes Einzelnen zwar bestehen, jeder Einzelne als in das transzendentale Ich des Christus Aufgenommener verkörpert aber in sich die Gesamtheit des ganzen Leibes. In der Gemeinde wird der Einzelne als der aufgenommen, der er im weltlichen Bereich nicht ist, sondern nur durch die Tat des Christus wird: «Der Christ ist das in uns, was nicht wir sind, sondern Christus in uns.»[176] Also «konstituiert das Individuum, der Eine, Christus die Gemeinde als Gemeinschaft».[177]

Zweck dieser Ausführung ist die ontische Wesensbestimmung der wahren Kirche als teilhaftig an Christus als ihrem «eigensten Lebensquell».[178] Das Resultat des Transformationsprozesses, der mit der Chiffre der Rechtfertigung bezeichnet werden kann und in dem eine Gemeinschaft in die Christusgemeinde verwandelt wird, kann Barth so beschreiben, dass «in Christus überwunden und abgetan sind alle *Surrogate*, mit denen wir uns in den Zeiten der Unwissenheit über die Verborgenheit Gottes hinweg trösten mussten und hinweg zu trösten vermochten, grundsätzlich abgetan also die Standpunkte von Religion, Kirche, Schule, Judentum, Christentum, Moral und allen Idealismen».[179] Kennzeichen der wahren Kirche ist demnach die Gleichzeitigkeit ihrer prinzipiellen Transzendierung und zugleich ihrer bleibenden Unterworfenheit unter die Bedingungen der Welt. Nachgängig zu dieser substanzontologischen Wandlung ist deren als Glaube bezeichnete noetische Bewusstwerdung zu denken, deren Signum das im Rechtfertigungsgedanken enthaltene Eingeständnis der eigenen Sündenverfallenheit und die daraus resultierende Übertragung der Handlungsmacht auf Gott ist. Die noetische Erkenntnis und Anerkenntnis dieser Transformation als einer «Tat […] des lebendigen Gottes», die «in einem freien Grüssen und Wiedergrüssen zwischen Gott und Mensch» besteht,

---

174 A.a.O., 235.
175 A.a.O., 385 u. ö.
176 Barth, Christ, 34.
177 Barth, R II, 430.
178 Barth, R I, 447.
179 A.a.O., 247.

«das allen menschlichen Qualitäten der Betroffenen *vorausgeht*»[180] und das daher nur als Folge eines passiven Empfangens verstanden werden kann, wird zum Bewahrheitungsakt der Kirche.

Die innere Bewegung der Christusgemeinde mit einer ihr spezifischen Bestimmung des Verhältnisses des Einzelnen zu den anderen wird von Barth durch den Begriff der «Gewissensgemeinschaft»[181] gekennzeichnet. Die in diesem Begriff angelegte Zweiseitigkeit einer im Begriff des Gewissens angelegten Betonung des Individuums und des Begriffs der Gemeinschaft als Merkmal einer notwendigen Überindividualität ergibt sich aus dem Prozess der Gotteserkenntnis. Denn da dieser Akt als ein Geschehen am Individuum zu sehen und nicht als ein Gemeinschaftserlebnis verständlich zu machen ist, muss Barth von einer Vielzahl möglicher Bewusstseinsquantitäten ausgehen. Dies führt aber dazu, dass zum einen das Individuum, das in der Erkenntnis Gottes eine Wahrheitserkenntnis erlangt hat, im Besitz der Wahrheit jedem anderen Individuum überlegen ist, zum anderen durch die Vorgängigkeit des Ontischen die unzureichenden Erkenntnispositionen der anderen kein Urteil über ihren Stand vor Gott zulassen. Vielmehr muss der Erkenntnisgehalt des anderen aufgefasst werden als «auf dem Punkt des Weges, wo *er* gerade *jetzt* steht, [...] der notwendige Ausdruck der Gesamtlage.»[182] Die Gemeinde als wahre Gemeinschaft entsteht nun in der Haltung der in ihr versammelten Individuen, den vom eigenen Standpunkt als unzureichend erkannten Positionen der anderen ihr Eigenrecht zu lassen und ihnen in einer solchen Liebe zu begegnen, die «die Anderen [sein] und bleiben» lässt, «was sie sein dürfen und müssen».[183] Das Postulat der unterschiedlichen Standpunkte innerhalb der noetischen Wahrheit führt zu einer Dynamisierung des Erkenntnis- und Glaubensvollzugs, der nun als ein lebenslanger Prozess beschrieben werden kann als die Tatsache, dass das Sein in Christus «ein Werden, kein Gewordensein»[184] ist.

2.4) Die Anwendung der Lehrbildung

Das von Christoph Schwöbel festgestellte «Fehlen der Politik» im Briefwechsel zwischen Barth und Rade in den Jahren bis 1930, dem ein weitgehendes Fehlen politischer Aussagen in den Veröffentlichungen in der Zeit der Weimarer Republik bis hinein ins Dritte Reich korrespondiert, ist sicher

---

180 A.a.O., 364.
181 A.a.O., 544, wo dieser Begriff als Kapitelüberschrift steht.
182 A.a.O., 545.
183 A.a.O., 547.
184 A.a.O., 549.

«auch darauf zurückzuführen, dass sich Karl Barth nach seiner Berufung nach Göttingen mit ausschliesslichem Einsatz dem Ausbau seiner Theologie widmete».[185] Der hauptsächliche Grund für das Fehlen ist aber, wie die systematisch-theologische Rekonstruktion aufgezeigt hat, darauf zurückzuführen, dass eine Theologie, die mit der bei Barth vorhandenen Vehemenz die Unterschiedenheit zwischen Gott und Welt und die Unmöglichkeit der menschlichen Tat in der Errichtung des Reiches Gottes postuliert, keine weiterführende materialethische Antwort geben kann. Denn ist die Unmöglichkeit erkannt, durch politisches Handeln das Reich Gottes herbeizuführen oder sein Kommen auch nur zu beschleunigen, können alle aus der gläubigen Reflexion gewonnenen politischen Handlungsoptionen bloss noch in ihrem Recht als «*relative* Möglichkeiten des Guten mitten im Bösen» erscheinen. Es ist zwar möglich, sie «als die Schattenbilder der Umrisse eines gegenüberstehenden gelten zu lassen und ernst zu nehmen, [die] zu erwägen und zu bestätigen als Übungen und Darstellungen [...] nicht unterbleiben»[186] sollen. Da menschliches Handeln aber nicht auf die Dynamik des Reiches Gottes einwirken kann, sind konkrete ethische Normen nicht aus dem Glauben ableitbar. Christliche Ethik ist auf diese Weise des Anspruchs verlustig gegangen, Regeln für ein gelingendes gutes Leben aufzustellen. Sie lagert die Reflexion über das Gelingen ethischen Handelns ebenso in Gott aus, wie sie die Setzung normativer Handlungsdirektiven verweigert. Eine Gesellschaft, die innerhalb der Grenzen ihrer Handlungsmöglichkeiten gar nicht mit dem Gelingen des Guten rechnet, weil sie die Realisierung des Erfolgs in Gott ausgelagert hat, wird für Barth zur Idealgesellschaft, in der der «wesentliche Spielcharakter des seltsamen Spiels», das «Menschen mit oder auch gegen Menschen in Staat, Kirche und Gesellschaft»[187] spielen, aufgedeckt ist.

Beispielhaft lässt sich die Entethisierung der Theologie in der dialektischen Phase von Barths Theologie in der von ihm im Artikel *Die Kirche und die Kultur* geforderten Bearbeitung der Verhältnisbestimmung von Kirche und Kultur aus dem Jahr 1926 aufzeigen. Ausgehend von den Kollektivakteuren des Staates und der Kirche macht sich Barth dort an eine Aufgabenbestimmung der Kirche. Grundlegend ist eine kulturpessimistische Stimmung, in der Barth davon ausgeht, dass ethische Arbeit immer in

---

185 Schwöbel, Einleitung, 50. Auch Clausert, Zeitbegriff, 306f., erkennt zwei Gründe für die politische Zurückhaltung Barths, nämlich die Notwendigkeit der theologischen Klärung der Voraussetzungen politischer Stellungnahmen und den auf die Zeit am Anfang des Dritten Reiches zurückgehenden politisch motivierten Wunsch, gemeinsam mit der Bekennenden Kirche zu sprechen.

186 Barth, R II, 472.

187 A.a.O., 472.

den Grenzen des Weltlichen stehen bleibt und keine Möglichkeit der Entwicklung besteht, denn «das Ziel ist wirklich unerreichbar; wir haben das Reich Gottes nicht zu bauen».[188] Ist aber ethische Arbeit von vornherein unfähig, einen Beitrag zur Lösung des sich im Menschen vollziehenden Konfliktes zu bringen, der dem «vernichtenden Gegeneinander und [dem] tödlichen Auseinander seiner Existenz» entspringt, in der er «als Seele und Leib, Geist und Natur, Subjekt und Objekt, innerlich und äusserlich, gerichtet auf die Synthese dieser beiden Momente, aber eben dieser Synthese auch ‹entbehrend›»[189] erscheint, dann kann die ethische Aufgabe der Kirche nur die Darlegung dieses Sachverhaltes sein, also in der Predigt der Krisis des Menschen und der Verkündigung der Hoffnung auf Erlösung durch den göttlichen Akt der Aufhebung der Zeit in die Ewigkeit, also durch die Gleichschaltung[190] des Menschen mit Gott. Das aus der Offenbarung Gottes bekannte Gesetz der «Humanität»[191] dient zwar als Leitvorstellung innerweltlichen Handelns, die «Frage und Aufgabe, die dem Menschen als solchem gestellt ist»,[192] wie dieses Gesetz der Humanität umzusetzen ist, kann die Kirche aber «wohl praktisch [...] der Gesellschaft, bzw. den ‹Fachleuten› überlassen»,[193] zumal sie «das Reich Gottes in keiner menschlichen Kulturarbeit anbrechen sehen» wird.[194] Weltliche Ethik wird also auf dem vagen Gesetz der Humanität beruhend in eigener Reflexion zu Ergebnissen kommen müssen im Wissen um die letztgültige Unzulänglichkeit ihrer Lösungsversuche und ihrer Unfähigkeit, dem Problem der menschlichen Existenz als einer in der permanenten Krisis zwischen Zeit und Ewigkeit gefangener zu begegnen. Aufgabe der Kirche bleibt es, auf die Erlösungsbedürftigkeit des Menschen hinzuweisen und die Möglichkeit der Erlösung im Christusgeschehen aufzuzeigen, weshalb Barthmit dem Satz schliessen kann: «was die Kirche *unserer* Zeit in Bezug auf das Kulturerleben *vor allem* wieder lernen müsste, das ist m. E. das, was ich die *eschatologische Form* des Wortes Gottes nannte».[195]

---

188 Barth, Kirche (1926), 28.
189 A.a.O., 17.
190 Vgl. Wagner, Gleichschaltung, 10–43.
191 Barth, Kirche (1926), 28.
192 A.a.O., 23.
193 Ebd.
194 A.a.O., 25.
195 A.a.O., 39.

2.5) Die Konsequenz der Theologie Barths im Kontext der Weimarer Republik

Die Auffassung der Eschatologie als Aufhebung der Zeit und Transformation in eine ganz andere Existenzform entwertet die Weltlichkeit der Welt und lässt alles ethische Handeln als unzureichend dastehen. In dieser von vornherein gegebenen Unzulänglichkeit wird dann aber die praktisch-ethische Entscheidung als durch die zeitlichen Umstände kontingent erfahren. Das heisst, in der im Bereich der Gesellschaft sich vollziehenden ethischen Urteilsbildung ist es der jeweiligen Verstandestätigkeit freigestellt, unter dem Paradigma der Humanität im Rahmen der von der Dogmatik aufgezeigten Weltwirklichkeit zu Ergebnissen zu kommen. Dass die Ermöglichung dieses Reflexionsprozesses in einem christozentrischen System, das einen Realitätsmonismus transportiert, in dem Wahrheit nur in der Figur des einen Herren denkbar ist, zu einer Nähe zu faschistischen Denkfiguren führen könnte, kann man mit Blick auf die Logik des Gedankengangs zwar durchaus nachvollziehen.[196] Doch wäre dies nur dann plausibel, wenn man den Grundgedanken des Faschismus als abstrakten Autoritätsglauben beschreibt, der in seiner inhaltlichen Füllung grundsätzlich divergieren kann. Dann aber kann das gleiche System auch als Begründung eines innerweltlichen Sozialismus dienen, der als dem Denken notwendige Form der Realisierung zwischenmenschlicher Humanität gesetzt wird.[197] Ob bei der heutigen begrifflichen Konnotation des Faschismus mit den nationalistischen Bewegungen des frühen und mittleren 20. Jahrhunderts eine Nähe der Theologie Barths zu diesem Begriff sinnvoll erscheint, ist zumindest fraglich. Zwar muss man in Betracht ziehen, dass Barths Grundannahmen, in denen er wie beispielsweise auch Carl Schmitt «kritisch Stellung nahm gegenüber [seiner] Zeit und [beide] ihre Kritik radikal, d. h. nicht nur an der Tagespolitik orientiert, formulierten, sondern auf die Aufklärung zielten», den Versuch der Weimarer Republik einer demokratisch-republikanischen Staatsform faktisch in Frage stellte, weshalb beide «auch als Kritiker und schliesslich als Totengräber einer krisengeschüttelten Weimarer Republik erscheinen»[198] konnten. Ausser Acht gelassen wird bei

---

196 Vgl. Wagner, Gleichschaltung. Eine Nähe der Theologie Barths zu faschistischen Weltanschauungen beobachtet auch Werner, Prinzip, indem er «die Grundhaltung [...] der kirchlich-theologischen, der national-völkischen und der internationalistisch-kommunistischen [...] Faschismen [... in] der in radikalem Vernunftskeptizismus begründeten Ausrichtung auf das Irrational-Autoritäre» sieht, 54.

197 Vgl. Marquardt, Theologie, und Gollwitzer, Reich, z. B. 371.

198 Eichhorn, Staat, 22.

einer solchen Deutung allerdings die der politischen Konkretion vorgängige Tatsache, dass die Bestimmung der weltlichen Sphäre als eines in der göttlichen Herrschaft gründenden, eigengesetzlichen Bereichs die Freiheit eines rationalen Verständigungsprozesses über die praktische Ausgestaltung dieser Sphäre in einer Weise voraussetzt, durch die sie in unausgesprochene Nähe zur republikanisch-demokratischen Tradition der Schweizer Verfassung und der politischen und gesellschaftlichen Grundanschauung der Schweiz zu stehen kommt. Den Rahmen eines solchen freien Verständigungsprozesses abzuschaffen war aber das erklärte Ziel aller faschistischen Bewegungen des 20. Jahrhunderts, weshalb es auch kaum verwunderlich ist, dass trotz der feststellbaren gewissen Geistesverwandtschaft der theoretischen Grundentscheidungen Barths mit vorfaschistischen Anschauungsmustern er in der Phase der politischen Konkretisierung, wie im nächsten Kapitel gezeigt wird, grundsätzlich verschiedene Wege eingeschlagen hat.

3) Friedrich Gogarten: Personalismus statt idealistisches Identitätsdenken. Zum Verlauf einer Transformationskrise

Die ganz unterschiedlichen Krisenerfahrungen als mit der Erosion kirchlichen Lebens konfrontierter Grossstadtpfarrer ebenso wie als von der Kriegsniederlage und der sich anschliessenden Revolution betroffener Staatsbürger bewegen Friedrich Gogarten dazu, die erlernte theologische Theorie in Frage zu stellen und sich in der theologischen Landschaft neu zu positionieren. Ansichtig wird dies vorläufig in der fundamentaltheologischen Grundkonzeption seiner Theologie, dann aber auch in den beiden Bereiche der Gesellschaft und der Kirche, in denen sich durch den Wechsel der Staats- und Regierungsform in Deutschland die grössten äusseren Veränderungen vollziehen. In den Jahren von 1918 bis etwa 1926 unternimmt Gogarten hauptsächlich eine Neukonstitution des krisengeprägten Individuums. Früher als Barth und Werner erweitert er diese Reflexion aber schon in der Mitte der Weimarer Republik auf das Thema der Vergemeinschaftung der als Einzelne vor Gott Stehenden und repolitisiert damit seine Theologie. Spätestens 1938 ist die Phase der politischen Theologie, die Gogarten parallel zu den Entwicklungen der ihm in den grundlegenden Gesellschaftsbildern verwandten Konservativen Revolution durchläuft und die im folgenden Kapitel besprochen wird, abgeschlossen. Am Anfang der Theologie der Krise steht weniger eine sachliche, als vielmehr eine sprachliche Neugestaltung der wissenschaftlichen Arbeit. Der Erweis der sprachlichen Differenz Gogartens zu seinem Lehrer Troeltsch bei inhaltlicher Nähe wird (3.1.) anhand einer narratologischen Analyse der dialektisch-theologischen Fanalschrift *Zwischen den Zeiten* im Vergleich mit einer

Passage aus den *Soziallehren* von Ernst Troeltsch erbracht. Der offenen Frage nach zukünftiger Gestalt und Gehalt theologischen Redens, die Gogarten noch 1920 formuliert, folgen erste Antwortversuche, die ihren ontologischen und erkenntnistheoretischen Kern in der Figur des Personalismus haben, der sich parallel zu Gogarten in ähnlicher Form auch zeitgenössische Denker wie Martin Buber[199] oder Dietrich Bonhoeffer mit dessen Gedanken der «Sozialphilosophie»[200] zuwenden, und durch die alle diese Denker versuchen, menschliche Gemeinschaft als freie Verbindung der einzelnen Personen zu beschreiben.[201] Diese sachliche Neugestaltung in der Begründung des Einzelnen und der Gesellschaft im Personalismus geht einher mit einer starken Abgrenzung gegen einen Gegner, den Gogarten in dem von ihm so bestimmten, die Vätergeneration prägenden, idealistischen Individualismus findet (3.2.1). Aus dieser Gegnerschaft bezieht Gogarten den Elan zur Entwicklung seiner eigenen Position, die er auf das relationistische Denken Martin Luthers gründet. Dieses führt er in den Jahren bis 1926 hauptsächlich in seiner Beziehung auf den Einzelnen aus. Die hier

---

199 Die Beeinflussung des gegenseitigen Denkens ist schwer nachzuzeichnen. Sicher ist, dass Gogarten die Schrift *Ich und Du* im Spätherbst 1922 von Buber direkt zugesandt bekommen hatte. Doch erste personale Elemente kommen bei Gogarten schon früher vor, eine inhaltlich undifferenzierte Erwähnung des Ich-Du-Verhältnisses z. B. in Religion weither, 14. Eine Rezension des Buches, die K. L. Schmidt und R. Bultmann von ihm erbeten hatten, hat Gogarten allerdings nicht geschrieben. Darum lässt sich die Tiefe der Lektüre nicht mehr feststellen. Vgl. Briefwechsel Bultmann, Gogarten, Brief Nr. 11, Bultmann an Gogarten, 27. Anders sieht dies Leiner, Gegenwart, der die Beziehung von Buber und Gogarten nachzeichnet und in der «Verbindung» von Begegnung und Gegenwart neben der Überwindung des Sprachdenkens und der teilweise akosmischen Theologie Ebners als «wichtigsten Einfluss Bubers auf Gogarten», 256, bezeichnet.

200 Diesen Begriff entwickelt Bonhoeffer 1926 in seiner Dissertation *Sanctorum Communio*, 7f.; 11ff., und stellt ihn gegen den Begriff der Soziologie. Diese beschreibe die phänomenologisch erfahrbaren und empirisch beobachtbaren und deutbaren sozialen Strukturen und Systeme, während jene als reine Geisteswissenschaft die Entstehungsmöglichkeiten von Gesellschaften thematisiere durch die Beschäftigung mit den vor jeglicher Erfahrung existierenden menschlichen Wesenszügen, die für die Gemeinschaftsbildung konstitutiv sind. Auch ohne dass der Begriff bei Gogarten fällt, ist eine Parallele zu dem von ihm gewählten methodischen Vorgehen nicht zu übersehen.

201 Die Hinwendung zum Personalismus als erkenntnistheoretischem Prinzip legt Pannenberg, Problemgeschichte, 237, FN 161, auf das Jahr 1923 und korrigiert sich damit offen selber. Der oben in FN 199 zitierte Briefwechsel zwischen Gogarten und Bultmann deutet eine frühere Rezeption an, wobei der früheste prominente Niederschlag wohl tatsächlich in der Schrift *Gemeinschaft oder Gemeinde?* zu finden ist.

anzutreffende Neuformierung der Gemeinschaft kommt ohne Rekurs auf empirisch greifbare gesellschaftliche Wirklichkeiten aus, vielmehr wird sie abgeleitet aus einer rein theologischen Bestimmung des Menschen und trägt damit der Forderung Rechnung, dass der Theologe abstandslos am Gegenstand seiner Lehre Anteil haben muss, dass also die für empirische Forschung konstitutive Distanz fehlen muss, weil der theologische Reflexionsprozess am Standpunkt des Glaubens durchzuführen ist (3.2.2.).

Der Rekurs auf das an die Gemeinschaft mit anderen gebundene Individuum gewinnt Plausibilität in einer Zeit, die vordergründig als Epoche der Auflösung menschlicher Lebenszusammenhänge gedeutet wird, einer Entwicklung, deren Höhepunkt die Materialisierung und Mechanisierung des menschlichen Körpers in den Schützengräben des Ersten Weltkrieges symbolisiert. Die aufkommende Theorie des Personalismus bezieht damit gegen eine solche Position Stellung, die in Aufnahme der Gegebenheiten der Neuzeit, der die alten Bindungen des Zusammenlebens auflösenden Technisierung, Maschinisierung und Rationalisierung des industriellen Schaffensprozesses ebenso wie der Einzelleben, die auf innerer Beziehung beruhende Gemeinschaft in eine dem Vertrag entspringende Gesellschaft überführt und deren Vordenker meinen, in Distanz zum Geschehen dieses analysieren und steuern zu können. Dieser Vorstellung der Unterwerfung der Welt unter die menschliche Vernunft stellt Gogarten einen Entwurf entgegen, der durch die scharfe Trennung der göttlichen und der weltlichen Wirklichkeit die Empirie als für die christliche Wirklichkeitsbetrachtung, die sich der Sicht auf Gott widmet, unnötig betrachtet, der andererseits aber die Welt in ihrer Welthaftigkeit ernst nimmt und sie den weltlichen wissenschaftlichen Methoden wie der historischen Betrachtung unterwirft. Der Einzelne, und hier besonders der sich seines Glaubens bewusste, ist dann nicht mehr «Zuschauer»[202] eines Geschehens, das er von aussen betrachten, bewerten und sogar steuern könnte, sondern er tritt selbst in die Mitte des Geschehens und steht am Ort der Entscheidung zwischen Gott und Mensch, zwischen Ewigkeit und Zeit. Theologie wird damit zu einem eminent öffentlichen Unterfangen und zu einer «Funktion in der Gesellschaft»[203], verkündet doch der am Geschehen der Zusammenkunft von Gott und Welt beteiligte Theologe dieser deren eigene Wirklichkeit. Aus der Relativität der Geschichte, die Gogarten bei Troeltsch gelernt hatte, entwickelt er unter der Prämisse, dass das Zeitliche nicht zum Ewigen

---

202 Pfleiderer, Theologie, 395, profiliert diesen Ausdruck als Gruppenspezifikum der dialektischen Theologen. Er übernimmt den Begriff von Barth, R I, der sein Programm unter das Schlagwort der «Abschaffung des Zuschauers» stellt, vgl. dort 209.

203 Lessing, Problem, 15.

werden kann, ihren Gegensatz zu Gott. Die Berechtigung oder Verpflichtung, trotz des unüberwindbaren Gegensatzes zu Gott dennoch vom Glauben zu sprechen, nimmt Gogarten aus Kierkegaards Gedanken vom Wagnis des Glaubens. Glaube behandelt dabei die Relation zwischen Gott und dem Menschen, ereignet sich also im Individuum, das durch den anderen zum Glauben kommt. In der Beschreibung des Glaubens als eines relationalen Geschehens erkennt man die für Gogarten immer wichtiger werdende Besinnung auf Luther.[204]

In der fundamentalsoziologischen[205] Betrachtung der Gesellschaftslehre, in der Gesellschaft in einer Abstraktion behandelt wird, die kaum eine Verbindung zur realen Situation des Staates, der Kirche oder der eigenen Pfarrgemeinden Gogartens erkennen lässt, trifft sich seine Arbeitsweise mit der von Barth. Auch Gogarten beschreibt Gesellschaftslehre und Ekklesiologie als überzeitliche Grundanschauungen, die sich zwar in der Geschichtlichkeit je und je in unterschiedlichen Formen ereignen, welche als Formen des Übergeschichtlichen aber keine eigene Bedeutung haben. Funktion der Lehre ist es dann, die gegenwärtigen Formen zu relativieren und die Schnittmenge der Ausdrucksweisen mit derjenigen Grundanschauung zu beschreiben, die aus Gottes Ansprache des Einzelnen entspringt. Auch Gogarten verschweigt dabei die kulturelle und zeitliche Prägung seiner Grundanschauung und weckt dadurch die Suggestion, durch die Verortung der Theorie in einem übergeschichtlichen, metaphysischen Bereich sei sie der zwangsläufigen Kontextualität von Konstruktionen personaler und gesellschaftlicher Wirklichkeiten enthoben.

—

204 Vgl. dazu Beiner, Intentionalität, 213–250. Beiner prüft die Anthropologie Gogartens auf ihre Übereinstimmung mit der von ihr entwickelten Deutung der Schrift Martin Luthers *Vom unfreien Willen*, kommt allerdings zu dem Ergebnis, dass Gogarten in seiner Lutherrezeption dessen auf der Relation des der Welt entzogenen Gottes mit dem Menschen beruhenden Freiheitsverständnis missversteht und deshalb «Gogartens Anthropologie letztlich doch eine Adaption an das von ihm kritisierte idealistische Freiheitsverständnis darstellt, [... weil] bei Gogarten die Struktur des alle Lebensvollzüge begründenden Verhältnisses des Menschen zu Gott mit der des Verhältnisses des Menschen zur Welt identisch» (249) ist. Dies liege daran, dass Gogarten zwar von Luther «die formale Bestimmung des Gesetzes, nämlich dass es sich bei ihm um den Ausdruck des göttlichen Willens handelt, dass die Welt einer Ordnung unterliegt» (248) übernimmt. Doch durch die Behauptung, dass die materiale Bestimmung des Gesetzes immer einer neuen Aktualisierung bedarf, wird die Autonomie des Menschen zu einer Forderung Gottes, die in Verantwortlichkeit für die Welt durchzuführen ist: «Freiheit in Verantwortlichkeit zu leben wird zum Grunddatum personaler Existenz» (249).

205 Vgl. Pfleiderer, Gemeinschaft, 231.

3.1) Die sprachliche Differenzierung als Bruch mit den Vätern

Der Bruch Gogartens mit der Theologie der Väter, der sich in den Jahren zwischen 1917 und 1920 abzeichnet und innerlich vollzieht, zeitigt sich zwar vornehmlich auf epistemologischer und inhaltlicher Ebene, zumindest in den ersten Jahren lässt sich allerdings auch ein neuer Sprachstil und ein neuer Duktus erkennen. Beispielhaft lässt sich das im kurzen, aber wirkmächtigen Beitrag *Zwischen den Zeiten* nachweisen, den er 1920 in der von Martin Rade herausgegebenen «Christlichen Welt», dem Hausblatt der liberalen Theologie, veröffentlichte.[206] Die Analyse des Sprachstils der Zeit seiner theologischen Wende ist nicht nur deshalb sinnvoll, weil sie das Selbstverständnis Gogartens erhellen kann. Sondern es sind besonders diese sprachgewaltigen Texte, die in den Hörern eine Faszination für seine Theologie weckten und ihm dadurch zum beruflichen Durchbruch verhalfen. Dies zeigt sich in den überlieferten Reaktionen auf den Wartburg-Vortrag *Die Krisis unserer Kultur* von 1920, die sich in erster Linie nicht auf dessen Inhalt, sondern auf die Tatsache der Andersartigkeit der Position und die Ernsthaftigkeit der Opposition gegenüber dem vorherrschenden Denken beziehen.[207] So unterscheiden sich besonders die zeitkritischen

—

206 Die Entstehungsgeschichte von *Zwischen den Zeiten* und *Die Krisis unserer Kultur* schildert Kroeger, Gogarten, 216–233.

207 Vgl. hierzu z. B. den Bericht von Wilhelm Schäfer über die Wartburg-Tagung: «Wenige in Deutschland werden seinen Namen gekannt haben, doch dürfte der Pfarrer Gogarten bald unter denen genannt werden, die für unser Schicksal bestimmend sind. Mit ihm trat Martin Luther in den Festsaal der Wartburg und war wieder der Junker Jörg, dem Teufel sein Tintenfass an den Kopf zu schmeissen. Nichts hatte der Mann, der da sein Gottesbekenntnis ablegte, mit der liberalen Theologie zu tun, und es brannte die göttliche Dämonie in ihm, wie sie in Jesus war, als er die Tische der Wechsler im Tempel umstürzte. […] Allen, die Ohren hatten zu hören, musste es ein Erlebnis ohnegleichen sein, derart die Stimme Gottes aus Menschenmund zu vernehmen.», W. Schäfer, Drei Briefe mit einem Nachwort an die Quäker, München 1921. Aufschlussreich ist auch K. Barths Brief an Gogarten vom 16.6.1920, in dem er diesem schreibt: «Eben lese ich in der Christlichen Welt ‹Zwischen den Zeiten›. Herzlichen Dank für dieses *gute* Wort! Eben das müssen wir ihnen nun immer wieder sagen, in allen Tonarten und Variationen. Eben dieses *Halt*! (Kierkegaard!) […] Bitte erheben Sie Ihre Stimme *laut*! Sie haben dasjenige zu sagen, das jetzt in Deutschland gesagt werden muss», in: Göckeritz, Friedrich Gogartens Briefwechsel, 152–154, und in einem Brief an E. Thurneysen vom 27.10.1920 verwendet Barth das berühmt gewordene Bild von Gogarten als einem «Dreadnought», einem wendigen Kampfschiff, und schreibt: «Ob er jener … welcher ist?», in: Briefwechsel Barth – Thurneysen 1913–1921, 435.

Urteile der Wendezeit inhaltlich kaum von dem, was wenige Jahre zuvor sein Lehrer Troeltsch oder auch Wilhelm Herrmann in zeitdiagnostischer Intention gesagt hatten,[208] doch spitzt sie Gogarten durch die Verwendung eines expressionistischen Sprachstils so zu, dass sie als tatsächliche Neuerungen und als ein Bruch mit seinem Lehrer wahrgenommen werden können. Insofern kann man sagen, dass die Sprache des Expressionismus Gogarten zum einen als Ausbruch aus den erlernten Denk- und Sprechgewohnheiten, zum anderen als Schwungfeder dient, die sein eigenständiges Denken in Gang setzt. Ein erster Analyseschritt soll die sprachliche Differenz bei inhaltlicher Übereinstimmung zwischen Gogarten und Troeltsch beispielhaft aufzeigen. In einem zweiten Schritt soll mit Hilfe einer narratologischen Analyse Gogartens Fanal *Zwischen den Zeiten* auf die in ihm verwendeten Topoi hin durchgesehen werden. Dabei wird Gogartens Sprache als expressionistisch in dem Sinne verstanden, dass sich in ihr «die analytische Thematisierung der von Angst, Wahnsinn, Ich-Dissoziation, Transzendenzverlust, Tod und Nichtigkeit bedrohten Existenz» als Zeichen der Moderne auf eine solche Weise zu Wort meldet, in der «ein verändertes Erleben authentisch und gesteigert zum Ausdruck»[209] gebracht wird.

In den *Soziallehren der christlichen Kirchen und Gruppen* schreibt Troeltsch im Jahr 1912 im Schlusskapitel in einem der wenigen Werturteile, die er sich dort in der von ihm programmatisch vorgenommenen Analyse[210] erlaubt: «Der radikale Individualismus wird vermutlich bald ein Zwischenakt sein zwischen einer alten und einer neuen Kultur der Gebundenheit. Er ist die Zerlegung eines abgerissenen Hauses in seine einzelnen Steine, aus denen dann wieder ein neues aufgebaut wird. Wie das neue Haus aussehen wird und welche Möglichkeiten es der Entfaltung der christlichen Ethik und der christlichen Sozialphilosophie bringen wird, weiss heute noch niemand. Sie wird sowohl mit ihrem Gemeinsinn wie mit ihrem metaphysischen Individualismus an ihm bauen, aber sie wird sich

---

208 So kann Herrmann, Religion (1905), in: Schriften I, 287, schon 1905 von der Problematik fehlender Unmittelbarkeit im wissenschaftlichen Betrachten sprechen, wenn er sagt: «alles, was die Wissenschaft anfassen kann, ist tot. Es kann Lebensmittel sein, aber nicht Leben. Die Religion aber ist Leben.»

209 Stark, Art. Expressionismus, 113. Vgl. zum Begriff «expressionistisch» auch Rombold, Art. Expressionismus. Der literarische Expressionismus wird hier beschrieben als Auseinandersetzung «mit der modernen Wirklichkeit und Strukturkrise des modernen Ich», dem «eine tiefgreifende Erfahrung der Verunsicherung, ja Dissoziation des Ich, der Zerrissenheit der Objektwelt, der Verdinglichung und Entfremdung von Subjekt und Objekt zugrunde liegt».

210 Vgl. Troeltsch, Soziallehren, 977.

mit anderen Bauherren zu teilen haben und gleich diesen an die Besonderheiten des Bodens und Materials gebunden sein.»[211]

Auch Gogarten thematisiert den im Gange befindlichen Umbruch der Kultur, und wie Troeltsch weiss auch er nichts darüber zu sagen, wohin sie sich entwickeln wird. Aber er verändert die Betrachterperspektive, indem er das Geschehen der Transformation der Kultur nicht von einem Aussenstandpunkt wahrnimmt, sondern sich in die Situation hineinbegibt und als Betroffener das Wort erhebt. Als solcher spricht er aus der Tiefe eines Herzens, das orientierungslos und leer ist und darum seine Lehrer anklagt, denn «wir konnten uns selbst nicht finden (wir suchten ja bei Euch; ja, wir suchten) und Ihr liesset uns leer».[212] Die von Troeltsch vorhergesehene Umformungskrise ist also inzwischen eingetroffen und reisst die Generation Gogartens mit sich, die ihr nichts entgegenzusetzen hat, weil die Wissenschaft, in der sie gross geworden ist, ihr keine Orientierung, sondern nur ein «geistiges Werkzeug»[213] mitgegeben hat. Deshalb schaut sie dem «Strom des entwicklungsgeschichtlichen Geschehens»[214] im Wissen darum zu, dass der Plan der Väter, «eine Welt mit Menschenwillen und aus Menschenweisheit zu bauen»,[215] gescheitert ist. Dabei nimmt Gogarten selbst die Skepsis von Troeltsch in Bezug auf die Gestaltung der Zukunft auf, denn auch wenn nun «der Raum frei [wurde] für das Fragen nach Gott»,[216] bleibt auch die Krisengeneration in der Unbestimmtheit des Übergangs stecken. «Noch können wir Gott nicht denken.»[217] «Wir haben deshalb auch keine Vorschläge, wie man es besser machen könnte.»[218] Gogarten thematisiert wie Troeltsch die Kulturkrise, und ebenso wie dieser betont er die Unmöglichkeit valider Zukunftsprognosen. Der entscheidende Gegensatz besteht aber darin, dass Gogarten nicht die Krise als Phänomen, sondern in ihrem existentiellen Erleben beschreibt und dadurch dem Hörer oder Leser die Möglichkeit der Identifikation eröffnet. Auf diese Weise wird der Text zu einem Katalysator der Krisenstimmungen der Hörer.

Dies lässt sich gut aufzeigen durch eine narratologische Analyse. Die ursprünglich in der Literaturwissenschaft beheimatete Methode der Narra-

---

211 A.a.O., 966.
212 Gogarten, Zeiten, 95.
213 A.a.O., 96.
214 A.a.O., 97.
215 A.a.O., 99.
216 A.a.O., 100.
217 A.a.O., 98.
218 A.a.O., 100.

tologie[219] verfolgt das Ziel, durch die strukturale Analyse von Erzähltexten jene Typen von Erzählformen zu extrapolieren, die die Erzählung prägen und die gleichzeitig durch ihre allgemeine Form breitere Verstehenspotentiale erschliessen. Dabei sieht sie vorläufig vom konkreten Autor ab und nimmt allein die überlieferte Textgestalt zum Gegenstand ihrer Untersuchung. Statt nach dem historischen Verfasser wird nach dem abstrakten Autor gefragt, der als heuristische Konstruktion Träger der Textintention ist. Die Fragen nach dem Wer, dem Wie und dem Was des Erzählens werden zu erkenntnisleitenden Untersuchungsmustern. Im speziellen Fall von *Zwischen den Zeiten* ist die narratologische Methode gewinnbringend anwendbar, weil durch sie diejenigen Erzählstrukturen dargestellt werden können, die Gogarten verwendet und die für den Rezeptionserfolg dieses kurzen Textes verantwortlich gemacht werden können.

Auffälligstes sprachliches Merkmal des Textes ist die gehäufte Verwendung des Personalpronomens in der 1. Person Plural. Allein sieben der acht Anfangssätze der einzelnen Abschnitte enthalten mindestens eine dieser Partikel. Durch die Verwendung der Pluralform konstruiert sich das Erzähler-Ich als eine Personengruppe, die von einer gemeinsamen Anschauung geprägt ist. Diese Gruppe, die «unsere Generation» genannt wird, wird nun aber kaum äusserlich beschrieben. Es fehlen beinahe alle Merkmale, die eine geschichtliche Einordnung zuliessen. Einzig das «Spenglersche Buch»[220], das aus dem zeitgeschichtlichen Kontext heraus eindeutig auf Oswald Spengler und sein Werk *Der Untergang des Abendlandes* von 1918 hinweist, und die Nennung Nietzsches als Lehrer[221], dessen Lebensdaten 1844–1900 zumindest einen *status post quem* darstellen, lassen eine gewisse Datierung zu. Interessant ist die Selbstcharakterisierung des Erzähler-Ichs, dessen leitendes Handlungsinteresse sein Krisenbewusstsein ist. So betont er: «Wir sind lange gescholten worden [...] als Nörgler. [...] Ihr wisst nicht, wie uns das gequält hat.»[222] Dieses Wir erkennt «die Zersetzung in Allem»[223], es sieht «keine Formung des Lebens, die nicht zersetzt wäre»[224]. Das Wir konstituiert sich als massgeblich von einer umfassenden Transformationskrise betroffen, deren Ausgang noch nicht geklärt und in der darum alle Klarheit verloren gegangen ist. Dabei ist dieses Wir, und das ist

—

219 Vgl. Martinez, Scheffel, Einführung. Lahn, Meister, Einführung. Der Verwandtschaft zur Gattungskritik, wie sie Hermann Gunkel entwickelt hat, ist sich die Narratologie durchaus bewusst.

220 Gogarten, Zeiten, 98.

221 A.a.O., 96.

222 A.a.O., 95.

223 A.a.O., 98, vgl. auch 97.

224 A.a.O., 97.

die zweite Charakterisierungsstrategie, in dieser Wahrnehmung allein und steht einem Ihr gegenüber, das die Existentialität der Krise nicht wahrzunehmen vermag und darum ihren eigentlichen Sinn nicht verstehen kann. Ihr, das sind die Lehrer, die die Welt als Gegenstand ihrer Wahrnehmung auffassen und sie dadurch «nur als Totes»[225] begreifen können. Aber auch wenn der Text sich an ein Ihr richtet, so ist doch der eigentliche Adressat vielmehr in den Generationsgenossen des Wir zu sehen, die sich der Existentialität der Krise noch nicht bewusst sind und die nun umworben werden, sich der Deutung des Erzählers anzuschliessen und seine Sprache als Ausdruck ihrer Erfahrungen zu übernehmen.

Die Pointe des Textes ist es, dass der Erzähler seine Hörer nicht mit einer besseren inhaltlichen Antwort zur Lösung der Krise umwirbt, sondern dass er ihnen bloss eine Versprachlichung der Krisenerfahrung anbietet. Denn der eigentliche Vorrang des Wir besteht in einer adäquaten Wahrnehmung der Krise. Das Wir stilisiert sich als eine Bewusstseinselite, die den in ihren Weltanschauungen gefangenen Alten und ihrer epistemologischen Bevorzugung des Menschlichen vor dem Göttlichen überlegen ist. Man kann also sagen, dass das Erzähler-Wir sein Selbstbewusstsein nicht aus seinem Erkenntnisinhalt, sondern aus einer gewissen Haltung zieht. Diese ist durch fünf Merkmale charakterisiert, die zu übernehmen es um die eigentlichen Adressaten wirbt. Erstens ist sich das Wir einer Krise bewusst, die geistiger Art ist und darum existentielle Bedeutung hat. Zweitens baut das Wir sein Selbstbewusstsein durch die gezielte Abgrenzung von den Lehrern auf. Drittens integriert es mit dem Begriff des Göttlichen ein vorrationales Element, das es dem Zwang der rationalen Begründung der eigenen Position enthebt. Viertens stellt es die Krise auf Dauer, indem es die inhaltliche Lösung der Krise als zeitlich unbestimmbar darstellt. Dadurch konserviert es jene Positionsbestimmung, in der es selber durch sein tieferes Verständnis der Situation der ihr entgegengesetzten Gruppe überlegen bleibt. Und fünftens beansprucht es allein durch den Bezug auf die Absolutheit des Göttlichen einen Allgemeingültigkeitsanspruch seiner eigenen Haltung.

Diese fünf Merkmale bewirken, dass der Text einerseits zeitübergreifend dort wirken kann, wo eine junge Generation in einer als krisenhaft empfundenen Zeit in ein von ihren Lehrern besetztes Gebiet hineindrängt. Andererseits zeigt die Analyse auf, dass die von Gogarten ausgehende Wirkung in ihren Anfängen nicht aus dem zu erklären ist, *was* er sagt, sondern *wie* er es sagt. In dieser Wertschätzung des ästhetischen Aspektes kommt wieder die Prägung Gogartens durch die Welt des Diederichs-

---

225 Ebd.

Verlags mit dessen Opposition gegen jede rationale oder orthodoxe theologische Wissenschaft und der Forderung der Bewahrheitung des Glaubens im individuellen religiösen Empfinden, und der Prävalenz der ästhetischen Erscheinung und Handlung, welche auf grosse Teile des Bildungsbürgertums schon seit der Jahrhundertwende wirkt, zum Vorschein. Als Teil dieser Kritik an der Vernunft als Erkenntnismittel der Wahrheit, die auch Eugen Diederichs zu Eigen war und die dennoch nicht in «Kontemplation und Weltflucht», sondern in «vernunftkritischer Auseinandersetzung mit der Moderne»[226] geschah, ist Gogartens Schrift zu verstehen.

Es eignet sich dieser Stil jedoch nicht als dauerhafte Haltung, da ihm die positive, aufbauende Kraft fehlt. Darum zieht es Gogarten wie die meisten anderen Expressionisten zurück in die Sachlichkeit, denn «nach den masslos verströmten Ekstasen wird jetzt in allen Lebensbezirken die Tendenz zu neuer Wirklichkeit und Sachlichkeit sichtbar».[227] In einer Sachlichkeit, die aus den Krisenjahren allein das Element des Irrationalen in die rationalisierte Diskussion mit einbringt, wird auch Gogarten weiterarbeiten.

3.2) Der Personalismus als Begründung individueller Freiheit

Die Entwicklung der Theologie Gogartens in der Zeit der Weimarer Republik vollzieht sich auf der Grundlage des Personalismus als einer Theorie, die die Freiheit des Einzelnen in der Gebundenheit der vorgegebenen Gemeinschaft reflektieren soll. Dabei ist die erste Phase als Selbstklärungsprozess zu lesen, in dem Gogarten in Auseinandersetzung mit dem liberalen Erbe steht und seine dortigen Wurzeln, die in seinen theologischen Schriften noch deutlich anzutreffen sind, zu überwinden versucht. Dazu baut Gogarten immer wieder ein Bild des liberalen Individualismus auf, das ihm als Negativfolie zur Profilierung seiner eigenen These dient, auch wenn der von ihm dargestellte und verworfene theologische Ansatz eines liberalen Individualismus kaum als sinngemässe Darstellung einer in der Debatte anzutreffenden Position aufzufassen ist. Vielmehr baut Gogarten einen fiktiven Gegner auf, an dem er sich abarbeiten und über dessen Gegnerschaft er eine Stärkung der eigenen Front erwirken kann.[228] Gogartens

---

226 Hübinger, Kulturkritik, 102.

227 Rudolf Kayser, zitiert nach Gay, Republik, 161.

228 Vor allem die Stärkung nach innen liest sich immer wieder aus dem Briefwechsel mit R. Bultmann. Ein durchgängiges Thema ist dort die Beurteilung Dritter auf die Frage hin, ob mit ihnen eine ernsthafte Diskussion möglich sei und ob sie erfreulich seien. Vgl. z. B. Brief Nr. 17, Gogarten an Bultmann, 39, wo Gogarten über eine Tagung in Hofgeismar im Sommer 1923 berichtet: «Es

Versuch, die durch seinen Personalismus aufgekommene Gefahr abzuwehren, nämlich «die Privatsphäre als den Ort, wo sich Geschöpflichkeit realisiert»[229], zu verstehen, indem er den Gedanken der Autorität und die damit einhergehende Vorstellung der Rückbindung aller Personalität an die Herrschaft Gottes in sein Denken einführt und damit seinen auf die konkrete Beziehung des Ich mit dem Du reduzierten Personalismus erweitert, gehört in die ab Mitte der 1920er Jahre aufkommende zweite Phase seiner Gesellschaftstheorie.

In Auseinandersetzung mit dem Individualismus der liberalen Theologie beschreibt Gogarten die Selbstwerdung des Menschen als Prozess, der in Gottes Ansprache an den Menschen als Person seinen Anfang nimmt. Mit Rückgriff auf verschiedene virulente Gesellschaftsmodelle und -vorstellungen, die Gemeinschaft z. B. als Vertragspartnerschaft oder auch als innerlich verbundene Volksgemeinschaft beschreiben können, konzipiert er Bild und Gegenbild der Möglichkeit der Verbindung von Individuen. Wirklichkeitsgemäss sei dabei das Bild des Volkes als der dem Menschen natürlichen Gemeinschaft, in der er dasjenige Gesetz erkennt, gemäss dem er von Gott gerichtet wird. Der *usus politicus legis* hat seine Quelle im Volksnomos, der seinen je spezifischen Ausdruck sucht, welcher für das jüdische Volk in den Moralvorschriften des Alten Testaments enthalten ist, der aber nicht dem Volksnomos des deutschen Volkes entspricht und nicht die ihm wesenseigene Sitte beinhaltet. Aber nur wenn der Mensch die Forderungen kennt, die an ihn gestellt werden – und diese kann er nur über das Sittengesetz erfahren –, kann er, obwohl und weil er diese Forderungen nicht erfüllen kann, darauf hoffen, vor Gott gerecht zu werden. Es ist dann also die Frage nach wahrer Gemeinschaft nicht eine Folgefrage der Rechtfertigung, sondern deren Grundlage. Hierin liegt der spezifische Unterschied zwischen der Gesellschaftslehre und der Ekklesiologie, dass die erste zur Klärung der Grundvoraussetzungen beiträgt, unter denen Rechtfertigung überhaupt erlangt werden kann, die zweite vom Zustand nach der Rechtfertigung handelt und deren Folgen für das Zusammenleben der Christen bedenkt. Unter dieser Perspektive wird noch einmal deutlich, dass Gogartens antiindividualistischer Affekt einem ganz indivi-

---

hätte [...] einer von den Kulturgläubigen eine ernsthafte Begründung ihrer Position geben sollen. Aber das war nicht geschehen und geschah auch nicht. Aber das ist ja überhaupt das Schlimme. Und schliesslich ist man für diese Leute doch nur einer, der sie anregt und sie und ihre Scharen unterhält. Und an ernsthafte Arbeit denkt keiner. [...] Der Dr. G. A. Schmidt, dessen Brief Sie mir vor einiger Zeit schickten, war nicht sehr erfreulich.»

229 Lessing, Problem, 185.

duellen Ziel dient, nämlich der nur individuell denkbaren Rechtfertigung des Sünders.

Dieser Erkenntnisprozess Gogartens steht unter der Frage, wie eine Begründung von individueller Freiheit aussehen kann, die auf der einen Seite den von ihm als Epochenmerkmal des gesamten Protestantismus vor dem Ersten Weltkrieg bezeichneten[230] idealistischen Individualitätsbegriff überwindet, nach dessen Auffassung «der Einzelne in seinem individuellen Sein die Wahrheit ist»[231], und der darum nicht zu wahrer Gemeinschaft in Gebundenheit führen kann, weil eine Gleichwertigkeit paralleler individueller Wahrheiten einen Widerspruch im Gedanken der Welt als homogene Schöpfung bedeuten würde. Auf der anderen Seite muss dennoch die Vorstellung eines freien, sich selbst bewussten Subjektes hochgehalten werden, da nur dieses in der Lage ist, dem Aufgehen in der Masse und damit dem Verlust des Ich standzuhalten. Um dies zu erreichen, entwirft Gogarten eine theologische Anthropologie, die die Freiheit des Menschen in dessen Begründung in Gott als dem Grund seines Seins verankert und die damit jegliche Selbstbegründungsversuche des modernen Menschen ablehnt, in denen das Individuum zum Ausgangspunkt der Selbsterkenntnis gemacht und eine ausserhalb Gottes bestehende Begründung des Menschen gedacht wird. Gleichzeitig verfehlt aber auch die Verlagerung des Erkenntnisgeschehens vom Menschen allein auf Gott, wie er sie bei Karl Barth angelegt sieht, die Realität, kann Erkenntnis doch nicht anders als vom Erkenntnissubjekt, also dem Menschen und damit im Bereich der Geschichte gedacht werden. Dabei ist Geschichte vom Subjekt her gedacht, insofern sie erst mit der Loslösung aus der Isolation des Ich und der Wahrnehmung des Du beginnt.[232] Die aktuelle Aufgabe der Theologie liegt deshalb darin, im Rahmen der zeitgenössischen philosophischen Vorstellungen Gott als den zu beschreiben, der sich in seiner Freiheit dem Menschen gegeben hat, und der dennoch nicht anders als vom Menschen in dessen Freiheit erkannt wird. Programmatisch kommt das zum Ausdruck, wenn er schreibt: «Ich meine also, es sei bei jenem Versuch Schleiermachers, bei der Verwandlung in Anthropologie, die Schleiermacher mit der Theologie vorgenommen hat, immerhin die zentrale Aufgabe angefasst worden, die der modernen Theologie aufgegeben ist. Ich bin der Überzeugung, dass man Schleiermacher auf seinem Wege nicht einen Schritt folgen darf, ja dass man schon seinen Ansatz, also die Art und Weise, wie er diese Aufgabe versteht, unter keinen Umständen mitmachen darf. Aber um eine ganz ausdrückliche Erörterung des anthropologischen Problems kommt

---

230 Vgl. Gogarten, Zeiten.
231 Gogarten, Gemeinschaft, 159.
232 Vgl. Gogarten, Gott, 36.

man heute nicht herum. Ja, mehr als das. Ich bin der Meinung, dass es heute nicht möglich ist, wirklich Theologie zu treiben und der Gefahr der Metaphysizierung oder der Moralisierung des Evangeliums auszuweichen anders als so, dass man das Problem der Anthropologie in den Mittelpunkt stellt.»[233]

3.2.1) Der liberale Individualismus als Feindbild

3.2.1.1) Die Wirklichkeitserkenntnis des Idealismus

Da Gogarten stark mit einem Freund-Feind-Schema arbeitet, in dem er einen imaginären oder faktisch vorhandenen Feind aufbaut, von dem er sich dann positiv abgrenzt, soll vor der Rekonstruktion der positiven Gesellschaftslehre Gogartens eine Rekonstruktion des von ihm bekämpften Individualismus stehen, den er hauptsächlich in eine Kritik der Theologie Ernst Troeltschs verpackt.[234] Denn in dessen Theologie sieht er den Höhepunkt eines aufgeklärten und modernen Denkens, das durch seine Begründung der durch das Individuum geschehenden Gottes- und Welterkenntnis einerseits und durch die im Historismus bedingte Relativierung «aller Autoritäten und Normen und aller von ihnen getragenen Gestaltungen des menschlichen Lebens»[235] andererseits die Bindung an Gott als Schöpfer der Weltwirklichkeit verloren hat. Durch dieses «Menschenwerk» ist die Vorkriegstheologie «so tief in das Menschsein hinein geraten, dass wir Gott darüber verloren».[236] Sie hat sich begründet als eine vernunftgemässe Reflexion der Bedingungen menschlichen Glaubens im Rahmen der ihm gegebenen Möglichkeiten der Welterkenntnis und hat aus dieser als Glaubensbekenntnis postulierten Vernunftwahrheit einen von ihr als göttlich bestimmten Willen herausgearbeitet, der eine christliche Kultur zu bauen im Stande sein sollte, die geprägt sei von den in ihr waltenden Kräften der «modernen Bourgeoisie, des Naturrechtes, der Emanzipation des vierten Standes, schliesslich des wissenschaftlichen Rationalismus [als] ein neues soziologisches Grundschema des rationalistischen Individualismus».[237] Gogarten vermischt

—

233 Gogarten, Problem, 505.

234 Das hat auch der Kritisierte nicht übersehen. So schreibt Ernst Troeltsch in seiner Erwiderung auf Gogartens Vortrag *Die Krisis unserer Kultur* in *Ein Apfel vom Baume Kierkegaards*: «Ich konnte bei der letzten Eisenacher Tagung (der Freunde der Christlichen Welt, d. Verf.) nicht anwesend sein. Sonst hätte ich mich an der Aussprache beteiligt, um so mehr, als nach meinem Gefühl sich Gogarten ganz wesentlich gegen mich wendet.», 134.

235 Gogarten, Historismus, 172.

236 Gogarten, Zeiten, 98.

237 Troeltsch, Soziallehren, 965.

dabei einen Rationalismus, der versucht, Wirklichkeit als durch einen vernunftgemässen Erkenntnisprozess erfassbar zu beschreiben und dadurch die Wirklichkeitsform der menschlichen Ratio verfügbar zu machen, mit einem Idealismusbegriff, den er wohl bei Troeltsch gelernt hat.[238] Dieser beschreibt den Idealismus als spezifisch deutsche Form der aus England und Frankreich übernommenen Ideen der Aufklärung, die sich im Gegensatz zu den dortigen, v. a. auf «Empirismus und Common=Sense» beruhenden Gestalten auf «Erkenntniskritik und Gefühlsüberzeugungen» gründet, also in die vernünftige Welterkenntnis ein irrationales Moment von Beginn an implementiert und darum bestimmt ist durch «eine auf allgemeingiltige, universelle Vernunftgüter dringende Ethik, eine genetisch-objektive Geschichtsanschauung und einen organisch-dynamischen Naturbegriff, der die Natur geistigen Zwecken des Universums einordnet».[239] Diese der Religion prinzipiell offene Form der Aufklärung und des Idealismus wurzelt im von Leibniz beschriebenen Vermögen, im Bruch mit den materialistischen Wurzeln das Individuum als Teil einer historisch-teleologisch geleiteten Lebensfülle zu beschreiben, die durch das Naturgesetz als einer «prästabilierten Harmonie»[240] bestimmt sei. Die Möglichkeit einer religionsaffinen Fassung der aufgeklärten Gedanken war in Deutschland auch deshalb gegeben, weil es dem deutschen Pietismus im Gegensatz zu Mystik, Jansenismus oder Methodismus gelang, durch eine hohe Akzeptanz seine Ideen, u. a. der «Entfaltung eines prinzipiellen Individualismus»,[241] im Bildungsbürgertum und im Adel hoffähig zu machen. Den Beginn der philosophischen Systematisierung des Idealismus datiert Troeltsch auf die Werke von Fichte und Schelling, die beide in Anschluss und in Überwindung von Kant den Ausgangspunkt der Erkenntnis nicht im menschlichen, sondern im absoluten Bewusstsein nehmen. Die Setzung des Menschen geschehe dann entweder wie bei Fichte, indem «der Geist sich in einer Natur begrenzt, um an ihr den Stoff autonomen sittlichen Handelns zu haben»,[242] was Troeltsch als absoluten Idealismus bezeichnet, oder im Sinne des Identitätssystems von Schelling sei «der Geist […] nur die sich denkende Natur wie die Natur nur der sich objektivierende Geist»[243] ist. Für Gogartens Idealismuskritik leitend kann das weitere Diktum Troeltschs über Fichte genommen werden, in dem dessen System als vom «Ich als die sittliche Vernunft» ausgehend gedacht wird, welches in

238 Vgl. zu Troeltschs Begriff des Idealismus, Troeltsch, Idealismus.
239 A.a.O., 613.
240 A.a.O., 615.
241 Ebd.
242 A.a.O., 628.
243 Ebd.

einer «progressiven Entwicklung»[244] zur vollkommenen Wirklichkeit zu führen die Aufgabe des Selbstbewusstseins ist. Da das Ich im Idealismus durch seine Teilhaftigkeit am Seinsgrund als Erkenntnisgrundlage und -quelle gedeutet wird, kann Gogarten die Begriffe Idealismus und Individualismus synonym gebrauchen.

Durch die Begründung der Wirklichkeitserkenntnis in der eigenen Vernunft hat der Individualismus auch Gott als Erkenntnisobjekt als durch die Vernunft bestimmt beschrieben. Denn das Individuum, das die Welt als Schöpfung seines, wenn auch tiefsten Bewusstseins versteht, wird keine Seinsformen als solche anerkennen, die nicht ebenfalls die Fülle des Seins als Grund haben, mit der es doch in wesenhafter Vereinigung existiert. «Weil nach der Auffassung des Individualismus der Einzelne in seinem individuellen Sein die Wahrheit ist, weil in seinem Erkennen, wenn es nur sein eigenes persönliches Erkennen ist, die Wahrheit selbst erkenne, weil in seinem eigenen Sehen, wenn es nur sein ursprüngliches, schöpferisches Schauen ist, die Wahrheit selbst schaut, so kann die Wahrheit niemals sein Gegenüber, sein Ausser-ihm, niemals etwas Erkanntes, etwas Geschautes sein.»[245] Es wird in dieser Selbstreferenzialität des Individuums kein anderer Gott erscheinen als ein dem menschlichen Bewusstsein oder seinem Unbewussten entsprungener Götze, da das idealistische Individuum nach Gogarten das Geschaute nicht als aussenstehendes Objekt begreift, das in der Gegenstandserkenntnis in den Anschauungsbereich des Einzelnen aufgenommen wird, sondern weil das Individuum vom Objekt als von einem Symbol der in ihm selbst ruhenden Wahrheit denkt. In einer so gedachten Welt wäre jedes Ich eine in sich abgeschlossene Einheit, «jede [Individualität] lebte in ihrer Welt, die nur ihre Welt wäre».[246] Ein so verstandenes Individuum ist aber zum einen unfähig zur Kommunikation mit anderen Individuen, muss es diese doch als Symbole der in ihm selber ruhenden Wahrheit denken oder als mit ihm durch die Vereinigung mit dem schöpferischen Grund identisch gewordene Wesen betrachten. Zum anderen entspricht der der Tiefe des individuellen Seins entsprungene Gott nicht den Definitionsbedingungen des wahren Gottes, die in seiner absoluten Andersartigkeit und in seiner Unverfügbarkeit liegen.

Dabei hätte auch das individuelle Ich, das den Satz des «Ich bin Ich» spricht, die Möglichkeit einer adäquaten Konstruktion von Identität, wenn es eine notwendige Differenz im Bedeutungsgehalt einhalten würde, den die Bezeichnung «Ich» haben kann und die sie auch faktisch hat. Denn auf der einen Seite ist mit dem «Ich» der mit dem Begriff der Person zu be-

---

244 A.a.O., 629.

245 Gogarten, Gemeinschaft, 159.

246 A.a.O., 160.

zeichnende Kern des Menschen gemeint. Dieser individuelle Kern «steht auf dem Ich, auf seinem Willen, seiner Gesinnung, seiner Wahrhaftigkeit».[247] In der Betonung der Einzigartigkeit und der Freiheit des Individuums, die der Idealismus vornimmt, liegt also auch das Interesse Gogartens, ist das Prinzip der individuellen Erkenntnis der Weltwirklichkeit doch das Fundament auch seines eigenen Selbstverständnisses. Um diesen individuellen Kern zu schützen, gleichzeitig aber die Welt- und Gotteserkenntnis aus dem Bereich der Tiefe dieses Ich zu lösen, zieht Gogarten eine zweite, tiefere Ebene ein, auf der das «Ich» «das Sein des Seins, das Leben im Leben, das reine, ewige Ich-bin»[248] bezeichnet, welches Gott selbst ist. Der moderne Individualismus hat nun im Gefolge der Mystik die mögliche Bedeutungsidentität zwischen beiden Begriffen behauptet und dadurch den Grund des Seins, der im eigentlichen Sinne nur Gott sein kann, mit dem tiefsten inneren Erleben des Menschen gleichgesetzt. In dieser Gleichsetzung und der daraus folgenden Behauptung, die Tiefe des Seins sei die Substanz des eigenen Bewusstseins, musste sich der Mensch selbst abschliessen für von aussen kommende Wirklichkeiten oder Wahrheitsansprüche. Diesen Vorgang der Selbstabgrenzung des Individuums von einer wahren Welterkenntnis kann Gogarten als mystische Erkenntnis bezeichnen, die er als einen ersten Versuch der Welterkenntnis auffasst, in dem diese als Akt innerhalb des eigenen Bewusstseins gedacht wird, das in der Tiefe seiner selbst oder jenseits der Objektwelt Anschauungen der Wirklichkeit zu machen vermeint, die es dann identifiziert mit den sinnenhaft erkennbaren Objekten. Ein solches Individuum löst sich aber durch die Gleichsetzung seines eigenen Bewusstseins mit Gott von dem Gott, der ihm als der Ganz Andere gegenübersteht, und verbaut sich dadurch die Möglichkeit wahrer Gottesbegegnung.

3.2.1.2) Die Vermassung der Gesellschaft

Trotz dieser Gleichsetzung der Tiefe des eigenen religiösen Gefühls mit der Tiefe des göttlichen Seins und dem damit verbundenen Verschluss seiner selbst für die Wahrnehmung des anderen als eigenes in Gott gründendes Subjekt, strebt aber auch der idealistische Individualismus zur Vergemeinschaftung und versucht, gemeinschaftsbildend zu wirken. Doch scheitert dieser Versuch, wenn das Individuum zur Wahrnehmung des anderen als ausser ihm selbst stehendes Subjekt durch die Konstruktion der Welt in der Tiefe des Ich nicht in der Lage ist. Ebenso wenig ist eine unter der Herrschaft Gottes stehende Gesellschaft denkbar, wenn der Idealismus

---

247 A.a.O., 163.
248 A.a.O., 162.

schon an der wahren Gotteserkenntnis scheitert. Die diesem dennoch entspringende spezifische Gesellschaftsform nennt Gogarten unter Verwendung eines dem konservativen Sprachgebrauch entspringenden Begriffs die «Masse». In der Figur der Masse findet Gogarten das seinem eigenen Modell kontrastierende Gesellschaftsmodell, von dem er sich abgrenzen kann. Masse bestimmt er dabei als «etwas schlechthin Einheitliches. Ihr Zusammenhalt ist aber nicht der eines gegliederten Ganzen, sondern sie ist – wenn man das Wort erlaubt – ein Klumpen.»[249] In der Vermassung der Gesellschaft sieht er das Produkt des individualistischen Willens, sich in grössere Personenverbände einzugliedern. Während er in der Konfrontation mit Troeltsch den Grund zur Vergemeinschaftung noch im Willen der einzelnen Individuen nach gegenseitiger geistiger Erbauung im Bewusstsein der Wahrhaftigkeit der jeweiligen eigenen Position sehen konnte[250], so diskutiert er ihn ab Ende der 1920er Jahre als das Verlangen des Menschen, die Ausflüsse jener Macht zu beherrschen, die – Gogarten nennt sie die «Unheimlichkeit der Welt» – ihn einerseits mit der Vernichtung bedroht, «zugleich dasjenige ist, woraus dem Menschen sein Leben kommt».[251] Um sich diese Macht verfügbar zu mchen, ordnet sich der Einzelne einem «Man»[252] unter, das selber zu einer Herrschaftsmacht wird durch die Kumulation der Energie der sich ihr unterstellenden Menschen und das dadurch die Unheimlichkeit der Macht des Seins beherrschen soll. Dies gelingt der modernen Masse dadurch, dass sie durch Aufklärung, Wissenschaft und Technik die Welt entgöttert und somit die geheimnisvolle Tiefe der Welt hat vergessen lassen.[253] Jetzt kann sie über die Welt herrschen im Durchsetzen «irgendwelcher den vielen Individuen gemeinsamer Interessen»[254], die nicht aus den vorgegebenen Ordnungen, sondern aus der Willkür der Individuen hergeleitet werden. Losgelöst von der geheimnisvollen Tiefe der Welt glaubt der Mensch, in selbstbestimmter Freiheit von allen göttlichen Mächten in der von ihm beherrschten Welt zu leben, und merkt doch nicht, dass er selbst zur Masse wird und somit seine Selbstmächtigkeit verliert, weil er «seine Selbstheit in die Anonymität und Verantwortungslosigkeit des ‹Man› verschwinden lässt».[255]

Mit der Figur der Masse, die als gescheiterter Versuch der Gesellschaftsbildung durch den Rationalismus zu verstehen ist, greift Gogarten

---

249 Gogarten, Weltanschauung, 36.
250 Vgl. Gogarten, Gemeinde, 159–168.
251 Gogarten, Weltanschauung, 34.
252 Vgl. a.a.O., 33.
253 Vgl. a.a.O., 39.
254 A.a.O., 36.
255 Ebd.

auf eine im konservativen Denken virulente Vorstellung zurück. Schon im 19. Jahrhundert entwickelt sich aus den Erfahrungen der Umstrukturierungen der Bevölkerung in Folge der mit der Industrialisierung verbundenen Landflucht der Gedanke der Entfremdung des Einzelnen von seinem angestammten Lebensumfeld. In den 1890er Jahren überholt in Deutschland der Anteil der in der Industrie Beschäftigten den der Landarbeiter, wodurch spätestens die Industrialisierung abgeschlossen ist. Das städtische Bürgertum befindet sich damit in einer doppelten Abwehrhaltung. Zum einen kämpft es weiterhin gegen absolutistische Tendenzen innerhalb der aristokratisch verfassten Regierung, zum anderen kommt mit dem Proletariat von links eine immer grösser werdende Bevölkerungsgruppe, die nach eigener Anerkennung, nach Macht- und Besitzbeteiligung strebt. Eine weitere Bevölkerungsgruppe entsteht in der beginnenden Weimarer Republik mit dem Erstarken des Dienstleistungssektors. Diese Frontstellung führt innerhalb des bürgerlichen Konservatismus in der Zeit der Weimarer Republik zu zwei verschiedenen Ansichten, denen gemeinsam die Einschätzung ist, dass diese vom Materialismus geleitete Masse, die durch die Demokratie an die Macht gekommen ist, den Staat nicht «organisch»[256] im Geiste des Volkes lenken könne, sondern Politik zu einem «mechanischen Handwerk» mache und so «die Wurzeln des geistig-sittlichen Daseins»[257] ihrer selbst untergrabe. Besonders nach der demokratischen Umgestaltung des Reiches erinnert in Rückbesinnung auf den Adel die eine Linie an dessen besseres Blut und seine damit vorhandene angeborene Führungsfähigkeit. Beispielhaft lässt sich das in der Bewertung des Krieges sehen, der in diesem Denken nicht mehr durch den edlen Stil des voranschreitenden Adels geführt worden war, sondern durch die in die Offiziersgrade einrückenden bürgerlichen Massen,[258] die den einfachen Soldaten keine Führung sein konnten und somit die Kriegsniederlage zu verantworten hätten. Zum Schutz gegen diese «entdifferenzierte, die Grenzen des einzelnen aufhebende Massenseele» wird die Rückkehr des Adels in die Herrschaftspositionen der Gesellschaft verlangt. Eine zweite Linie überträgt die Hoffnung, der Herrschaft der Masse, die zum Missbrauch durch radikale und totalitäre Gruppierungen einlade, entgegenzutreten und sie zu überwinden, nicht auf den Adel, sondern auf eine neue Elite, die sich aus freien Individuen aller Gesellschaftsschichten konstituierend dem Sog eines «östlichen Kollektivismus»[259] entgegenstellt und dadurch dem Volk einen Weg aus der Entwurzelung weisen kann. Dieser zweiten Tradition, deren

---

256 Vgl. von dem Bussche, Konservatismus, 209f.
257 Jung, Sinndeutung, 66.
258 Vgl. Greiffenhagen, Dilemma, 275.
259 Strohm, Ethik, 342.

Ziel nicht die Restauration alter Herrschaftsverhältnisse, sondern die Schaffung eines neuen, auf göttlicher Autorität beruhenden Staatssystems ist und die sich u.a. bei Bonhoeffer[260], Hirsch oder Tillich[261] findet, ist auch Gogarten zuzuordnen.

Die Rekonstruktion der von Gogarten konstruierten Gegenposition führt nun aber zu der Frage, ob die beschriebenen und kritisierten Gemeinschaftsformen auch als empirische Sozialgestalten fassbar zu machen sind. Gelingt es Gogarten, der individualistischen Gemeinschaft der in sich abgeschlossenen Ichs, der Massenherrschaft oder der sich in Gott gegründet wissenden Gemeinde eine empirisch erfassbare Gestalt zuzuordnen, oder handelt es sich hier um Kampfbegriffe, die erst durch Selbst- oder Fremdzuschreibungen reale Gestalt gewinnen? Während bei Gogarten in den frühen Jahren die gleiche Vagheit, das gleiche Schweben in der Beschreibung der vorfindlichen und erhofften sozialen Gestalten festzustellen ist, das weite Teile der protestantischen Kirche befallen hatte,[262] gewinnen die verschiedenen Gemeinschaftsformen in der Zeit des aufkommenden Nationalsozialismus auch in seinem Denken Gestalt. Durch die Politisierung der Gesellschaft und der Theologie[263] findet in beiden ein begrifflicher Ausdifferenzierungsprozess statt, dessen vorläufiger Abschluss in Bezug auf die nach dem Ende des Kaiserreiches noch offene Rollenverteilung der Macht in Staat und Gesellschaft in der Machtergreifung der Nationalsozialisten liegt.

3.2.1.3) Der idealistische Staat

Sieht man im modernen Verfassungsstaat als individualistisches Gesellschaftsmodell die empirische Sozialgestalt, auf die Gogartens Kritik als Fremdzuschreibung zu lesen ist, so ist es dieser Staat, in dem die normativen Ordnungen, die in der reinen Existenz des Volkes gegeben waren und deren Einhaltung der Staat als eigentliche Herrschaft gefordert hat, aufgelöst wurden in die Beliebigkeit des rationalen und demokratischen Meinungsbildungs- und Entscheidungsprozesses. Der moderne Staat, der auf seine ihm eigentümliche Herrschaft zugunsten der Meinung der Mehrheit der Einzelnen verzichtet, schaffe es nicht mehr, Bindungen zwischen sich und dem Volk zu erzeugen, sondern verliere über die Preisgabe der Macht

---

260 Vgl. Bonhoeffer, *Communio*.

261 Vgl. Tillich, Entscheidung.

262 Vgl. Nowak, Kirche, 11–71, z.B. 14: «Als zentral sieht der Verfasser seine These an, dass die offizielle Kirche es zwischen 1918 und 1932 nicht verstanden hat, das nach der Novemberrevolution verstärkt aufgebrochene Problem der Weltverantwortung der Kirche theoretisch und praktisch zu bewältigen.»

263 Vgl. Nowak, Kirche; ders.: Geschichte; Pfleiderer, Gemeinschaft; Slenczka, Suche.

sogar sein Volk, indem er für den Einzelnen zur «Behörde»[264] würde. Die fehlende Bindekraft des Staates wiederum resultiere aus der Unmöglichkeit der Vergemeinschaftung des individualistischen Einzelnen. Denn zum einen setze sich die Abgeschlossenheit der Individuen gegen die Weltwirklichkeit auf der Ebene verordneter Gemeinschaft fort. Zum anderen verliere auch ein als substantialisierte Macht vorgestellter Staat, ebenso wie der in der Tiefe seiner Wahrheit gefangene Einzelne, die Aufnahmefähigkeit für andere Wahrheiten, was sich im Falle des Staates auf sein Volk bezieht, in dessen Tiefe er wurzelt. Der sich aus sich selbst begründende Staat, der sich als Summe seiner einzelnen Teile versteht, verschliesse sich so seinem eigentlichen Grund, der organischen Einheit Volk, und nehme auf diese Weise an der Entwurzelung und Entfremdung der Einzelnen teil, die Kennzeichen der Moderne sind. Der so definierte Staat, der doch «dem zu ihm gehörenden Menschen [...] das Leben»[265] in der Form einer solchen Ehre geben sollte, die «die irdischen Güter in einem die menschliche Existenz betreffenden Sinne gut sein lässt»[266] und der also Herrscher über die Gesamtheit der irdischen Existenz des Menschen sein sollte, weil er allein ihm jene Ehre geben kann, die ihn vor den anderen bestehen lässt, verfehlt seinen Auftrag, weil er auch Herrschaft aus sich selber begründen will, sei es, «wie das 18. und 19. Jahrhundert es taten, in der Vernunft und in der Humanität, oder, wie es die Nationalisten von heute tun, in der völkischen oder rassischen Eigenart».[267] Diese Begründungsversuche negieren den Sachverhalt, dass Herrschaft «immer nur durch höhere Herrschaft begründet werden» kann und dass «staatliche Herrschaft, die Macht über Menschen ist, darum nicht durch menschliche Herrschaft begründet werden kann»,[268] sondern allein durch die Herrschaft Gottes. Andernfalls verliert sich das moderne Denken in einer entstaatlichten Vereinzelung, die «nicht mehr und nicht weniger behauptet als die Immanenz des Göttlichen in dem zu seiner Autonomie gelangten Geiste», wodurch der Einzelne «zum Herrn und zum Schöpfer des Staates»[269] wird.

3.2.1.4) Die idealistische Kirche

Eine analoge Entwicklung ist nach Gogarten auch in der bürgerlichen Kirche in der Gestalt der evangelischen Landeskirchen wahrzunehmen, die sich seit der Epoche von Aufklärung und Pietismus durch ihre Trennung

264 Gogarten, Einheit, 8.
265 Gogarten, Staat, 391.
266 A.a.O., 408f.
267 A.a.O., 394.
268 A.a.O., 395.
269 A.a.O., 403.

von religiösem Erleben und theologischer Reflexion ebenso wie durch die Ansiedelung der Religion in der der Öffentlichkeit entzogenen Innerlichkeit auf den privaten Menschen eingestellt hat. Aus dieser Perspektive heraus konnten sie vielleicht Antworten auf dessen sittliche Fragen geben und seine «religiösen Bedürfnisse»[270] befriedigen. In diesem Zuge ist Sittlichkeit «immer mehr eine Angelegenheit des isolierten und abstrakt gedachten Individuums geworden».[271] Dieses bestimmte den Inhalt der sittlichen Gebote aus sich selber heraus. Weil aber tatsächliche «Sitte und Sittlichkeit aus den Kräften des Volkstums leben», konnte die Kirche deren «Zerfall allenfalls verlangsamen, aber sie konnte ihn nicht aufhalten».[272] Durch die Versittlichung der Religion und die Vorstellung der Möglichkeit sittlicher Vollkommenheit hat sich also auch die Kirche von Gott als ihrem Grund gelöst, durch dessen Gnade allein sie Erlösung aus der Gewalt der Mächte des Bösen erhoffen darf. So ist von der «heiligen Macht Gottes» und den «heiligen Mächten der Sünde und des Todes in der Autonomie der modernen Geistigkeit nichts übrig geblieben».[273] Ihren Höhepunkt hatte diese Entwicklung in der Vorstellung der Verbindung von Kultur und Religion, nach der das Christentum die Kultur so prägen könne, dass diese sich zu einer rein christlichen Kultur transformieren und das Reich Gottes auf Erden installieren könne. Religion und Christentum sind dann aber zu immanenten Grössen geworden, die sich nur noch auf den Menschen beziehen können, insofern er zeitlich ist, die aber als selbst von der Ewigkeit Gottes getrennte Grössen «seine ewige Existenz»[274] nicht mehr betreffen können.

Dabei musste Gogarten die politische Lage der Weimarer Republik als eine permanente Anfrage an die Theologie auffassen. Denn schon zu deren Beginn behauptete er ja die Unmöglichkeit der Gemeinschaftsbildung auf der Basis individueller Rationalität, er bestritt also theoretisch die praktische Umsetzung des Verfassungswerkes von Weimar. Und dennoch hatte die Republik über zehn Jahre Bestand, trotz aller Abwehrversuche einer «in der Wahrnehmung der Zeitgenossen [...] kulturchristlichen Gesamtbewegung, deren gemeinsames Credo die Denunziation von Aufklärung, Liberalismus, Rationalismus und damit der geistigen Grundlagen der Weimarer Demokratie war»,[275] und an der auch die dialektischen Theologen beteiligt waren. In der Diskrepanz zwischen empirischem Befund und

---

270 Gogarten, Einheit, 23.
271 A.a.O., 18.
272 A.a.O., 14.
273 Gogarten, Staat, 404.
274 A.a.O., 405.
275 Tanner, Verstaatlichung, 67.

theologischer Beschreibung entwickelte sich Gogartens antidemokratisches Denken immer weiter bis zu der Gestalt, deren literarischer Niederschlag z. B. in der kleinen Flugschrift *Einheit von Evangelium und Volkstum?*[276] zu beobachten ist. Im Rückblick kann dann das demokratische Experiment der Weimarer Republik als die dem Individualismus entsprechende Regierungsform gedeutet werden, in der es zu einer «grundsätzlichen Privatisierung der menschlichen Existenz» und zu einer «Entstaatlichung des Staates»[277] kam. Das Ende dieser Regierungsform kann als folgerichtige Entwicklung gewertet werden. Dabei ist es dieser antidemokratische Affekt, der letztendlich mitgeholfen hat, das autoritäre, jede Gesetzlichkeit aushebelnde nationalsozialistische Regime einzurichten.[278]

3.2.2) Die Konstruktion des Ich im Lichte des Du

3.2.2.1) Die Erkenntnistheorie des Personalismus

Der idealistischen Theorie stellt Gogarten eine These entgegen, die in ihrem Kern eine ontologische und eine erkenntnistheoretische Begründung enthält. Zur Überwindung der erkenntnistheoretischen Prämisse des Idealismus, der Identität des Seins oder des Geistes mit seinen jeweiligen Individuationen, in dem «das Ich, die freie Persönlichkeit das Erste und alles andere Begründende ist»[279], bietet sich für Gogarten die Ich-Du-Philosophie an, die für den Erkenntnisvorgang konstitutiv ein zweites, ausserhalb des Erkenntnissubjektes stehendes Subjekt setzt. Der Grundgedanke dieser Philosophie, wie er bei ihrem Vordenker Ferdinand Ebner erscheint, ist die Annahme, dass das Ich in dem Du gründe, das als «etwas Geistiges *ausser* ihm» anzusehen ist, «*durch* das er überhaupt ist und *in* dem er ist». Diese Begründung ist, wie es sich aus der Wahrnehmung des Menschen als eines sprechenden Wesens ergibt, als verbales Geschehen aufzufassen. So ist das Ich-Du-Verhältnis gegeben «a) *durch* das Wort, b) *im* Wort und c) *als* Wort»[280], was in einem Dialog geschieht. Den tiefsten Ursprung des sich als Du gebenden Wortes bestimmt Ebner als die im Glauben ansichtig werdende göttliche Sphäre: «Die Existenz des Ichs […] hat die Existenz des Du und die Beziehung zu dieser Existenz im Glauben zur Voraussetzung. […] Der Glaube – der ‹aus dem Hören› kommt, ‹das Hören aber durch das Wort Christi› (Röm 10,17), durch das Wort Gottes, das das Gebot der

—

276 Gogarten, Einheit.
277 A.a.O., 8.
278 Vgl. die Diskussion um K. Scholders Aussage, die dialektische Theologie hätte die Weimarer Republik sturmreif geschossen.
279 Gogarten, Glaube, 9.
280 Wucherer-Huldenfeld, Sein, 24.

Liebe ausspricht – der Glaube bahnt im Menschen den Weg zur Realität des geistigen Lebens, die Liebe aber ist diese Realität selber.»[281] Realität wird dabei als die in der Ansprache durch das Du vermittelte Wirklichkeit gefasst, die dem aktiven Benennen der Gegenstände durch das Ich entzogen ist, denn die Realität geht ihrer subjektiven Wahrnehmung voraus, also «*veritas est adaequatio intellectus ad rem* und nicht *rei ad intellectum*».[282] Die Beziehung zwischen dem Ich und dem Du geschieht im Modus der gegenseitigen Ansprache, wobei die erste Aktion aus der Sicht des Menschen im Hören liegt. «Der Mensch war zuerst ‹Hörer› des Wortes – des Wortes, durch das er Mensch wurde – und erst in der Folge ‹Täter› des Wortes und so ist es noch immer.»[283] Die Tat des Wortes besteht dann in dem im Gebet verwendeten Ausruf des «Du bist». «Der vokative Sinn des Ausrufs Gottes im Satz ‹Du bist› ist der ursprüngliche gegenüber dem nominalistischen Ist-Satz ‹Gott ist›.»[284]

Gogarten rezipiert diesen Grundgedanken, indem er das Subjekt als ein solches auffasst, das für das andere Ich nicht in dessen Betrachtung als Objekt aufgeht, sondern in seiner Eigenhaftigkeit erst erkannt wird als ein dem Erkenntnissubjekt gegenüberstehendes eigenes Subjekt. Dadurch wird Erkenntnis zu einem relationalen Geschehen zwischen eigenständigen Subjekten und verliert ihren im Subjekt abgeschlossenen Charakter. Gogarten trägt damit dem positiv-konstruktiven Anspruch Rechnung, Erkenntnis aus der abstrakten begrifflichen Betrachtung in den Bereich des «unmittelbar Vorhandenen, praktisch *Konkreten*»[285] zu legen. Denn das abstrakte Denken, das die Anschauungsobjekte als Teil des Selbstbewusstseins zu deuten versucht, versagt angesichts eines real gegenübertretenden Du. Das real greifbare, konkrete Du ist das des Nächsten als ein gegenständliches und geschichtliches Du, das Gogarten als freies und dem Ich unverfügbares Ich präsentiert.[286]

—

281 Ebner, Werke I, 234f.

282 Wucherer-Huldenfeld, Sein, 265.

283 Ebner, Werke I, 791.

284 Wucherer-Huldenfeld, Sein, 277.

285 Mannheim, Konservatismus, 111.

286 Vgl. zum Zusammenhang Grossheim, Existenzialismus, 287–310. In seiner philosophischen Habilitation geht dieser der Frage nach, «was die Betroffenen aus der Selbstentfremdung machen» (8), die «seit Beginn des 19. Jahrhunderts in Erfahrungsberichten wie in fiktionalen Texten auffallend häufig» (1) dargestellt wird. Auf seinem Weg durch verschiedene geisteswissenschaftliche Gebiete wählt er sich als Vertreter protestantischer Theologie Friedrich Gogarten, den «ein- und dasselbe Problem – die Frage nach den Möglichkeiten einer Erneuerung der Bindung des emanzipierten modernen Menschen an den überlie-

Diese konkrete Situation, in der das Subjekt sich als ein Subjekt unter anderen erfährt, bleibt aber nicht die Grundfigur einer allgemeinen Erkenntnislehre, sondern wird zum Ort wahrer Gotteserkenntnis in dem Moment, in dem sich Gott durch das Du des Nächsten dem Ich offenbart.[287] Es ist diese Selbstoffenbarung Gottes durch das konkrete Du des Nächsten, durch die das Ich seine eigene Wirklichkeit als Teil der Schöpfung Gottes erkennt. Ebenso wie der Nächste dem Ich in der konkreten Begegnung unverfügbar bleibt, wird auch Gott nicht zum Erkenntnisobjekt, also zum Gegenstand rationaler Betätigung des Individuums, sondern bleibt in «unerbittlicher Gegensätzlichkeit»[288] zu ihm. Weder wird sich der Mensch im Offenbarungsgeschehen eines in ihm schlummernden göttlichen Kerns bewusst, es findet also keine «platonisch-idealistische Selbsterinnerung» statt, noch kommt es zu einer Vereinnahmung des Du durch das Ich, es ereignet sich also auch keine «unio mystica zwischen Gott und Mensch».[289] Durch diese Bestimmung sichert Gogarten die Souveränität Gottes im Vollzug des individuellen Selbstbewusstseins und unterbindet die Möglichkeit einer Selbstbegründung durch das Subjekt. Gott kann demnach nicht als Bewusstseinsgehalt des Individuums gedacht werden, sondern präsentiert sich immer als ein ihm entzogenes Eigenes. Ebenso bleibt auch die Ursprungshandlung der Gotteserkenntnis seinem

---

ferten christlichen Glauben – zeit seines Lebens beschäftigt» (287). Gogartens Verdienst ist es dabei, dass er nicht in der Forderung nach Überwindung des idealistischen Individualismus stecken bleibt, sondern ein «Konzept einer Wiederbelebung des Glaubens durch Integration der Subjektivität» (294) aufbaut. In der Einbeziehung des auf der Ich-Du-Beziehung beruhenden Personalismus sieht Grossheim die Stärke von Gogartens Ansatz.

287 Man könnte also sagen, dass im Fall der geschichtlich beschreibbaren Gotteserfahrung das Unendliche sich einfangen lässt von der endlichen Form eines einzelnen Menschen. Vgl. z. B. die Übertragung dieses Gedankens auf die Seelsorge, Drechsel, Finitum. Anders liest Lange, Theologie, Gogartens Entwurf, wenn er schreibt, «die Kapazität der menschlichen Möglichkeiten wird im Ereignis der Offenbarung Gottes im Raum der menschlichen Möglichkeiten ausgeschaltet, indem die menschlichen Möglichkeiten als solche einbezogen werden in die Kapazität der göttlichen Möglichkeiten», 128. Eine solche Lesart würde aber von vornherein Gogartens Versuch der Beschreibung von Wirklichkeitserfahrung durch eine reale Subjekt-Objekt-Trennung ad absurdum führen und die Idee von Gemeinschaft konterkarieren, reduziert sich in ihr doch die Wirklichkeit auf den vom zufälligen geschichtlichen Gegenüber des menschlichen Du unabhängigen Beziehungsrahmen zwischen Gott und dem Einzelnen.

288 Gogarten, Gemeinschaft, 165.

289 A.a.O., 167.

Willen vorbehalten, denn Gott «offenbart» sich dem Menschen, indem er «in seiner Selbstmitteilung, in seiner Selbsthingabe sich dem Menschen als Person kundtut».[290] Sein Du ist in der Aufnahme des Verhältnisses «das erste Wort und das Ich das zweite».[291]

3.2.2.2) Die Ontologie des Personalismus

Die ontologische Pointe von Gogartens System liegt darin, dass er den Wesenskern des göttlichen Subjektes als Person auffasst. Offenbarung geschieht darin, «dass Gott sich [dem Menschen] als Person ‹gibt›»,[292] wodurch auch der Mensch als Person bestimmt wird. Die spezifische Differenz zur idealistischen Ontologie besteht darin, dass Gogarten Wirklichkeit als den Raum beschreibt, der sich zwischen voneinander getrennten Entitäten aufspannt. Sie entsteht also nicht in einem schöpferischen Akt des Individuums, sondern erst dadurch, dass sich zwischen dem Ich und dem Du ein Raum öffnet. Dieser Raum ist, «bis auf die geringsten Dinge, die ihn erfüllen»[293], die wirkliche, weil konkrete Welt, die beschrieben werden kann als Differenzraum zwischen Ich und Du und nur durch deren Wahrung erhalten werden kann.

Das so gefasste Menschsein unterscheidet sich vom idealistischen Menschenbild, das Handeln im «mechanisch-kausalen Sinn» versteht, dadurch, dass es Handeln in Beziehungskategorien ausdrückt wie etwa in dem, «was wir Befehl und Gehorsam, Anspruch und Verantwortung, was wir Vertrauen, Liebe, Treue usw. nennen».[294] Zu diesem Handeln wird der Mensch erst durch Gott befähigt, der ihn in Beziehung zu sich und dadurch zur Welt setzt. Wahres Sein weiss sich gegründet im personhaften Gegenüber Gottes und ist also als relationales Sein aufzufassen. Diese Personhaftigkeit drückt sich in den Relationskategorien besonders von Gehorsam und Verantwortung aus, weshalb «nicht mehr die Bestimmung des Seins die massgebliche Aufgabe ist, sondern die Wahrung der rechten Relation zwischen Gott und Mensch».[295] Wird die Existenz des Menschen so ausschliesslich in Gottes Ansprache durch das Du des Nächsten in der Form des Volkes oder des Staates im Vollzug der Predigt gesehen, wie Gogarten es ausführt, dann sind die sakramentalen Vollzüge ebenso ausser Kraft gesetzt wie der Heilige Geist um die Unverfügbarkeit seines Erscheinens gebracht. Taufe und Abendmahl verlieren dadurch ihre Bedeutung in

---

290 Gogarten, Weltanschauung, 61.
291 Gogarten, Glaube, 29.
292 Gogarten, Weltanschauung, 61.
293 Gogarten, Glaube, 29.
294 Gogarten, Weltanschauung, 61.
295 Lessing, Problem, 108.

dem Masse, in welchem ihr Vollzug keine Wirkung zeitigt unabhängig vom Gelingen der personalen Ansprache, die Gogarten nicht im konkreten Vollzug der Sakramente reflektiert. Taufe ist also nicht wirksam aus sich selbst heraus, sondern nur durch die gelingende Predigt oder worthafte Verkündigung. Damit unterschreitet Gogarten die Bestimmung der Taufe als eines sichtbaren Zeichens, die eben jenseits des Sprachvollzugs wirksam sein kann, und er läuft Gefahr, die Wirksamkeit der Taufe an das dem Getauften gegenübertretende konkrete Du zu binden und damit der im Donatistischen Streit festgestellten Wirksamkeit des Sakramentes jenseits der Würdigkeit oder Kompetenz des Durchführenden zu widersprechen.

3.2.2.3) Der Ort der Erkenntnis aus der Sicht des Individuums

Die personale Erkenntnis ist aus der Sicht des Individuums in zwei Schritte zu unterteilen, die zwar zusammengehen können, in der Analyse aber zu trennen sind. Im ersten Schritt erkennt das Ich, dass es einem profanen, irdischen Du gegenübersteht. Allerdings erschöpft sich Weltwirklichkeit nicht in der konkreten Begegnung des Ich mit einem einzelnen Du, sondern es begegnet einer Vielzahl voneinander unabhängiger Du's. Der Blick über die duale Grundstruktur des Ich-Du-Personalismus hinaus ist denknotwendig, da eine streng dualistische Engführung bei der Begründung einer Gesellschaftslehre oder normativen Sozialethik in die gleiche Aporie geriete, die charakteristisch für die liberale Theologie war,[296] die beides nur vom aktuellen Bedürfnis des Individuums oder aus dem kontingenten voluntaristischen Entschluss zufällig gewählter Individuen deuten konnte. Die Gefahr des Liberalismus lag darin, dass er die Wirklichkeitsbestimmung aus sich selber vornahm. Die Gefahr eines enggeführten Personalismus liegt in der zufälligen Auswahl des dem Ich entgegentretenden Du, das zu hinterfragen unmöglich erscheint. Die diese Gefahren abwehrende Figur findet Gogarten im als kollektives Du verstandenen Staat oder Volk, die als materiales, dem Einzelnen vorgegebenes Element gedacht werden, um die Selbstschöpfung der Wirklichkeit durch den rationalen Beschluss zweier Individuen zu verhindern. Staat und Volk werden so zu der Wirklichkeit, die der Welt als Begegnungsort der einzelnen Subjekte den Rahmen gibt und die als Ort beschrieben werden kann, an dem das Ich die Erkenntnis von sich als Person macht.

Diese innerweltliche personale Erkenntnis wird in dem Moment zu einer religiösen Erkenntnis, in dem sich Gott durch die Begegnung mit dem konkreten Du des Nächsten als Gegenüber offenbart. Geschieht dies im verkündigenden Wortgeschehen und durch die im hörenden Hören liegende

---

296 Vgl. a.a.O., 185.

Antwort, hat sich der konkrete weltimmanente Ort dieses Geschehens als Kirche konstituiert und somit als Ort der Gotteserkenntnis. Doch auch diese Gotteserkenntnis ist an die konkrete Situation zwischen Menschen gebunden, weshalb man, beide Elemente zusammenfassend, sagen kann, dass das Ich zur Erkenntnis der Wahrheit seiner Welt und seiner selbst als Person kommt in der Begegnung mit dem Du der ihm gegenüberstehenden Person, die im konkreten Erleben repräsentiert wird durch ein Gegenüber von Staat oder Volk als eines überindividuellen Individuums, und dass diese Erkenntnis zu religiöser Erkenntnis führt, wenn Gott sich durch dieses Du erkennbar macht.

Aus der Sicht des christlichen Individuums stellt sich das Erkenntnisgeschehen so dar, dass es zu sich selbst kommt, indem es sich als dem göttlichen Du gegenüber weiss, von dem es seine ewige Existenz empfängt und in dem es das Du des anderen als ebenfalls von Gott angesprochenes Ich erfährt. Wahre Gemeinschaft kann dann dort entstehen, wo sich Gott dem grundsätzlich isolierten Ich durch sein Wort zu hören gibt und wo darum der «bleibende und trennende Gegensatz»[297] zwischen Gott und dem Menschen vermittelt wird. Das Zerbrechen der individualistischen Selbstbezogenheit auf individueller und institutioneller Ebene als Folge des Gegenübertretens des göttlichen Du durch das Du des Nächsten ist das der Konstruktion der Gemeinde als Ort der Erkenntnis der göttlichen Wahrheit und damit der Wirklichkeitserkenntnis der Welt zugrundeliegende Geschehen.

3.2.2.4) Die Ehre als Zeichen der Personhaftigkeit

Verwurzelt in den Konservatismus ist die Konzeption vom irdischen Leben, die Gogarten entwickelt. Dabei baut er seine eigentliche These wieder über das Postulat einer Antithese auf. Grundgelegt ist für ihn die Tatsache, dass der Einzelne sich sein Leben nicht selber gibt, sondern gegeben bekommt. Dabei kann der Wohlfahrtsstaat als Geber derjenigen Güter verstanden werden, die das Leben erhalten. Diese Lebensgabe ist aber immer insuffizient, weil er zwar «für den Leib des Menschen sorgte, seine Existenz aber nicht mehr betraf».[298] In der scheinbaren Bindung des Lebensbegriffs an

—

297 Diese Einsicht der Trennung des staatlichen Herrschaftsbereiches, der sich auf die irdische Existenz des Menschen beschränkt, und der Herrschaft der Kirche, die auf die Integration des weltlichen Seins des Menschen in seine göttliche Bestimmung zielt, hat Gogarten im entscheidenden Moment der Machtergreifung nicht daran gehindert, sich auf die Seite einer Bewegung zu stellen, die eben doch den Anspruch hatte, über die Gänze des Menschen zu entscheiden. Vgl. Gogarten, Gemeinschaft, 166.

298 Nowak, Kirche, 238.

die Leiblichkeit des Menschen verpasse diese Vorstellung aber eine tiefergehende Bestimmung menschlicher Existenz. In der Erweiterung der Leiblichkeit um eine geistliche Dimension komme dem Einzelnen seine Existenz von Gott durch die Herrschaftstat des Staates als souveräner Herrscher zu. Diesen Zurechnungsprozess verbindet Gogarten mit dem Begriff der Ehre.[299] In dieser Figur der Aufteilung des Menschseins in Leiblichkeit und Personalität[300] bestimmt Gogarten als hinreichende Bedingung von Personalität den Besitz von Ehre, wobei diese als reine Anerkennungsgabe eines souveränen Staates verstanden wird. Wahre Existenz hat dann nur, wer in einem durch die vom Staat gegebene Ehre ausgedrückten personalen Gegenüber zu Gott steht. Folglich muss Gogarten dann für eine gewisse Anzahl von Menschen eine falsche Existenz, faktisch eine Nicht-Existenz im Leben postulieren. Denn «nur Menschen, die ihre Ehre haben, können miteinander leben. Ein Mensch, der seine Ehre verloren hat, kann mit anderen nicht mehr leben, und die anderen können mit ihm nicht leben. Tritt ein Mensch, der seine Ehre verloren hat, in einen Kreis von Menschen, so entsteht eine ausserordentlich peinliche Situation: es ist jemand da, der doch eigentlich nicht da ist, weil er in diesem Kreis garnicht sein kann; er hat in ihm kein Leben mehr; er ist eben tot.»[301] Ein ehrlos existierender Mensch kann dann nicht mehr als Mensch bezeichnet werden, womit sich die Frage nach seinem Recht auf sein körperliches Leben stellt.[302]

Gogarten beruft sich hier auf einen Ehrbegriff, der in den konservativen Gedankenspielen der Weimarer Republik Konjunktur hat. Ehre wird dabei verstanden als das Resultat der Ehrfurcht. Diese bringt der Einzelne dem Übergeordneten, sei es der Staat, sei es die Tradition, entgegen und empfängt dafür von ihm die Ehre.[303] Ehre ist dabei ständisch gedacht, so hat jeder Stand seine eigenen Ehrerwartungen, und wie die Stände ist auch deren Ehre hierarchisch geordnet. Bis in die Mitte des 19. Jahrhunderts hinein gibt es im Preussischen Landrecht[304] noch Unterschiede bei der strafrechtlichen Verfolgung von Verstössen gegen die Ehre eines anderen, je nachdem, ob es sich um verletzte Bürger- oder Adelsehre handelt. Letztere zu beleidigen hat für einen Bürger eine höhere strafrechtliche Konsequenz als eine Beleidigung ersterer, wahre Satisfaktion für Vergehen gegen die Ehre zwischen Adeligen oder im Militär kann sogar noch bis zur Jahr-

---

299 Vgl. Gogarten, Einheit, 8f, ders., Staat, 391; 408f.

300 Vgl. für diese Aufteilung Quante, Person.

301 Vgl. Gogarten, Staat, 408f.

302 Die Koppelung des Lebens nicht an die Lebensfunktion, sondern an die gesellschaftliche Akzeptanz thematisiert neuerdings Agamben, Homo.

303 Vgl. Greiffenhagen, Dilemma, 159f.

304 Vgl. Zunkel, Art. Ehre.

hundertwende nur durch ein Duell erlangt werden.[305] Zwar war die strafrechtliche Angleichung der verschiedenen Stände auch Resultat des kirchlichen Einspruchs gegen die Vorstellung unterschiedlicher innerweltlicher Bewertung von Ehre angesichts des Anspruchs des göttlichen Gerichtes auch über die Ehrenhaftigkeit des Einzelnen, dennoch kann noch 1910 G. Naumann in der RGG[1] schreiben, dass der Einzelne für seine Ehre unter den Menschen sorgen müsse, um gesellschaftlich handlungsfähig zu bleiben.[306] Nach dem Ersten Weltkrieg entwickelt sich ein Idealbild des Adels zur Vorlage einer neuen konservativen Elite, die gegen die Demokratisierung Deutschlands nach westlichem Stil eine neue Aristokratie mit einer Führungselite an ihrer Spitze schaffen will, die mit den Werten des alten preussischen Adels, der Ehre, der Entsagung, der Disziplin und eines Sinnes für Pflichten und Opfer den Staat im Geiste des deutschen Volkes führen soll.[307] Im Kielwasser solcher Hoffnungen konnte die gesellschaftliche Reputation wieder durch einen in völkischer Sittlichkeit verwurzelten Begriff der Ehre beschrieben werden. Durch diesen Rückgriff auf die Adelstradition diente der Ehrbegriff auch der Legitimation staatlicher Herrschaftsansprüche über den einzelnen Bürger und restaurierte das ständisch definierte Machtgefälle innerhalb der Gesellschaft, das durch die Subjektorientierung der liberalen Tradition überwunden zu sein schien.

Der Grund für die Einführung des Ehrbegriffs in die theologische Lehrbildung liegt für Gogarten darin, dass er in ihr ein Regulativ erkennt, das es dem Einzelnen erlaubt, zwischen leiblich-irdischen Bedürfnissen und den christlich präfigurierten Implikationen des Menschseins zu vermitteln, mithin den Menschen das Wissen um seine eigene Bosheit zu lehren, die es zu bändigen gilt. Dass Ehre dabei als reines Anerkennungsverhältnis verstanden wird, verhindert jeden Versuch der Selbsterlösung, der um der Schwere der menschlichen Bosheit und damit um seiner Sündhaftigkeit willen sinnlos wäre.

3.2.2.5) Der Zweifel als wesenhaftes Element des Personalismus

In ihrem Briefwechsel betont Bultmann gegenüber Gogarten den notwendigen Fortbestand des Zweifels. Denn in der Bindung der Erkenntnis an

---

305 Literarischen Ausdruck findet dies z. B. bei Fontane, Briest, 276–283, wobei hier schon der Bruch mit den alten Vorstellungen deutlich wird, wenn Geheimrat Wüllersdorf nach der Entscheidung zum Duell sagt, «Das mit dem ‹Gottesgericht›, wie manche hochtrabend versichern, ist freilich ein Unsinn, nichts davon, umgekehrt, unser Ehrenkultus ist ein Götzendienst, aber wir müssen uns ihm unterwerfen, solange der Götze gilt.» 282f.

306 Vgl. Naumann, Art. Ehre, 227–230.

307 Vgl. von dem Bussche, Konservatismus, 266–283.

ein konkretes Du führt Gogarten ein irrationales Moment ein, welches droht, diese in einen irrationalen Dezisionismus zu transformieren. Um dies zu verhindern, muss der Vernunft ihre Rolle als Erkenntnisorgan des Menschen belassen werden. Das entgegentretende Du als Gott oder als eine Repräsentation Gottes zu erkennen und sich seiner Autorität zu unterwerfen muss als ein Willensakt der Vernunft gedeutet werden. Zwar ist die rationale Struktur des individuellen Glaubensaktes ein gewisses Korrektiv vor dem einem *sacrificium intellectus* gleichkommenden willkürlichen Für-wahr-Halten eines beliebigen, auf menschlicher Autorität beruhenden gepredigten Wortes, aber es bleibt der «Glaube als menschlicher Akt Gehorsam» des von Gott zerbrochenen menschlichen Willens. Dieser Gehorsam ist paradox aufzufassen, weil er «ein Vorgang unseres Lebens ist und doch ein Wunder.»[308] Dieses Paradox muss aufrechterhalten werden, um der Gefahr einer Auflösung der menschlichen Freiheit zugunsten einer Unterstellung unter menschliche Autorität auf der einen Seite oder der göttlichen Freiheit zugunsten der individuellen Selbstschöpfung auf der anderen Seite zu wehren. Daraus ergeben sich dann aber bei durch den Individualismus Geschulten die Zweifel an sich selbst, muss doch jedes Glaubenserlebnis in der Gefahr stehen, «allerlei angebliche Autorität eines Du ins Ich aufzulösen».[309] Gogarten verortet die innere Bewahrheitung des Angesprochenseins dort, «wo der Mensch in völliger Überwundenheit seiner selbst sich als Sünder erkennt».[310] Aber auch dann ist es ja noch ein unter weltlichen Bedingungen geschehender Akt und sind es Quellen in weltlicher Form, aus denen der Mensch weiss, was sein Sündersein ausmacht. Er muss also bei der inneren Bewahrheitung des Glaubens im Postulat des Wagnisses bleiben, will er nicht den eigenen Anspruch nach Rationalität aufgeben. Ebenso gilt für die äussere Bewahrheitung des Kommunikationsgeschehens zwischen Gott und Mensch und also für das Zeugnis eines Menschen von seinem Hören des Wortes Gottes, dass dieses ausserhalb seiner Selbstwahrnehmung nicht verifizierbar ist. Auch eine Berufung auf Bibel oder Bekenntnis kann keine hinreichende Erklärung sein, da es nicht «an ihrer objektiven Gegebenheit» liegt, wenn «irgend eine Erscheinung menschlicher Geschichte zum Zeugnis wird», sondern «doch allein an Gott».[311] Aber ob Gott eine geschichtliche Form zu seinem Zeugnis macht und diese vom Einzelnen als von aussen kommendes Objekt wahrgenommen wird, durch das sich Gott dem Ich als Du zu erkennen gibt, unterliegt wiederum dem Paradox des individuellen Glaubens. Also kann es keine objektive Be-

---

308 Göckeritz, Bultmann, Brief Nr. 8, Bultmann an Gogarten, 19.
309 A.aO., 18.
310 Göckeritz, Bultmann, Brief Nr. 9, Gogarten an Bultmann, 22.
311 Göckeritz, Bultmann, Brief Nr. 8, Bultmann an Gogarten, 20f.

urteilung über den Realitätsgehalt weder der individualistischen Gottesrede noch der Gogartens geben.

4) Martin Werner: Die Begründung der individueller Verantwortlichkeit. Kulturelles Wirken angesichts der grundsätzlichen Sinnwidrigkeit der Existenz

Obwohl die äusseren geschichtlichen Voraussetzungen besonders von Werner und Barth sehr ähnlich sind und sie in derselben politisch-kulturellen Situation stehen, unterscheidet sich ihre Berufsbiografie und daraus entspringend auch ihre Deutung der Zeit als einer Krisenzeit elementar. Anders als für die von höchster universitär-theologischer Warte geförderten Gogarten und Barth ist die wissenschaftliche Beschäftigung für den erst auf zweitem Bildungsweg Maturierten keine Selbstverständlichkeit. Auch scheint Werner zunächst in der pfarramtlichen und seelsorgerlichen Tätigkeit vollkommen aufzugehen[312], und erst der zeitliche Freiraum, den ihm die Einschränkung durch die im Herbst 1920 auch im Kanton Bern wütende Maul- und Klauenseuche verschafft, veranlasst ihn zur Abfassung einer Dissertation. Ein erster Auszug seiner Forschungsergebnisse erscheint 1919, die Arbeit selber wird erst 1922 veröffentlicht, also zu einer Zeit, in der die beiden anderen schon in der zweiten Phase ihrer öffentlichen wissenschaftlichen Wirksamkeit stehen und sich als neue Avantgarde protestantischer Theologie einen Namen zu machen beginnen. Aus der allgemeinen geistesgeschichtlichen und gesellschaftlich-politischen Lage heraus kommt es zu Parallelen in den Urteilen, es überwiegen aber die Differenzen besonders mit dem ihm seit den gemeinsamen Kindertagen in Bern persönlich bekannten Barth. Ebenso wie Barth betrachtet Werner die Krise als in den Konstitutionsbedingungen der Welt angelegt und betont mit diesem gegen Gogarten, dass auch eine an die Gegenwart angepasste dogmatische oder ethische Theorie die grundsätzliche Krisenhaftigkeit der menschlichen Existenz nicht ändern kann. Gegen Barths Versuch der eschatologischen Lösung der menschlichen Existenzkrise betont Werner aber die Notwendigkeit der immanenten Krisenbearbeitung im ethischen Vollzug und negiert die Möglichkeit, eine Erklärungsstrategie der Krise, die er mit dem Begriff der Sinnwidrigkeit zu fassen versucht, kreieren zu können.

Dabei bekommt der Krisenbegriff allerdings zwei parallele Bedeutungsgehalte, die miteinander nicht in Verbindung stehen. Auf der einen Seite bezeichnet Werner mit dem Begriff der Krise die grundsätzliche Tatsache,

---

312 Vgl. Marti, Leben, 144–146.

dass sich die Schöpfung nicht allein als Wunder, sondern auch in sinnwidriger Abgründigkeit präsentiert und als Erkenntnisort Gottes dadurch Gott als Geheimnis stehen lässt. Auf der anderen Seite existiert aber auch eine gegenwärtige Glaubenskrise, die aus dem anhaltenden Versuch kirchlicher Theologie herrührt, die im Widerspruch zur Welterkenntnis stehende dogmatische Tradition weiterhin geltend zu machen. Im Kern zeigt sich die Fehlerhaftigkeit dieses Versuches in der Behandlung der Person Jesu, die im christologischen Denkgebäude ihrer Geschichtlichkeit und ihrer Menschlichkeit beraubt wird und dadurch ihren Sinn als «höchste Offenbarung» verliert, in der Gott «diesen neuen besseren Geist» des Ideals zur «Lebensvervollkommnung [...] wirksam werden liess».[313] Diese Weltanschauungskrise ist allerdings zu lösen durch die Hinwendung zum liberalen Glauben, dessen Glaubensinhalt sich in «tiefster, ehrlichster Besinnung des Denkens als wahr erweist».[314]

Werners Misstrauen gegen das systematisch-theoretische Durchdringen der Welt steht in Verbindung mit seiner wissenschaftlichen Sozialisation. Anders als Barth und Gogarten liegen die Anfänge seines Denkens nicht in philosophisch basierter systematischer Theologie, sondern Werner beginnt seine wissenschaftliche Beschäftigung in der neutestamentlichen Exegese. Diese Beschäftigung soll ihm als Grundlage zum Beweis der von Schweitzer übernommenen These der konsequenten Eschatologie dienen, die ihm in seinem Studiensemester in Tübingen bei Schlatter zum theologischen Erweckungserlebnis geworden war.[315] Dadurch kommt Werner einem von Schweitzer angezeigten Desiderat nach, dessen Erfüllung dieser nicht selber leisten kann, und erweist sich als der «Vollender des Werkes Schweitzers».[316] Nach der Darlegung der prägenden Elemente Schweitzers auf Werner im ersten Kapitel dieser Arbeit, soll hier dargestellt werden, wie Werner aus diesen Elementen heraus seine Theologie entwickelt. Dazu wird nach einer kurzen Darlegung der These der konsequenten Eschatologie gezeigt, wie Werner Ethik als eine Vermittlungsleistung zwischen pessimistischen Welterkennem und optimistischem Erkennenwollen konzipiert, die ihren Ausdruck im Begriff der «Ehrfurcht vor dem Leben» findet, wobei Werner den individuellen Lebenswillen in kosmischer Perspektive

---

313 Werner, Sinn, 10.

314 A.a.O., 2.

315 Vgl. Werner, Schweitzers, 13; siehe auch Kap I, 2.1.3 und 2.2.3.

316 Vgl. den Brief von Schweitzer an Werner vom 29.3.1957, in dem dieser Werner zum Geburtstag gratuliert und schreibt: «denn Dein Lebenswerk ist die Vollendung der Arbeit, die ich mir in Theologie, im Bewusstsein, dass ich sie nicht zu Ende führen könne, vorgenommen habe». In: Schweitzer, Briefwechsel, Brief Nr. 69 von Schweitzer an Werner, 864f.

auf das «Leben als solches»[317] erweitert. Wie diese individuelle sittliche Forderung der Liebe zu allem Leben in einem reziproken Verhältnis zur den Einzelnen umgebenden und auf seinen Konstitutionsprozess einwirkenden Gesellschaft als deren Konstituens steht und welche konkreten ethischen Anweisungen sich daraus ergeben, wird in einem dritten Schritt gezeigt.

4.1) Die konsequente Eschatologie und der kulturtheoretische Ansatz nach Albert Schweitzer

Die These von der konsequenten Eschatologie, die das Herzstück von Schweitzers Bearbeitung der Leben-Jesu-Forschung des 18 und 19. Jahrhunderts ist, wird zum prägenden Moment auch von Werners Theologie. In Folge der literarkritischen Forschungen und der religionsgeschichtlichen Schule kommt immer mehr zu Bewusstsein, «dass die Bibel auch im Neuen Testament eine komplexe Entstehungsgeschichte durchlaufen hat, die von menschlichen und gesellschaftlichen Faktoren beeinflusst ist»[318], und dass diese Einflüsse nicht rein innerbiblisch zu suchen sind, sondern auch in ihren Beziehungen zu den geistesgeschichtlichen Strömungen der jüdischen, hellenistischen und römischen Umwelt. Albert Schweitzer kommt dabei das forschungsgeschichtliche Verdienst zu, dass er in seiner Synopse der Leben-Jesu-Forschung den hermeneutischen Vorgang der leitenden Konstruktionsprozesse der Lebensgeschichte Jesu so entschlüsselt hat, dass er den Nachweis der vorgängigen Prägung der historiographischen Jesusbilder durch die von den dogmatischen Gehalten geformten Glaubensvorstellungen liefern konnte. Diese Einsicht führt ihn zur Ablehnung der bestehenden zeitgenössischen historischen Rekonstruktionen des Lebens Jesu und fordert ihn gleichzeitig heraus, objektive historisch-kritische Methoden auf die Texte des Neuen Testaments anzuwenden. Im Bewusstsein, auch auf diese Weise die ins Neue Testament eingegangene Geschichte nur im konstruierenden hermeneutischen Vollzug ansichtig werden lassen zu können, hat diese Methode nach Werner dennoch den Vorteil, nicht von Beginn an nur eine blosse Spiegelung der Ausgangsvorstellung des Wissenschaftlers zu bieten. Denn darin liegt Werners Vorwurf an andere Rekonstruktionen der biblischen Geschichte, dass sie die Quellenbearbeitung unter Kriterien vornehmen, die nicht dem objektiven Bestand des gegebenen Textes, sondern dem subjektiven Glaubensempfinden der Forscher entspringen. Dem objektiven Bestand wird allein die von Schweitzer entwickelte «konse-

---

317 Werner, Weltanschauungsproblem, 78.

318 Söding, Wege, 60.

quent-eschatologische Auffassung» gerecht, die «von den Quellentexten selbst direkt dargeboten wird»[319] und aus ihnen nur herausgelesen werden muss.

Demnach zeigt das Quellenstudium des Neuen Testaments und der spätjüdischen Apokalyptik die tiefe Verwurzelung Jesu in dieser Vorstellungswelt auf, die im Wesentlichen durch drei Vorstellungsinhalte geprägt ist: (a) Inhalt der jesuanischen Verkündigung ist das Kommen des Reiches Gottes, das «als nahe bevorstehend erscheint».[320] (b) Jesus versteht sich selber als der dieser Vorstellung zugehörige Messias, der die Erlösung zum neuen Äon heraufführt. Die Aufforderung zur Geheimhaltung seiner Messianität liegt in der Vorstellung begründet, dass die Messianität ihm in ihrem vollen Masse erst noch zukommen müsse, denn «jetzt ist er noch nicht der Messias, so wenig als das Reich schon da ist».[321] (c) Ist das Reich Gottes nahe herbeigekommen, so steht auch das Ende des mosaischen Gesetzes bevor. Wenn es bei Paulus weiterhin als Richtschnur für die Judenchristen bewertet wird, so liegt dies an der fehlenden Notwendigkeit einer Neufassung des Gesetzes angesichts des nahen Endes. Zusammenfassend kann festgehalten werden, dass Jesus und die urchristliche Gemeinde um Paulus mit dem baldigen Kommen des Reiches Gottes als des Endes der bisherigen Welt rechnen, welches Kernthema ihrer Verkündigung ist.

Die entscheidende Pointe der konsequent-eschatologischen Auffassung liegt in der Feststellung, dass sich mit dem Ausbleiben des als historische Wirklichkeit verstandenen Weltendes der Kernpunkt der neutestamentlichen Verkündigung in den Augen der Christen ab der zweiten Jüngergeneration als historisch falsch erwiesen habe. Die Diskrepanz zwischen dem Ausbleiben des real-geschichtlichen Gottesreiches und der Wille, an dieser Vorstellung als Kern der Glaubensüberzeugung festzuhalten, habe nun notwendigerweise zu einer Transformation der Reich-Gottes-Vorstellung geführt, die in der Entstehung des christlichen Dogmas nachgezeichnet werden kann und die der spät- und nachneutestamentlichen Theologie ihr spezifisches Gepräge gibt, das durch eine durchgängige Diskrepanz zwischen Wirklichkeitserfahrung und dogmatischem Postulat gekennzeichnet ist. Diesen Prozess bezeichnen Schweitzer und Werner als Prozess der «Enteschatologisierung».

Weiterhin setzt sich Schweitzers Einfluss im Denken Werners in der kulturtheoretischen Begründung von Theologie durch, in der Werner Theologie als eine solche Weltanschauung aufbaut, die adäquate Antworten auf den Fragenkomplex «um das Problem des Optimismus, der Lebensbeja-

---

319 Werner, Entstehung, 14.

320 A.a.O., 16.

321 Werner, Krise, 135.

hung, des Sinnes des Lebens und der Ethik»[322] geben kann, in dem «das Grundproblem des menschlichen Denkens»[323] liegt. Unter Weltanschauung versteht er im Sinne Schweitzers «jene philosophische Selbstbesinnung, durch die der Mensch das seinem Wesen angemessene Verhalten zu sich selbst und zur Welt zu erfassen und zu verwirklichen fähig wird»[324] und in der er «in einer Weise, die er vor sich selber verantworten kann, über sein Verhältnis zur Welt Rechenschaft gibt».[325] Weltanschauung ist in diesem Sinne ein weltimmanent-rationales Denken, in das der Gottesgedanke erst im inhaltlichen Konstruktionsakt implementiert wird. In der Betonung des konstruktiven Charakters weltanschaulicher Theorien liegt ein antineukantianisches Moment, das die Vorgängigkeit der apriorischen Denkgehalte bestreitet und dagegen die menschliche Vernunft als rein immanent verfasst betrachtet. Als der menschlichen Vernunft entspringende Konstruktion muss sich jede Weltanschauung an deren Fähigkeiten messen lassen, steht also in der Pflicht, sich rational verantworten zu müssen. Werner denkt den Rationalitätsbegriff dabei rein formal, eine materiale Rationalität intendiert er nicht: «Zu den Kennzeichen des rationalen Denkens gehört keineswegs notwendig auch die Rationalität seiner Resultate. Das Denken muss rational sein, die Wahrheit aber kann sich als irrational erweisen. Rational ist das Denken dann, wenn es sich nach den ihm immanenten logischen Normen unmittelbar direkt mit der Weltwirklichkeit selber auseinandersetzt.»[326] In dieser Unterscheidung zwischen formaler und materialer Rationalität sieht Werner die Stärke der Kulturtheorie Schweitzers, von der aus er sich gegen die Theologie Barths wendet. Denn die Rückbindung des materialen Wahrheitsgehaltes an die Vernunft als einer dem Individuum inhärenten und nachprüfbaren Norm sperrt sich gegen eine heteronome Überformung der individuellen Autonomie und gewährt dieser den freien Vollzug.

4.2) Theologie als Kulturtheorie

Auf der Basis seines Rationalitätsverständnisses setzt Werners Theoriebildung in der individuellen Welterfahrung der grossen Krise ein, in der Theologie und Glaube gegenwärtig stünden. Diese resultiere einerseits aus der Diskrepanz zwischen dem Selbstbewusstsein des historischen Jesus, wie es in den Evangelienberichten ansichtig wird, und einem diesem Jesusbild

---

322 Werner, Weltanschauung, 18.
323 A.a.O., 17.
324 Werner, Albert Schweitzers ‹Weltanschauung›, 46.
325 A.a.O., 52.
326 Werner, Weltanschauung, 7.

diametral entgegengesetzten Christusbild, das Grundlage des dogmatischen Glaubenssystems ist, das «die Christologie dozierende Dogmatiker von heute einem Theologiestudenten»[327] vermitteln. Werner versteht also unter der Krise die unverarbeitete Differenzerfahrung zwischen zwei sich widersprechenden wissenschaftlich-theologischen Anschauungsinhalten, die als Umformungskrise von Welterkenntnismodellen ein rein subjektiv-innerliches Weltverstehen durch das Emporkommen einer neuen Teilansicht zu einer neuen Gesamtschau bringen will. Der Referenzrahmen, in dem sich diese Krise laut Werners Krisenruf bewegt, ist die subjektive Anschauung, denn «*wenn* sie einmal da sein wird, diese Einsicht, dann wird auch offenbar werden, dass in ganz neuer und ernster Weise wider den Christusglauben der Gegenwart die Stunde der grossen Krise geschlagen hat, wo es gelten muss: sich neu orientieren».[328]

Andererseits kann aber auch das Weltanschauungsproblem an sich als ein überzeitliches und allgemeingültiges Problem mit dem Begriff der Krise verbunden werden. In diesem Sinne geht es um die Differenz, die zwischen demjenigen Willen des Menschen entsteht, der «zu einer optimistischen Einstellung zum Dasein [...], zur Welt- und Lebensbejahung» führt, und der Erkenntnis, die – wenn sie «ehrliche Welterkenntnis» ist – zu Pessimismus, zu «Welt- und Lebensverneinung führen»[329] muss. Die Krise besteht darin, dass das, «was wir von der Welt erkennen können, nicht derart ist, dass sich daraus ein Sinn und Wert unseres Daseins erschliessen und begründen lässt».[330] Der Versuch weltanschaulicher Konstruktion sieht sich also «vor die paradoxe Notwendigkeit gestellt, in irgendwelchem Sinne den Optimismus zu verkündigen und zu begründen, aber in einer Weise, dass dabei die pessimistische Erkenntnis von der absoluten Rätselhaftigkeit der Welt zu keinerlei unlauteren, abschwächenden, schönfärberischen Kompromissen gezwungen wird».[331] Dieses Paradoxon beruht auf den zwei Prämissen, dass menschliches Leben im Prinzip einen optimistischen Lebenswillen in sich trage, der nach Sinnerfüllung strebe, und dass Welterkenntnis angesichts der Vergänglichkeit allen Lebens dieses zwangsläufig als rätselhaft und abgründig auffassen müsse und jedenfalls keinen Sinn in ihm finden könne. In diesem Sinne kann der Krieg «mit seinen ganz besonderen religiösen und sittlichen Problemen»[332] die grundsätzliche Krisenhaftigkeit menschlicher Existenz neu ins Bewusstsein bringen.

---

327 Werner, Krise, 137.
328 A.a.O., 109.
329 Werner, Weltanschauung, 19.
330 A.a.O., 38.
331 Werner, Weltanschauung, 21.
332 Werner, Krise, 109.

Inhaltlicher Kern der weltanschaulichen Konstruktion ist die als denknotwendig postulierte physisch-empirische Erkenntnis. Diese ist durch die zwei Weltwahrnehmungsmodi des Pessimismus und des Optimismus geprägt. So entspringt der Pessimismus dem Gewahrwerden der Vergänglichkeit des Lebens angesichts des Todes. In der sich vollziehenden Vernichtung allen Lebens scheint eine Sinnlosigkeit des Weltverlaufs auf, die nur in der Feststellung ausgehalten werden kann, «dass die Welt nicht nur ist, sondern eben *so ist, wie sie ist*».[333] Das Rätselhafte dieser Feststellung liegt in der Wahrnehmung der Tatsache, dass es «im Gesamtlebensprozess [keine] universelle Zweckmässigkeit»[334] gebe, sondern dass die zerstörerischen Kräfte mit den schöpferischen identisch sind. Dieses durchgängige zerstörerische Handeln führt nun den erkennenden Menschen angesichts der Zwecklosigkeit und Rätselhaftigkeit seines Lebens aber nicht in Resignation, da ihn der allem Leben innewohnende «Wille zum Leben als das Erste und Letzte, was wir von unserem Dasein wissen können, seine Tendenz auf Lebensbejahung auch dann noch durch eine optimistische Weltdeutung zu rechtfertigen [versucht], wenn das zu seinem Recht gekommene pessimistische Welterkennen dies als aussichtslos erscheinen lässt».[335] Ex definitione negativa gründet Werner also den Optimismus in der offenkundigen Tatsache, dass das sich so erkennende Subjekt trotz der Rätselhaftigkeit der Zweckrationalität seines Handelns nicht den Willen zum Leben aufgibt, sondern aus der Bejahung des eigenen Lebens in dessen Drang zu «Lebensvollendung» im Rahmen seiner Umwelt zur «Weltbejahung» gelangt. Dies ist in der aus Sicht des Subjektes passiven Gegebenheit des eigenen Lebens begründet, also in der Erkenntnis der Tatsache, dass das eigene Leben eine «Erscheinung [...] des geheimnisvollen, universellen Willens zum Leben»[336] ist, an dessen Zielen und Zwecken es teil hat. An dieser Stelle ist es möglich, den «Gottesgedanken» als Denkgegenstand der weltanschaulichen Reflexion einzuführen, indem dieser zwar nicht als Ausgangspunkt des Denkens, aber «immer zur Begründung der so oder anders verstandenen Lebensbejahung und Ethik»[337] verstanden werden kann. Das mit dem Gottesgedanken beschreibbare transzendentale Moment liegt also in der Verwurzelung des individuellen Lebens in der unerkennbaren und daher geheimnisvollen Grundstruktur des Seins an sich.

Der Akt, das eigene Leben nicht in blosser Existenz aufgehen zu lassen, sondern willentlich zu bejahen, stellt für Werner den Übergang in die ethi-

---

333 Werner, Weltanschauung, 28.
334 A.a.O., 27.
335 A.a.O., 39f.
336 A.a.O., 41.
337 A.a.O., 18.

sche Frage dar, also in die Frage nach «dem menschlichen Wollen und Handeln […] und nach der Möglichkeit eines normgemässen Wollens und Handelns».[338] Denn «bejaht der denkend gewordene menschliche Wille zum Leben ganz bewusst sich selbst, so geht seine Existenz durch diese bewusste Bejahung ein auf die Ziele des geheimnisvollen, universellen Willens zum Leben».[339] Dazu bedarf der ethische Handlungsvollzug des Menschen bestimmter Normen, deren Begründung nicht aus der Verborgenheit des sich selbst entziehenden Gottes abgeleitet werden können,[340] sondern als vernünftige Postulate den weltanschaulichen «Ideen, Gesinnungen und Taten»[341] führender Denker entspringen müssen. Die einfachste Form einer solchen Norm ist das Telos der vollkommenen Selbstverwirklichung, «das sich der denkende Wille zum Leben als ein *denknotwendiges* stellen muss».[342] Die Reflexion dieses denknotwendigen Willens unternimmt Werner wiederum mit Schweitzers Begründung der ethischen Norm, der aus der mystischen Erfahrung der Einheit des eigenen Lebens mit dem Leben an sich dieses als «denknotwendige[s] Grundprinzip des Sittlichen» postuliert, dass es «gut ist, Leben erhalten, und Leben fördern; böse ist, Leben vernichten und Leben hemmen».[343] Mit dieser Fundierung der Ethik im «natürlichen Bios»[344] versucht Werner seine Ethik insoweit realitätskompatibel zu machen, als dass sich als wirkliches Gegenüber des menschlichen Denkens und damit als Zielobjekte des Handelns allein die Erscheinungsformen des Lebendigen bezeichnen lassen. Ethik richtet sich also immer auf das Leben, das sich im Nächsten und in der Gesellschaft manifestiert, und gibt als nicht zu relativierende Norm einerseits die Notwendigkeit der Erhaltung dieses Lebens vor, die andererseits nur im Bewusstsein der Tatsache gelingt, «dass die Ordnungen und Zustände der Gesellschaft immer der Revision bedürftig sind».[345]

Die Verwendung des Gottesgedankens rein als einer Möglichkeit, die individuelle Welterfahrung in ein konturiertes Denksystem einzupassen, wirft die Frage auf, in welcher Weise es Werner gelingt, seine Theorie als christlich-theologische Konzeption geltend zu machen. Die Rekonstruktion eines biblisch sachgemässen historischen Jesus scheint ja die Christlichkeit der Theorie eher zu bestreiten, wenn sich das historische Christentum auf

---

338 A.a.O., 50.
339 A.a.O., 41.
340 Vgl. a.a.O., 68.
341 Schweitzer, Verfall, 50, zitiert bei Werner, Weltanschauung, 58.
342 A.a.O., 62.
343 Schweitzer, Kultur, 239, zitiert bei Werner, Weltanschauung, 77.
344 A.a.O., 86.
345 A.a.O., 99.

dem nachösterlichen Christus als seinem Herrn aufbaut. In Verbindung mit der Aufschlüsselung des spätjüdisch-apokalyptischen Hintergrundes der jesuanischen Verkündigung ist Christentum dann doch als ein Reformjudentum zu konzipieren, das in Jesus von Nazareth einen eigenen Lehrer mit Vorbildcharakter verehrt. Neben diese Linie der Traditionskritik tritt mit der Normierung des ethischen Handelns in der biologischen Forderung der Lebensförderung um des reinen Lebens willen ein neuzeitlicher Gedanke auf den Plan, der von der reinen Berufung auf den historischen Jesus weg verweist. Diesen Gedanken muss Werner zudem erst noch durch die unausgesprochene Gleichsetzung des Gesamtlebens der Welt mit dem transzendentalen Grund allen Seins, den er Gott nennt, religiös transformieren. Das christliche Element selber kommt erst durch das Postulat ins Spiel, Jesus hätte als Begründungsfigur der christlichen Tradition diesen Lebenswillen in vorbildlicher Weise vorgelebt, da er «im Gegensatz zu Paulus […] die Überzeugung vertreten [habe], infolge seiner natürlichen Wesensbeschaffenheit sei dem Menschen ohne die Voraussetzung einer metaphysischen Umwandlung seines Wesens ethisches Wollen und Handeln unmöglich».[346] Vielmehr sei «das Wesen dieses Willens […] das Wollen der ethischen Weltvollendung», woraus sich die Frage ergebe, «ob und wie sich dieser zeitlose Wille in unserm Vorstellungsmaterial aufs Neue so als Weltanschauung aussprechen kann, dass diese Weltanschauung, als aus jenem ‹eschatologischen› Willen stammend, aufs neue heute den Willen der Einzelnen und der Gesellschaft in jenes Ringen um ethische Lebens- und Weltvollendung hineinzieht».[347] Doch indem Werner die Tradition so zur Geltung bringt, gibt er der Geschichte einen Eigenwert und eine eigene Wirkmächtigkeit, durch die die individuelle Autonomie eingeschränkt wird. Die Bindung des Einzelnen in die Geschichte stellt ihm ein weiteres konstitutives Denkschema an die Seite der von Werner hochgehaltenen auf empirischer Weltwahrnehmung beruhenden individuellen Vernunft.

4.3) Die Konkretion der ethischen Grundposition am Beispiel der Kriegsfrage

In der Applikation des ethischen Grundgedankens auf gegenwärtige Problemstellungen zeigt sich zum einen die thematische Gebundenheit Werners in die schweizerischen Diskurslagen. So befasst sich die grösste ethische Einzeluntersuchung in der frühen Schaffensphase Werners, der im Jahr 1930 gehaltene Vortrag *Christentum und Krieg*, mit der Situation der neutralen

---

346 A.a.O., 103.
347 A.a.O., 129.

Schweiz angesichts der Aufrüstung der Nachbarländer. Andererseits wird in der Art der Behandlung Werners grundsätzliche Wertschätzung des Schweizer Gesellschaftssystems ansichtig, in welchem er eine adäquate Übertragung der jesuanischen Verhaltensnormen auf ein Staatsgebilde erkennen kann. Da sich die ethische Applikation wegen der Fundierung der Theorie auf der individuellen Wirklichkeitserfahrung nicht mehr auf vorgegebene dogmatische Normen berufen kann, muss gleichsam als Brennglas, durch das die ethische Frage einer Antwort zugeführt wird, die weltanschauliche Prägung des ethischen Individuums selber dienen. Das ethisch freie Individuum bringt seine Autonomie so zur Geltung, dass es sich im aktuellen Entscheidungsprozess auf die eigene Rationalität gründet, die wiederum durch die äusseren Faktoren ihres Vollzugs geprägt ist. Insofern ist die ethische Entscheidungsfindung bei Werner konstitutiv beeinflusst durch (a) das als passiv erfahrene Gegebensein des eigenen Lebens; (b) den Vollzug des eigenen, freien Lebens im normierenden Rahmen der Gesellschaft; und (c) den Vollzug der vorhandenen Autonomie der eigenen Ratio, die in unauflöslicher Auseinandersetzung mit den ersten beiden Prägefaktoren steht. Auf diese Weise will Werner seiner Aufgabe gerecht werden, denn «das freie Christentum [muss] auch an der Erfüllung der gewaltigen ethischen Aufgabe der Gegenwart mitarbeiten und gerade hier fort und fort bei sich selbst um einen frohen, mutigen, tatwilligen Geist ringen».[348]

Mit Blick auf die Aufrüstung der Nachbarländer der Schweiz, «die fortgesetzt mit neuen Kriegsmöglichkeiten rechnen»[349], fragt Werner nach der christlichen Legitimität der beginnenden sowohl bewaffneten als auch geistigen Landesverteidigung.[350] Erste Prämisse ethischer Entscheidung ist deren Verortung im Rahmen des individuellen Lebens, welches die konkrete, dieses umgebende Gesellschaft in ihrer spezifischen räumlichen und zeitlichen Gestalt ist. Diese individuell-kontingente Verortung ist grundlegend, obwohl das Christentum als weltumspannende Weltanschauung fungiert, die mit der Bibel und im Besonderen dem Neuen Testament eine Schrift sinnstiftender Handlungsdirektiven besitzt, die überindividuelle Gültigkeit beanspruchen. Doch trotz dieser intersubjektiven Beschaffenheit der christlichen Glaubensinhalte muss der Christ über die Ausführung der Sittenlehre entscheiden «auf Grund der tatsächlichen geschichtlichen Lage, in welcher sich das Volk befindet, dem er angehört».[351] Mit dieser Bestimmung ist eine Prävalenz der Ratio vor der Bibel im Prozess der ethischen Entscheidungsfindung angezeigt, die, wenn auch nicht im Selbstan-

---

348 Werner, Sinn, 13.

349 Werner, Christentum, 7.

350 Vgl. Jorio, Art. Geistige Landesverteidigung.

351 Werner, Christentum, 7.

spruch, so doch faktisch ein Kennzeichen auch der reformatorischen Sittenlehre war. Daraus ergibt sich, dass man die Antworten auf ethische Fragen «nicht einfach aus dem Neuen Testament [wird] ablesen können, sondern bis zu einem gewissen Grade [wir] als Christen von heute auf unser eigenes vertieftes Nachdenken angewiesen sind, so gut wie die Christenheit des Mittelalters und der Reformationszeit».[352]

Die zweite Prämisse liegt darin, dass die ethische Entscheidung in der Abwägung zwischen evangelisch-christlicher Sittenlehre und realpolitisch-geschichtlichem Kalkül gefällt werden muss. Schon in der neutestamentlichen Thematisierung des Krieges ist diese zweifache Vorgehensweise ansichtig. Dort tritt neben die moralische Verwerfung aller Gewalt und somit auch des Krieges an sich die geschichtsphilosophische Beschreibung der Weltgeschichte als eines schlechterdings permanenten Kriegszustandes, der Abbild und Ausdruck des dauerhaften «grossen Kampf[es] zwischen Gott und dem Satan»[353] ist. Während also im sittlichen Bereich die ethische Grundnorm gilt, «im ehrfürchtigen Gedenken an Gott als den Schöpfer des Lebens soll also der einzelne Mensch sein persönliches Verhalten gegenüber dem andern Menschen bestimmt sein lassen durch die Regel, dass das fremde Leben als unverletzlich zu achten sei»,[354] muss im Vollzug der politischen und gesellschaftlichen Verantwortung diese Norm gegebenenfalls für eine, wenn auch «miserable, ja wahnsinnige»[355] Realpolitik sistiert werden. Solange die Umsetzung «des Ideals eines Kulturstaates», der «den in der evangelisch-christlichen Sittenlehre enthaltenen Grundsatz der Unverletzlichkeit des menschlichen Lebens anerkennt»[356] und den Teile der Theologie des 19. Jahrhunderts im Sinne hatten, nicht gelingt, muss in die konkrete ethische Entscheidung immer die Konzession an die Notwendigkeiten des tatsächlichen Geschichtsverlaufes und die realpolitischen Gegebenheiten einfliessen.

Die spezifische Pflicht christlich-sittlichen Verhaltens liegt nun darin, im Blick auf die geschichtlichen Notwendigkeiten die ethische Grundnorm soweit als möglich zur Geltung zu bringen, oder von der anderen Seite her gesagt: «Allein in Anerkennung des höchsten moralischen Gebots, das menschliche Leben als unverletzlich zu achten, finden wir uns keineswegs einfach damit ab, dass wir uns der harten Notwendigkeit tatsächlich fügen müssen. Wir suchen also das, was die harte Notwendigkeit uns als ein Unvermeidliches gebietet und aufzwingt, mit so viel Gutem wie nur mög-

---

352 A.a.O., 6.
353 A.a.O., 4.
354 A.a.O., 3.
355 A.a.O., 7.
356 A.a.O., 6.

lich in zweckmässiger Weise zu verbinden und wir bestreben uns, das ist das Zweite, nach besten Kräften die Ursachen jener harten Notwendigkeit zu bekämpfen.»[357] In der ethischen Reflexion über den Krieg gelingt das nach Werner durch «die bewaffnete Aufrechterhaltung der schweizerischen Neutralität», die «das Ausbrechen eines solches Konfliktes»[358] wenigstens auf dem Staatsgebiet der Schweiz erschweren und ein Übergreifen des Konfliktes verhindern soll.

Bis zu diesem Punkt liegt der Rahmen der ethischen Reflexion im Bereich der lokalen, durch die Staatsgrenzen bestimmten Volksgrösse. Diese Fokussierung auf den Bereich der staatlich definierten Gesellschaft erweitert Werner in einem zweiten Gang auf die andere Sozialgrösse, deren Teil und Mitglied jeder Christ ist, nämlich die «über die ganze Welt verbreitete religiöse Organisation»[359] der Kirche. Ist der Ort der Ethik der gesellschaftliche Rahmen, in dem sich der Einzelne bewegt, dann muss neben die staatlich verfasste Gesellschaft auch die Kirche gestellt werden, die als sichtbare Kirche den notwendigen Reglementierungsvollzügen der Menschen unterworfen ist.[360] Die doppelte Zugehörigkeit der Christen zu diesen beiden Sozialgrössen zeitigt die doppelte Pflicht, einerseits die eigene Gesellschaft als Ort des eigenen Lebens als solche zu schützen, sich andererseits aber auch für die Durchsetzung der völkerübergreifenden christlich-ethischen Grundnorm stark zu machen. Angesichts der von Werner plastisch geschilderten lebenszerstörenden Folgen jedes Krieges, die nicht nur im direkten Tod der Soldaten, sondern auch in der Zerstörung der Lebensgrundlagen der Gesellschaft, den bleibenden Schäden an Leib und Seele von Soldaten oder in Witwen- und Waisenschaft besteht, «müssen sich [die Kirchen] dazu verpflichtet wissen», sich in ihrem Unterricht und ihrer Verkündigung um Frieden zu bemühen, «wenn es ihnen mit dem Bekenntnis zur Unverletzlichkeit des menschlichen Lebens ernst ist». Sie sind damit verpflichtet, «einen hartnäckigen Kampf zu führen [...] gegen allen beschränkten, fanatisch nationalistischen Chauvinismus».[361] Dieses unbedingte Einstehen für den Frieden ist Folge einer Ablösung des spätjüdisch-apokalyptischen Weltbildes, das die geschichtsphilosophische Notwendigkeit des Krieges transportiert hatte, durch die Vorstellung eines Kulturstaates, in dem es zu einer Höherbewertung des Moralischen vor dem geschichtlich Notwendigen kommt. Durch diese Ablehnung des Gedankens der Notwendigkeit des Krieges auf Basis der christlich-sittlichen

---

357 A.a.O., 11.
358 A.a.O., 8.
359 A.a.O., 12.
360 Vgl. Werner, Zugehörigkeit, 95.
361 Werner, Christentum, 13.

Grundnorm werden die Kirchen in die Pflicht genommen, «alles zu tun, was in ihren Kräften steht, um das künftige Losbrechen neuer Kriege zu verhindern».[362] Aber die Prävalenz des Moralischen vor dem Politischen verpflichtet die Christen nicht nur im Bereich des Präventiven zu ethischen Handlungen der Lebensförderung. Auch im Falle einer Kollision zwischen einem christlichen Geschichtsideal und einer diesem widersprechenden gesellschaftlichen Handlung, also hier im Falle des faktischen Ausbruchs eines Krieges, erlischt die Verpflichtung des Christen nicht, Leben zu fördern, weshalb dieser dann zur Hilfe aufgefordert ist «gegenüber den unglücklichen Opfern der kriegsführenden Staaten», indem er versucht, «das furchtbare Los der Verwundeten, der kranken Kriegsgefangenen, der hungernden Kinder und Frauen so viel wie nur möglich zu lindern».[363]

Die Konsequenzen der doppelten Doppelstruktur, in der ethische Entscheidungen zu fällen sind, nämlich einerseits zwischen der christlichen Fundamentalnorm, jedes Leben zu fördern, und der lebenszerstörenden Beschaffenheit des geschichtlichen Verlaufes und andererseits zwischen der lokalen Verantwortung des Christen in seiner Gesellschaft und seiner globalen Verantwortung als Glied der weltumspannenden Kirche durchdenkt Werner im Rahmen des dargestellten Aufsatzes exemplarisch am Beispiel des Strafvollzugs.

Die praktische Institution eines Bestrafungssystems für Rechtsbrecher entspringt der Verpflichtung des Staates als der rechtlichen Organisationsform des Volkes, sich selbst zu schützen vor den sinnwidrigen und lebenszerstörenden Handlungen Einzelner und damit vor der Zweckwidrigkeit des faktischen Geschichtsverlaufs, soweit er Folge menschlichen Handelns ist. Im Akt des Selbstschutzes hat der Staat aber im Sinne des moralischen Gebotes zu agieren, Leben zu erhalten. Dies gelingt ihm in erster Linie durch die Schwächung des Rache- und Sühnegedankens, der sich beispielsweise in der nach Werner abzuschaffenden Todesstrafe manifestiert.[364] Denn neben die eigentliche Bestrafung des Rechtsbrechers müssen im christlich geprägten Strafrecht zwei weitere Elemente treten. So soll während der Zeit der Strafhaft, die gleichzeitig der Sicherheit der Gesellschaft dient und

---

362 A.a.O., 14.

363 A.a.O., 11.

364 Die Todesstrafe wurde in der Schweiz in der Bundesverfassung von 1874 erstmalig landesweit verboten, 1879 erhielten die Kantone allerdings das Recht, über den Gebrauch der Todesstrafe selber zu entscheiden, woraufhin diese in zehn Kantonen wieder eingeführt wurde. In den meisten protestantischen Kantonen blieb sie abgeschafft, so auch in Bern. Endgültig wurde sie mit der Einführung des schweizerischen Strafgesetzbuches im Jahr 1942 abgeschafft, im Militärstrafrecht war sie bis 1992 vorgesehen, vgl. Gschwend, Art. Todesstrafe.

mit der der Staat die Freiheit eines Einzellebens im Widerspruch zum christlichen Sittengesetz einschränkt, «durch günstigen erzieherischen Einfluss womöglich auch zum Zwecke seiner Besserung etwas zu tun versucht werden», was einer Resozialisierung des Rechtsbrechers dient und den «normalen Wiedereintritt in die menschliche Gesellschaft erleichtert». Das zweite Element, das lebensdienlich neben die Bestrafung im Rechtssystem zu treten hat, ist die Gewaltprävention, die dadurch erfolgt, «dass Familie, Schule, Kirche und Staat alles tun müssen, was in ihren Kräften steht, um überhaupt schon das Entstehen des Verbrechertums einzudämmen und diejenigen Zustände innerhalb des Volksganzen zu bessern, deren Bestehen am Aufkommen des Verbrechertums mitschuldig ist».[365] Besonders in der Hoffnung auf präventive Massnahmen zeigt sich Werners grundsätzlicher Kulturoptimismus, in dem er sich fundamental von Barth und Gogarten unterscheidet.

5) Zusammenfassender Vergleich

In dieser Zusammenfassung werden die Ergebnisse der Bearbeitung der theologischen Schaffensphase nach dem Ersten Weltkrieg in fünf Fragerichtungen zusammengefasst. Zum einen wird gezeigt, auf welche Weise sich Barth, Gogarten und Werner die Interpretation der Epoche als einer Krisenzeit aneignen und die zeitgenössischen Krisensemantiken übernehmen. Zweitens werden die Grundlinien der theologischen Lösungsvorschläge ausgezogen. Drittens wird gezeigt, in welchem Verhältnis Ethik als Reflexion des menschlichen Handelns zur dogmatischen Weltbildkonstruktion steht. Auf welche Weise Gesellschaft und Kirche als die Orte des menschlichen und christlichen Handelns in die dogmatischen und ethischen Reflexionen eingebunden werden, wird im vierten Punkt gezeigt. Eine fünfte Frage stellt schlaglichtartig die Entwicklung des Verhältnisses zwischen Barth und Werner angesichts der politischen, gesellschaftlichen und kirchlichen Situation in der Schweiz dar.

a) Einig sind sich alle drei Theologen in der Interpretation der Zeit des Ersten Weltkrieges und der Nachkriegszeit als einer Zeit, in der in krisenhafter Weise die Ordnungen der Gesellschaft und des Einzelnen ins Wanken geraten sind. Die sich auch wirtschaftlich und politisch auswirkende Krise hat ihre eigentliche Wurzel in einem sittlich-religiösen Fehlverhalten, das in einer fehlgeleiteten Theologie zur Geltung kommt. Die Lösung der

---

365 Werner, Christentum, 10.

Krise ist darum durch eine Transformation der dogmatischen Grundlagen zu bewerkstelligen. Da jedoch der Krisenbegriff bei allen dreien deutlich divergiert, unterscheiden sich auch die theologischen Lösungskonzepte massgeblich.

Für Barth stellt die aktuelle Krise das Offenbarwerden der permanenten Krise dar, die zwischen der Welt und dem als dem Ganz Anderen bestimmten Gott herrscht. Diese Dauerkrise ist bestimmt durch die Unnahbarkeit Gottes, der in Unmittelbarkeit zum Menschen allein in seiner Offenbarung in Jesus als dem Christus tritt, wie sie in der Bibel bezeugt wird. Die Einseitigkeit dieses Verbindungsgeschehens zwischen Gott und Welt verhindert jede menschliche religiöse Tat als Tat der Schaffung von Gottesnähe und hält die Welt dadurch in der dauerhaften Krise der Nichtgöttlichkeit.

Im Gegensatz dazu fasst Gogarten die Krise als eine Transformationskrise auf, in der ein theologisches Denken, das der geschichtlichen Situation nicht mehr gerecht zu werden vermochte, umgewandelt werden muss in eine gegenwartsaffine theologische Theorie. Die Krise entsteht durch den Abbruch alter dogmatischer Plausibilitäten und nötigt zur Konstruktion neuer Denkkonzepte, bis zu deren Schaffung der Augenblick als eine Zeit «Zwischen den Zeiten» wahrgenommen wird.

In Werners Krisenbegriff sind beide Elemente gewissermassen vereint. Zum einen plädiert er wie Gogarten für eine Transformation überkommener Gedankengebäude und sieht die «Krise des Christusglaubens in der Gegenwart» der Perpetuierung falscher und deshalb nicht mehr tragbarer exegetischer Ergebnisse geschuldet. Diese fordert er durch solche Bibelauslegungen zu ersetzen, die dem historisch-rationalen Weltbild der Gegenwart standzuhalten fähig sind. Insofern kann die Krise durch eine weltanschauliche Transformation behoben werden. Zum anderen bringt er die Krise als permanente Erfahrung der Nicht-Güte der prinzipiell guten Schöpfung ins Spiel. Der Zwang, dauerhaft die als gut postulierte Schöpfung mit den in ihr waltenden vernichtenden Kräften in einem kohärenten Weltbild zu vermitteln, wird als Krise erfahren. Im Gegensatz zur Dauerkrise Barths spielt sie sich bei Werner allerdings nicht zwischen dem ganz anderen Gott und der Welt ab, sondern ist ein rein immanenter und darum der rationalen Erkenntnis zugänglicher Prozess.

b) Barth bearbeitet die dergestalt verstandene Krise, indem er die Welt als in noetischer Perspektive von ihrem Ursprung losgelösten Erkenntnisraum delegitimiert und gegen diejenige menschliche Lebensform ausspielt, in der

Gott selber erkenntnisleitend im menschlichen Subjekt agiert.[366] Die ontologische Einheit von Gott und Welt, die im Ursprungsgedanken ausgedrückt ist, erfährt ihre Realisierung im rein göttlichen Handeln der Rechtfertigung, das mit der Inkorporation des Menschen in den Leib Christi, bzw. des Eingehens Christi in die Gesellschaft gekennzeichnet ist. Die menschliche Ratio wird dadurch als für die Wahrheitserkenntnis ebenso unzureichend definiert wie die ihr zugängliche Erkenntnisquelle der Empirie, die durch das in der Bibel ansichtige Wort Gottes ersetzt wird. Auf diese Weise präsentiert sich die Theorie als dem Willensgebrauch des Einzelnen grundlegend entzogen.

Sieht Gogarten den Grund der Krise im Scheitern des idealistischen Denkens und seiner Wahrheitsbegründung in der Selbstidentifikation des Ich mit seinem göttlichen Grund, dann muss der Ansatz zur Lösung der Krise in einer Entindividualisierung des Denkens liegen. Dies gelingt mit der Denkfigur des Personalismus, der die Selbstgewahrwerdung des Ich konstitutiv an die Erkenntnis des ihm begegnenden Du knüpft. Das Modell der Relationalität der Existenz setzt Gogarten der von ihm empfundenen Atomisierung der Welt und der Lebensvollzüge des Einzelnen entgegen. In der Identifizierung des ursächlich die Relationalität begründenden Du mit Gott ist die Welt als Raum zwischen den Subjekten auf die Schöpfung als den Rahmen des göttlichen Handelns ausgedehnt.

Dem Problem der Glaubenskrise begegnet Werner mit der Forderung nach einer verstärkten Rationalisierung der Welterkenntnis. Diese führt durch die rationale Relativierung der dogmatischen Tradition zu einer Entdogmatisierung und durch die Anerkenntnis der die Geltung der biblischen Texte relativierenden Ergebnisse historisch-kritischer Exegese zu einer Entchristologisierung der Theologie. Ausgangspunkt der Theologie ist dann die Frage nach dem Sinn der Existenz im Angesichte der sinnwidrigen Umstände, in denen sie steht. Die Antwort liegt in der nicht weiter hinterfragbaren Tatsache der Sinnhaftigkeit der Erhaltung und Förderung von Leben an sich. Die Vervollkommnung dieser letztlich ethischen Grundhaltung wird ansichtig im Leben Jesu, wie es die ältesten Evangelienberichte präsentieren und das darum als höchste Offenbarung des göttlichen Willens gelten kann.

—

366 Dass in der Abwehr jedes metaphysischen und spekulativen Zugriffs auf die Göttlichkeit Gottes ein Charakteristikum der ganzen Bewegung der Dialektischen Theologie liegt, legt sich aus der Darstellung der Positionen von Barth und Gogarten nahe. Dieses findet sich an prominenter Stelle auch bei Bultmann, Sinn, 26–37.

c) Ist die Welt hauptsächlich durch ihren Gegensatz zur göttlichen Sphäre bestimmt, dann kann Ethik nicht als eine solche Theorie des guten Lebens fungieren, die ein an der Güte Gottes orientiertes menschliches Handeln reflektiert. Wenn also die Verwirklichung des ethischen Telos, sei es das gute Leben, sei es das Reich Gottes, entweder keinen Wert an sich hat oder seine Realisierung nur durch eine von aussen kommende Tat gedacht werden kann, verliert sie ihre konstruktive Bedeutung und kann menschliches Handeln nicht mehr positiv begründen. In eben dieses Dilemma gerät die theologische Ethik Barths in dieser Schaffensphase, weshalb sie keine die Welt transzendierenden ethischen Normen mehr vorgeben kann.

Die ethische Perspektive ist im personalen Denken Gogartens in der dort angelegten gegenseitigen Verantwortlichkeit prädisponiert. Das Anliegen, das Ich durch die Begründung im Du aus seiner Selbstreferenzialität zu befreien, setzt konstitutiv das Füreinander des Handlungsrahmens. Zur Frage steht dann allerdings die Quelle der inhaltlichen Füllung dieses Verantwortungszusammenhangs. Gogarten entscheidet sich für das Bezugssystem seiner konservativ-völkischen Denkvoraussetzungen und plausibilisiert das Verantwortungsdenken in den Denkfiguren des organisch gewachsenen Volkes mit seinen Sozialinstitutionen der Ehe, der Familie, der Gemeinschaft und mit der diese Vergemeinschaftungen stiftenden Kraft der Autorität. Mit diesen Bestimmungen erweist sich Gogarten, wenn auch nicht im Bereich der Dogmatik, so doch wenigstens in der Ethik als typischer Vertreter eines deutschen Protestantismus in der Zeit der Weimarer Republik.

Ein Moment Schweizer Gesellschaftswahrnehmung präsentiert Werner, wenn er das rationale Vertragsdenken, das Grundlage des modernen Verfassungsstaates ist, auch in der Ethik anwendet. So existiert zwar mit der Ehrfurcht vor dem Leben eine der Ratio vorgegebene Fundamentalnorm. Aufgabe des Vernunftgebrauchs ist es aber, diese Norm in konkrete, dem geschichtlichen Rahmen angemessene Handlungsdirektiven umzuformen und sie auf die Situation des bestimmten Einzelnen in einer bestimmten Zeit an einem bestimmten Ort anzuwenden. Die von Werner aus seiner Schweizer Sicht heraus formulierten Ergebnisse plädieren für den demokratischen Rechtsstaat, der sich im Bemühen um weltweiten Frieden möglichst neutral hält.

d) Die scheinbare Explikation der Barth'schen Theologie im Rahmen der biblischen Offenbarungszeugnisse lässt die Sozialgrössen der Gesellschaft und der Kirche nicht im Sinne moderner Pluralität und Partikularität in den Blick kommen, sondern handelt von ihnen als Kollektivsubjekten, die einer empirischen Verifizierung entbehren müssen. Dies wird aus der Erkenntnistheorie einsichtig, denn wenn wahre Erkenntnis nur am Ort

Gottes geschehen kann, muss alles empirisch-rationale Erkennen als unzureichend oder sogar als illegitim gelten. Da alles wahre Erkennen als geistiger Vorgang zu begreifen ist, kann Gesellschaft als materiale soziologische Form immer nur als uneigentlich zur Geltung gebracht werden. Die Sozialform, die allein dem Einzelnen wahre Gemeinschaft zu bieten vermag, ist die nur im Glauben erfassbare Kirche.

Die wahrgenommene Transformationskrise soll sich nach Gogarten so auf die Kirche auswirken, dass diese die ihr im 19. Jahrhundert zugewachsene Aufgabe, die menschliche Sittlichkeit zu prägen und zu überwachen, aufgibt. Denn in dieser Form nahm sie die Inhalte des sittlichen Handelns aus einer dem individualistisch-idealistischen Denken entspringenden Selbstbezogenheit und verlor dadurch Gott als Zielpunkt aller Sittlichkeit aus dem Blick. Darum müsse sich die Kirche wieder auf ihre Aufgabe zurückbesinnen, die wahre Konstitution des Menschen im Angesichte Gottes als Sünder und Erlöster zu verkündigen. Ausgehend vom Inhalt dieser Verkündigung ergebe sich die sittliche Forderung als Glaube von allein. Diese sei dann aber als Grundbedinung des Menschseins von einem bestimmten menschlichen Handeln losgelöst.

Die Rationalitätstheorie Werners bedingt es, dass er auch Gesellschaft und Kirche unter den Bedingungen menschlicher Realisierbarkeit begreift. Sie bilden den vom Menschen zu gestaltenden Rahmen, in dem sein Handeln verortet ist. Als solche sind sie der autonomen Schaffenskraft des Menschen unterstellt, der in ihnen und durch sie die Grundnorm der Ehrfurcht vor dem Leben umzusetzen versucht.

e) Will man in einem letzten Gedanken die Differenz zwischen Barth und Werner in ihrer gesellschaftstheoretischen Sicht zur Geltung bringen und geht dabei von der These aus, dass Barth in der Abfassung seiner frühen Hauptwerke die kirchliche und politische Situation der Schweiz vor Augen stand, dann liegt in deren Bewertung der Ansatzpunkt von Werners Kritik. In der Schweizer Kirchenpolitik war es Konsens, dass das Richtungswesen des Schweizer Protestantismus als integraler Bestandteil einer demokratisch verfassten und demokratisch lebenden Kirche verstanden wurde, da nur dieses gewährleisten konnte, dass sich in der Organisationsform der Landeskirche verschiedene weltanschauliche Parteiungen finden und zusammenbleiben können. Der innerkirchliche Kampf um den richtigen Vollzug des Glaubens wurde damit analog gesetzt zum innerpolitischen Kampf um die richtige Regierung. Die prinzipielle Achtung des anderen bei radikaler Kritik seiner Position scheint Spielregel im innerkirchlichen Diskurs des 19. und des frühen 20. Jahrhundert gewesen zu sein, an den sich alle Parteien gehalten haben. Mit Barth tritt nun ein Diskurspartner auf, der durch seinen Versuch, «das Richtungswesen zu transzendieren und eine

Meta-Theologie zu entfalten»[367], diesen Konsens verlässt und sich – ob bewusst oder unbewusst – über die anderen Parteien absolut setzt und damit eine der demokratischen Grundlagen der schweizerischen Kirche angreift. Der vehemente Protest Werners, den er erstmals in seiner Streitschrift Die *Weltanschauungsfrage* bei Karl Barth und Albert Schweitzer vorlegt, ist dann weniger als Verteidigung der eigenen Partei, sondern vielmehr als Kampf für das demokratische Parteienwesen an sich zu lesen. Aus dieser Perspektive wird auch Werners Reaktion auf die Ausweisung Barths aus Deutschland im Dezember 1934 verständlich, die sich nach seiner Deutung zwangsläufig daraus ergeben hat, dass «wo Karl Barth ist, Streit entsteht».[368] Zwar darf die von Barth im Kirchenkampf «zur Verteidigung der Kirche gegenüber einem verfügenden staatlichen Totalitätsanspruch [...] bewiesene Tapferkeit rückhaltlos anerkannt werden». Aber mit dieser verbunden sei eben immer auch Barths Art und Weise, die Verkündigung seiner Theologie mit der Verurteilung aller Gegenpositionen zu verbinden und damit seiner eigenen Position eine «sich verabsolutierende Autorität» beizugeben. Damit habe sich Barth aus dem demokratischen Diskurs hinausbegeben und mit dem von beiden abgelehnten Nationalsozialismus auf eine Stufe gestellt. Dass dieser Kampf von Werner immer durch den Begriff der sich im Kulturstaat ausprägenden Kultur chiffriert ist, dessen Herkunft aus der theologischen Aussenseitertheorie Schweitzers deren Plausibilität für die sich im schweizerischen Protestantismus bildende Schweitzer-Schule erklärt,[369] lässt aber vermuten, dass er sich dieser Dimension seiner Barth-Kritik gar nicht bewusst war.

Gleichzeitig begegnet allerdings auch Barth Werner mit dem Vorwurf kirchenspaltenden Verhaltens, das in dessen theologischer Positionierung bestehe. So schreibt er in einem Brief an Werner: «Sie benehmen sich genau so, wie man sich benehmen muss, wenn man einmal wirklich entschlossen ist, die Kirche koste es was es wolle, mit seinen eigenen Überzeugungen anfangen zu lassen. So wie Sie stelle ich mir etwa die Täufer der Reformationszeit vor: so rücksichtslos einen – *ich* sage: dezidiert unchristlichen Gedanken ergreifend, um ihn dann in allen Konsequenzen und unbekümmert um allen und jeden Consensus mit der übrigen lehrenden und hörenden Kirche, wenn's sein muss als das einzige Mitglied einer besondern una sancta durch und – *ich* sage: ad absurdum zu führen.»[370] Sachlich

---

367 Müller, Schlagschatten, 20.

368 Werner, Absetzung.

369 Vgl. Rohls, Theologie, 308–311; 491f.; 627–632. Als wichtigste Vertreter dieser Schule neben Martin Werner nennt Rohls dessen Schüler Fritz Buri und Ulrich Neuenschwander.

370 Barth, Brief vom 28.12.32.

stört sich Barth an der erkenntnistheoretischen Begründung von Werners Theologie, in der dieser den objektiven Erkenntnisgrund des Wortes Gottes in der Heiligen Schrift eintausche gegen eine arbiträre individuelle Vernunft, der dezisionistisch eine übersubjektive Erkenntnisfähigkeit zugesprochen werde. Barth fasst das in die Frage: «ich möchte wissen, von woher wir in Jesus das Werk des Christus in der Geschichte zu sehen bekommen, von woher wir die Nichtidentität des Christus mit dem geschichtlichen Jesus einzusehen, von woher wir in ihm geschichtliches Kreaturleben und göttliche Schöpfermacht zu unterscheiden, von woher wir ein geschichtliches Wirksamsein des Christus auch ausserhalb der christlichen Kirche als solches zu rekognoszieren vermögen? [...] Aber quo jure beziehen Sie einen dieser anderen Orte? Offenbar mit demselben Recht, mit dem Sie sich an den Ort stellen, von dem aus Ihre, wie mir vorkommt grundsätzlich ganz überflüssige Christologie entworfen ist.»[371]

---

371 Ebd.

Kapitel III: Theologie im Angesicht des Totalitarismus

1) Einleitung: Gesellschaft und Kirche zwischen Politisierung und Entpolitisierung in der Zeit des deutschen Nationalsozialismus

Im Bereich der Gesellschaftslehre sind es seit dem Ende der 1920er Jahre bis 1945 im Besonderen die Fragen nach der Ordnung der Staatlichkeit und nach der Rolle der Kirche in der Gesellschaft, auf die Karl Barth, Friedrich Gogarten und Martin Werner mit der Entwicklung ihrer Theologien reagieren. Die gesteigerte Schärfe der Debatten generiert einen Positionierungszwang, dem sich keiner der drei entziehen kann und will.[1] Eine wichtige inhaltliche Vorgabe dieser Debatten liegt in einem Argumentationsmuster, das nationale, völkische und konfessionelle Selbst- und Fremdzuschreibungsprozesse der Teilnehmer in wertender Weise als Erklärungsmodelle einbaut. Insofern hat das Forschungsinteresse der vorliegenden Untersuchung, die konkreten Positionierungen u. a. aus den nationalen Prägungen plausibel zu beschreiben, seinen Anhaltspunkt in der Struktur der Debatten selber. Jedoch ist der normativ aufgeladene Verweis auf die Herkunft des anderen, mit dem in den historischen Diskursen hantiert wird, von den weltanschaulichen Normen geprägt, um deren Gültigkeit sie sich drehen. Die Zuschreibung der Staats- oder Volkszugehörigkeit geschieht dort also auf der Basis einer inhaltlichen Begriffsfüllung, die selber Gegenstand des Diskussionsprozesses ist. Das hier beschriebene Problem lässt sich auf beiden Seiten der Kampflinie beobachten. So ist in Bezug auf Barth weder in den Verweisen von Emanuel Hirsch[2] oder Otto Dibelius[3] auf dessen Schweizer Denkart und Mentalität, noch in dessen Bestreitung der Relevanz des Vorwurfs für die zu verhandelnde Sache eine Lösung der Fragestellung zu sehen, es stellen beide Versuche vielmehr eine Ausdrucksform des Diskurses dar.

—

1 Vgl. bes. Barth, Existenz, 3; Gogarten, Einheit; Werner, Prinzip.

2 Den Vorwurf von Hirsch, dass Barth «nicht, wie Hirsch so schön schrieb, ‹von der Wurzel bis zum Wipfel› ein Deutscher sei», Abschied, 69, will Barth nicht gelten lassen.

3 Dibelius, Verantwortung. Diesen Vorwurf greift Barth auf in seiner öffentlichen Antwort an Dibelius, in der er dessen Anschuldigung so wiedergibt: «dass ich als Schweizer das, was da in deutschen Herzen vorgeht, nicht in der Tiefe mitempfinden kann. […] Über uns steht Martin Luthers Wort: Für meine Deutschen bin ich geboren, ihnen will ich dienen.» Nachwort, 29.

Dennoch ist in der Zuschreibung der Volkszugehörigkeit diejenige Frage, die diese Jahre auch aus nachträglicher analytischer Perspektive massgeblich prägt, schon angesprochen, nämlich die um das Verhältnis zwischen den Einzelnen und dem Volk, die auf organisationstheoretischer Ebene als Bestimmung des Verhältnisses zwischen Volk und Staat erscheint. Dabei steht weniger die Frage nach der Souveränität der Nationalstaaten im Fokus, auch wenn die Möglichkeit, den Verlauf der Grenzen Deutschlands zu verändern, schon vor der Verschiebung der Ostgrenze im Jahr 1938 in den Debatten akut ist. Der heftigere Kampf jedoch wird um die Frage geführt, ob eine notwendige Korrelation zwischen einem als organische Gemeinschaft verstandenen Volk und einer bestimmten Staatsform besteht, oder ob die Wahl der Staatsform durch das Volk zweckrationalen und gegenwartsanalytischen Überlegungen zu entspringen hat. Dieser Kampf entwickelt sich in Deutschland zum Überlebenskampf der Weimarer Republik, in dem diese versuchen muss, ihren ideologischen Überbau als Fundament in der Breite der Bevölkerung zu verankern, was ihr, auch wegen der Auswirkungen der damaligen Weltwirtschaftskrise, nicht gelingt. Im Gegenteil bildet sich auch durch Unterstützung der alten konservativen Eliten, denen die meisten Mitglieder der Kirchenleitungen angehören, sowie der unter dem Titel der «konservativen Revolution» firmierenden jungen Bildungseliten ein Diskurs, der die ideelle Verbundenheit des deutschen Volkes mit der Form des starken Führerstaates betont und aus dieser Verbindung heraus die Legitimität der Weimarer Republik bestreitet.[4] Die Plausibilisierung des Führergedankens gelingt umso besser, je weniger es der Republik gelingt, durch die Schaffung eines stabilen Wirtschaftsrahmens den in der Gesellschaft waltenden disparaten Kräften zu begegnen. Ihre mangelnde wirtschaftliche Bindekraft sowie die Möglichkeit der Republikgegner, die Schuld die Krise einem pauschal verantwortlich gemachten Ausland oder dem «Finanzjudentum»[5] zu übertragen, schaffen den antidemokratischen und völkisch-autoritären Ideologen inner- und ausserhalb der Kirche einen fruchtbaren Boden, auf dem es ihnen schnell gelingt, eine Zustimmung in der Breite der Bevölkerung zu erlangen. Die von kirchlicher Seite gesehene politische Wahlverwandtschaft mit dem Volksaufbruch des Nationalsozialismus wird darin sichtbar, dass sich während des Aufkommens des Nationalsozialismus die mehrheitliche Kritik kirchlicher Vertreter allenfalls auf Teile von dessen Ideologie beschränkte und dessen politisches Programm, soweit es denn klar hervortrat, unkritisch bedachte, deckte es sich doch oft «mit kirchlichen Wünschen: Beseitigung des

—

4 Vgl. Kap I, 1.2.2.

5 Vgl. z. B. Pfahl-Traughber, Freimaurer, 231.

‹Versailler Schanddiktats›, Stärkung der Staatsautorität, Arbeitsbeschaffung, Übereinstimmung der politischen Grenzen Deutschlands mit den Volkstumsgrenzen».[6] Besonders der letzte Punkt rührte elementar an das Selbstverständnis vor allem der grössten und mächtigsten Landeskirche, der altpreussischen Kirche, hatte sie doch durch «Versailles erhebliche Einbussen an kirchlicher Substanz»[7] durch die Gebietsabtretungen an Polen verloren. Dass es sich bei der Verwandtschaft mit dem Nationalsozialismus um eine Illusion handelte, die durch die Camouflage der NSDAP in ihrer Selbstbezeichnung als Partei des positiven Christentums[8] noch geschürt wurde, sollte sich für die Mehrheit der Protestanten erst später herausstellen, zu spät allerdings, als dass den Kirchen noch Möglichkeiten politischer Einflussnahme zugekommen wären.[9]

Komplementär zum deutschen Kampf um die Revision der Versailler Verträge und dem Versuch der Stärkung und Ausweitung des Nationalstaates, der ab der Machtergreifung Hitlers auch in einer aggressiven Aufrüstung seinen Ausdruck fand,[10] wuchs in der Schweiz die Angst um die eigenstaatliche Souveränität und die Möglichkeit, die Neutralität fortzuführen. Die Krisenjahre um 1918, die zur endgültigen Demokratisierung der Schweiz auf der Basis von Proporzwahl und Konkordanzregierung[11] unter Einbeziehung der Sozialdemokratie geführt hatten, wurden gleichermassen durch einen enormen wirtschaftlichen Aufschwung und durch das Projekt der «geistigen Landesverteidigung»[12] überwunden. Schon in den 1920er Jahren hatte sich die Schweiz durch ihre exportorientierte Maschinenindustrie, die aufkommende Bankenbranche und den Versuch, die Selbstversorgungsquote in der Nahrungsmittelproduktion zu steigern, in eine wirtschaftlich so starke Position gebracht, dass selbst in der Weltwirtschaftskrise ab 1929 die Arbeitslosigkeit die 5-Prozent-Marke nicht

---

6 Nowak, Geschichte, 240.

7 A.a.O., 223.

8 Vgl. das 25-Punkte-Programm der NSDAP vom 24.Februar 1920, Punkt 24: «Die Partei als solche vertritt den Standpunkt eines positiven Christentums, ohne sich konfessionell an ein bestimmtes Bekenntnis zu binden.»

9 Aus der Erkenntnis fehlender Gestaltungsmöglichkeiten erklärt Brandi-Hinnrichs, Theologie, 280–292, die Ablehnung Gogartens im Jahr 1934, in der Leitung der Deutschen Reichskirche mitzuarbeiten.

10 Wehler, Gesellschaftsgeschichte, 698f.

11 Vgl. Morandi, Art. Konkordanzdemokratie.

12 Vgl. zum Verhältnis der Theologie und Kirche zur Ideologie der «Geistigen Landesverteidigung» den von Kuhn, Landesverteidigung, 21–44, gelieferten Überblick.

überschritt.[13] Auf dieser Grundlage entwickelte sich die Debatte um die Staatlichkeit und Volksbestimmung in eine zu der deutschen Situation grundsätzlich gegensätzliche Richtung. Aus der Erfahrung der Zerreissprobe, vor die sich die Eidgenossenschaft im Zusammenhang des Ersten Weltkriegs gestellt sah, wurde nun als ideologisches Proprium der Eidgenossenschaft ihre Vielvölkigkeit und Vielsprachlichkeit bei gemeinsamer Berufung auf gleiche Werte beschworen, die man in der «Unabhängigkeit und, als deren Voraussetzung im Kriegsfall, [der] Neutralität und Landesverteidigung»[14] fand. Als Zeichen der Anerkennung des multiethnischen Charakters der Schweiz wurde 1938 sogar das von nur rund 1 Prozent der Bevölkerung gesprochene Rätoromanisch zur vierten Nationalsprache erhoben.[15] Mit der beginnenden Bewegung, die eigene kulturelle Bestimmung selbstreflexiv zu erfassen, ging eine Auflösung einer in der Deutschschweiz noch latent bestehenden Orientierung am nördlichen Nachbarn einher, die nur noch als Minderheitenoption bestehen blieb.[16] Im Laufe der Jahre bis 1945 drohte allerdings aus diesem «zutiefst konservative[n], der Bewahrung alter Werte und Normen verpflichtete[n] Denken und Verhalten [...] eine nationale Ideologie zu werden, die den sich einrollenden Igel zum dauernden Modell schweizerischer Existenz in einer sich wandelnden Welt machte».[17]

Der stärkere Selbstbezug findet seinen Ausdruck auch in der innerkirchlichen Debattenlage. Diese ist noch bestimmt durch die beiden alten Blöcke der im Politischen konservativ votierenden Positiven und der sich für den liberalen Staat aussprechenden Freisinnigen bzw. Liberalen. Neben diese beiden alten Kirchenparteien tritt ab 1920 die Bewegung der Dialektischen Theologie in ihrer für die Schweiz spezifischen Prägung durch den Religiösen Sozialismus, der sich «ein Grossteil der jungen Generation»[18] von Theologen zuwendet. Die Zementierung der Parteiabgrenzungen war und blieb ein wichtiges Anliegen aller Gruppierungen, wovon die Zeit-

---

13 Maissen, Geschichte, 252–254.

14 A.a.O., 261.

15 Vgl. a.a.O., 260; Kuhn, Landesverteidigung, 27.

16 Der schillerndste Schweizer, der seine Orientierung nach Deutschland in seiner Biografie umsetzt, ist wohl Armin Mohler, der sich zwanzigjährig der Waffen-SS anschliesst und nach dem Krieg als Herausgeber des Standardwerks *Die konservative Revolution in Deutschland 1918–1932. Grundriss ihrer Weltanschauungen* fungierte. Als mit dem nationalsozialistischen Deutschland sympathisierenden Theologen nennt Kuhn, Landesverteidigung, 31–33, den Basler Pfarrer und Freund Albert Schweitzers sowie Martin Werners, Hans Baur.

17 Lindt, Protestantismus, 69.

18 A.a.O., 63.

schriftenausgaben der einzelnen Richtungen Zeugnis ablegen: «Nach und nach wurde sehr viel Zeit und Kraft und Druckerschwärze darauf verwendet, die Identität und den Wahrheitsanspruch der eigenen Richtung zu wahren und zu verteidigen und so die seit Jahrzenten bestehenden Frontlinien und Positionen zu halten und zu bestätigten.»[19] Öffentlicher Kulminationspunkt dieser Richtungskämpfe wurde im Kanton Bern die Verabschiedung einer neuen Kirchenordnung im Jahr 1946, in der der bisherige «bekenntnisoffene»[20] Charakter der Kirche durch deren Rückbindung an die alten Bekenntnisse aufgehoben werden sollte. Im promulgierten «bekenntniskirchlich inspirierte[n] Kirchenverständnis»[21] wurde der Streit zwischen den Vorstellungen einer vom Staat gelösten, dem reformierten Bekenntnis verpflichteten Kirche und einer Kirche, die «ein Spiegelbild des liberalen Staates zu sein hatte»,[22] sichtbar. Dabei ging die Streitlinie entlang der Frage nach dem Volkskirchencharakter der Kirche, mithin nach der Bestimmbarkeit des Glaubens des Einzelnen in der Gemeinde.

Entlang dieser Trennlinie entwickelte sich in diesen Jahren ein ökumenisches Bewusstsein, das die Notwendigkeit betonte, den Blick über die Staatsgrenze hinaus auf das weltweite Christentum zu richten. Auch wenn die Entwicklung der ökumenischen Institutionen zeitweise auf eine Engführung ihres theologischen Profils auf die dialektische Theologie hinauszulaufen schien, zeigt sich doch in ihrer bleibenden engen Verbindung mit Namen wie Adolf Keller die durchgehende, zumindest partielle Weite des theologischen Ansatzes.[23] Diese Orientierung spiegelt die Schweizer Grundeinstellung, Vergesellschaftung nicht auf der Basis einer scheinbaren Rassengemeinschaft oder eines hypostasierten Volksbegriffs, sondern im gemeinsamen Volkswillen zu begründen, wobei dieser Wille zumindest teilweise als verhandelbar gedacht wird.

2) Karl Barth: Die Politisierung der Kirche

Der Kern der dialektischen Theologie Karl Barths liegt, wie im vorherigen Kapitel aufgezeigt wurde, in der These, Erkenntnis der Wahrheit ereigne sich nur im involvierenden Offenbarungshandeln Gottes. Diese Forderung nach Theologizität auch in politischen und gesellschaftlichen Stellungnah-

---

19 Ebd.

20 Kraus, Staatskirchenrecht, 61; die staatskirchenrechtliche Entwicklung im Kanton Bern schildert Kraus 171–178.

21 Lindt, Protestantismus, 66.

22 A.a.O., 67.

23 Vgl. Jehle-Wildberger, Keller, bes. 317–330, und 486–500.

men der Kirche prägt das Barthsche Denken in der Zeit, in der er bedingt durch die politischen Umstände dazu aufgefordert ist, zu den virulenten Gesellschaftsentwürfen und den praktischen Gesellschaftsformen Stellung zu beziehen. Denn die theologische Konstruktion der Theorie der Gesellschaft in der Phase um 1920 mit ihren Postulaten der alleinigen Souveränität Gottes und der unüberwindbaren Sündenverfallenheit des von seinem Ursprung gelösten Menschen, die sich in der Akzentuierung der absoluten Andersartigkeit Gottes und seines sich allein aus ihm entwickelnden Reiches ausdrücken, dessen Entwicklung keinen Raum für synergistische Tätigkeit des Menschen lässt, mussten durch die Bevorzugung des Noetischen vor dem Ontischen faktisch quietisierend wirken. Spätestens das Aufkommen des Nationalsozialismus, dessen gesellschaftstheoretische Weichenstellungen sich nicht mehr einfach unter die Ungerechtigkeiten einer per se gottfernen Welt subsumieren lassen, sondern dessen theoretisch fundiertes Unrecht sich in offenkundigem Raub und Mord manifestierte, fordert Barth zu einer Revision seiner Theologie auf und nötigt ihn zur Beantwortung der Frage nach einer positiven Bestimmung der Gesellschaft aus christlicher Sicht und dadurch auch nach einer empirisch verwertbaren Theorie der Kirche als Handlungssubjekt christlicher Verkündigung.

Dem Anspruch nach Sachgemässheit der eigenen Theologie wird Barth vorläufig dadurch gerecht, dass er die von ihm als Universitätslehrer verfassten Schriften als theologische Schriften konzipiert, die sich, auf der Autorität der Offenbarung beruhend, als Worte zur Sache verstehen und nicht als zeitbedingte Worte zur Lage (1.). Doch diese Praxis stösst so lange an die Grenzen ihrer gesellschaftlichen Wirksamkeit, wie sie die Bedeutung der Gesellschaft durch das postulierte Nein Gottes zur Welt zu negieren versucht. Erst in der sachlichen Überschreitung der Diastase zwischen dem absolut anderen Gott und der in ihrer immanenten Geschichtlichkeit gefangenen Welt gelingt es Barth, den positiven Zusammenhang zwischen Rechtfertigung und Recht und die gleichartige Bezogenheit von Christengemeinde und Bürgergemeinde auf den als Zentrum von ihnen beiden fungierenden Christus in Form theologischer Lehrbildung darzustellen (2.). Diese ihrem Anspruch nach rein theologische Lehrbildung lässt sich jedoch besonders im Bereich der in ihr entwickelten Gesellschaftslehre entgegen ihrer intendierten Zeitindifferenz als grundsätzlich kulturell und kontextuell eingebettet darstellen, was in der semantischen Annäherung an den Schweizer Diskurs und die Auseinandersetzung mit deutschen Semantiken ansichtig wird (3.). Barth gerät dadurch in den unüberbrückbaren Widerspruch, dass er normativ theologisch sprechen muss im Wissen um die Vorläufigkeit jeder explizierten theologischen Rede.

Aus der Perspektive der vorliegenden Untersuchung lässt sich der Anspruch Barths, den er an seine Theorie stellt, auch anhand seiner expliziten

Auseinandersetzungen mit den Theorien Gogartens und Werners zeigen, die er im Briefwechsel mit Eduard Thurneysen führt. Auf der einen Seite verwahrt er sich gegen die Irrationalität von Gogartens Theologie, in der dieser nach Offenbarungsgestalten des göttlichen Willens ausserhalb der biblischen Sprachbilder sucht und deshalb kulturell geprägte Begriffe aus der natürlichen Welterkenntnis in sein theologisches System zu implementieren versucht.[24] In der Explikation des Wortes Gottes müsse Theologie vielmehr dem Anspruch rationalen Verstehens gerecht werden. Diese Rationalität wird Grundlage christlicher Theologie, indem sie die Deduktion der im Wort Gottes offenbarten Seinsgestalt der göttlichen Wahrheit ist. Denn durch die Deutung des Wortes Gottes erlange sie Realitätsgehalt, weshalb Barth in der Situation der Auseinandersetzung der politischen Weltanschauungen fordern kann: «lass uns geistlich und lass uns gerade so real denken!»[25] In dieser streng biblischen Bezogenheit weiss sich Barth auf der anderen Seite von Werners Versuch getrennt, als «Text, an Hand dessen der Theologe zu denken habe, […] das Weltall als solches»[26] zu nehmen. Aufgrund dieser Selbstverortung sieht er es, unabhängig von der geschichtlichen Situation und darum auch im Sommer 1933, als seine Aufgabe an, «nach wie vor und als wäre nichts geschehen – vielleicht in leise erhöhtem Ton, aber ohne direkte Bezugnahme – Theologie und nur Theologie zu treiben».[27]

Exkurs: Karl Barth und die politische Option

Die Frage nach den nationalen Prägungen theologischer Entwürfe bricht einerseits in der Stellung eines Theologen zum politischen System seines Herkunftslandes im Gegensatz zu anderen politischen Systemen auf. Dies gilt umso mehr, wenn ein Theologe, wie es Barth seit 1921 tut, beruflich im Ausland agiert. Andererseits tritt die Frage nach der theologisch-ethischen Begründung auch des nicht eigenen politischen Systems in einem Theoriemodell wie dem von Barth vorgelegten umso mehr in den Vordergrund, als in diesem eine auch ethisch-normative Allgemeingültigkeit angelegt ist, die christliche Lebensvollzüge über Staatsgrenzen hinaus deuten will. Die Verquickung von transnationaler und übertheologischer Perspektive behauptet Barth in der methodischen Grundsatzklärung, die er in Theologische Existenz heute! vorlegt,

---

24 Vgl. Briefwechsel Barth – Thurneysen, Brief Nr. vom 23.12.32, 325f.; Brief von Ch. v. Kirschbaum an Thurneysen vom 3.1.33, 338.

25 Barth, Existenz, 39.

26 Briefwechsel Barth – Thurneysen, Brief Nr. vom 18.9.32, 270.

27 Barth, Existenz, 3.

indem er dort den Anspruch formuliert, dass diese «jedenfalls eine kirchenpolitische und indirekt sogar eine politische Stellungnahme» sei.

Ausgehend von Barths Selbstwahrnehmung als eines Verteidigers der demokratisch-rechtsstaatlichen politischen Ordnung ist besonders in den Jahren nach seinem Tod ein Streit darüber entbrannt, inwiefern sich diese Selbstwahrnehmung anhand der theologischen Schriften bewahrheiten lässt, Barth also auch seinem Selbstanspruch gerecht geworden ist. Die Bedeutung dieser Frage liegt in den moralischen Wertungen der westdeutschen Nachkriegstheologie, in der die Stellung zum nationalsozialistischen Staat zum Schibboleth der Rechtgläubigkeit stilisiert und dessen frühe Ablehnung zum Gütekriterium theologischer Entwürfe wurde.

Ausgangspunkt der Diskussion ist die Feststellung des weitgehenden Fehlens politischer Optionen in der vor 1917 durch die religiös-sozilistische Beeinflussung noch politisch dominierten Theologie Barths in den 1920er Jahren, der eine Zurückhaltung im politischen Handeln korrespondiert, die Barth erst mit dem Eintritt in die SPD im Jahr 1931 formal überwindet. Der Kirchenhistoriker Klaus Scholder erkannte in der Konsequenz eine Barths Selbstdeutung widersprechende Wahrnehmung, dass Barth «in jenen Jahren, als die Republik geistig sturmreif geschossen wurde, jedenfalls im Bewusstsein der weiteren Öffentlichkeit auf der Seite derer stand, die da mitschossen».[28] Dass diese Wahrnehmungsdifferenz zu einer Debatte um die politische Dimension der Theologie Barths führte, liegt an den unterschiedlichen Motiven und den divergenten Untersuchungsmethoden, mit denen auf diese Frage eingegangen wurde. Dabei haben sich drei gewichtige Interpretationsvarianten herausgebildet, deren Darstellung einen instruktiven Einblick in das weite Feld der Forschung zum «politischen» Barth liefern kann.

Eine erste Linie, deren theologisch tiefgründigste Vertreter Helmut Gollwitzer[29], Gerhard Ebeling[30] und Friedrich-Wilhelm Marquardt[31]

---

28 Scholder, Geschichte, 85, allerdings gehört diese Tatsache für Scholder selber zu den «Merkwürdigkeiten, an denen diese Zeit so reich ist», da nach ihm die theologische Disposition Barths trotz des Neins zur Verfasstheit der Welt auf eine solidarische Mittätigkeit hinziele.

29 Gollwitzer, Reich, 325–386. Zu der nicht kleinen Zahl der Verteidiger von Barths politischem Handeln gehört auch Dannemann, Theologie. Er sieht eine Kontinuität in Barths Theologie als einer politischen Theorie, insofern sein ganzes Denken eine bestimmte politische Option begründen soll (vgl. 23). Dies gelingt ihm nach Dannemann, indem er die Hoffnung auf das Reich Gottes als Motor des Kampfes für eine Gesellschaft freier Menschen bestimmt, ferner indem er durch die beiderseitige christologische Begründung einen Zusammen-

sind, argumentiert von der Intention Barths kommend, dass die gesamte theologische Praxis politische Aktion zu sein habe, wodurch der Dogmatik die Aufgabe zukomme, die Begründungsstruktur der Ethik zu stellen. Eine zweite Linie um Falk Wagner[32] und Friedrich-Wilhelm Graf[33], deren Anlage sich allerdings schon bei Martin Werner findet, ist weniger als ein Angriff auf die Theologie Barths zu lesen, sondern vielmehr ein Delegitimierungsversuch der barthianischen Schultheologie, deren Fehlerhaftigkeit aus den Strukturproblemen der Theologie Barths aufgezeigt werden soll.[34] Dazu wird versucht, die Theologie Barths als strukturanalog zu faschistischen Lehren darzustellen und die fehlende politische Einflussnahme Barths um 1930 aus dessen fehlgeleiteter Liberalismuskritik zu erklären. Beiden Linien hat Eberhard Jüngel[35], methodisch an der Sprachgestalt der theologischen Entwürfe Barths orientiert, einerseits mit dem Hinweis auf die durchgehaltene dogmatische Grundintention der Theologie Barths, andererseits mit dem Verweis auf politisch-normative Aussagen Barths aus den 1920er Jahren widersprochen.

Kurz nach dem Tod von Barth verfasste Helmut Gollwitzer eine Studie über das Verhältnis der sozialistischen Arbeit Barths als Safenwiler

---

hang von Gesellschaft und Kirche herstellt und schliesslich den Zeugenauftrag der Kirche in der Gesellschaft betont (vgl. 258–260). Dannemann argumentiert allerdings hauptsächlich mit der KD IV und unterlässt den Versuch, theologische Theorie und geschichtliches Handeln Barths miteinander zu verbinden. Die Aufarbeitung der politischen Tätigkeit Barths besonders um 1930 unternimmt van Norden, Weltverantwortung, der Barth gegen den Vorwurf verteidigen will, ein Antidemokrat gewesen zu sein und «ihn als homo politicus in seinen gesellschaftlichen Kontexten erkennen» (7) will. Seine Zusammenstellung von politischen Texten Barths wirkt auch durch die fehlende Einordnung in die theologische Theoriebildung leicht zusammengewürfelt, so dass der Eindruck aufkommt, nur solche Texte würden herangezogen, die die von Beginn an feststehende Wertung decken könnten. Ausserdem fehlt durch den nicht erfolgten Rückgriff auf die Theologie Barths die Reflexion darüber, in welche Richtung diese unabhängig von Barths tatsächlichem Handeln gewiesen hat. Eine instruktive Zusammenschau des theologisch-politischen Handelns der Jahre ab 1935 bietet Busch, Zeitgeschehen, 47–66.

30 Ebeling, Ringen.

31 Marquardt, Theologie.

32 Wagner, Gleichschaltung.

33 Graf, Götze.

34 Vgl. Wagner, Metamorphosen, bes. 53–69.

35 Jüngel, Verhältnis.

Pfarrer zur Entwicklung seiner späteren Theologie, in der Gollwitzer diese als durchgehend politisch motiviert beschrieb, wobei ihr inhaltliches Grundmoment in der Darstellung «der ‹Menschlichkeit Gottes›» liege, die «den Glaubenden in den Kampf um die Vermenschlichung der Gesellschaft»[36] stelle. Denn «Barth ist immer politisch bewusster Theologe, die gesellschaftlichen Folgen von Theologie und Verkündigung [...] sind ihm stets präsent». Diese Arbeit verrichte er zwar als Theologe, doch gerade für einen solchen sei es «seine politische Aufgabe», auf dem Wege der theologischen Lehrbildung «ein solches Fundament für christliches Denken und Handeln in der Gegenwart zu finden und zu legen»,[37] auf dem zeit- und situationsübergreifende normative Handlungsformen basieren könnten. Diese Lehrbildung stehe bei Barth unter dem Vorzeichen der Tatsache, dass sich in der sozialistischen Gesellschaft das Reich Gottes, das «der wahre Sozialismus ist»,[38] gewissermassen spiegele, da in ihr ein Vorgeschmack auf «das Reich Gottes [...] als Versöhnung von Mensch und Natur und als gesellschaftliche Grösse»[39] durchscheinen könne.

In zwei Punkten zeigt sich, dass Gollwitzer die These des durchgehend politischen Denkens Barths nicht nachweisen kann. Zum einen fällt im Durchgang der Studie die zeitliche Lücke in den Quellenbelegen zwischen 1923 und 1932 auf, die der unpolitischen Phase von Barths Theologie entspricht. Und selbst im zitierten Abschiedsbrief Barths von Zwischen den Zeiten, der den Zeitpunkt des Wiedereinstiegs ins Politische datiert, beschreibt Barth den Widerspruch gegen die Deutschen Christen nicht als einen politischen, sondern als theologischen.[40] Es widerspricht also die fehlende Behandlung der politischen Fragen in den Quellen der These ihres durchgehenden Bewusstseins im Denken Barths. Zum anderen betont Gollwitzer selber, und stellt sich dadurch in einen gewissen Widerspruch zu seiner These, dass das Urteil, das Bultmann in Jahr 1924 in einem Brief äusserte und das der noch «im Rückblick grollende Tillich» 1962 wiederholte, durchaus zutreffe, «dass die dialektische Theologie entpolitisierend wirkte».[41] Neben dem sachlichen Grund, die theologische Grundsatzklärung vor die ethische Einzelfallentscheidung zu stellen, sieht Gollwitzer diese Zurückhaltung begründet im biografischen Werdegang Barths und im Wechsel in den univer-

---

36 Gollwitzer, Reich, 334f.
37 A.a.O., 330.
38 A.a.O., 340.
39 A.a.O., 358.
40 Vgl. a.a.O., 329.
41 A.a.O., 369.

sitären Betrieb. Denn durch diesen war «aus dem antibürgerlichen Elan des Safenwiler Pfarrers doch der Dampf heraus. [...] Das Gegengewicht unserer Gedanken kann die Einwirkung unseres sozialen Seins auf unser Bewusstsein, die bürgerliche Affizierung auch einer in der Tendenz antibürgerlichen Theologie nicht verhindern.»[42]

Gegen die These einer lebenslangen, wenn auch zeitweise schwächer artikulierten, auf Demokratie und Menschenrechte zielenden politisch-gesellschaftlichen Betätigung Barths wurde von verschiedener Seite ein Protest erhoben, der sich in dem Vorwurf trifft, Barths theologische Theorie habe aus systemimmanenten Gründen lange Zeit ein tatkräftiges Einstehen für demokratische Regierungsformen verhindert, da es strukturell dem faschistischen Denken naheliege. Ein früher Gegner der Barth'schen Denkstruktur ist Martin Werner, der 1936 die im «radikalen Vernunftskeptizismus begründete Ausrichtung auf das Irrational-Autoritäre [als] das treibende Motiv» der verschiedenen Faschismen beschreibt, die als «der kirchlich-theologische, der nationalistisch-völkische und der internationalistisch-kommunistische»[43] Faschismus auftreten. Einig seien sich die drei Ausformungen bei aller gegenseitigen Antagonie in ihrem Kampf gegen den vernunftgegründeten Liberalismus. In der Theologie Barths bringe sich dies durch die Bibelbezogenheit zur Geltung, wobei der methodische Rückgriff auf die Bibel nicht über das Vehikel der rational überprüfbaren historisch-kritischen Methode geschieht, mithin nicht auf einem entsubjektivierten Vernunftbegriff basiert, sondern die theologische Theorie sich in einem Kreis verfange, in dem sich die theologische Explikation und deren biblische Begründung gegenseitig bedingen. Dadurch erhalte die Theorie ein dezisionistisches Moment, denn «der Wille muss eben den irrationalen Sprung» in den Kreis hinein «tun und diesen Sprung damit rechtfertigen, dass er die Diskussion über die theoretische Berechtigung dieses Sprungs verbietet».[44]

Auch Falk Wagner will die Kritik an der Theologie Barths nicht im Bereich von deren konkreten Inhalten führen, sondern versucht, die «dogmatischen Stoffe [...] auf ihre Funktion für die sich tragende Konstruktion hin durchsichtig»[45] zu machen. Denn dem Selbstanspruch Barths entspreche es, auch in der Konkretion dogmatischer und ethischer Aussagen aufgrund ihrer Fundierung auf einer ausgearbeiteten

---

42 A.a.O., 374.
43 Werner, Prinzip, 54.
44 A.a.O., 69.
45 Wagner, Gleichschaltung, 10f.

Argumentationsstruktur kohärent zu bleiben. Diese Struktur müsse so beschaffen sein, dass «mit ihrem Aufbau Gottes Souveränität und Selbstbestimmung zur Durchsetzung gebracht werden können», weshalb «die Argumentationsstruktur den Ermöglichungsgrund wirklicher Konkretheit darstellt».[46] Aus dieser funktionalisierten Sicht auf die Theorie Barths kritisiert Wagner den Versuch Marquardts, Barths Theologie als verschlüsselte sozialistische Theorie zu lesen, und fragt, ob «die Konstruktion eines wie auch immer gestalteten Sozialismus die Allgemeinheit verbürgen kann, die der Barth'schen Theologie als Selbstauslegung des Allgemeinen schlechthin innewohnt».[47] So liege dessen theologisches Konstruktionsprinzip vielmehr darin, die «unbedingte Selbstbestimmung» des Selbstbewusstseins «als die des absoluten Subjektes – Gottes – zu explizieren».[48] «Anhand der Christologie»[49] spielt Wagner das Problem der Unterscheidung zwischen Gott und Mensch, zwischen Schöpfer und Geschöpf in der Lösung durch, die Barth ihm dadurch gibt, dass er diese Unterscheidung in ihrem eigentlichen Sinne als die «immanent-trinitarische Selbstdifferenzierung»[50] auffasst. In dieser Selbstdifferenzierung, so in aller Kürze der Gedankengang, setze Gott die Andersartigkeit des anderen aus sich selbst heraus, das Andere des anderen sei somit nur als das Anderssein in Gott zu denken, also als Teil der göttlichen Selbstheit. «Gottes unbedingte Selbstbestimmung» wäre damit «durch die Gleichschaltung des anderen mit Gottes Selbstbestimmung erkauft».[51] Diese Gleichschaltung des menschlichen Subjektes mit dem als dem göttlichen Selbstsein entgegengesetzten anderen in Christus nimmt nach Wagner «die Züge von Gewaltherrschaft»[52] an, weil jedes sich Gott widersetzende Andere in der Christologie in Gott inhäriert und so seiner Freiheit zum Anderssein beraubt wird. Dadurch geschieht es, dass «die auf dem Boden dieser Konstruktion entworfene Versöhnung von Gott und Mensch eine Versöhnung ohne den Menschen ist».[53] Durch diese Bestimmung, die auch Freiheit nur als eine Gott zukommende Eigenschaft betrachten kann, zeigt sich, «dass die inhaltliche Struktur der Barth'schen Theologie nicht nur dem Sozialismus,

---

46 A.a.O., 37.
47 A.a.O., 12.
48 A.a.O., 14.
49 A.a.O., 17.
50 Ebd.
51 A.a.O., 22.
52 A.a.O., 38.
53 Ebd.

sondern auch dem Faschismus und seiner Theoriebildung verwandt ist».[54]

So stringent logisch die Argumentationslinie Wagners zu sein scheint, lässt sich allerdings doch fragen, ob das Verfahren der rein funktionalen Aufschlüsselung und die Behauptung der Kohärenz des Barth'schen Denkens mit der von Wagner rekonstruierten Argumentationsstruktur schlüssig ist. Wagner behauptet, mit dem Verbleiben in dogmatischen Denksystemen der Theorie Barths gerecht zu werden. Dabei behandelt er die von Barth verwendeten Begriffe wie den des Christus aber nur in sprachlogisch-funktionaler Weise. Sein Postulat, der Sinn der Theorie erschliesse sich nur in deren inhaltlicher Entpositivierung und der Rückführung auf die ihr zugrundeliegenden funktionalen Zusammenhänge, behauptet eine Logizität der Theorie, die sich nur in sprachlogischer Kohärenz erschliesse. Doch genau dieses Absehen von den positiven Inhalten der Theologie verhindert die Möglichkeit, die theoretischen Grundlagen aus ihrer faktischen Kohärenz mit ihren praktischen Explikationen zu erklären. So wäre erstens zu fragen, ob es in der Rekonkretisierung der Rekonstruktion der Theorie zu Widersprüchen zwischen den theoretisch notwendigen und den vorliegenden Entwürfen kommt. Zum anderen müsste man, was im Hinblick auf die bisher erarbeiteten gesellschaftstheoretischen Ansätze schlüssig erscheint, danach fragen, ob nicht bei Barth selber trotz seines Selbstanspruchs abstrakter Allgemeingültigkeit eine empirische Komponente mitschwingt, in der z. B. Christus nicht allein in seiner christologischen Bestimmung als Selbstdifferenzierung Gottes erscheint, sondern auch als in der Kirche ansichtige empirische Realisationsform der versöhnten Menschen.

Eberhard Jüngel hat anlässlich des 100. Geburtstags von Karl Barth Einspruch erhoben sowohl gegen den Versuch, das gesamte Denken Barths dem als politisch postulierten Paradigma zu unterwerfen, in welchem die Dogmatik zu einer Funktion der Ethik degradiert wird, als auch gegen solche Deutungen, die das Einsetzen von Barths Nachdenken über den Zusammenhang zwischen der göttlichen Rechtfertigung und der menschlichen Rechtsetzung erst in der zweiten Hälfte der 1930er Jahre erblicken.[55] Im Gegensatz zu diesen Deutungen plädiert Jüngel für eine Deutung, nach der für Barth die Antwort auf die drängenden ethischen und politischen Fragen «zu den neu freigelegten Grundlagen der Theologie nicht im Verhältnis der Beliebigkeit»[56] stan-

---

54 A.a.O., 41.
55 Vgl. Jüngel, Verhältnis, 118f, Fussnote 165.
56 A.a.O., 76.

den. Denn es sei zwar in Barths Theologie tatsächlich so, dass «schnurgerade aus dem Glauben an die Gerechtigkeit Gottes [...] eine sehr bestimmte politische Problematik und Aufgabe»[57] folge. Aber diese «metaphorische Schnur [nehme] in diesem Fall nicht gerade den kürzesten Weg, sondern [sei] eben an mehreren Punkten sehr sorgfältig festgemacht worden, damit nur ja nicht [...] unter Absehung von der Situation des sündigen Menschen vor Gott, von einem ‹politischen Zug› des Glaubens an Gottes Gerechtigkeit geredet»[58] werde. Der theologischen Klärung dieser Situation des Menschen vor Gott habe nach Jüngel das vornehmliche Arbeitsinteresse Barths gegolten, bevor er sich den konkreten politischen Implikationen seiner Theorie zuwenden konnte. Dadurch seien diese von den in der Dogmatik erarbeiteten Grundlagen bestimmt: «Die Frage nach der Politik, die Frage nach dem Staat kann zur Bekenntnisfrage werden»,[59] deren Antwort einer biblischen und näherhin einer christologischen Begründung bedarf.

Diese theologische Grundsatzreflexion erfolge nach Jüngel erstmals im Rahmen der Lehre von den Eigenschaften Gottes, in der Barth «die den Sünder rechtfertigende Gerechtigkeit Gottes»[60] als Grund des Glaubens expliziert. Aus der unauflöslichen gegenseitigen Bezogenheit der göttlichen Eigenschaften der Rechtfertigung und der Barmherzigkeit, die sich in theologischer Sprache in der Identität von Gesetz und Evangelium ausdrückt, könne Barth nun «von der im Evangelium offenbar werdenden göttlichen Rechtfertigung des Sünders her» bestimmen, «was in Wahrheit menschliches Recht genannt zu werden verdient».[61] In einem ersten Schritt betone Barth darum gegen die reformatorische Theologie die Idee, dass die Gerechtigkeit Gottes keine durch den Menschen angegriffene und zu sühnende Eigenschaft sei, vielmehr gehöre «der Begriff der göttlichen Gerechtigkeit für Barth zu den Vollkommenheiten des göttlichen Liebens, dies aber so, dass schon dabei auch Gottes Freiheit zur Geltung kommt».[62] Der Gegensatz zwischen dem Schrecken der Verwerfung und der Freude der Erlösung sei vielmehr der Gegensatz «zwischen Gott und Kreatur»,[63] der im Erlösungshandeln in Gott aufgehoben wird. Diese Aufhebung bringe Barth durch die Betonung der Identität von Gesetz und Evangelium zur Geltung, die

---

57 Barth, KD II/1, 434.
58 Jüngel, Verhältnis, 85.
59 A.a.O., 92.
60 A.a.O., 85.
61 A.a.O., 108.
62 A.a.O., 86.
63 A.a.O., 90.

so zu verstehen ist, dass beide als die zwei Gestalten des Wortes Gottes zu lesen sind, wobei das Evangelium Seins- und Erkenntnisgrund des Gesetzes ist, das wiederum «in der Weise der Forderung und des Anspruches»[64] die dem menschlichen Verstehen «einzige diesem Inhalt gemässe Form»[65] ist. Auf diese Weise gelinge es Barth, den Indikativ des Evangeliums mit dem Imperativ des Gesetzes zu identifizieren, was die Möglichkeit eröffne, aus der dogmatischen Bestimmung des Menschen als Gerechtfertigten die Konkretion seiner «aus dem Evangelium hervorgehenden Beanspruchung [...] als eines Täters des Wortes»[66] zu formulieren, also die dogmatische Explikation auf die ethische Situation zu applizieren.

Als Resultat dieses Forschungsüberblicks lässt sich festhalten, dass gemäss seiner Intention Barth eine politische Wirksamkeit besonders nach der Machtübernahme der Nationalsozialisten zu entfalten versuchte, die aber als theologisch begründetes Handeln zu verstehen und zu vollziehen war. Darum ist die Entwicklung der dogmatischen Lehrbildung immer auch im Zusammenhang der politischen Gegebenheiten der Lage zu sehen, die zur Begründung der Ethik aufforderten. Die in der Forschung bestehende divergente Beantwortung der Frage nach der Permanenz des politischen Handelns bei Barth löst sich dann, besonders in Hinblick auf die Gesellschaftslehre, in die Frage nach der Verhältnisbestimmung der theologischen Implikationen und der ethischen Explikate auf, also in die Frage danach, ob Barth zur Begründung einer demokratischen Gesellschafts- und Staatslehre seine fundamentaltheologischen Bestimmungen zu überarbeiten hatte oder diese schon aus der Theologie der dialektischen Phase hervorging. Die Frage muss im Rahmen der dogmatischen Theoriebildung beantwortet werden, nämlich als Frage danach, ob die Theologie der dialektischen Phase überhaupt ein positives Moment zur Gestaltung der Gesellschaft beinhaltete, oder ob ein solches der Theorie erst noch implementiert werden musste. Dass dieses Element durch die Verlagerung des Reiches Gottes in Gottes Ungeschichtlichkeit verloren gegangen war, wurde als Ergebnis des vorherigen Kapitels behauptet. Die folgende Untersuchung steht demnach unter der These, dass die Zeit ab 1933 durch den Versuch der Reimplantation eines gesellschaftsaufbauenden Elements in die fundamentaltheologischen Prämissen geprägt war.

---

64 A.a.O., 98.
65 A.a.O., 99.
66 A.a.O., 103.

2.1) Die Sachgemässheit ethischer Kritik

Auf das Aufkommen der Glaubensbewegung Deutsche Christen, vor allem aber auf die Verzahnung und organisatorische Parallelisierung der deutschen Kirchen mit dem nationalsozialistischen Staatsgedanken, der sich über die Theoriekonstruktion der Offenbarung Gottes im geschichtlichen Moment des nationalen Erwachens vollzieht, reagiert Barth mit einer Präzisierung seiner Theologie, in der er das zeitinvariante Moment des Wortes Gottes als Grundlage ethischer Urteilsfindung einzieht. Gegen die geschichtstheologische Deutung des Augenblicks als eines «grossen Geschehen[s]», aus dem sich ein «neue[r] Auftrag unseres Herrn an seine Kirche»[67] ergeben soll, stellt Barth das Wort Gottes als Prinzip ethischer Urteilsbildung, das deswegen als unveränderliche Norm fungiert, weil es in der Bibel als seiner Offenbarungsgestalt Anteil an der Überzeitlichkeit Gottes hat, die Barth in der zweiten Auflage des Römerbriefkommentars mit dem Begriff des «Oberlichts»[68] bezeichnet hatte. Ethik wird dadurch fundamentalheologisch rückgebunden und als Applikation der aktuellen geschichtlichen Explikationsgestalt des ungeschichtlichen Wortes Gottes bestimmt. So wird sie der freien Verfügungsmacht menschlicher Rationalität entzogen, die an die Natur als mögliche Erkenntnisquelle gebunden ist. Sie bleibt aber dem Anspruch grundsätzlicher Rationalität unterworfen und wird durch die Betonung ihrer in der Bindung an die Wortgestalt der göttlichen Offenbarung wurzelnden Logizität als rationaler Vollzug beschrieben und gegen irrationale Begründungsmomente geimpft, wie sie in scheinbar natürlichen Ordnungen enthalten sind.

Diese Bestimmung von Ethik generiert zwei Folgen: Zum einen kann Barth auf ihrem Grund die Entwicklung der deutschen Kirchen um 1933 als unbiblisch und durch die notwendige Koppelung christlicher Lehrbildung an die Bibel als unchristlich darstellen (1). Zum anderen bringt er sich aber in der positiven Beschreibung des am Worte Gottes genormten Handelns in die Situation, eine Hermeneutik vorlegen zu müssen, die die ethischen Probleme im Rahmen des überzeitlich gültigen Gesetzes im Wort Gottes in einer solchen Weise darzustellen vermag, dass ihre Lösungen Relevanz in der partikularen geschichtlichen Situation erweisen können (2).

---

67 Kundgebung des Dreimännerkollegiums, 25.4.1933, in: van Norden, Kirchenkampf, 77, Anm. 40, vgl. auch 19–23. Barth zitiert Teile des Aufrufs in Existenz, 10 und 12. Dieses Kollegium aus Kirchenleitern der drei konfessionellen Kirchenbünde bestand im April 1933 aus dem Lutheraner A. Marahrens, dem Reformierten H. A. Hesse und dem unierten H. Kapler, vgl. Mehlhausen, Art. Nationalsozialismus, 50.

68 Vgl. Kap II, 2.2.

2.1.1) Die theologische Kritik an der Politik

Da Barth die Begründung christlicher Ethik anhand der Norm des Wortes Gottes fordert, geschieht seine Kritik an den gegnerischen Positionen im Aufweis von deren mangelhafter Biblizität. Anschaulich vollzieht er dieses Verfahren in *Theologische Existenz heute!* an den drei aktuellen, kirchenpolitisch relevanten Beispielen einer organisatorischen Kirchenreform, der Bischofsfrage und der theologischen Beurteilung der Deutschen Christen. Grundbestimmung ist die Existenz als einer theologischen in ihrer Selbstbindung an das Wort Gottes, das «für uns keinen anderen Namen und Inhalt hat als Jesus Christus und dass Jesus Christus für uns in der ganzen Welt nirgends zu finden ist als jeden Tag neu in der Heiligen Schrift Alten und Neuen Testaments».[69] Bleibendes Charakteristikum des Wortes Gottes ist seine Zeitinvarianz, aufgrund derer es sich nicht an zufällige Geschichtsereignisse bindet und dadurch als ewige Norm fungieren kann. In der Ableitung aus dieser Definition lässt sich in ihrem Gegensatz diejenige Haltung bestimmen, die Barth für seine Gegner in Anschlag nimmt, die in deren Rückgriff auf die in den Möglichkeiten des menschlichen Subjektes liegenden Erkenntnisquellen gekennzeichnet ist und sich im Bereich der ethischen Urteilsfindung in der Normierung des Urteils durch geschichtliche Begründungen ausdrückt.

Grundlage des Aufrufs zur Kirchenreform, in der die einzelnen deutschen Landeskirchen und die evangelische Kirche im Deutschen Reich als Ganze organisatorisch dem nationalsozialistischen Staat gleichgeschaltet werden sollten, ist, so stellt es Barth in den Raum, «ein der politischen Begeisterung oder auch der politischen Klugheit entsprungener und also, obwohl in der Kirche und von der Kirche gefasster, ein wesentlich unkirchlicher Entschluss».[70] Denn mit diesem Schritt hat sich Barths Gegnerschaft von der biblischen Norm gelöst und sich «in unverantwortlicher Weise an eine bestimmte Gestalt der Weltgeschichte»[71] gebunden. In dieser Missachtung der absoluten Andersartigkeit Gottes und in der Ersetzung seiner in der Heiligen Schrift fassbaren Selbstmitteilung, die im Vollzug der natürlichen Erkenntnis geschieht, liegt der Frevel der im Gesamten unter das Verdikt der «natürlichen Theologie»[72] fallenden Versuche ethischer Theoriebildung, die dadurch ihren Geltungsanspruch innerhalb der «Kirche des Heiligen Geistes»[73] verlieren.

---

69 Barth, Existenz, 4f.

70 A.a.O., 9.

71 A.a.O., 12.

72 Vgl. zum Begriff der Natürlichen Theologie, Birkner, Theologie.

73 Barth, Existenz, 9.

Auf gleiche Weise desavouiert sich diese Theologie auch selber, wenn sie die Bischofsfrage nicht in den durchaus auch gangbaren Pfaden der biblischen Überlieferung reflektiert, sondern sie in Analogie, sogar in «Nachahmung einer bestimmten ‹staatlichen› Form» zu beantworten versucht, nämlich in jener, die sie «in der politischen Zeitbewegung vor sich» in der «eindrucksvolle[n] Gestalt eines Führers»[74] sieht. So zeigt sich in der Promulgation eines neuen Bischofsamtes, das weder aus der biblischen Reflexion noch als Abbild des katholischen Bischofsamtes aus der kirchlichen Tradition hergeleitet werden kann, wiederum die fehlende Theologizität der Gegner.

Im Fehlen einer dezidiert theologischen Begründung des eigenen kirchenpolitischen Handelns liegt der grösste Vorwurf, den Barth den zu ihm in Gegnerschaft stehenden Kirchenparteien der Deutschen Christen und der Jung-Reformatorischen Bewegung als zweiter prägender Kraft innerhalb der deutschen Kirchen in seiner kritischen Auseinandersetzung macht. Dieser Mangel kommt am schillerndsten in einem verfehlten Kirchenbild zum Ausdruck, welches Kirche als ein solches soziologisches Gegenüber zum Staat betrachtet, das als Nationalkirche dem seinerseits dem Staat unterstellten «Volke zur Erkenntnis und Erfüllung eines von der Berufung von und zu Christus verschiedenen ‹Berufs› zu verhelfen»[75] habe. In dieser soziologischen und daher untheologischen Bestimmung von Kirche habe die Differenz in der Frage nach der Freiheit der Kirche vom Staat keine Bedeutung, da es auch der von der Jung-Reformatorischen Bewegung geforderten Freiheit an «eine[m] positiven, bekenntnismässigen, theologischen Inhalt»[76] fehle. Sie kenne Freiheit also nicht als Glaubens- und Bekenntnisfreiheit, sondern nur als auf die Organisation bezogene «kirchliche Selb-

74 A.a.O., 15. Dem Vorwurf der fehlenden Theologizität begegnet Hirsch aus einem geschichtstheologischen Denken heraus, das mit der Vermittlung der göttlichen Wahrheit in der aktuellen Lebensgeschichte rechnet, mit der Aussage, «dass es da einfach an einem Stücke Geschichtsmächtigkeit bei [Barth] noch mangelt», weshalb dieser Führung fälschlicherweise als «vollendete Tatsache», nicht als «wagende Tat» begreife. In der daraus resultierenden Staatsdefinition komme eine dem deutschen Denken unvermittelbare schweizerische Mentalität zum Tragen. Barth verfechte eine «libertinistische Bestimmung des Staates, die den Staat zum blossen Exekutor einer Rechtsordnung, und dazu einer die private Sphäre ja nicht berührenden Rechtsordnung macht, ihm eignen Willen und eigne Lebendigkeit aber nicht lassen möchte. Es ist bedauerlich, Barth in den aus seinem Schweizer Heimatland kommenden Vorstellungen vom Staate so befangen zu sehen, dass er sie jetzt sogar als christliches Dogma ausgibt», Hirsch, Wollen, 16.

75 Barth, Existenz, 24.

76 A.a.O., 33.

ständigkeit».[77] Dabei verkenne sie, dass sich kirchliche Freiheit nicht nur im Abwenden einer «äusseren technischen Vergewaltigung» realisieren könne, sondern dass sie auch in der Sicherung der «Herrschaft des Wortes Gottes in Verkündigung und Theologie»[78] bestehe. Diese gebe es aber allein in der absoluten Bezogenheit der Kirche auf den sich exklusiv in der Heiligen Schrift offenbarenden Gott. Mit ihrer enttheologisierten Argumentationslinie bewege sich die Jung-Reformatorische Bewegung aber in den Bahnen der Vermittlungstheologie des 19. Jahrhunderts mit deren Versuch, «Schöpfung und Erlösung, Natur und Gnade, Volkstum und Evangelium» als die «dem natürlichen Menschen von jeher als die eigentlich christliche Lösung»[79] zur Geltung zu bringen.[80]

Während Barth die Theologen der Jung-Reformatorischen Bewegung aufgrund ihrer mangelhaften theologischen Reflexivität rügt und noch auf eine «glückliche Inkonsequenz» hofft, in der diesen eine gewisse «christliche, kirchliche und theologische Substanz erhalten geblieben ist»[81], wirft er den Deutschen Christen und ihrer Weltanschauung sein «unbedingt[es] und vorbehaltlos[es] Nein zum Geist und zum Buchstaben dieser Lehre»[82] entgegen. Denn in dieser zeigt sich nicht einfach nur eine mangelhafte Theologie, vielmehr entbehrt sie aufgrund ihrer vollkommenen Loslösung von biblischen Begründungsmustern jedes Anspruchs, der an christliche Theologie gestellt werden kann. In ihr werde Kirche zu einem nationalen Religionsverein depraviert, dessen Aufgabe es sei, «dem deutschen Volk zu dienen», das sich durch Gottes Einsetzung in der als Glaubensgegenstand firmierenden «nationalsozialistischen Staatsform» befinden solle. In dieser

---

77 Ebd.

78 A.a.O., 35.

79 A.a.O., 34.

80 Vgl. zu konfessionsverbindenden Konzepten der Vermittlungstheologie, die die Vermittlung der lutherischen, als anthropologisch vorgestellten, mit der als spezifisch theologisch behaupteten reformierten Theologie durchzuführen versuchten: Laube, Differenzen. Die dort skizzierte dogmatische Selbstdarstellung von Alexander Schweizer und Matthias Schneckenburger lässt sich weitgehend auf die in dieser Arbeit behandelte Diskussion zwischen dem lutherischen Gogarten und den reformierten Barth und Werner übertragen. Allein die von Schneckenburger ins Spiel gebrachte Differenzierung, «dem lutherischen Faktum der Glaubens*gewissheit* [stehe] ein reformiertes Bemühen um Glau*bensvergewis*se*rung* gegenüber» (67), das sich in praktischer Wirksamkeit ausdrücke, lässt sich aufgrund der hier gezeitigten Ergebnisse nicht auf die dezidiert reformierte Theologie Barths übertragen.

81 Barth, Existenz, 23f.

82 A.a.O., 23.

sei sie durch das «Blut und […] die Rasse»[83], die Grundlagen wahrer Gemeinschaft, in ihrer personellen Zusammensetzung auf ein biologisches Auswahlkriterium festgelegt. Aufgrund der deshalb unübersehbaren Differenzen zu seinen eigenen theologischen Grundlagen und aufgrund der offensichtlichen Unchristlichkeit dieser Lehre wundert sich Barth darüber, gefragt zu werden, «warum ich noch nie ein öffentliches Wort gegen diese Bewegung gesagt habe».[84]

In der Abfassung von *Theologische Existenz heute*! führt Barth das von ihm gegenüber Thurneysen geforderte Programm der Sachlichkeit theologischer Stellungnahmen exemplarisch durch. Auf diesen Zusammenhang hat Caren Algner im Rahmen der Edition des Briefwechsels dieser beiden Theologen zwischen 1930 und 1935 hingewiesen.[85] Aus dieser Quelle erarbeitet sie drei Kriterien, die Barth an kirchliche Verlautbarungen zur zeitgeschichtlichen Situation anlegt und durch die seiner Forderung Rechnung getragen werden kann, dass, wenn «sich die Kirche aus seiner Sicht zu einer konkreten Lage äussern sollte»,[86] dies nicht als «Wort zur Lage», sondern nur in einer Äusserung zur Sache geschehen könne. Denn erstens lasse sich nur in der Bezogenheit auf die göttliche Offenbarung als der Sache der Theologie ein Bewertungsmassstab erstellen, an dem gemessen «der konkrete Missstand […] seinen eigentlichen Ernst»[87] erhalte. Durch das Einstellen der Situation und der Äusserung in den Bewertungsmassstab Gottes werde zweitens eine Überlegenheit gegenüber einem zufälligen Eingehen auf Parteiungen und Gesinnungen erzielt, die dem Bekenntnis eine Gültigkeit «über die konkrete Situation hinaus»[88] verschaffe. Drittens bedürfe ein Wort zur Sache als ein kirchliches Wort, das etwas enthalte, was auf diese Weise von niemand anderem gesprochen werden könne, einer bestimmten Form, die es in der Form des Bekenntnisses finde. Werden diese drei Kriterien berücksichtigt, so erhalte eine kirchliche Stellungnahme eine Kraft und Wirksamkeit, die über den zufälligen Standpunkt ihres Verfassers hinausgehe.

Doch die Umsetzung dieses formalen Kriterienkatalogs und die Annahme, seine persönliche Meinung und «diese Selbstverständlichkeit»[89] der Kenntnis dieser Position in der theologischen und kirchenpolitischen

---

83 A.a.O., 24.
84 A.a.O., 22.
85 Algner, Dogmatik, vgl. bes. 51; vgl. Briefwechsel Barth – Thurneysen, 1930–1935.
86 Algner, Dogmatik, 3.
87 A.a.O., 44.
88 Ebd.
89 Barth, Existenz, 22.

Landschaft würden im Abwehrkampf gegen den Übergriff der nationalsozialistischen Weltanschauung auf die Kirche genügen, zeigen eine gewisse politische Naivität Barths, sofern er meint, dass das Publikum einerseits seine politische Meinung seinen fachtheologischen Schriften entnehme oder auch nur zu entnehmen fähig wäre, und dass sich andererseits in eben dieser spezifisch theologischen Arbeit seine eigentliche politische Arbeit erschöpfen könne. In dieser Vorgehensweise drückt sich wiederum die schon erkannte Trennung der Sozialbereiche aus, die dem Theologen die Kirche als dessen partikulares Betätigungsfeld überlässt, während ihm die öffentliche Reflexion der Staatsführung immer nur «indirekt»[90] zukommen kann. Dabei bleibt die integrale Verwobenheit des Individuums in beide Sozialbereiche noch unterreflektiert.

2.1.2) Die Dogmatisierung der Biblizität theologischer Ethik

Die notwendige Sachgemässheit theologischer Kritik arbeitet Barth durch die tiefere Durchdringung des erkenntnistheoretischen Prinzips auch dogmatisch und bekenntnisförmig weiter aus, indem er die inhaltliche Bezogenheit der theologischen Explikation und deren ethischer Applikation auf die in der Bibel ansichtige Offenbarung Gottes stärkt. Dabei bleibt die erkenntnistheoretische Prämisse erhalten, in der Bibel liege die dem Menschen zugängliche Quelle der göttlichen Offenbarung vor. Sie wird in der fundamentaltheologischen Erarbeitung einer theologischen Erkenntnislehre in KD II/1 noch ausgebaut, indem Barth die von den biblischen Autoren gewählte Appellationsinstanz zur Bewahrheitung ihrer naturgemäss menschlichen Rede in Gott selbst festschreibt. Damit tritt die Beschreibung des göttlichen Selbstvollzugs an die Stelle der menschlichen Erkenntnis über die Wirklichkeit seines eigenen Vollzugs. «*Gott* ist Zeuge für die Wahrheit der prophetisch-apostolischen Botschaft», was aber nicht den Zeugnischarakter auch der biblischen Autoren schmälern soll, denn «auch der *Mensch* ist es und mit dem Menschen, den Menschen seinerseits zum Zeugnis aufrufend, der ganze geschaffene *Kosmos*».[91] Zweck dieser Bestimmung ist zum einen die Ordnung der Gesamtheit der erfahrbaren Welt auf Gott hin, von dem gelöst sie nicht adäquat wirklichkeitskonform zu denken ist, also die realitätsmonistische Festigung der Theorie, zum anderen die eine, durch die inhaltliche Beschreibung dieser Hinordnung durch den biblischen Text festgelegte, materiale Bestimmtheit der Realität, die sich aus dem «Inhalt der Bibel [als] ein[es] einzige[n] Zeugnis[ses]» ergibt, welches «streng und ausschließlich zu verstehen [ist] als das Zeugnis von Gottes Gnadenoffen-

---

90 A.a.O., 3.

91 Barth, KD II/1, 109.

barung in seinem Bund mit Israel und in der Erfüllung der diesen Bund begründenden Verheißung des Messias Israels und also der Fleischwerdung des göttlichen Wortes und der Ausgießung des Heiligen Geistes auf alles Fleisch».[92] Aufgrund der so bestimmten monokausalen Erkenntnismöglichkeit der Wahrheit kann auch eine Untersuchung des Verhältnisses zwischen Staat und Kirche und somit die Konstruktion einer Gesellschaftslehre nicht anders vorgelegt werden als in «eine[r] biblische[n], genauer neutestamentliche[n] Studie»[93], in der die biblischen Inhalte gemäss der Norm, mit der sie auf das Leben der Gemeinde bezogen sind, auch auf das Leben des Staates angewandt werden. Metaphorisch gesprochen bedeutet dies, dass die Kirche dem in Hinblick auf die Wahrheit blinden Staat so zur Seite steht, dass sie das in sie «von der himmlischen Polis [...] *herab*fallende» Licht auf die «irdische Polis hinüberfallen»[94] lässt. Der Staat, der als solcher nicht um seine wahre Aufgabe wissen kann, bedarf der Kirche, die ihm diese Aufgabe verkündigt und ihn immer wieder an sie erinnert, denn «ausser der Kirche [gibt] es keine Stelle in der Welt, in der ein grundsätzliches *Wissen* um die Berechtigung und Notwendigkeit des Staates vorhanden ist und zur Aussprache kommt».[95] Diese Erinnerung geschieht in der Verkündigung ebenso wie in der Fürbitte, durch deren ordnungsgemässen Vollzug die Kirche sich dem Staat als wahrer Untertan präsentiert, wodurch sie ihn «in seiner ihm zukommenden Stellung respektier[t]».[96]

Dieser dogmatischen Ausarbeitung geht ihre bekenntnisförmige Festschreibung in der Barmer Theologischen Erklärung zeitlich voran. Dort sind es im Besonderen die Thesen 1, 2 und 5, die für unseren Zusammenhang relevant sind. Die Notwendigkeit der Bibelbezogenheit christlicher Theologie wird in These 1 durch die unauflösbare Verknüpfung zwischen dem Herrn Jesus Christus und dessen Selbstmitteilung in der Bibel sichergestellt, wenn «Jesus Christus, wie er uns in der Heiligen Schrift bezeugt wird» als «das eine Wort Gottes, das wir zu hören, dem wir im Leben und im Sterben zu vertrauen und zu gehorchen haben», definiert und «die falsche Lehre» verworfen wird, «als könne und müsse die Kirche als Quelle ihrer Verkündigung ausser und neben diesem einen Worte Gottes auch noch andere Ereignisse und Mächte, Gestalten und Wahrheiten als Gottes Offenbarung anerkennen».[97] In der Form der Bekenntnisaussage werden

---

92 A.a.O., 120.
93 Barth, Rechtfertigung, 9.
94 A.a.O., 35.
95 A.a.O., 41.
96 A.a.O., 38.
97 Barmer Theologische Erklärung, These 1.

die Denkmöglichkeit einer nicht streng biblischen Theologie und damit die Handlungsweisen der aktuellen Kirchenleitungen mit ihrer national bestimmten Kirchenpolitik als unchristlich angegangen. Aber trotz dieser alleinigen Fokussierung auf die in der Heiligen Schrift vorliegende göttliche Selbstmitteilung, in der der Herrschaftsanspruch Christi zur Geltung kommt, wird dieser in den Thesen 2 und 5 zumindest vorläufig auf die Kirche beschränkt, wenn einerseits «die falsche Lehre» verworfen wird, «als gebe es Bereiche unseres Lebens, in denen wir nicht Jesus Christus, sondern anderen Herren zu eigen wären»[98] und andererseits die binnenkirchliche Adressiertheit der Theologie, die sich in der personalen Begrenzung auf die Gläubigen im Personalpronomen «unseres» ausdrückt, das immanente Handeln politischer Herrschaft, soweit es nicht die Innenbeziehungen von Kirche betrifft, durch die Bekräftigung der Unterschiedenheit der Handlungsbereiche zwischen Kirche und Staat unhinterfragt lässt. Denn die Beschränkung des Staates auf «seinen besonderen Auftrag», der seine Ausdehnung als «einzige und totale Ordnung menschlichen Lebens»[99] verhindern soll, schützt zwar die Kirche in ihrer Freiheit zur Ausführung ihres spezifischen Auftrags. Auf der anderen Seite nimmt sie der Kirche aber auch programmatisch die Möglichkeit, direkten politischen Einfluss zu üben, und stellt sie dadurch ruhig.[100]

Da diese Trennung der Bereiche der kirchlichen und der staatlichen Verantwortung für die Gesellschaft aufgrund des nationalsozialistischen Versuchs und Vollzugs der Gleichschaltung aller gesellschaftlichen Teilbereiche scheitern muss, etabliert Barth eine Theorie des politischen Handelns der Kirche, die, indem sie sich als Beschreibung der im Worte Gottes offenbarten Bewegung Gottes präsentiert, theologisch sachgemäss verständlich gemacht wird als an dieses Wort gebundene Auslegung des Wortes Gottes selber, mithin aus der Explikation der biblischen Offenbarungsüberlieferung besteht. Um die Möglichkeit der Adäquanz von Explikation und göttlicher Wirklichkeit zu denken, bedarf es allerdings einer verbindenden Denkfigur, die Barth in den schon in Tambach verwendeten Begriffen der Analogie und des Gleichnisses findet. Dabei wird mit der Frage nach der Analogie die erkenntnistheoretische Möglichkeit der menschlichen Rede von Gott thematisiert, während deren praktische Durchführung besonders in *Christengemeinde und Bürgergemeinde* im Gedanken der Fähigkeit von Kirche und Gesellschaft, als Gleichnis des Reiches

---

98 Barmer Theologische Erklärung, These 2.

99 Barmer Theologische Erklärung, These 5.

100 Vgl. Barth, Stimme, 5. Jüngel hingegen sieht schon in der Barmer Theologischen Erklärung die Bezogenheit beider Bereiche auf Christus grundgelegt, vgl. Verhältnis, 94.

Gottes zu fungieren, behandelt wird.[101] Besonders letztere Schrift, die schon im Titel offen auf das Gesellschaftsmodell der Schweiz verweist, führt Barth im Kontext der geistigen Landesverteidigung in grosse argumentative und semantische Nähe zu den ihn in Basel umgebenden Gesellschaftslehren und ermöglicht es ihm, dem von ihm weiterhin aktiv verfolgten deutschen Weg eine klare Gegenposition entgegenzustellen.

2.2) Die geschichtliche Konkretion des übergeschichtlichen Wortes Gottes

Die Konkretion der biblisch-ethischen Grundnormen auf die aktuelle gesellschaftliche Situation vollzieht Barth dadurch, dass er die von ihm zu behandelnden Sozialgestalten mit sozialen Gruppierungen der Bibel identifiziert (2) und die aus dieser biblischen Reflexion gewonnenen Ergebnisse auf die aktuellen Gesellschaftsverhältnisse analogisiert (1). Die christliche Norm politischen Handelns findet er dabei in der Rechtsstaatlichkeit als dem Analogon zur Rechtfertigung Gottes (3). Dadurch gelingt es ihm, sowohl eine Gesellschaftslehre wie auch ethische Verhaltensnormen als biblisch begründet darzustellen und Ergebnisse naturrechtlicher Argumentation als spezifisch christliche Lehrsätze zu formulieren (4).

2.2.1) Die Analogia fidei als Grundlage ethisch-gesellschaftstheoretischer Normbildung

Durch die Abkehr von jener Theologie, die den Vollzug religiöser Gotteserkenntnis als Gefühl im Bereich des Selbstbewusstseins und somit als prinzipiell der menschlichen Selbsttätigkeit verfügbar versteht, sieht sich Barth gezwungen, ein Konzept von Gotteserkenntnis vorzulegen, in dem diese einerseits als ein auf solche Weise dem Menschen entzogenes Geschehen aufgefasst wird, dass es sich den natürlichen Erfahrungsmöglichkeiten entzieht, sich andererseits aber dennoch als ein Geschehen in menschlich verstehbaren Erfahrungskategorien vollzieht, wodurch allein eine «Verbindung des Menschen mit dem von ihm selbst wie von seinen anderen Gegenständen *unterschiedenen* Gott»[102] möglich ist. Barth bleibt also auch in der fundamentaldogmatischen Ausarbeitung in der KD seinem früheren Ansatz treu, menschliche Erkenntnis als den Prozess der Inversion des Erkenntnisaktes in den Selbsterkenntnisvollzug Gottes im Glauben zu beschreiben. Da dieses Konzept, das in seiner reinen Form im zweiten Römerbriefkommentar vorliegt, eine Spaltung der menschlichen Erfahrung

---

101 Vgl. Gollwitzer, Reich, 363.
102 Barth, KD II/1, 14.

in einen weltlich-immanenten und in einen transzendent-gläubigen Bereich intendierte, der einen Graben zwischen scheinbarer und wirklicher Erkenntnis aufriss, wodurch die Gegenstände der unmittelbaren Erfahrung des Bewusstseins bloss als unwirklich zur Geltung gebracht werden konnten, muss Barth verstärkt die Positivität der unmittelbaren Erfahrung als Medium der Erfahrung der Wirklichkeit Gottes herausarbeiten. Dies unternimmt er in der Erkenntnislehre der KD mit der Reflexion über den schon im Tambacher Vortrag verwendeten Begriff der Analogie.

Im Rahmen der Gesellschaftslehre lässt sich die Frage so formulieren, wie es dem Menschen möglich werden kann, in den ihm zur Verfügung stehenden Kategorien sich selbst als in Beziehung zu Gott darzustellen, wie sich also das Selbstbewusstsein als fromm anschaubar zu machen vermag. In der Antwort auf diese Frage wird verhandelt, inwieweit die Gesellschaft als Handlungsrahmen des Menschen und als Objekt der subjektiven Erfahrung Medium der Wirklichkeit Gottes sein kann. Es steht also zur Diskussion, inwieweit und auf welche Weise sich Gotteserkenntnis im Rahmen der Welterkenntnis vollzieht und auf welche Weise dann aus der Erkenntnis Gottes ein Gestaltungsauftrag der Gesellschaft als des notwendigen Rahmens auch der Erkenntnis Gottes entspringt.

Zur Profilierung der eigenen These baut Barth als Gegenposition eine Theorie der Analogie auf, in der er die Position des römisch-katholischen Lehramtes vertreten sieht. Diese behandelt in der Tradition besonders der thomistischen Scholastik die Analogie als sich auf drei Weisen vollziehendes Erkenntnisprinzip. So ist es Aufgabe der attributiven und der metaphorischen Analogie, die Möglichkeit zu eröffnen, «to talk about God's dynamic perfections», während «proportional analogy enables one to talk about God's entitative perfections, i. e., about God's nature as it is in itself».[103] Diese Lehre, die versucht, die statische und die dynamische Seite Gottes in den Blick zu bekommen, also eine Erschliessungsmöglichkeit Gottes an sich und Gottes für uns in menschlicher Sprache zu denken, reduziert Barth in seiner Kritik auf den Aspekt der statischen Analogie,[104] der *analogia entis*, in der vom Sein des Menschen proportional auf das Sein Gottes geschlossen wird. In dieser Denkform ist es tatsächlich möglich, in Auslassung der Offenbarung die Tatsache der Wahrnehmung des eigenen Seins und die Annahme der Seinshaftigkeit Gottes in eine proportionale Analogie zu setzen, in der Gott als der in der Qualität des Seins bei unendlich quantitativer Verschiedenheit Gleiche gesehen werden kann: «Ist Gott, und soll sein Sein, soll andererseits unser eigenes Sein und das

—

103 Mondin, Art: Analogy, 466.

104 Vgl. als Kritik dieser Verkürzung: Murphy, Art: Analogy 468f., Söhngen, Catholica.

der Schöpfung von uns nicht geleugnet werden, dann müssen wir auch seine Erkennbarkeit, abgesehen von seiner Offenbarung, bejahen.»[105] Dieser Gedanke vollziehe eine Vorordnung des Seins Gottes an sich vor dem Sein Gottes für uns, das sich nur im konkreten Vollzug ereigne und dort erkennbar werde. Folge das Handeln aber dem Sein, vollziehe das Denken eine metaphysische Ontologisierung, in der ein anderer Gott erkannt werde als der sich in seiner Freiheit offenbarende. Diesem von Barth eruierten Grundsatz des *operari sequitur esse* gilt seine Kritik, die er in der Umkehrung des Satzes zur Geltung bringt und so für eine Seinserkenntnis votiert, die aus der Tätigkeitserkenntnis entspringt.

Ist die Tätigkeit Gottes Grundlage der Erkenntnis des Menschen, dann wird diese rückgebunden an eine Tat Gottes, Gott muss «als Subjekt seines Werkes und Handelns am Menschen» erscheinen.[106] Auf diese Weise bringt Barth die Frage nach der Handlungsmacht und dem Ort des Erkenntnisgeschehens zusammen, indem er Gott als den Handelnden beschreibt, dessen Tätigkeit aber nicht an sich, sondern am Menschen geschieht und damit im Rahmen menschlicher Erfahrungswirklichkeit, was sich darin ausdrückt, «daß Gott nur durch Gott, nämlich im Geschehen des göttlichen Übergriffs seiner Selbstoffenbarung erkannt werden könne».[107] Durch das Postulat dieses Übergriffs Gottes in die Bewusstseins- und Handlungssphäre des Menschen, der als Offenbarungshandeln seinen sprachlichen Ausdruck in der Bibel erhalten hat, eröffnet sich Barth die Möglichkeit, von einer Analogie zwischen beiden Bereichen zu sprechen. Diese Analogie, in der dem Menschen die Wirklichkeit Gottes in der Erfahrung der Welt erscheint, ereignet sich allein im Akt des Glaubens, weshalb Barth sie die *analogia fidei* nennt. Die Funktion dieser ist die Legitimierung der Rede von Gott als dem sich in den Kategorien menschlicher Wahrnehmungsmöglichkeiten als Objekt Offenbarenden. Sie steht somit an der Stelle im System, die im Idealismus von der Vorstellung der Identität des Selbstbewusstseins mit seinem Schöpfergrund im religiösen Gefühl eingenommen wurde, und die die alten Weggefährten Barths wie Emil Brunner, zu denen er sich nun in einem Gegensatz stehend wahrnimmt, mit dem Begriff des Anknüpfungspunktes zu beschreiben versuchen.[108] Denn diese Funktion, die Denkmöglichkeit des Göttlichen im Menschlichen oder der Aufweis der Kohärenzerfahrung des subjektiven mit dem allgemeinen Bewusstsein, zu besetzen, kommt auch Barth, trotz seines Versuches, diese als freie Tat des Selbstvollzuges Gottes zu beschreiben,

---

105 Barth, KD II/1, 89.
106 A.a.O., 91.
107 A.a.O., 86.
108 Vgl. z. B. Brunner, Gebot, 497.

nicht umhin. Allein durch die Rückbindung der Offenbarungsgehalte an die Sprachgestalt der Bibel versucht er, die menschliche Freiheit im Erkenntnisvollzug einzuschränken und auf die Auslegung der der göttlichen Freiheit entspringenden Offenbarungsgehalte zu beschränken.

2.2.2) Die Akteure politischen und kirchlichen Handelns

Die Ausarbeitung dieses Analogiedenkens ermöglicht es Barth, einerseits die Wirklichkeit Gottes in menschlicher Sprache darzustellen, andererseits kann er dadurch aber auch die Wirklichkeit des Menschen als Teil der göttlichen Wirklichkeit denken, wodurch ihm die Einordnung der Gesellschaftslehre in die Theologie gelingt, die sich material in der Feststellung der Zugehörigkeit der gesellschaftlichen Funktionsbereiche wie des Staates in den Herrschaftsbereich Gottes ausdrückt. Auf diese Weise kann der Staat als eine «Engelsmacht» beschrieben werden, die man sich wie andere Engelsmächte als eine «geschöpfliche, aber unsichtbar-geistig-himmlische» Macht vorzustellen hat, «die in und über der sonstigen Schöpfung eine gewisse Selbständigkeit und in der Selbständigkeit auch eine gewisse überlegene Würde, Aufgabe und Funktion»[109] besitzt. Die konkrete Anschaulichkeit dieser Himmelsmächte soll über ihre Identifikation mit scheinbar konkreten Einzelindividuen erfolgen, die diese in der erfahrbaren Geschichte repräsentieren. So können die aktuellen Sozialgrössen «Kirche» und «Staat» durch die biblischen Personen «Jesus» und «Pilatus»[110] vertreten werden. Die Repräsentanten der Kollektivsubjekte sind dabei aber, wie der Aufbau der Argumentation zeigt, nicht als geschichtlich personale Individuen, sondern als Typologien möglicher Individuationen zu denken. Dies wird deutlich, wenn Barth das Handeln des Pilatus nicht auf seine individual-psychologischen Folgen hinterfragt, sondern es bei der Beschreibung der allgemein-menschlichen, geschichtlich greifbaren Resultate belässt, die die biblische Figur des Pilatus zeitigt. So steht dieser dann paradigmatisch für den in menschlichen Mustern denkenden und handelnden Staat, der aber gleichzeitig als Teil des Herrschaftsbereiches Gottes von diesem als ein Werkzeug verwendet werden kann, wie es in der Verurteilung Jesu faktisch geschehen ist: «Eben indem [Pilatus] dem Unrecht seinen Lauf liess, war er ja das menschliche geschöpfliche Werkzeug der durch diese Kreuzigung ein für allemal zu vollziehenden Rechtfertigung des sündigen Menschen.»[111]

Unter der Gesellschaft ist dann die Gesamtheit der in solcher biblischen Identifikation gewonnenen substantialisierten Kollektivindividuen vorzu-

---

109 Barth, Rechtfertigung, 17.

110 A.a.O., 11.

111 A.a.O., 13.

stellen, wie sie beispielsweise Staat oder Kirche bilden, die als abstrakte Handlungsakteure auftreten. Die in diesen Kollektivindividuen existierenden Menschen, die in seinem Bereich leben, in einer strukturiert hierarchischen Form unter seiner Macht zu sammeln und zusammenzuhalten, ist diejenige Aufgabe des Staates, die über seine Betrachtung als eines Werkzeuges der göttlichen *creatio continua* hinausgeht. Denn diese wird zwar der Anforderung seiner funktionalen Bestimmung gerecht, zur Definition der faktischen Aufgabenstellung bedarf es aber noch des gesellschaftsstrukturierenden, im Eigenhandeln des Staates liegenden Auftrags, dem er in der Errichtung eines politischen Gebildes nachkommt, da es «so etwas […] geben muss: Ämter und Ordnungen, Arbeitsteilungen und Gemeinschaftsformen».[112] Darum ist es rechtmässig, wenn der Staat «immer schon alle in seinem Bereich lebenden Menschen in sich versammelt [hat] und sie als solche zusammen[hält] durch seine mit Gewalt aufgerichtete und aufrechterhaltene Ordnung».[113]

Die in der Nominalisierung der Kollektivsubjekte bestehende Gefahr, die Bestimmung des Verhältnisses des Einzelnen zu den Sozialformen zu einseitig zu bestimmen, bleibt auch dann bestehen, wenn Barth das Kollektivsubjekt «Staat» von den Individualsubjekten der Amts- oder Mandatsträger oder der Beamten trennt, die dieses ausfüllen. Barth verfällt damit einem Ordnungsdenken, in dem der Einzelne jeweils auf die Rolle seines Berufes reduziert und aus den anderen gesellschaftlichen Zusammenhängen herausgenommen wird. Die funktionale Berufsbestimmung wird dadurch ontologisiert, gleichzeitig löst Barth die ontologische Bestimmung des Einzelnen aber in dynamische Verhältnisse auf. Die Partizipation in einem Gesellschaftsfeld wird also rein aktual gedacht, was wiederum dazu führt, dass solche Kollektivakteure wie Staat und Kirche auf jeweils wenige, empirisch greifbare Handlungsträger reduziert werden. Die kirchliche Arbeit der Fürbitte und der Verkündigung wird in weltlich-praktischer Perspektive zu einem Vollzug, der nur von einer Elite religiöser Funktionsträger durchführbar ist. Dieser wiederum dann ist eine gleichzeitige Aktivität in einem anderen Sozialbereich unmöglich, die Frage nach dem Ort des individuellen Seins jedenfalls für kirchliche Akteure tatsächlich obsolet.

Die in der frühen dialektischen Phase entwickelte Vorstellung der Realität als eines monistisch auf Christus hin geordneten Raumes ermöglicht es Barth in dem im Jahr 1945 gehaltenen Vortrag *Christengemeinde und Bürgergemeinde*, das Problem der Zuordnung des Individuums auf die Kollektivsubjekte des Staates und der Kirche zu lösen. Dies gelingt ihm

112 A.a.O., 33.
113 A.a.O., 32f.

durch das Bild der verschiedenen Sozialgruppen als konzentrischer Kreise[114], die sich um Jesus Christus als Mitte des Seins lagern, der dadurch seinen Herrschaftsanspruch auf die ganze geschöpfliche Welt zur Geltung bringt. Da die Christengemeinde als innerer Kreis vom äusseren Kreis der Bürgergemeinde umfasst wird, kann Barth von der «Personalunion»[115] der Gläubigen sprechen, die Anteil an beiden Kreisen haben. Gleichzeitig wird durch die Hinordnung auch der Bürgergemeinde auf Christus die ontologischen Gleichrangigkeit aller Menschen vor Gott festgestellt, in deren noetischer Bewusstwerdung der Vorzug der Christen liegt. Als Differenz zwischen beiden Sozialgrössen bestimmt Barth die verschiedene Wahrheitserkenntnis: «Die Christengemeinde ist das Gemeinwesen derjenigen Menschen eines Ortes, die als ‹Christen› durch die Erkenntnis und zum Bekenntnis Jesu Christi aus den Übrigen im besonderen herausgerufen und vereinigt sind.»[116] Präzisiert wird die Überarbeitung der Denkfigur in Kollektivakteuren durch die im Begriff der Personalunion angezeigte Fokussierung der Theorie auf die Einzelindividuen. So verweist der Begriff der Gemeinde darauf, «dass wir es in ‹Kirche› und ‹Staat› nicht nur und nicht in erster Linie mit Institutionen und Ämtern, sondern mit Menschen zu tun haben».[117] Darum müsse der Einzelne nicht mehr als typisiertes Subjekt, sondern als geschichtlich-konkreter Mensch in den Blick kommen, denn eine christologische Fokussierung des Glaubens ziele «auf die Erkenntnis des einen ewigen Gottes, der als solcher *Mensch* und so des Menschen Nächster geworden ist».[118]

Mit der Hinwendung zum Einzelnen überschreitet Barth den Rahmen eines solchen Ordnungsdenkens, das dem Menschen seinen Platz in der Gesellschaft aus den vorgegebenen Naturordnungen zuerkennt. Die vornehmlich im deutschen Kontext rezipierte Ordnungstheologie[119] kann Barth zwar so hinter sich lassen, indem er die Möglichkeit bedenkt, wie der Einzelne sich eigenverantwortlich in den gesellschaftlichen Zusammenhang einordnet. Doch sein Interesse ist weiterhin geleitet von der die Gesellschaft zusammenhaltenden Rechtsordnung und nicht dem eine Zivilgesellschaft ausmachenden Beziehungsgeflecht zwischen ihren Einzelteilen. Der eigentliche Individualismus wird dadurch immer eingehegt durch den Willen der fiktiven Einzelnen, der in vertragsrationaler Weise eine strukturier-

---

114 Barth, Christengemeinde, z. B. 4; 11; 13; 17; 23.
115 A.a.O., 3.
116 A.a.O., 4.
117 A.a.O., 3.
118 A.a.O., 25.
119 Vgl. Fischer, Ethik, 61. Ordnungstheologische Elemente in der Schweiz finden sich besonders bei Brunner und de Quervain.

te Staats- und Regierungsform aufbaut und der die freie Vielheit der Einzelnen verhindert. Die Freiheit der Gemeinschaft bleibt also über der Freiheit des Einzelnen, die Movens des Schweizer Liberalismus ist.

2.2.3) Norm und Vollzug der ethischen Weisung

Die Rechtfertigung, in der das Überindividuelle mit dem Individuellen verbunden wird, ist die das inhaltliche Verhältnis zwischen Gott und Mensch bestimmende Norm. Das ursprünglich innertrinitarische Geschehen wird im Glauben vom individuellen Menschen realisiert, wodurch die «Botschaft von der göttlichen Rechtfertigung» zur «eigentlichen und allein wirklichen Quelle und Norm»[120] wird, die die biblischen Zeugnisse gleich einem Band durchzieht. In analoger Übertragung auf das Verhältnis des Staates zu Kirche und zum Einzelnen ist es die als verlässlicher positiv-normativer Rahmen verstandene Rechtlichkeit, aus der sich die konkreten Formen des staatlichen Handelns ableiten. Die in der Rechtfertigung liegende Bestimmung des Verhältnisses zwischen Gott und Mensch wird also vorbildlich für das Verhältnis des Staates zu seinen Bürgern.

Die Transformation der christlich-kirchlichen in eine säkular-weltliche Norm ist die von der Kirche in Verkündigung und Gebet zu vollziehende Aufgabe. Denn im Gebet liegt, wie Barth in Kontinuität zu seinem frühen Denken ausführt, der Grundakt allen kirchlichen Handelns, «indem [die Kirche] aber für [die Bürgergemeinde] betet, macht sie sich Gott gegenüber für sie verantwortlich».[121] Das sich in die Verantwortung stellende Beten ist nicht als ausschliessliche, binnenrelationale Kommunikation zwischen Gott und Kirche zu verstehen, sondern beinhaltet konstitutiv die Verkündigung, in der «die Kirche *erinnert* an Gottes Reich».[122] Dadurch wird die Kirche zu dem Ort, an dem die göttliche Wahrheit in eine weltlich verständliche Form transformiert wird: «Wie die göttliche Rechtfertigung *das* rechtliche Kontinuum ist, so ist die Kirche das politische Kontinuum.»[123] Als solches erweist sich die Kirche, indem sie in Kontinuität zur Botschaft der Rechtfertigung als der ihr eigensten Sache den Staat an seine Aufgabe erinnert, in seiner Rechtsprechung dieser gerecht zu werden.

Dennoch ist die Behauptung, die Kirche sei das politische Kontinuum, das die Möglichkeit garantiere, die Gesellschaft als einen inhaltlich an der Rechtfertigung normierten Lebensrahmen des Menschen zu bauen, ein eminent politischer Satz, der in dieser Form nicht nur die politische Intervention der Kirche im Allgemeinen fordert, sondern diese noch unter ein

—

120 Barth, Rechtfertigung, 28.
121 Barth, Christengemeinde, 13.
122 A.a.O., 21.
123 Barth, Rechtfertigung, 41.

bestimmtes Gesellschaftsbild stellt, das den modernen Rechtsstaat als göttlich legitimierte Staatsform erscheinen lässt. Die Behauptung, alle an einem Ort lebenden Menschen seien als Gesellschaft dem Herrschaftsanspruch Gottes unterstellt, ermöglicht es, diesen in der Kirche expliziten Anspruch analog auf die Bürgergemeinde zu übertragen. Denn die ontologische Gleichrangigkeit der Bürgergemeinde mit der Christengemeinde drückt sich darin aus, dass die Christengemeinde als integraler Teil der Bürgergemeinde gefasst wird, insoweit diese das «Gemeinwesen aller Menschen eines Ortes, einer Gegend, eines Landes» umfasst, «sofern sie unter einer für einen Jeden und für Alle in gleicher Weise gültigen und verbindlichen, durch Zwang geschützten und durchgesetzten Rechtsordnung beieinander sind».[124] Die Relationalität ist aber beiderseitig zu verstehen. Auf der einen Seite kann von der in der Christengemeinde aus der Bibel abgeleiteten Ausformung des sozialen Lebens analog auf die Bürgergemeinde geschlossen werden, genauso muss sich die Kirche aber andererseits als integraler Bestandteil der Gesellschaft verstehen, als der sie sich deren Strukturierungs- und Herrschaftswirken aussetzen muss. Dies gilt für die Kirche umso mehr, als dass die Tatsache der faktischen Existenz und Notwendigkeit einer «durch überlegene Autorität und Gewalt geschützten» Rechtsordnung als «Auswirkung einer *göttlichen Anordnung*»[125] zu verstehen ist, die dem Staat seine spezifische und von der Kirche zu achtende Würde gibt, die ihn dazu berechtigt, sich als Gestalt einer göttlichen Anordnung, «als ein Gleichnis, eine Entsprechung, ein Analogon zu dem in der Kirche geglaubten und von der Kirche verkündigten Reich Gottes»[126] zu verstehen.

In dieser Erinnerung, die ein Unterscheiden, Urteilen und Wählen[127] nach sich zieht, das sich auch in der konkreten Handlung erweisen kann, liegt die eigentliche Politisierung des Glaubensvollzugs. Hier wird die dem an der Tagespolitik desinteressierten Handeln Jesu analoge Handlung der Kirche eine eminent politische. Aus dem ihrer Existenz als vorläufiger Darstellung des Reiches Gottes entspringenden Vorbildcharakter für den Staat erwächst der Kirche nun die Aufgabe, positive Ausdrucksgestalten zu präsentieren, die «im Spiegelbild zu reflektieren»[128] der Staat fähig ist. Diese Präsentation vollzieht sie durch die erzählende Verkündigung des «Geheimnis[ses] ihres eigenen Zentrums», wodurch sie an der Durchsetzung ihres Willens arbeitet, «dass die vom Himmel her offenbar gewordene und tätige Gnade Gottes in dem auf Erden allein möglichen Material äusser-

---

124 Barth, Christengemeinde, 4.
125 A.a.O., 8f.
126 A.a.O., 23.
127 Vgl. a.a.O., 16; 24.
128 A.a.O., 23.

licher, relativer und vorläufiger Handlungen und Handlungsweisen der politischen Gemeinde abgebildet werde».[129] In dieser Erinnerung kann die Kirche nach Barth so weit gehen, dass zur praktischen Folge von Fürbitte und Verkündigung auch «verantwortliches Wählen der Obrigkeit, verantwortliches Entscheiden über die gelten sollenden Gesetze, verantwortliches Achten auf ihre Durchführung, mit einem Wort, aktives politisches Handeln»,[130] also durchaus direkte politische Beteiligung gehört.

2.2.4) Beispiele der Anwendung

Die Darstellung der konkreten ethischen Weisungen weist auf die auch Barth selbst nicht verborgen gebliebene Nähe seiner Gesellschaftstheorie zu aufklärerisch-naturrechtlichen Theorien hin. Dies wird besonders anschaulich in der Gleichsetzung der Rechtstaatlichkeit mit der Rechtförmigkeit des Staates, also in einer vertragsrechtlichen Konzeption des Staates, die sich von der theoretischen Legitimation staatlicher Macht in hereditären oder führerstrukturierten Denkformen absetzt, wie sie durch das zeitgenössische konservative Denken hervorgebracht wurden. Barth bleibt aber die Antwort darauf schuldig, ob das notwendige Wählen der guten Staatsform als Handlung des unter den Bedingungen der Welt lebenden Menschen nicht auch als «natürliches» Handeln aufzufassen sei, ob man also die Tatsache der Möglichkeit des freien Wählens des Menschen, auch des Guten, nicht so beschreiben müsse, dass sie dem Menschen in seiner Natürlichkeit durch Gott gegeben ist, dass also die Möglichkeit naturrechtlicher, rationaler Wahl ein Moment der göttlichen Schöpfung sei.[131] Plädiert man für eine in der Geschöpflichkeit liegende Wahlfreiheit, dann erscheint die implizite Gesellschaftstheorie Barths als eine theologische Legitimation des fundamentalen gesellschaftskonstitutiven politischen Modells der Schweizerischen Eidgenossenschaft in einer solchen sozialistischen Deutung, in der als Objekt des Regierungshandelns der Sozialkörper der Gemeinschaft Aller zu stehen kommt. Damit stellt sie sich gegen abstrakte Ideen, wie sie in der Staatsraison oder einer hypostasierten Volksseele dargestellt sind.

An drei Beispielen soll die Anwendung des Gedankens der Rechtsstaatlichkeit als gottgemässer Staatsform aufgezeigt werden. Als erste, in ihrer Deutlichkeit unmissverständliche, politische Darlegungen christlichen Glaubenshandelns, die nach Barth durchaus Züge gesellschaftlicher Beteiligung

---

129 A.a.O., 23f.

130 Barth, Rechtfertigung, 44.

131 In dieser Weise könnte man mit dem von Birkner, Theologie, zitierten Museus argumentieren, mit dem Birkner die «Zweideutigkeit der menschlichen Natur» als gutem Geschöpf Gottes und als sündigem Menschen in Anschlag bringt.

annehmen können, sind die Stellungnahmen zur deutschen Expanionspolitik im Jahr 1938 zu lesen. In diesem Zusammenhang bezeichnet es Barth in seinem Brief an den Prager Theologen Josef Hromádka als eine Christenpflicht, sich angesichts der Ereignisse im Herbst 1938 und der Drohung Hitlers, die Sudetengebiete in der Tschechoslowakei notfalls militärisch zu besetzen, auch mit Waffengewalt der Expansion des als «Riesenschlange» bezeichneten deutschen Naziregimes zu widersetzen. Bewusst löst er sich endgültig vom bei Ragaz kennen gelernten Pazifismus und kann schreiben: «Jeder tschechische Soldat, der dann streitet und leidet, wird es auch für uns – und ich sage es heute ohne Vorbehalt: er wird es auch für die Kirche Jesu Christi tun, die in dem Dunstkreis der Hitler und Mussolini nur entweder der Lächerlichkeit oder der Ausrottung verfallen kann.»[132] Durch die Gegenüberstellung der göttlich gewollten Rechtsstaatlichkeit und der entarteten Staatlichkeit des Faschismus stilisiert Barth den geschichtlich konkreten Kampf zwischen historischen Staaten zu einem mythologischen, endzeitlichen Kampf um den Geltungsanspruch des Wortes Gottes, dessen Sieg sich dadurch realisiert, «dass möglichst Viele ihr Vertrauen nicht auf Menschen, Staatsmänner, Geschütze und Flugzeuge, sondern auf den lebendigen Gott und Vater Jesu Christi setzen».[133] In der Abkehr von einem reinen Pazifismus ergreift Barth diejenige Schweizer Position, die auch bei Werner anzutreffen ist, dass Krieg als Verteidigung der eigenen Landesgrenzen um der Wahrung der Neutralität willen geboten sein kann.

Nach der Kriegsniederlage Frankreichs und der damit verbundenen Einkesselung der Schweiz durch faschistische Länder identifiziert Barth in den beiden im Jahr 1941, im Jahr des 650. Jubiläums der Eidgenossenschaft, gehaltenen Vorträgen *Im Namen Gottes des Allmächtigen* und *Hominum confusione et Dei providentia Helvetia regitur* nicht nur die ideale, sondern sogar die real existierende Schweiz explizit als die dem Willen Gottes am weitesten entsprechende Gesellschaftsform. In diesen Texten argumentiert Barth mit einem zweigeteilten Wirklichkeitsverständnis, nach dem parallel zum freien Handeln des Menschen in der Organisation und Ausgestaltung seines geschichtlich ansichtigen Sozialrahmens das göttliche Handeln diese menschliche Geschichte in die Geschichte Gottes einordnet. Es besteht also neben der Regierung «im Vordergrund, ausgeübt durch die Menschen [...], eine im Hintergrund, ausgeübt durch Gott, den Allmächtigen».[134] In dieser hintergründigen Bewegung wirkt

---

132 Barth, Brief an Professor Hromádka, 58f.
133 A.a.O., 59.
134 Barth, Hominum, 233.

Gott, wie es im Schweizerkreuz bildlich dargestellt ist,[135] senkrecht von oben in die menschliche Wirklichkeit hinein und führt diese zu einem Gelingen. Die Hintergründigkeit dieses Geschehens garantiert die Wirklichkeitskonformität des Geschichtsverlaufes, die sich ereignet, weil «Gottes Gnade ganz allein»[136] das Gelingen des Regierungshandelns verbürgt. Die Verbindung von Vorder- und Hintergrund wird in der Existenz der Kirche sichtbar, die in ihrer Verkündigung als Zeugin dieser Verbindung fungiert. Durch die Existenz der Kirche, die als wesenseins mit Christus zu denken ist und auf deren «Boden und Grund, in der[en] Luft und Reichweite»[137] die Gesellschaft existiert, geschieht es, dass diese durch jene allein dadurch, «mit dieser zusammen zu leben [...] nicht mehr und nicht weniger als geheiligt»[138] zu gelten habe. Entscheidend ist allerdings, dass in dieser Konzeption im Vordergrund ein Raum eigenständigen menschlichen Handelns erhalten bleibt, der notwendige Bedingung von Ethik ist.

Durch die Parallelisierung von menschlicher und göttlicher Handlung kann auch eine im autonomen Handeln des Menschen fundierte Gesellschaft christentumsaffin wirken und andersherum kann es geschehen, dass sich christlich orientierte Gesellschaftslehren «an mehr als einem Punkt in der Sache mit Aufstellungen berührt haben, die anderwärts nun doch auch schon naturrechtlich begründet worden sind».[139] Die Beziehung der parallelen sozialethischen Begründungen denkt Barth als eine unwissentliche Beeinflussung der naturrechtlichen Positionen durch die der göttlichen Realität entlehnte Ethik. Allerdings scheint in Hinblick auf die ethische Positionierung im Schweizer Kontext durchaus die Frage sinnvoll, ob nicht eher das in diesem Rahmen virulente Gesellschaftsbild mit seiner biografischen Prägekraft auf Barth als Kontext seiner christlichen Herkunft und Identitätsstiftung vor dessen Versuch stand, dieses quasi im Nachhinein christlich bzw. biblisch zu begründen. So könnte erklärt werden, dass in Abgrenzung zum nationalsozialistischen Versuch der Gleichschaltung der Einzelnen dieses Gesellschaftsmodell mit seinem Grundgedanken der Freiheit des Einzelnen gegenüber der sozialen Gesamtheit an Plausibilität gewinnt. Die Idee, dass Rechtfertigung, die den Einzelnem an die Herrschaft Gottes binde und aus den Zwängen autoritärer, menschlich «regulierter Sphären»[140] befreie, im individuellen Glaubenserleben erkannt werde, kann Barth dann als einen göttlichen Verkündigungsinhalt in den Gegensatz zu

---

135 Vgl. a.a.O., 236.
136 A.a.O., 238.
137 Barth, Namen, 207.
138 Ebd.
139 Barth, Christengemeinde, 35.
140 A.a.O., 28.

anderen Sozialisationsformen stellen: «So sicher jene unsere Lebensform und mit ihr das ganz Europa gemachte freie Angebot den unzerstörbaren, den nur mit ihr selbst zerstörbaren Charakter der schweizerischen Eidgenossenschaft bildet, so sicher ist dieser unser politischer Charakter, vergleichbar dem Alpenglühen, ein Widerschein von dem uns und dem ganzen Abendland verkündigten Evangelium von Jesus Christus, eine Bestätigung seiner Auferstehung von den Toten, der ihm gegebenen Gewalt über alles, was im Himmel und auf Erden ist, seines vollbrachten Sieges über die Dämonen, der Güte Gottes, welcher will, dass allen Menschen geholfen werde.»[141]

Als Methode wählt Barth im zweiten, material-ethischen Teil von *Christengemeinde und Bürgergemeinde*, die als eine grundlegende soziologische Reflexion fungieren soll, ein Rückschlussverfahren, in dem er aus den Handlungsoptionen Christi auf die diesen notwendig folgenden Handlungsoptionen des Menschen schliesst. Aus dieser Fokussierung ergibt sich, dass die aus der Verkündigung abgeleiteten konkreten Verhaltensnormen für ihre Durchsetzung des im praktischen Vollzug sich in den drei Gewalten der Legislative, der Exekutive und der Judikative[142] darstellenden, wenn auch nach christlicher Massgabe «demokratischen Staates»[143] bedürfen. Anschaulich zeigt sich dies in den von Barth präsentierten «Beispielen»,[144] in denen der Staat als das der Gemeinde analoge Handlungssubjekt auftritt. Das konkrete Vorgehen Barths ist dabei dieses, dass er eine soziologische Bestimmung für die weltliche Gestalt der Kirche aus der Offenbarung Gottes im wahren Menschen Jesus Christus expliziert und diese Explikation dann in einem zweiten Schritt auf die Gesellschafts- und Staatslehre appliziert. Wenn also «die Christengemeinde [...] gegründet [ist] auf die Erkenntnis des einen ewigen Gottes, der als solcher Mensch [...] geworden ist» und darum in ihrem konkreten Handeln ihr Ziel nicht in einer Sache, sondern im Menschen sieht, so hat auch «das Recht [...] der Begrenzung und Bewahrung eben des Menschen»[145] zu dienen. Das hier verwendete Muster der Eruierung einer ethischen Norm für die Kirche aus der Offenbarung und ihre analoge Übertragung auf die Verhaltensgebote des Staates wird zur Grundstruktur der weiteren Argumentation. So leitet sich beispielsweise aus der Tatsache, dass Christus gekommen ist, «zu suchen und zu retten, was *verloren* ist», die Option für den Staat ab, für die «nach

—

141 Barth, Namen, 211.
142 Vgl. Barth, Christengemeinde, 4; 7.
143 A.a.O., 36.
144 A.a.O., 33.
145 A.a.O., 25f.

ihrer gesellschaftlichen und wirtschaftlichen Stellung Schwachen»[146] zu sorgen. Aus der Berufung der Christen «in Freiheit»[147] ergibt sich die Forderung an den Staat, die Freiheit des Einzelnen in der Gestaltung seiner Existenz zu garantieren, wie auch, diese Freiheit in eine Verantwortlichkeit gegenüber dem Ganzen durchzusetzen.

2.2.5) Autorität im Sinne von Karl Barth

Als eine Auseinandersetzung mit der theologischen Begrifflichkeit, die Karl Barth im deutschen Kontext angetroffen hatte, kann man den § 20 in dem im Jahr 1939 veröffentlichten Teilband I/2 der KD lesen. Im ersten Teil der KD entwickelt Barth die Erkenntnismöglichkeit des Glaubens als Lehre vom Wort Gottes in dessen dreifacher Gestalt als verkündigtes, geschriebenes und offenbartes Wort. Nach der grundsätzlichen Entfaltung der Bedeutung des Wortes für die Dogmatik[148] und der trinitarischen Bestimmung dieses Wortes[149] thematisiert Barth die Heilige Schrift als den Ort, an dem sich Gott dem Menschen erkennbar macht, indem die Bibel «durch den Heiligen Geist zum Zeugnis von Gottes Offenbarung wurde und werden wird».[150] Inhaltlich geht es ihm in § 20 also darum, die Grenze zwischen der göttlichen und der menschlichen Sphäre im Vollzug der Glaubenserkenntnis aufrechtzuerhalten. Die Heilige Schrift ist dabei als aktuale Gabe Gottes das Zeugnis der Wirklichkeit Gottes und seines Wirkens, das der Gemeinde gegeben ist, ohne in ihren Besitz zu gelangen, also ohne ihr verfügbar zu werden. In der Berufung auf eine ihr entzogene Schrift konstituiert sich die wahre Kirche, die damit von solchen Verkirchlichungen unterschieden ist, wie sie im Katholizismus oder im Neuprotestantismus vorliegen. Denn diese vereinnahmen die Schrift durch die Schaffung des päpstlichen Lehramtes oder die Referenz auf das «moderne Selbst- und Geschichtsbewußtsein»,[151] in denen die Sphärengrenze eingezogen wird und sich diese Kirchen das Offenbarungszeugnis verfügbar machen. Die von Barth festgestellte Differenz zwischen diesen Verkirchlichungen und der wahren Kirche besteht in der Zurechnung der Wirkmacht, durch die die Bibel zu einem Offenbarungszeugnis Gottes wird. Die von Barth vornehmlich besprochenen Kirchenformen des Katholizismus und des Neuprotestantismus rezipieren die Heilige Schrift dabei auf eine solche Weise, in der sie diese in Besitz nehmen und von da aus ihre Religionstheorien

---

146 A.a.O., 27.
147 Ebd.
148 Vgl. Barth, KD I/1, 47–310.
149 Vgl. a.a.O., 311–514; KD I/2, 1–504.
150 Barth, KD II/2, 505.
151 A.a.O., 642.

entwerfen, sie also «aus der Gegenwart und Gnade Jesu Christi einen Anspruch auf eine ih[nen] selbst eigene unmittelbare, inhaltliche und absolute Autorität ableite[t]».[152] Solche Versuche führen zu innerkirchlichen «Parteikämpfen»[153], in denen partikulare Interessen und Einsichten durch ihre scheinbare Fundierung in der Heiligen Schrift verabsolutiert werden und zur Grundlage des Glaubenslebens mutieren. Dem steht eine solche Kirche gegenüber, die die Andersartigkeit der Heiligen Schrift bewahrt und ihre eigene Erkenntnis und Verkündigung immer nur als mittelbare Aneignung ihrer Inhalte begreift. Zwar gelingt es einer so verfahrenden Kirche immer wieder, den Inhalt der göttlichen Verkündigung sachgemäss darzustellen, sie schafft dies aber nur im Bekenntnis zu einem ausserhalb ihrer selbst liegenden Erkenntnisobjekt. Praktisch vollzieht sich dieser Akt «in der Gemeinsamkeit des Hörens und Annehmens des Wortes Gottes»[154], in der Verbindung des gemeinsam Gehörten «in bestimmten Einigungen und gemeinsamen Erklärungen»[155] und in der, wenn auch geschichtlich kontingenten, empirisch ansichtigen Sozialform einer Konfessionsgemeinschaft.

Auffällig ist in dieser Beschreibung nun, dass Barth das Verhältnis zwischen der Schrift als dem Ort der göttlichen Selbstmitteilung und der Kirche als dem Ort der Rezeption dieser Mitteilung unter den Begriff der Autorität stellt. Unter diesem versteht er ein Gehorsamsverhältnis, in dem eine hierarchische Unterordnung vollzogen wird, die einen Befehlsträger und einen Befehlsempfänger aufeinander zuordnen. Mit dieser Begriffsbestimmung übernimmt Barth den ihm aus dem deutschen Diskurs v. a. bei Gogarten bekannten Autoritätsbegriff[156], der allerdings selber einer begriffsgeschichtlichen Engführung entspringt.[157] Diesen engen Begriff wendet Barth aber sogleich an und spitzt ihn so zu, dass zum einen wahre Autorität als Gehorsamsstruktur nur im Verhältnis zwischen Gott und Mensch existiert, und zum anderen alle weltlichen Autoritätsformen nur als analoge Abbilder dieses Urverhältnisses verstanden werden können. In dieser letzten Wendung setzt sich Barth von allen Versuchen ab, bindende Autorität in solche Beziehungsstrukturen einzuschreiben, die im kulturellen Leben vorfindlich sind. Dagegen plädiert er dafür, dass menschliche Autorität «nicht nur im Sinn und Kraft einer Naturordnung, sondern [...]

---

152 A.a.O., 643.

153 A.a.O., 651.

154 A.a.O., 658.

155 A.a.O., 662.

156 Vgl. auch K. Barths Kommentar vom 23.12.1931: «Deine letzte Schrift (‹Wider die Ächtung ...›) ging mir noch heftiger gegen den Strich als die vorangehende». ebd., Anhang Nr. 9, Barth an Gogarten, 298.

157 Vgl. Kap III, 3.5.

im Sinn des Zeichens»[158] der göttlichen Realität zu verstehen sei. Auf diese Weise wird eine Autorität der Kirche, die sich ganz dem in der Bibel ansichtigen Gott unterstellt, «als Reflex der Autorität Gottes in seiner Offenbarung im Verhältnis zu allen anderen Autoritäten des menschlichen Bereiches, die eigentliche, die ursprüngliche, die ur- und vorbildliche Autorität».[159]

Die Pointe der in § 20 ausgeführten Lehre liegt neben der inhaltlichen Bestimmung der Funktion der Heiligen Schrift für die Normierung des Glaubensaktes im sprachlich-formalen Versuch Barths, der Semantik des deutsch-konservativen Protestantismus einen Hauptbegriff streitig zu machen und durch dessen Umformatierung abzunehmen.[160] Denn durch die Formatierung des Autoritätsbegriffs als Beschreibung des ursprünglichen Verhältnisses zwischen Gott und Mensch, aus dem heraus sich erst alle zwischenmenschlichen Autoritätsverhältnisse ableiten, wird der Begriff einer solchen Deutung entzogen, in der er die Bestimmung des Verhältnisses zwischen den einzelnen Gesellschaftsmitgliedern aus naturalistischen, kulturellen oder schöpfungstheologischen Momenten ableitet. Ein im Barth'schen Sinne verstandener Autoritätsbegriff verunmöglicht mithin den Aufbau einer Kirche in Analogie zum nationalsozialistischen Führerstaat und fügt diesen Versuchen zumindest auf theoretischer Ebene einen grossen Schaden zu.

2.3) Die bleibende Kontextualität des ethischen Urteils

Wie schon in seiner frühen Phase versteht Barth Theologie als ein bibelgeleitetes Unterfangen. Paradigmatisch steht dafür das methodische Vorgehen, aus den Offenbarungsinhalten über die kirchliche Verkündigung gesellschafts- und staatsleitende Normen zu bilden. Diese Methode fusst auf dem erkenntnistheoretischen Grundgedanken, dass Gott nur durch Gott erkannt werde und darum die unmittelbare Gotteserkenntnis des Glaubenssubjektes nur in der Partizipation am innertrinitarischen Erkenntnisvollzug zu denken sei, der sich weltlich in der «heiligen Schrift im Wort der Propheten und Apostel» ausdrückt, in dem sich das Wort Gottes «be-

---

158 Barth, KD I/2, 654.

159 Ebd.

160 Allerdings hat genau an dieser Stelle auch die zeitgenössische Kritik angesetzt, warum, bei der autoritätstheoretischen Ausrichtung der Lehre, es gerade die Bibel sein soll, in der alleine der Heilige Geist erkenntnisschaffend tätig werden könne, und welche menschliche Instanz bei einer so starken Pointierung der göttlichen Form der Bibel diese als Menschenwort auszulegen imstande sei, vgl. z. B. Herrigel, Theologie, 544–548.

zeugt».[161] Dass dabei die in der überlieferten biblischen Textform ansichtige Gestalt des Wortes Gottes nicht mit diesem selbst gleichzusetzen ist, sondern dass diese durch den Vollzug der Mitteilung des Wortes Gottes als verkündigtem, geschriebenem und offenbartem Wort Gottes normiert ist, die allein als ein Ganzes zu sehen ist, «innerhalb dessen es kein Mehr oder Weniger geben kann»,[162] steht für Barth ausser Frage, da nur durch den dem Lesen mitgehenden Offenbarungsvollzug einem den Wortlaut überhöhenden Biblizismus gewehrt werden kann. Doch selbst wenn der Verstehensprozess als durch die göttliche Tat geleitet beschrieben wird, kann aus der Perspektive des reflektierenden Subjektes die Erarbeitung der Verstehensnorm nur als hermeneutischer Prozess und damit als kontextuell geprägt verstanden werden.[163] Wird die Normsetzung hingegen nicht im Rahmen der Verständnismöglichkeiten des Einzelnen betrachtet, so ist dessen Übernahme einer bestimmten, das biblische Verstehen prägenden Norm als ein *sacrificium intellectus* zu denken, in dem die Gabe der Verstehensnorm an das Individuum als ein Wundergeschehen überhöht wird. Einer in einem solchen Prozess aufgedrückten heteronomen Norm wird kaum gelingen, die Weltwahrnehmung des Theologen zu prägen, weshalb aus praktischer Perspektive zu fragen ist, ob nicht viel eher eine aus der kontextuellen Verstrickung entwickelte Norm mit dem Verweis auf ihre im Worte Gottes gelagerte Herkunft zu heiligen versucht wird.[164]

Durch die Analogisierung von Kirche und Staat als der zwei um das in Christus befindliche Herrschaftszentrum gelagerten Sozialgestalten gelingt es Barth zwar, «diese Lücke in der Unterweisung, die wir von den Vätern unserer Kirche empfangen haben, den Mangel einer evangelischen und das heisst im strengen Sinn: christologischen Begründung dieses Teils ihres Bekenntnisses»[165] zu schliessen. Doch dies gelingt nur auf Kosten der Öffnung einer neuen Lücke, die nun in der theologischen Begründung der Gesellschaft klafft. Denn selbst wenn Barth die Kirche als politischen Akteur stark macht, der theoretisch darum weiss, dass seine Mitglieder auch solche des Staates sind, wird man doch in geschichtlich-praktischer Perspektive in dem Staat, von dem Barth redet, nicht die Vielzahl der Bürger sehen können, sondern vielmehr die die Exekutivgewalt ausübenden Gruppierungen, einerlei, ob es sich dabei um gewählte[166] oder mit Erbansprüchen

---

161 Barth, KD I/1, 89.

162 A.a.O., 124.

163 Vgl. Tillich, Theologie Bd. 1, 58–62.

164 Vgl. zu diesem Kritikpunkt auch Honecker, Kirche, 164–174.

165 Barth, Rechtfertigung, 7.

166 Auch hier kann man eine Replik an die faktischen Herrschaftsverhältnisse in der Schweiz erkennen. Denn auch diese Demokratie funktionierte zumindest

versehene Herrschaftsrepräsentanten oder um ein starkes Berufsbeamtentum[167] handelt. Die schon wahrgenommene Engführung der Beschreibung, die in der Kirche nur die sie leitende und repräsentierende Funktionselite sieht, wird im Blick auf den Staat weitergeführt, wenn auch dieser in der Reflexion des Verhaltens der Trägerschaft der drei Gewalten aufgeht. Die analogen Verhaltensweisen der Verkündigung und der Rechtsetzung und -durchsetzung bleiben als repräsentative Aufgaben dem einzelnen Gläubigen ebenso entzogen wie dem einzelnen Bürger und erscheinen dadurch als dem individuellen Bedürfnis entfremdet. Da der Anspruch Barths aber in der Wahrnehmung des Einzelnen als Teil einer aus den vielen, füreinander verantwortlichen Einzelnen zusammengefügten Gemeinschaft bestand, ist die Durchführung insofern als lückenhaft zu bezeichnen, als dass sie nicht die empirischen Erscheinungsformen in den Blick bekommt, die sie zu beschreiben versucht. Der Begriff ist also blind geworden, weil ihm das wirkliche Gegenüber fehlt.

In Hinblick auf das Individuum stellt sich die Lücke so dar, dass dieses in der Vielzahl seiner gesellschaftlichen Verbindungen und Verpflichtungen – mit Ausnahme seines Verhältnisses zum Staat – innerhalb der Lehrbildung unbedacht bleibt. Deutlich zum Ausdruck kommt das in der mangelnden Reflexion der verschiedenen Funktionszusammenhänge mit deren divergierenden Rollenerwartungen, denen der Einzelne, besonders der beiden Kreisen zugehörige Christ, durchgehend ausgesetzt ist. Doch genau in der Bearbeitung der Erfahrung solcher Rollendiffusionen, die den Einzelnen nicht nur als mehr oder minder herausgehobenes Teilstück zweier Grosskollektive wahrzunehmen vermag, läge eine theologische Gesellschaftstheorie der Moderne, die den Menschen unwiderruflich in die Pluralität der Lebensbezüge entlassen hat.

---

bis zur Einführung der Proporzwahl über die Schaffung einer Herrschaftselite aus dem städtischen Grossbürgertum und den ländlichen Familienvorständen, bei denen eine enorme Machtallokation stattfand. Diese wurde verstärkt durch die geringe Zahl studierter Bürger und das dichte Netz der persönlichen Bekanntschaften untereinander. So ist es kein Zufall, sondern eine Folge der Schweizer Verhältnisse, dass der politische Kontrahent von Barth in den Jahren ab 1940, Nationalrat Markus Feldmann, der Enkel eines Gymnasiallehrers Barths war. Vgl. Ficker-Stähelin, Barth.

167 Vgl. Weber, Politik. Er unterscheidet als mögliche Exekutivmächte zwischen den Fachbeamten, die sich über ihre Leistung qualifizieren, und den politischen Beamten, die in einem klientelistischen Prozess in ihre Ämter kommen, 31–37.

3) Friedrich Gogarten: Die Auflösung des Einzelnen im Volk

Das Denken Gogartens scheint sich weniger in der Reaktion auf die äusseren politischen Umstände zu entwickeln, vielmehr vermischt sich in der Entwicklung seiner Theologie die systemimmanente Notwendigkeit, die Betrachtung des Individuums zu erweitern, mit der geistesgeschichtlichen Abarbeitung des konservativen Lagers an den Denkvoraussetzungen der Weimarer Republik. Der Nationalsozialismus spielt darum in der Theologie Gogartens eine zweifache Rolle. Zum einen entwickelt Gogarten seine Theorie im Rahmen des virulenten, auch den Nationalsozialismus hervorbringenden konservativen Weltbildes. So bewegt er sich im Rahmen einer völkisch-konservativen Weltanschauung, wenn er ab 1926 verstärkt die Implikationen des in der Zeit der Krise entwickelten Personalismus für die Gesellschaft in den Blick nimmt und beginnt, eine theologische Grundlage für eine Ethik zu entwickeln (3.1.). Dabei reflektiert er parallel zur Bedeutung des Personalismus für die Gesellschaftslehre auch dessen bisher noch kaum in den Blick genommenen Auswirkungen auf die Ekklesiologie (3.2.). Die verschiedenen, Gogarten prägenden und bestimmenden Wurzeln, die in Kap. I präsentiert wurden, lassen sich so in der Genese seines wissenschaftlichen Systems nachverfolgen und luzide zur Darstellung bringen. Es zeigt sich so einerseits das Interesse an einer wissenschaftlichen Begründung, andererseits die Bewegung des Denkens in bestimmten mentalitätsgeschichtlich verortbaren Mustern. Beispielhaft soll das an Gogartens Verwendung des für ihn immer grössere Bedeutung erlangenden Begriffs der Autorität aufgezeigt werden, die sich im Denken des deutschen Bürgertums bewegt (3.3.). Andererseits wirkt sich die Selbstentlarvung des Nationalsozialismus nach der Machtergreifung als antikirchliche und antikonservative Bewegung dergestalt auf Gogarten aus, dass er selber den Halt in den theoretischen Prämissen seiner Theologie verliert und ihn nach einer Publikationspause ethischer Schriften ab 1934 und theologischer Schriften insgesamt ab 1938 erst wieder neu finden muss. Dies gilt umso mehr, als dass sich die 1932 herausgegebene *Politische Ethik* unter den Bedingungen des Nationalsozialismus nicht mehr halten lässt (3.4.), was seinen Grund in einer ungenauen Verhältnisbestimmung von göttlicher und empirischer Autorität hat (3.5).

3.1) Wahre Gemeinschaft in personaler Gebundenheit

Die vom Individuum her gedachte Fassung einer der Ich-Du-Philosophie verhafteten Erkenntnislehre und Ontologie evoziert im Folgenden die Frage nach deren Folgen für eine Gesellschafts- oder Kirchenlehre. Die kollektiven Folgen seiner Theorie reflektiert Gogarten im Wesentlichen ab

1926 und geht damit «auf die politisch-gesellschaftliche Radikalisierung der letzten Jahre der Weimarer Republik und den politischen Umschwung seit 1933 mit einer Theologie der politischen Ordnung ein».[168] Wurde Gemeinschaft[169] bisher in ihrem Zweck für die Existenz des Einzelnen betrachtet, so steht nun die Frage nach ihrer positiven Eigenbestimmung im Zentrum, die sie als weltliche Gemeinschaft darin hat, ein dem Einzelnen adäquates Lebensumfeld zu schaffen und deren religiöser Zweckes ist, einen Ort der Gotteserkenntnis zu kreieren.

---

168 Lessing, Problem, 207. Auf die Politisierung der Theologie Gogartens weist auch Schneider-Ludorff, Tilling, hin, die diese vornehmlich auf den Einfluss zurückführt, den Magdalene von Tilling auf ihn ausübt. So vollziehe er – in Schneider-Ludorffs Lesart ab 1928 – eine Politisierung des menschlichen Seins, die von Tilling schon ab 1925 durchdacht habe. Dabei intendierten «in der Selbstwahrnehmung weder Gogarten noch von Tilling noch die Vertreter aus anderen Wissenschaftszweigen mit ihrem konservativen Ordnungsdenken die Restauration einer vergangenen Gesellschaftsordnung. Ihre Absicht was es, den Gedanken der Schöpfungsordnungen in die Situation der modernen Gesellschaft zu übersetzen», 240.

169 Anfang der 1920er Jahre benutzt Gogarten die Begriffe «Gemeinschaft» und «Gemeinde» noch anders, als es in der zeitgenössischen Literatur zu finden ist. 1887 hatte F. Tönnies seine Studie *Gemeinschaft und Gesellschaft. Grundbegriffe der reinen Soziologie* herausgegeben, in der er Gesellschaft als auf dem rationalen Vertragsgedanken aufbauend bestimmt, wohingegen Gemeinschaft eine auf innerer Überzeugung beruhende Form des Zusammenlebens ist. Diese Unterscheidung wurde wertend übertragen auf die verschiedenen Gesellschaftssysteme, wobei Gesellschaft identifiziert wurde mit dem angloamerikanischen System, das für Modernisierung, Technisierung und eine damit einhergehende Entmenschlichung stand. Gemeinschaft wurde mit dem deutschen System und dessen Wertebezug auf das Christentum und das Volk in Verbindung gebracht. Seit dem Ende des Ersten Weltkrieges ist das Buch von Tönnies und die terminologische Unterscheidung schnell ins breite Bewusstsein der wissenschaftlichen Diskussion eingedrungen, was sich an den Auflagenzahlen sichtbar machen lässt. Während das Buch zwischen 1887 und 1912 zwei Auflagen erfuhr, wurde es in den Jahren bis 1935 weitere sechs Male aufgelegt. Trotz des Niederschlags der Tönnies'schen Terminologie in der gesellschaftswissenschaftlichen und damit auch theologischen Diskussion verwendet Gogarten in *Gemeinschaft und Gemeinde* eine eigene Terminologie, die darauf hindeutet, dass er bis dahin die Unterscheidung von Tönnies noch nicht wahrgenommen hatte. Erst im Laufe der 1920er Jahre hat sich Gogarten an den allgemeinen Sprachgebrauch angepasst, so dass er 1932 in *Staat und Kirche* über die bürgerliche Epoche ohne weitere Erläuterungen sagen kann, ihr «Denken verwandelt, ob es will oder nicht, den Staat zur Gesellschaft», Staat, 391f. Vgl. auch Pfleiderer, Gemeinschaft, 214f.

3.1.1) Gemeinschaft als Ordnung

Wenn wir oben[170] die als «Klumpen» bezeichnete Masse, in der der Einzelne unter dem Postulat der Gleichheit seine Eigenheit verliert, als die von Gogarten dem Idealismus zugeschriebene Gesellschaftsform benannt haben, so liegt sein eigenes Interesse einer positiven Begründung von Gemeinschaft darin, diese als einen Ort zu konstruieren, an dem jedes Individuum seine eigenen Bedürfnisse in Freiheit ausleben kann. Gogarten beruft sich damit auf die konservative Prävalenz der Freiheit vor der Gleichheit.[171] Eine solche, den jeweiligen Eigeninteressen gerecht werdende Ordnung bedarf aber eines dem Individuum entzogenen und vorgegebenen Ordnungsrahmens, der die willkürliche Bestimmung der eigenen Freiheit ebenso unterbindet, wie er die Harmonie zwischen den verschiedenen Interessen vorgibt. Diese «prästabilierte Harmonie» kann nicht Produkt eines innerweltlichen Aushandlungsprozesses sein, sondern muss dem konkreten Gesellschaftsgeschehen vorgeordnet sein. Die Gemeinschaft selber ist aber wiederum konkret zu sehen und zeigt sich in der Form des Staates oder des Volkes als den durch die vorgegebenen Ordnungen geschaffenen Sozialgestalten.

Diesen Sozialgestalten kommt in Gogartens Denken die Bedeutung zu, dem Einzelnen seine weltliche Existenz zu geben und dadurch den Rahmen zu schaffen, in dem dieser durch den anderen Gottes Du erkennen kann. Wie Gott dem Individuum also seine ewige Existenz gibt, so erwächst ihm seine irdische aus dem Staat, wenn dieser die aus Gottes Herrschaft legitimierte Herrschaftsfunktion über das Volk wahrnimmt. Der Staat ist dabei nicht gedacht als Gründung menschlicher Rationalität, er ist also nicht das Produkt des freien Zusammenschlusses vieler Einzelner, sondern Gogarten versteht ihn als eine in den Tiefen der weltlichen Essenz wurzelnde «souveräne Macht», die dem «Willen des Volkes» entspringt. Nur in dieser Ableitung aus dem Volkswillen kann der Staat wahrhaft Herrschaft ausüben und Gehorsam vom Menschen verlangen, wobei der Volkswille in durchaus aufgeklärter Weise als *volonté generale* und nicht als *volonté de toute* zu verstehen ist.[172] Zu einem solchen Staat steht der Mensch in wahrer

---

170 Vgl. Kap II, 3.2.1.2.

171 Vgl. Greiffenhagen, Dilemma, 197f.: «Freiheit hat für den Konservatismus erst Sinn, wenn die institutionellen Schranken schon festgestellt und eingewachsen sind. […] Die politische Romantik lehnte die demokratische Verbindung von Freiheit und Gleichheit durchgängig ab. […] Die Menschen sind in den Augen des Konservativen zu verschieden, als dass sie in gleicher Weise politische Freiheit verdienen.»

172 Vgl. zur Unterscheidung dieser Begriffe bei Jean-Jacques Rousseau: Kersting, ‹Gesellschaftsvertrag›.

Bindung, denn «der Mensch gehört dem Staat, weil er seinem Volk gehört».[173] Die Herkunft der Vorstellung einer Volksgemeinschaft aus dem konservativen Grundgedanken, in dem diese ihren Kern in der gemeinsamen Besinnung auf die Tradition der Geschichte, des Bodens und des Blutes hat, ist deutlich erkennbar. Dort wurde sie als Gegenmodell zu den westlichen Demokratien entworfen, die sich in menschlicher Rationalität gründen und in ihrem überspitzten Individualismus dem Materialismus und der seelischen Depravation, «der tiefsten grundsätzlichen Vereinzelung des Menschen»[174] Vorschub leisteten. Gogarten perpetuiert hier die Vorstellung der «materialistischen Engländer und der rationalistischen Franzosen»[175], denen die wahrhaft aus ihrer Bildung und hehren Gesinnung lebenden Deutschen als überlegenes Volk gegenüberstehen, was das Weltbild des deutschen Protestantismus im 19. Jahrhundert über die theologischen und politischen Grenzen hinweg aufs Stärkste geprägt hat und wodurch die Propaganda den Ersten Weltkrieg zu einem Krieg der Systeme stilisieren konnte.[176] In dieser Bildsprache kann dann von einer Gesellschaft gesagt werden, dass sie ihre Wurzeln pflegen und dem Individuum einen Raum zur Entfaltung seiner natürlich-geschichtlichen Identität einräumen muss, um gesund zu bleiben, andernfalls muss sie eine «erneuernde Gesundung an Haupt und Gliedern»[177] durchführen, um ihre eigene Stärke wiederzuerlangen. Das gesunde, sich seiner selbst bewusste Volk, das in der Gemeinschaft freier Individuen existiert, weiss sich also als organisch gewachsene, aus den Tiefen des Seins stammende Macht, in der allein es dem Einzelnen möglich ist zu existieren. Aufgrund solcher Vorstellungen musste Gogarten solche Staatsformen für wirklichkeitsaffin halten, die als Statthalter des Volkes die Macht des Staates über den Einzelnen als notwendigen Teil eines Ganzen in aller Strenge ausübten. So ist nach ihm der

---

173 Gogarten, Einheit, 9. Ähnlich argumentiert in dieser Zeit Barth Rechtfertigung oder Hirsch, Suverän, oder auch auf staatsrechtlicher Seite C. Schmitt. So bestimmt Hirsch das Volk als «den verborgenen, und damit den wahren Suverän. [...] Jede wirkliche oder beanspruchte Gewalt im Staate muss nach dem Massstabe des, das nach dem Willen des verborgnen Suveräns recht ist, geprüft und geurteilt werden in eignem Gewissensentscheid, der sich selbst nach dem Masse seiner Vollmacht durch Gott begrenzen lässt.» (7) Einem als homogen vorgestellten Volksganzen wird also gegen alle personalen Machtwünsche von einzelnen Führern der Vorzug gegeben.

174 Gogarten, Einheit, 10f.

175 Schleiermacher, Reden, 63f.

176 Zur Wahrnehmung des 1. Weltkrieges als Kulturkampf vgl. Eichhorn, Es wird regiert!, 15f., Gay, Republik, 17–26.

177 Greiffenhagen, Dilemma, 213.

empirisch ansichtige Staat erst dann wieder wirklicher Staat geworden, als er im Übergang von der Weimarer Republik zum Dritten Reich «den deutschen Menschen in diesem totalen Sinn in Anspruch» genommen hat, indem er «nicht nur die äussere Existenz des Menschen, nicht nur sein Hab und Gut und sein leibliches Leben, sondern [...] sein höchstes irdisches Gut, die Ehre»[178] zu verfügen beansprucht hat. Einen solchen, die leibliche Existenz des Menschen bestimmenden Staat, gelte es zu unterstützen, weil für den Einzelnen erst in der äusseren Bindung an einen solchen Staat die Stützen entstünden, an denen er sich aus- und aufrichten könne.

3.1.2) Gemeinschaft als Gottes Tat

Noch vorreflexiv wurzelt die Volksgemeinschaft in der Tiefe und der souveränen Macht des göttlichen Seins. Diese Gründung wird offenbart durch diejenige freie Tat Gottes, in der er als ein den Menschen entgegentretendes Du diesen anspricht und seinen göttlichen Herrschaftsanspruch auf die Totalität des Menschseins des Einzelnen, den «Anspruch des HERRN Jesus Christus über die Menschen»[179] verkündigt. Diese vorgängige Tat Gottes, von der die Bibel Zeugnis ablegt, ist Grundbedingung aller Gotteserkenntnis. Auch Gemeinde bildet sich dann nicht als Zusammenschluss freier Individuen, sie ist nicht «konstituiert durch die gleiche individuelle religiöse Bewegtheit und das gleiche religiöse Erlebnis, [...] sondern ganz allein und lediglich dadurch, dass Gottes Wort in ihr gepredigt und gehört wird».[180] Dennoch wird die Bildung der Gemeinde, ohne dass die Konstitution von Gemeinschaft einer menschlichen Tat bedürfte, auch zur Tat des Menschen. Dieser ist es, der das Wort Gottes predigen muss und der auf die Ansprache durch Gott reagiert durch ein «hörendes Hören von Gottes Wort».[181] Es handelt sich bei der Bildung der Gemeinde also um ein zweifaches Geschehen, das aus dem vorlaufenden Handeln Gottes und aus der Antwort des relational verbundenen Menschen besteht.

Der Begriff vom hörenden Hören trägt aber schon das Problem der Geschichtlichkeit der Offenbarung in sich. Mit seiner Forderung nach konkretem äusseren Erleben setzt sich Gogarten nicht nur vom Idealismus ab, sondern wehrt sich ebenso gegen einen Rückfall in orthodoxe oder supranaturalistische Denksysteme, zumal deren theologische Prämissen durch den in der Moderne nicht mehr zu umgehenden Gebrauch der Vernunft in der geisteswissenschaftlichen Arbeit obsolet gemacht wurden.[182] Darum

---

178 Gogarten, Einheit, 9.
179 A.a.O., 23.
180 Gogarten, Gemeinschaft, 168.
181 A.a.O., 169 und 170.
182 Vgl. Gogarten, Gericht, 10–13.

führt kein Weg zurück in die Vorstellung der göttlichen Offenbarung in Form einer direkten Intervention des Heiligen Geistes durch ein Erweckungserlebnis, einer indirekten durch Bibel und Bekenntnisschriften oder eines die Grenzen der Schöpfung sprengenden konkret erfahrbaren Glaubenswunders. Wenn diese Offenbarungswege verstellt sind und gleichzeitig die Offenbarung nicht in der Tiefe der menschlichen Selbsterkenntnis stattfinden kann, muss alle Offenbarung des göttlichen Du an das Ich durch ein anderes menschliches Du geschehen. «Es gibt aber, darüber kann im Ernst kein Zweifel sein, nur ein einziges Du, das mir begegnen kann, das ist das Du des Menschen, das menschliche Du.»[183] Die Begegnung mit dem göttlichen Du im Glauben geschieht also im welthaften Erkennen in der Begegnung mit dem menschlichen Du. Das beeinflusst allerdings nicht den Wirklichkeitsgrad der Begegnung, denn es bleibt Gottes Du, das dem Menschen «als Du, als wirkliches und ihm darum seine Wirklichkeit schenkendes Du begegnet».[184]

Hier liegt der Kern der Begründung beider Formen von Gemeinschaft. Denn wenn der Mensch seine eigene Wirklichkeit nur richtig als im Gegenüber zu Gott deuten kann, bedarf er der Gemeinschaft mit anderen, durch die er erst das Du Gottes wahrnimmt. Der Mensch lebt nur oder kann nur dann wirklich sein, «wenn er sich aus dieser Bindung durch das Du Gottes und aus der durch diese erste Bindung gegebenen zweiten Bindung an das Du der Brüder nicht wieder löst».[185] Das Aufbrechen der Selbstbezogenheit des Einzelnen durch das Gegenübertreten des göttlichen Du in Gestalt des Du der anderen Menschen bringt den Einzelnen also ausser zu einem adäquaten Wirklichkeitsverständnis auch in Gemeinschaft mit den anderen vor Gott. Gleichzeitig wird damit das Volk überhöht zur «übergreifenden Realität des Du»[186], durch die der Einzelne zur wahren Erkenntnis seiner selbst kommt, denn «es gibt den Menschen in Wirklichkeit gar nicht als abstraktes Individuum. Sondern es gibt ihn immer nur als einen, der in den verschiedenen Formen der Gemeinschaft auf verschiedene Weise anderen Menschen gehört, ihnen in Hörigkeit verbunden ist».[187]

Die durchaus spannende und virulente Frage nach einer sinnvollen Sozialgestalt oder Rechtsform der Kirche angesichts der Auflösung des Staatskirchentums bleibt von Gogarten ebenso unbehandelt wie die empirische oder soziologische Beschreibung dessen, was er an Kirche und Kirchlichkeit vorfindet. Das ist für einen Gemeindepfarrer erstaunlich, sollte

---

183 Gogarten, Protestantismus, 35.
184 A.a.O., 36.
185 A.a.O., 37.
186 Nowak, Kirche, 239.
187 Gogarten, Einheit, 19.

man doch von einem inneren Interesse an der systematischen Begründung der eigenen Institution ausgehen können. Es zeigt sich darin aber wohl auch Gogartens grundsätzliche Schwierigkeit mit dem Pfarramt, die wir in der biographischen Skizze schon erkennen konnten und für die es deutliche Anhaltspunkte in seinem Briefwechsel gibt.[188] Für die praktische Arbeit in der Sozialgestalt Kirche kann er darum auch kein Verständnis aufbringen und kritisiert vielmehr diejenigen Kirchenführer, die die Kirche als «integrierenden Bestandteil einer einigermassen ernst verstandenen Kultur»[189] beschreiben, den sie in der jetzigen Lage als Keimzelle neuer Kultur etablieren wollen. Eine solche Kirche, in der sich, in Parallelität zum modernen Staat, «das Volk selbst darstellt, in seiner natürlichen, geistigen und seelischen Eigenart»,[190] verliert zwangsläufig, weil sie sich durch die freie Entscheidung ihrer Mitglieder konstituiert, ihren Bezug zur Ewigkeit Gottes, bleibt menschliche Vereinstätigkeit oder wird zu einer «Anstalt».[191] Von dieser Grundlage her kommend sieht Gogarten keinen Weg hin zur Vermittlung von soziologischer und theologischer Gestalt der Kirche, weshalb er die wahre Kirche in einer rein dogmatischen Form beschreibt.

3.2) Kirchenlehre als Dogmatik

Entgegen einer praktischen und aufs Diesseits abzielenden Betrachtung der Kirche will Gogarten ihre Existenzform und ihre Aufgabe allein im Bereich der Dogmatik behandeln. Grundlegende Bestimmung der Kirche ist dann, dass es bei ihr einerseits um die unsichtbare und jenseitige, also «um die *eine heilige allgemeine christliche* Kirche» geht, diese andererseits aber zugleich «identisch ist mit der sichtbaren Kirche, sei das nun die preußische, thüringische oder [...] griechisch-orthodoxe.»[192] In dieser Spannung zwischen aktueller Jenseitigkeit und Unsichtbarkeit und gegenwärtiger diesseitiger, sichtbarer Form befindet sich die Ekklesiologie, und diese Spannung gilt es in ihr auszuhalten. Die empirische Kirchengestalt hat demnach einen eigenen Wert, insofern sie sichtbares Abbild der unsichtbaren Kirche

---

188 Gogarten schreibt: «Was die akademische Lehrtätigkeit im allgemeinen angeht, so scheint es mir oft, als ob meine besondere Art dort mehr am Platze wäre als im Pfarramt. Nicht als ob mir die Arbeit des Pfarramtes nicht lieb wäre, aber sie lässt zu viel von meiner Kraft unbenutzt, als dass der Gedanke, mir eine andere Arbeitsgelegenheit zu suchen, nicht immer wieder auftauchen sollte», Göckeritz, Bultmann, Brief Nr. 2, 3.

189 Gogarten, Schuld, 8.

190 Gogarten, Kirche (1923), 54.

191 A.a.O., 59.

192 A.a.O., 58.

ist, sie ist dieses Abbild aber nicht als Form menschlicher Gestaltung, sondern nur, indem sie ihrer spezifischen Aufgabe gerecht wird. Gogarten versucht mit der rein dogmatischen und aktualistischen Betrachtung der Kirche, die deren empirische Sozialform ausklammert, der Teilhabe der Kirche an der göttlichen Existenz Rechnung zu tragen, die in ihrer Bestimmung als Leib Christi ihren Ausdruck findet. Diese Bestimmung wird dadurch ernst genommen, dass die Kirche Anteil an der Ewigkeit dieses Leibes Christi übertragen bekommt und sie somit den Bedingungen der Zeit enthoben wird. In der Ekklesiologie können dann Gegenwartsfragen nach der Rechtsform, der kulturellen Verpflichtung oder der Bestimmung über die Mitgliedschaft nicht in direkter Weise behandelt werden, da es sich bei ihnen um Fragen im Bereich der der Zeitlichkeit unterworfenen Welt handelt. Erst in Ableitung aus der fundamentaltheologischen Begründung der Kirche im ewigen Wesen Gottes können in einem zweiten Schritt auch ihre diesseitigen Formen als Möglichkeiten menschlicher Vergemeinschaftung in den Blick kommen und ihre unterschiedlichen Ausgestaltungen im Blick auf ihre Wesenheit bewertet werden. In diesem Zweischritt liegt allerdings trotz des Insistierens auf der nie vollzogenen vollkommenen Identität einer positiven Kirchengestalt mit dem Wesen der Kirche an sich die Gefahr verborgen, dass aus der Tradition einer Kirchenform bekannte Aufgaben, Betätigungen oder Formen rückprojiziert werden in die Bestimmung des Wesens der Kirche und dass dieses dann wenigstens teilweise als kontextuell geprägtes Abbild der eigenen ekklesiologischen Tradition erscheint. Diese Gefahr versucht Gogarten zu vermeiden, indem er die Aufgabe der Kirche möglichst im Bereich dogmatischer Begrifflichkeit beschreibt. Wie wir sehen werden, kann aber schon sein Rückgriff auf den funktionalen Kirchenbegriff der Reformation als Kontextualisierung gedeutet werden.

So kommt etwa in der Aufgabenbeschreibung der Kirche «streng von ihrer Funktion aus»[193], die Gogarten jenseits aller Kulturumtriebigkeit und allen Versuchen gesellschaftlicher Einflussnahme vollzieht, sein fundamental-ekklesiologischer Ansatz zu Geltung. Über die eigentliche Aufgabe der Kirche sei nicht mehr zu sagen «als dies: sie soll ihr Kreuz tragen und soll, was sie selbst tut, den anderen verkündigen».[194] Wenn sie das tut, kann sie damit «der Welt wieder zu der Erkenntnis der grossen Ordnungen verhelfen [...], in denen sie allein ihr Leben haben kann und die sie heute so gründlich verloren hat».[195] Man könnte es auch so formulieren, dass es Aufgabe der Kirche ist, den Menschen eine wahre Erkenntnis der Wirk-

193 Lessing, Problem, 140.
194 Gogarten, Kirche (1923), 67.
195 Gogarten, Schuld, 12.

lichkeit zu vermitteln, indem sie selber zum Ort des Vermittlungsgeschehens zwischen Gott in seiner Offenbarung und den Menschen wird, an dem sich die menschliche Erkenntnis des Inhaltes der Verkündigung Gottes vollzieht. Kirche wird also zu Kirche, indem sie einen bestimmten Inhalt mit bestimmten Mitteln verkündigt und lehrt. Dieses funktionalistische Kirchenverständnis, das das Sein der Kirche an ihren Vollzug knüpft und das einer Kirchengestalt ihr Kirchesein abspricht, sofern sie einen bestimmten Vollzug vermissen lässt, kann sich auf die antiontologische Ekklesiologie Luthers berufen, der gegen eine Verselbständigung der Kirchenlehre in einen ontologischen Denkprozess, wie sie im römischen Katholizismus angelegt ist, die Rückbindung der Kirche an ihren Auftrag fordert, wie das in CA VII seinen klassischen Ausdruck gefunden hat in der Formel der Kirche, die eine *congregatio* sei, *in qua evangelium pure docetur et recte administrantur sacramenta*. Wenn diese Beschreibung von Kirche zutreffend ist, wird man fragen müssen, welcher zu verkündende Inhalt über die Kirchlichkeit von Kirche entscheidet und durch welche Mittel diese rechtmässig erzeugt werden könne.

Die zu verkündende Wirklichkeit fasst Gogarten heilsgeschichtlich auf, sie ist strukturiert durch die Geschichtlichkeit der als vergänglich und endlich geschaffenen Welt, die als solche im Angesichte des ewigen Gottes erlösungsbedürftig ist. Darum ist Wirklichkeitserkenntnis auch nur über ein adäquates Verständnis von Schöpfung und Erlösung als dem Menschen von aussen zukommenden Vollzügen und der Sünde als unumgänglichem menschlichem Handeln zu erfassen. Deren erkenntnistheoretische Grundlage liegt im Personalismus, in dem das Du Gottes als «geistige Realität» das «reine, das absolute Du» setzt, «dem wir uns auf keinerlei Weise gleichstellen können», und das als uns entgegentretende Autorität «nicht durch unsere Zustimmung ist».[196] Auf personaler Ebene ist Kirche dann zu sehen als eine Gemeinschaft solcher Individuen, die den Ich-Du-Gegensatz in Gegenüberstellung zu Gott aufrechterhalten, die gemeinsam vor Gott stehen und dabei gleichzeitig, aber jeweils für sich, auf dessen Wort hören. Es ist darum das Konstruktionssubjekt der Gemeinschaft nicht der freie Wille der vielen Einzelnen, sondern die göttliche Tat der Schöpfung, denn «vom Schöpfungsglauben aus gesehen ist der Mensch nie ein Einzelner, nie Einer, sondern der Mensch ist immer da in einer Zweiheit, […] er ist das, was er ist, durch den jeweiligen Anderen, den Zweiten».[197]

Durch diese personale Struktur der Schöpfung ist der Mensch in Verantwortungszusammenhänge gestellt, aus denen er sich nicht auf sein Eigen-

---

196 Gogarten, Gemeinschaft, 167.
197 Gogarten, Schuld, 28.

interesse zurückziehen kann. Der Mensch existiert nicht an sich, sondern in Beziehung auf ein Anderes, und in dieser Beziehung ist er einem Bezugspunkt verantwortlich. Gogarten kann für dieses Sein in Beziehung den Begriff des «Standes» wählen, in den der Mensch durch die Schöpfung gestellt ist. Durch den relational aufgefassten Begriff des Standes ergeben sich für Gogarten nun Schöpfungsordnungen, die eine positive Ausformung des Schöpferwillens darstellen und die darum der konkrete Ort sind, an den der Mensch gestellt ist. Beispielhaft nennt Gogarten die Ehe, und es nimmt nicht wunder, dass er deren Auflösung als Abfall von Gott bewertet.[198]

Allerdings muss auch hier wieder kritisch gefragt werden, ob selbst so plausibel klingende Schöpfungsordnungen wie die Ehe, die Familie oder der Staat in der Normierung ihrer jeweils konkreten Rechtsform und moralischen Kodifizierung nicht doch wieder Ausdrucksweisen der jeweiligen Kultur sind und ob die Kirche nicht, wenn sie beispielsweise die in lebenslanger Treue gelebte Monogamie zur schöpfungstheologischen Regelform geschlechtlichen Zusammenlebens macht, in die Falle kulturell bedingter Interessen tappt, der Gogarten durch die absolute Trennung von diesseitigem und jenseitigem Bereich gerade entgehen will. Denn wenn es dem Individuum nicht möglich ist, von der Zeitlichkeit seines Seins auf die Ewigkeit zu schliessen, oder wenn es der in der Zeit existierenden Kultur nicht gelingen kann, Anteile der Ewigkeit vorwegzunehmen, dann ist es erkenntnistheoretisch fragwürdig, in kulturell und somit zeitlich verfassten Phänomenen wie der Monogamie Emanationen des in der Schöpfungsordnung präsenten göttlichen Willens zu sehen. Genau dieses Denken in Analogien vom Willen Gottes auf die Ordnungen der Welt wirft Gogarten Paul Althaus vor[199] und versucht, sich von einem Rückschluss von der Schöpfung auf die Erlösung freizuhalten. Denn Gogarten macht deutlich, dass auch dann, wenn sich aus dem Schöpfungsakt Gottes heraus die Welt als für sich agierender ethischer Ort erschliesst, sein Augenmerk doch vor allem auf dem Hiatus liegt, der sich zwischen der Ewigkeit Gottes und der der Zeit unterworfenen Welt öffnet, also zwischen dem Diesseits und dem Jenseits, auf dessen Messerschneide[200] sich die Kirche befindet, so dass man annehmen könnte, das ganze Ziel der Schöpfung liege darin, dass Gott sie «nach seiner Gnade richten» kann.[201]

---

198 Vgl. a.a.O., 27.

199 Gogarten, Ächtung, 20.

200 Gogarten, Kirche (1923), 60.

201 Vgl. Nowak, Kirche. Dieser meint, das Ziel der Theologie Gogartens diene der Beweisführung der Tatsache, dass Gott die Schöpfung erhält, um sie dann nach seiner Gnade richten zu können, vgl. 236–240.

Die Kirche lebt darum auf einem Grat, von dem sie immer hinab zu fallen droht entweder in eine reine Weltlichkeit oder in den Versuch der eigenen Apotheose. Im beiden Fällen wird sie versuchen, bestimmte Normen als Handlungsdirektiven für ein seliges Leben zu verkünden, scheitert aber daran, weil der Grat selber die Stelle ist, an der die absolute Sündenverfallenheit des Menschen aufscheint. Im Angesicht des Kreuzes wird der Mensch seiner Sündhaftigkeit gewahr, weil die Sünde eben nicht die Verfehlung einzelner Gebote ist, vielmehr ist die den Menschen verdammende Sünde sein Wille, «sich selbst das schöpferische Wissen und die schöpferische Gewalt Gottes anzumassen, sich selbst zum Gott zu machen»[202], wie es die idealistische Mystik, die die Welt als schöpferische Tat des Ichs gesehen hat, ebenso macht wie der Pietismus, der durch die «Privatisierung des Glaubens» dessen Inhalt in der «Pflege, der Besorgung seiner Seele»[203] sieht und im eigenen sittlichen Handeln einen Beitrag zur Errichtung des Himmelreiches erkennen kann. Beide Fälle können als eine Übertretung des Ersten Gebotes gedeutet werden, durch die sich der Mensch selbst herausnimmt aus dem Zusammenhang von Gottes Gnade. Ihren Ausdruck findet die Sündenverfallenheit des Menschen in der unmöglichen Erfüllung des Gesetzes, das ihm im Staats- und Volksgesetz entgegentritt, da dieses, ob es christlich begründet ist oder nicht, der einzige Schutz der Welt davor ist, ins Chaos zu verfallen. Darum ist es vordringliche Aufgabe der Gesetzespredigt, «die Gültigkeit des Gesetzes, das uns in Staat und Volk und in den mit ihnen gegebenen Ordnungen begegnet»,[204] herauszuarbeiten. In einem solchen Verständnis des weltlichen Gesetzes als eines durch Gott zur Erhaltung der Gemeinschaft und zur Visualisierung des auf jedem Einzelnen lastenden Bösen legitimierten Gesetzes bekommt die Predigt des Evangeliums ihren Sinn als Gottes Angebot der Erlösung des nicht anders als fehlen könnenden Menschen.

Wahre Sündenvergebung – auch an dieser Stelle zeigt sich wieder Gogartens Wille, die Geschichte Gottes jenseits aller weltlichen Geschichtlichkeit zu bestimmen – gibt es nicht durch eine menschliche Tat, sondern allein durch das Opfer Christi auf Golgatha und die Auferstehung, weshalb die Erkenntnis der Sündenvergebung nur durch die Predigt des gekreuzigten und auferstandenen Christus geschehen kann. Darum ist der eigentliche Inhalt der kirchlichen Predigt das Kreuz als das Zeichen der Verfehlung des Menschen, an dem die Gnade Gottes vor Augen steht. Daraus ergibt sich, dass die zeitlose oder überzeitliche und von allen weltlichen Bedingungen freie Aufgabe der Kirche die Verkündigung und die

—

202 Gogarten, Kirche (1923), 68.
203 Gogarten, Schuld, 20.
204 Gogarten, Einheit, 21.

Predigt der unausweichlichen Sündhaftigkeit des Menschen und seiner Erlösung durch die freie Gnadengabe Gottes durch den gekreuzigten Jesus ist.

3.3) Die Autorität als Bestandsgarantie der Welt

«Solange es uns nicht gelingt, die moralische Ächtung der Autorität und der ihr zugeordneten Gewalt zu überwinden, kann es keine Gesundung unseres gesamten geistigen und politischen Lebens geben.»[205] Mit diesem Satz beginnt Gogarten seine 1930 verfasste Schrift *Wider die Ächtung der Autorität*, die seine Vorstellung der vom absoluten Gegensatz zwischen Gott und Welt geprägten Wirklichkeit paradigmatisch zur Geltung bringt, wobei betont wird, dass die Welt ihren Halt nur in der göttlichen Autorität findet, die in abgeleiteter Weise als innerweltliche Hierarchie in Erscheinung tritt, was die Ungleichheit der einzelnen Individuen als anthropologische Grundbedingung rechtfertigt. Durch den Rückgriff auf den Autoritätsbegriff, den Gogarten schon 1923 im Aufsatz *Die Frage nach der Autorität* behandelt, will er ein Ordnungsdenken jenseits der lutherischen Ordnungstheologie konstruieren, das die weltlichen Ordnungen nicht als positive Erscheinungsformen der göttlichen Schöpfungsordnung oder eines postulierten Naturrechtes sieht, sondern als Versuche, den Menschen vor seinem Glauben zu schützen, sich durch seine eigene Güte erlösen zu können.[206] Weil es ihm dabei aber nicht gelingt, die Legitimität divergierender Autoritätsansprüche differenziert zu bewerten, läuft seine Theologie Gefahr, unchristliche Herrschaft theologisch zu protegieren. Darum ruft auch das Autoritätsdenken seine theologischen Freunde zum Einspruch auf und entzündet letztendlich den Konflikt, der zum Bruch mit Barth führt.[207]

---

205 Gogarten, Ächtung, 5.

206 Vgl. Lessing, Problem, 213f., Nowak, Kirche, 237.

207 Vgl. R. Bultmanns frühe kritische Anfragen in Brief vom 31.12.1922, Briefwechsel, Brief Nr. 8, Bultmann an Gogarten, 18f. Bultmann reagiert dort auf Gogartens frühe autoritätstheoretischen Gedanken, die dieser im Rahmen seiner Erkenntnistheorie äussert. Dabei gibt er drei Dinge zu bedenken. Erstens sei bei aller Kritik an ihm zu sagen, «gerade der Individualismus […] wird die Frage nach der Autorität stets lebendig halten, wird stets zweifeln, d.h. an sich zweifeln». Zweitens sei festzuhalten, «Autorität ist wirklich etwas von aussen Kommendes; […] sie ist wirklich ein Du». Drittens aber, so Bultmann, «kann ich eine mir gepredigte Autorität doch nicht mittels eines sacrificius intellectus annehmen». Daraus schlussfolgert Bultmann und stellt sich damit gegen die Versuche Gogartens, die Notwendigkeit von Autorität als Ansprache Gottes mit inhaltlichen Formen autoritärer Vollzüge zu identifizieren, «die Paradoxie

Mit beiden Schriften stellt sich Gogarten schon terminologisch in die geistesgeschichtliche Strömung eines geläufigen konservativen Gedankengutes, das seit dem 18. Jahrhundert in der Auseinandersetzung mit liberalen Staatstheorien die mögliche und nötige Berechtigung von Autorität reflektiert. Dass er damit den modernen Zeitgeist zu treffen scheint, zeigt beispielsweise die von Wilhelm Michel im Kunstwart verfasste Rezension der Schrift *Wider die Ächtung der Autorität.* Der sich selbst als modern verstehende Michel sieht in Gogartens Schrift einen notwendigen Angriff sowohl auf den «Kult der freien Persönlichkeit» als auch gegen den das «faschistische Denken, das […] heute überall geistert».[208] Gegen diese Fehldeutungen bringe Gogarten das Wissen um die Gebundenheit des Lebens treffend zum Ausdruck. Dabei übernimmt er viele der Argumentationsmuster, die er im Konservatismus antrifft und reformuliert sie unter seiner Prämisse des absoluten Gegensatzes zwischen Gott und Welt. Diese Eingruppierung Gogartens in den Konservatismus, die sich besonders in sozialethischen und herrschaftstheoretischen Positionen ausdrückt, darf aber nicht vergessen machen, dass die Frage nach dem Verhältnis von Autonomie und Autorität in den gesellschaftstheoretischen Überlegungen z. B. Immanuel Kants oder Georg Simmels ebenso virulent ist, dass also auch liberal-rationales Denken von der Frage nach einer Legitimation von durch Autorität geprägten Beziehungsstrukturen getrieben ist. In der besonderen Überspitzung des göttlichen Herrschaftsanspruchs, der eine latente Fundamentalkritik aller menschlichen Macht beinhaltet, wird Gogartens Ansatz interessant für liberale Ethik. So kann später Trutz Rendtorff in seiner Ethik an dem Gedanken der in der Geschöpflichkeit des Menschen liegenden Ordnungsverhältnisse anknüpfen und seine Ethik aus dem verdankten Gegebensein des Lebens aufbauen.[209]

In erster Linie beschreibt der Begriff der Autorität schlicht die im Gegensatz zur *potestas* geregelte und damit der Willkür entrissene Herrschaftsstruktur zwischen Menschen innerhalb gegebener Strukturen. Autorität handelt vom wechselseitigen Beziehungsgeschehen zwischen Menschen oder zwischen einer Institution und den ihr zugeordneten Menschen, die unterschiedliche Machtbefugnisse besitzen und also in einem Herrschaftsverhältnis zueinander stehen. Dass es zu solchen Herrschaftsverhältnissen kommt, wo Menschen miteinander leben, wird man schwer bezweifeln

---

gehört zum […] Autoritätsbegriff, dass er ein Vorgang unseres Lebens ist und doch ein Wunder».

208 Michel, Ächtung, 59.

209 Vgl. Rendtorff, Ethik, 62–75. Diese Verbindung wird noch deutlicher im Spätwerk Gogartens, in dem auch er den Begriff des verdankten Lebens verwendet: z. B. Gogarten, Mensch, 240. Vgl. auch Rendtorff, Säkularisierung, 318–339.

können. Zur Disposition steht allein deren Ausgestaltung. Betrachten wir nur den Bereich der personalen Bindungen, in dem sich nach Gogarten auch das politische Leben abspielt, so kann man sagen, dass dort im Idealfall eine Macht herrscht, deren «Korrelat Vertrauen, nicht Gehorsam [ist], denn sie lebt von Vertrauen und schafft es zu gleicher Zeit».[210] Ein so gestalteter Autoritätsbegriff war auch bei Georg Simmel oder Max Weber in deren Beschreibungen der Konstitution von Gesellschaft virulent.[211]

So beschreibt Simmel die Entstehung von Gesellschaft als einen Dreischritt, der Gliederungselemente enthält, die wir auch bei Gogarten finden. Ähnlich wie in dessen Personalismus geschieht es in einem ersten Schritt der Vergesellschaftung, dass das erkennende Individuum im anderen ein Bild einer Allgemeinform sieht, das in dieser Person zur Realisation kommt. «Gerade aus der völligen Einzigkeit einer Persönlichkeit formen wir ein Bild ihrer, das mit ihrer Wirklichkeit nicht identisch ist, aber ein allgemeiner Typus ist, vielmehr das Bild, das er zeigen würde, wenn er sozusagen ganz er selbst wäre.»[212] Diese Einordnung des anderen in Allgemeinformen, die dessen Unterwerfung unter bestimmte Typen gleichkommt, ist nötig, weil die Gesellschaft erst als Zusammenschluss verschiedener Typen ihre Struktur bekommt. Es ist darum auch die Pflicht des Einzelnen, sich in die «Rolle»[213] hineinzufinden, die ihm der gesellschaftliche Zusammenhang zuschreibt, ob es die des Beamten, des Offiziers oder des Kaufmanns ist. Zwar hat jedes Wesen ein «aussersoziales Sein», in dem «sein Temperament und der Niederschlag seiner Schicksale, seine Interessiertheiten und der Wert seiner Persönlichkeit»[214] zur Geltung kommen. Ohne den Gehorsam gegenüber der eigenen sozialen Rolle, die nicht durch das Selbst bestimmt wird, gelingt aber kein gesellschaftlicher Zusammenhalt, denn «so wenig leben wir als Gesellschaftswesen um ein autonomes Zentrum herum, sondern sind Augenblick für Augenblick aus den Wechselbeziehungen zu Andern zusammengesetzt».[215] Darum läuft, so der dritte Schritt, «das Leben der Gesellschaft […] so, *als ob* jedes Element für seine Stelle in diesem Ganzen vorherbestimmt wäre».[216] Mit diesem Argument wird die

---

210 Amelung, Art. Autorität III, 37.

211 Der hier geschilderte Zusammenhang scheint gegen das Urteil von Brandi-Hinnrichs, Theologie, 101, zu sprechen, dass Simmel zwar als theologischer Lehrer Gogartens zu nennen sei, allerdings die «Auseinandersetzung mit ihm nichts» abwerfe.

212 Simmel, Exkurs, 281.

213 A.a.O., 284.

214 Ebd.

215 A.a.O., 287.

216 A.a.O., 290.

mögliche Forderung nach Gleichheit der Menschen aufgehoben, da eine solche einerseits «in der Realität recht unvollkommen»[217] besteht, andererseits als Gleichheit der Masse nicht etwas an sich Positives beinhalten muss, und wird überführt in die «Gleichwertigkeit»,[218] die die Angewiesenheit der einzelnen Glieder der Gesellschaft aufeinander zum Ausdruck bringen soll.

Der Gedanke der Autorität ist also bei Simmel für die Gesellschaftskonstituierung in zweifacher Weise relevant. Zum einen entsteht Gesellschaft durch zwischenmenschliche Rollenzuschreibungen, deren Verweigerung durch den Einzelnen unmöglich scheint. Zum anderen scheint es eine wenn auch durch geistesgeschichtliche Wandlungen beeinflussbare metaphysische Sphäre zu geben, in der die Bestimmung der Gesellschaft als geordneter Rahmen individuellen Lebens festgelegt ist und deren Forderungen es vom Einzelnen Folge zu leisten gilt.

Für eine Annäherung an Gogartens Autoritätsverständnis ist ein Blick auf die drei Typen von Herrschaftslegitimation sinnvoll, die Max Weber in seiner Schrift *Wirtschaft und Gesellschaft* unternommen hat. Dort führt Weber aus, dass man drei Prinzipien von Herrschaft soziologisch nachweisen kann, die sich dann in differenzierten Systemen mischen und ausformen. Der modernen Herrschaft entspricht ein «System gesetzter *rationaler Regeln*», in dem die «Träger der Befehlsgewalt [...] durch jenes System von rationalen Regeln legitimiert» sind. Diese Form entspricht dem modernen Rechtsstaat, dessen Grundbedingungen eine Verfassung und ein verhandelbares Rechtssystem sind und die Weber mit dem Begriff der «Bürokratie» gleichsetzen kann. Beruht die Befehlsgewalt nicht auf rationaler Machtübertragung, so ruht sie «auf persönlicher Autorität. Diese kann ihre Grundlage in der Heiligkeit der *Tradition*, also des Gewohnten haben, [...] oder in der Hingabe an das Ausserordentliche: im Glauben an Charisma.»[219] Während die charismatische Herrschaft in dem irrationalen Auftreten einer konkreten Persönlichkeit wurzelt, ist auch die traditionale Herrschaft, der Weber in ihrer Reinform die Bezeichnung «Patriarchismus» gibt, Teil eines rationalen Systems, das seinen Ursprung allerdings nicht wie die Bürokratie in der freien Zirkulation der Meinungen hat, sondern auf einem meist sehr durchdachten System der wirtschaftlichen und rechtlichen Abhängigkeiten der Untergebenen gegenüber ihren Herren und den damit verbundenen Befehlsstrukturen basiert. In diesen Typen der traditionalen oder patriarchalen Herrschaft ist jener dem konservativen Denken affine Typ von Staatsmacht beschrieben, der den deutschen Kon-

---

217 Simmel, Individualismus, 253f.
218 Simmel, Exkurs, 289.
219 Weber, Wirtschaft, Teilband 4, 148.

servatismus spätestens seit seiner Reaktion auf die Französische Revolution prägt. Im Gegensatz zum Rationalismus, der den Staat aus dem Willen des Volkes als Souverän herleitet, was sich in einem Vertragsdenken in Verfassungen und Gesetzen ausdrückt, beruft sich konservative Machtbegründung auf personale Herrschaftsvollzüge. «Gehorcht wird nicht Satzungen, sondern der durch Tradition oder durch den traditional bestimmten Herrscher dafür berufenen Person, deren Befehle legitim sind.»[220] Die Legitimation ihrer Herrschaft erlangt die Führungsperson aus der geschichtlich übermittelten Nähe zur Quelle aller Autorität, die in der göttlichen Stiftung liegt, denn «Autorität bedeutet ursprünglich Stiftung».[221] Insofern ist dann auch die prävalierte Herrschaftsform konservativen Denkens ein Königtum, in dem «der König als Statthalter Gottes auf Erden»[222] vorgestellt ist. Diese Stellvertreterschaft Gottes wird selbst dann noch hochgehalten, wenn deren religiöse Voraussetzungen schon entfallen sind. Dadurch wird dem König im Gegensatz zur Regierung des durch Interessenpartikularismus geprägten demokratischen Parteiensystems die Sorge für das Ganze des Volkes als Aufgabe zugeschrieben, die er allerdings nicht als Privatperson auszuführen hat, sondern als «Repräsentation [...] einer hinter ihm liegenden Wesenheit».[223] Dies ist der konservative Repräsentationsgedanke, der auch Gogartens Bestimmung des Verhältnisses der Institutionen Ehe, Familie und Staat zu ihren soziologischen Entsprechungen prägt. Es ist darum Martin Greiffenhagen zuzustimmen, wenn er bei der Beschreibung des konservativen Versuches zur Zeit der Weimarer Republik «die liberale Unterscheidung von Staat und Gesellschaft wieder aufzuheben» *Wider die Ächtung der Autorität* «eine wichtige Schrift zur theologischen Verteidigung politischer Autorität in den Jahren der Konservativen Revolution»[224] nennt.

In dieses Konglomerat aus liberalen und konservativen Autoritätsgedanken, die mit oder ohne den Begriff der Autorität agieren, stellt Gogarten seine Entwürfe, mit denen er allerdings «weder die neuen autoritären Strömungen theologisch verstärken noch das vorneuzeitliche Ordnungsmodell repristinieren»[225] will. Denn für Gogarten ist Autorität im eigentlichen Sinne Folge richtiger Wirklichkeitserkenntnis und bezieht sich deshalb im Grundsatz auf das Verhältnis zwischen Gott und Mensch. Autorität bezeichnet dann den absoluten und durch nichts zu brechenden Anspruch

---

220 Weber, Wirtschaft, Teilband 1, 130.
221 Greiffenhagen, Dilemma, 173.
222 A.a.O., 180.
223 A.a.O., 186.
224 A.a.O., 189.
225 Gestrich, Denken, 91.

Gottes auf die Existenz des Menschen, der seinen letzten Vollzug im Gericht erfährt, in dem Gott den Menschen heiligt.

Die gedankliche Entwicklung Gogartens, in der er ein Thema zuerst in der Perspektive auf das Individuum betrachtet und in einer zweiten Phase die gesellschaftlichen Implikationen in den Blick nimmt, lässt sich auch in Hinblick auf die Autorität beobachten. So ist es folgerichtig, dass Gogarten das Thema der Autorität zweimal behandelt hat, im 1923 in Zürich gehaltenen und in «Zwischen den Zeiten» erschienenen Vortrag *Die Frage nach der Autorität* und in der 1930 verfassten Studie *Wider die Ächtung der Autorität*.

Wie in den anderen Schriften der Jahre zwischen 1920 und 1925 begibt sich Gogarten auch in *Die Frage nach der Autorität* in eine Frontstellung zu seinen Feindbildern des Idealismus und des modernen Materialismus. Die behandelte Frage wird dabei zu einem Schibboleth richtigen Wirklichkeitsverständnisses und dementsprechend auch auf der Ebene des Subjektes verhandelt, ohne dass die gesellschaftstheoretischen Hintergründe schon tragend in den Blick kämen. Es trennen sich gemäss den schon dargestellten unterschiedlichen Begründungsfiguren des Individuums die idealistische Weltanschauung, die in der Selbsterfahrung wurzelt, und der in der Begegnung mit dem Du Gottes wurzelnde Personalismus. Die Bewertung der Autorität als Machtausübung eines Menschen über das Gewissen eines anderen Menschen wird vom Idealismus, der die Philosophie des modernen Menschen ist, rundweg abgelehnt, und nur dort kann er überhaupt die Frage nach Autorität anerkennen, wo darüber reflektiert wird, «auch noch den letzten Rest von Autorität, die hie und da noch vorhanden sei, durch Freiheit zu ersetzen».[226] Dabei kann Gogarten dem Idealismus durchaus zustimmen, wenn dieser sagt, «es kann niemals und darf niemals ein Mensch als Mensch Autorität für einen anderen sein»,[227] da auch für ihn Autorität als Zugriff auf das Wesen und das Gewissen des Menschen einen unzulässigen Eingriff in den Bereich der individuellen Selbstbestimmung darstellt. Seine Zustimmung zu solcher Autoritätskritik ist sogar unabhängig davon, ob der autoritäre Zugriff durch eine Einzelperson oder durch eine institutionalisierte Macht geschieht, wie es die traditionellen Ordnungen und «Gebilde wie Staat oder Ehe oder Familie»[228] sind, die als menschliche Ordnungen problematische Formen entliehener Autorität sind.

Nach Gogarten ist der Idealismus aber über diese sinnvolle Ablehnung von Autorität hinausgegangen, indem er nun eine Eigengesetzlichkeit des Einzelnen behauptet hat, also «dass ein Mensch frei von fremder Autorität

---

226 Gogarten, Frage, 78f.
227 A.a.O., 79.
228 A.a.O., 82.

sich selbst zum Gesetz würde, dass ein Mensch allein aus seinem Gewissen heraus handeln könnte».[229] Der Idealismus hat die Normen- und Gesetzgebung, die wegweisende Funktion zur sittlichen Gestaltung des individuellen Lebens besitzt, in die Willensentscheidung eines innerweltlichen und individuellen Prozesses gegeben, da der moderne Mensch, der sich ein «Über-ihm, [...] ein Jenseits-vom-Menschen»[230] nicht mehr denken konnte, keine andere Möglichkeit hat, die Normen materiell zu füllen, als dadurch, dass er die Quelle der göttlichen Offenbarung in sich selbst sucht. Aber genau in dieser Haltung, die innere Tiefe mit dem göttlichen Seinsgrund zu identifizieren, in der also «der Mensch nur dann selbst sich Gesetz sein kann, wenn sein Wesen seine göttliche, ewige Form gefunden hat, [...] verrät er seine ewige Bestimmung an die Zeit, da verrät er seine göttliche Gestalt an sein allzu menschliches Zerrbild».[231] Der als Gottes Ebenbild zur Ewigkeit geschaffene Mensch entäussert sich demnach in die der Zeit ausgesetzte Welt, in der er sich, sich selbst zum Gesetz machend, von Gott als eigentlichem Grund aller Autorität löst.

Das subjektivitätstheoretische Anliegen Gogartens wird deutlich, wenn er wahre Autorität als den Anspruch Gottes auf die Existenz des Einzelnen beschreibt und sich damit von solchen Theorien abgrenzt, die das Individuum durch den Rückgriff auf interpersonale Sollensaufforderungen oder Selbstlegitimationen des eigenen Handelns auf einem gedachten Grund des Seins zu begründen versuchen. Im Verhältnis zwischen Gott und Mensch bezeichnet Autorität vielmehr «diese Willenserklärung Gottes, die den sündigen Menschen für den heiligen erklärt».[232] Gott bricht durch die Gabe seiner Gnade den «Kreis der schlechthinnigen Verlegenheit»[233] auf, in dem sich der Mensch befindet. Dieser ist nämlich «als Geschöpf Gottes [...] von Ewigkeit her»[234] und steht unter der Aufforderung, diese seine ewige Gestalt zu realisieren, indem er die Zeit überwindet. Doch er muss diese Forderung immer unterlaufen, da der Gegensatz zwischen Ewigkeit und Zeit so fundamental ist, dass er allein durch die neue Schöpfung überwunden werden kann, die im rechtfertigenden Handeln Gottes geschieht. Dieses Geschehen Gottes zieht keine materiellen Verhaltensnormen nach sich, es ist auch nicht der Gegenstand einer ethischen Verkündigung, sondern der einzige Hinweis auf dieses Geschehen, der zugleich seine hinrei-

---

229 A.a.O., 85.
230 A.a.O., 83.
231 A.a.O., 87.
232 A.a.O., 96.
233 A.a.O., 93 und 94.
234 A.a.O., 94.

chende Begründung ist, ist «die Verkündigung. Und die Verkündigung heisst: Jesus Christus.»[235]

Der Argumentationsgang aus diesem frühen Vortrag bzw. Aufsatz kann zwar als Beitrag zur subjektivitätstheoretischen Begründung von Autorität verstanden werden, und tatsächlich ist ja auch die theoretische Absage an jede innerweltliche Autorität ein faszinierender Gedanke, der in einer Zeit, in der radikale Politikentwürfe salonfähig wurden, diesen eine Grenze vom Konstrukt der ewigen, sich nicht in die Zeitlichkeit auflösenden Macht Gottes her aufzeigt. Aber für die lebenspraktischen Fragen trägt die dogmatische Behandlung von Autorität als Ausdruck des Rechtfertigungsgeschehens wenig aus. Und so nimmt es nicht wunder, dass mit der Politisierung der Theologie, an der Gogarten mitgewirkt hat, er auch den Begriff der Autorität noch einmal unter dem Gesichtspunkt seiner Bedeutung für eine politische Existenz untersucht.

Gogarten baut die Schrift *Wider die Ächtung der Autorität*, in der diese Auseinandersetzung stattfindet, in vier Thesen auf, in denen er sich jeweils mit «dem Guten» und der «Frage, was wir denn nun tun sollen»[236] auseinandersetzt und die zeitgenössischen Antworten des Idealismus, des Historismus, aber auch der neulutherischen Schöpfungstheologie von seinem Standpunkt aus kritisiert. Sein Grundgedanke, der uns schon bei Simmel begegnet ist, ist dabei der, dass «das politische Leben des Menschen [...] nicht auf Freiheit, nicht auf Gleichheit, sondern auf Ungleichheit, und zwar nicht nur ergänzende, sondern widersprechende Ungleichheit»[237] gebaut ist und dass, weil eben nicht von einer schöpfungsmässigen Gleichheit der Menschen ausgegangen werden kann, «die grundlegenden Beziehungen der Menschen zueinander, in denen das menschliche Leben gelebt wird, schlechthin einer Ordnung nicht entbehren können, dic sic der Willkür des Einzelnen entnimmt und sie nicht einfach der Eventualität ausliefert, ob die je aufeinander bezogenen Menschen die erforderliche ethische Freiheit und Bildung besitzen oder nicht».[238]

Auch hier profiliert Gogarten sein Argument wieder in der Auseinandersetzung mit den Positionen des Idealismus und des Neuluthertums. Dem ersten wirft er vor, die Frage nach dem Guten, durch das der Mensch «zu seinem eigentlichen menschlichen, menschengemässen Dasein kommt»,[239] aus seiner eigenen kulturellen Prägung heraus zu beantworten und damit unfruchtbar zu machen für eine allgemeingültige Antwort auf die prakt-

---

235 A.a.O., 100.
236 Gogarten, Ächtung, z. B. 13; 15; 18.
237 A.a.O., 23.
238 A.a.O., 9.
239 A.a.O., 12.

isch-ethischen Fragestellungen. Denn in der Herleitung aus der eigenen Tradition ist von vornherein die mögliche Bindung an Gottes Willen gekappt und die eruierte Norm als Individualnorm desavouiert. Genauso wenig kann vom Menschen eine Antwort auf die konkrete Frage des zu Tuenden gegeben werden, wenn diese die Welt in irgendeiner Weise weiterentwickeln soll, da ihm entweder die Kraft fehlt, die sie beinhaltenden Forderungen einzuhalten, oder aber, wo wie im Neuluthertum die Kraftgabe zur Gesetzeserfüllung aus dem Evangelium gedacht wird, der Mensch vor der Aufgabe steht, durch die Schöpfungsordnungen die Welt dem Reiche Gottes als ihrem Ziel tatsächlich näher zu bringen. Dass auch diese Möglichkeit unrealisierbar ist angesichts des Gott-Welt-Gegensatzes, ist bei Gogarten vorauszusetzen. Der moderne Mensch hat nun trotzdem durch den Rückgriff auf die Geschichte ein Wertesystem konstruiert, das es ihm, wenn er es einhält, erlauben soll, seiner Gottebenbildlichkeit gerecht zu werden. Als Beispiel seines Handelns dient ihm «Gottes An-und-für-sich-Sein»,[240] das er nachzuahmen versucht. Dabei unterlaufe ihm der Fehler, dass er die Vorbildfunktion Gottes missdeutet, da des Menschen Entsprechung zum guten Tun Gottes nicht die ist, «zu tun, was Gott tut. Sondern es kann auf keine andere Weise geschehen als allein dadurch, dass der Mensch ‹das Gute›, das Gott tut, an sich geschehen lässt».[241] Es wird also wieder jedes gute Handeln des Menschen als irreführend bewertet, wenn es nicht die ganz grundsätzliche Sündenverfallenheit der Welt und des Menschen in Rechnung stellt, sondern versucht, sich durch sich selbst Gerechtigkeit zu verschaffen.[242]

Die politisch-ethische Pointe Gogartens ist nun, dass er alle ethischen Forderungen in der Konstitution der Menschen als die «in ihrer Ungleichheit aufeinander angewiesenen und [...] aneinander gebundenen»[243] gründet und sie von dort aus beschreibt. In diesem Aufeinanderangewiesensein der Menschen «muss es Ordnungen wie Ehe, Familie, Beruf, Staat geben.

---

240 A.a.O., 31.

241 A.a.O., 32.

242 Michel, Bemerkungen, beschreibt die These Gogartens so: «Der Mensch an Gottes Stelle bedeutet: alleinige Geltendmachung des Hirns anstelle der Kraft; Schwächung und Verkümmerung des zeugenden Prinzips, Thronerhebung einer Instanz, die ewig nur modifiziert und die daher zuverlässig nicht ein lebendiges Ganzes halten und weitertreiben kann; das höchste Wort des souveränen Menschen ist Humanität – ein grosses Wort, solange es das fort dauernde Leben in Gottes Schöpfung voraussetzen kann, ein Wort des Todes, sobald es allein dasteht, [...] ein Wort der Vernichtung überall, wo es sich im Ernst absolut setzt», 58.

243 Gogarten, Ächtung, 23.

Und diese Ordnungen sind als solche ohne Autorität und Gehorsam, ohne Gewalt und Zwang schlechthin unmöglich».[244] Denn nur diese Ordnungen garantieren, dass die auseinanderdriftenden Kräfte der gegensätzlichen Individuen zusammengehalten werden und die Schöpfung darum nicht zerreisst, sondern ihren Bestand wahrt bis zum Gericht Gottes. Es sind die Ordnungen darum auch immer im interpersonalen Bereich angesiedelt und als konkrete Sozialordnungen erfahrbar. Die Virulenz der Frage nach Autorität ergibt sich deshalb für Gogarten auch aus der Auflösung und dem Verfall der Gesellschaft, in der die Privatisierung des Lebenswandels und der Weltdeutung alle umfassenden personalen Bindungen, die das Individuum tragen könnten, ihrer Wirksamkeit beraubt hat und den Einzelnen in der einsamen Leere lassen. Um diesen Zerfall aufzuhalten, bedarf es dann eben dieser ordnenden Elemente. Allerdings sind die notwendigen und von Gott gegebenen Ordnungen zu unterscheiden von den Formen, die sie in der jeweiligen geschichtlichen Situation annehmen. Die Formen der sozialen Ordnungen sind darum für Gogarten kontingent, wenn denn ihre Konstitution als Entsprechung der göttlichen Forderung menschlichen Lebens als seines «Für-den-Menschen-Sein»[245] erscheint. Gogarten kommt aufgrund dieser Bestimmung auch dann auf keine konkreten ethischen Anweisungen, sondern verweist darauf, «wenn das so ist, dann darf man aber auch die Massstäbe für das ethische Handeln [...] nirgendwo anders hernehmen als aus den Notwendigkeiten und Gesetzen ihres Miteinander-Seins».[246]

Es vermischen sich hier in eigenartiger Weise eine empirische und eine dogmatische Argumentationslinie. Der in der Welt zwischen Menschen bestehende Zwang wird als empirisch unhinterfragbar bezeichnet und dadurch gleichzeitig in den Rang einer Schöpfungsordnung erhoben, da er dem Erhalt der Schöpfung dient. Entsprechend der Zwei-Regimenten-Lehre sind dann die weltlichen Ordnungen prinzipiell dem Gesetz zur Linken Gottes gleichzusetzen, das hier sowohl den *usus politicus* erfüllt, nach dem sie als Ausformungen des göttlichen Willens das Zusammenleben der Menschen bestimmen, als auch den *usus elenchticus*, in dem sie als uneinhaltbares Gesetz den Menschen seiner Sünde überführen und der Gnadenbedürftigkeit preisgeben.

---

244 A.a.O., 9.
245 A.a.O., 40.
246 A.a.O., 37.

3.4) Das System der Politischen Ethik

Die volle Bedeutung der Theorie der Autorität kommt in der 1932 fertiggestellten *Politischen Ethik* zum Tragen. In dieser legt Gogarten eine voraussetzungsreiche Ethik vor, die darauf hinausläuft, dass er als Ort des ethischen Handelns den hierarchisch gegliederten Ständestaat sieht, in dem sich die göttliche *creatio continua* realisiert. Mit seinem Entwurf verbindet Gogarten den expliziten Anspruch, die Welt als Gesamtheit aller Menschen zu erfassen und dadurch weit über den engen Rahmen von Theologie und Kirche hinaus zu sprechen. Damit soll der absoluten Souveränität Gottes Rechnung getragen werden, in der dieser «des Menschen schlechthin mächtig ist».[247] Dies kann gelingen, indem Gottes Gebot, das in seiner theologischen Form in den biblischen Quellen ansichtig wird, auch aus anderen Quellen erkennbar gedacht wird: «Denn gerade wenn diese Macht wirklich Gott ist, dann ist sie ja nicht nur des Christen mächtig, sondern jedes Menschen. Und es wird sich in jedes Menschen Leben seine Macht irgendwie erweisen und darum erfahren lassen.»[248] Der Anspruch ontischer Allgemeingültigkeit Gottes wird also erweitert um den Anspruch allgemeiner noetischer Erkennbarkeit und somit die Frage nach einer Erkenntnis der göttlichen Gebote ausserhalb der biblischen Verkündigung aufgeworfen.

Dieser Anspruch drückt sich in einer allgemeinen Anthropologie aus, die zur Grundlage der ethischen Theorie wird. Dabei verweben sich eine theoretische und eine empirische Argumentationslinie. Aus der empirischen Wahrnehmung entspringt die Feststellung, dass es kein Leben des Einzelnen ohne Beziehung zum anderen gebe. Die Tatsache der Sozialität des menschlichen Lebensvollzugs wird dabei als Kategorie des Denkens bewertet. Dies geschieht durch den Rückgriff auf den Personalismus, durch den Gogarten die zwischenmenschlichen Beziehungen in ihrer eigentlichen Form als ein unmittelbares Zusammentreffen eines Ich mit einem Du verstehen will. In dieser Form des Zusammentreffens zweier Menschen werde der andere nicht zu einem Objekt der eigenen Handlungsmacht, wodurch er verdinglicht würde, sondern er bleibe ein selbstbestimmtes Subjekt, wobei Gogarten diese Verbindung gleichrangiger Subjekte mit dem Begriff der Hörigkeit benennt. Das Verhältnis untereinander höriger Personen bilde dabei den Ort der Ethik: «Dieser Satz, dass Menschen nur so miteinander zu tun haben, dass nur so Gemeinschaft zwischen ihnen ist, dass sie einander hörig sind, ist das Zentrum dessen, was ich hier auszuführen

---

247 Gogarten, Ethik, 7.
248 Ebd.

habe. Denn alles, was über Ethik gesagt werden kann, kann nichts anderes sein als eine Explikation dieses Satzes.»[249] Die Forderung dieses Gegenübers, religiös gesprochen Gottes, ist als «eigentliche[r] Kern des ethischen Phänomens die Forderung des ‹Du sollst›».[250] Diese besteht allgemein gesprochen darin, dass «die Macht und die Hörigkeit den Menschen selbst treffen, sie treffen ihn als den selbst, der er ist».[251]

Die dritte Voraussetzung der Ethik liegt im Problem der allgemeinen Sündenverfallenheit des Menschen. Auch diese ist in allgemeiner und in christlicher Sprachform beschreibbar. In empirischer Sicht erscheint die Selbsterkenntnis des Menschen als böse in seiner Unmöglichkeit, begangene Schuld als Zerstörung der Ich-Du-Beziehung zum Nächsten in der Geschichte zu tilgen. Darum entspringt der Sünde zwangsläufig der Tod, der soziologisch gesprochen darin besteht, dass der Mensch nicht mehr als freie Person unter freien Personen sein kann. Der Mensch wird, «wenn er wirklich um seine Schuld weiss, gar nicht anders können als des Glaubens zu leben, dass er dieser Schuld nie wieder ledig wird. [...] Wer in dem angegebenen Sinn um Schuld weiss, kann nicht mehr leben: ihm ist die Möglichkeit des Lebens genommen.»[252] Im Duktus der lutherischen Rechtfertigungslehre drückt Gogarten die christliche Version dieses Sündenverständnisses aus, indem er es als dem alten Menschen unmöglich postuliert, der Forderung unbedingter Verantwortung im Gegenüber zum unmittelbaren Du des anderen und damit auch zu Gott gerecht zu werden, die in der Struktur der göttlichen Ansprache im «Du sollst» wurzelt. Erlösung im christlichen Sprachspiel gelingt dann nur über die Unterordnung unter das Gesetz Gottes und das gleichzeitige Eingeständnis von dessen Unerfüllbarkeit. Folge der Erlösung sind «die Taten des Menschen», verstanden «als das Tun *des* Menschen, der unter der Herrschaft des Evangeliums steht, unter der Herrschaft Jesu Christi».[253] Das Luther'sche *simul iustus et peccator* löst Gogarten auf in die Doppelstruktur christlichen Lebens als altem und als neuem Menschen, die «gar nicht voneinander zu lösen» sind: «Nur indem man um sich als um den Alten Menschen weiss, der sich unter der furchtbaren Herrschaft der Sünde Gott entzieht und der getötet wird um dieser Sünde willen, nur so kann man um sich als um den Neuen Menschen wissen, der lebt um der Gerechtigkeit willen.»[254] Diese Struktur der sündenblossstellenden Gesetzgebung und der erlösenden Persongabe

—

249 A.a.O., 15.
250 A.a.O., 8.
251 Ebd.
252 A.a.O., 45.
253 A.a.O., 95.
254 A.a.O., 81.

sieht Gogarten, wie noch zu zeigen sein wird, im Handeln des rechten Staates auch in weltlich erkennbarer Form vermittelt, nämlich in seinem Autorität fordernden Handeln.

Gogarten muss nun plausibilisieren, wie sich das Gebot Gottes ausserhalb von dessen unmittelbarem Offenbarungshandeln in Bibel und kirchlicher Verkündigung Geltungsanspruch verschaffen kann. Dafür beschreibt er zuerst die Sozialität des Menschen mit dem Begriff der Polis, unter der er jede Ordnung versteht, «mit der sich der Mensch zu sichern sucht gegenüber dem Chaos und gegenüber den zerstörenden Gewalten, von denen seine Existenz in der Welt bedroht ist» und die «aus seinem eigenen Wesen entspringen».[255] In den Ordnungen, die in der Polis, die in unqualifiziertem Sinne mit dem Staat äquivok genannt werden kann, aufscheinen, so der zweite Schritt, erweist sich Gott als der Schöpfer, der durch sein Gesetzeshandeln die Schöpfung bewahrt. Der Staat ist darum als Ausdrucksform der göttlichen *creatio continua* zu verstehen, als Mittel Gottes, das Chaos der Welt zu bewältigen. Die Existenz als ein solches Mittel verwirkt aber derjenige Staat, der sich aus sich selbst gründet, der also vertragsrechtlich und «humanistisch»[256] konzipiert ist. Die Unterscheidung einer sich auf intersubjektiver Ebene konstituierenden Sozialform und eines Sozialwesens, das sich auf der objektiven Forderung gründet, die in der personalen Ansprache des Menschen geschieht, vollzieht Gogarten mit der terminologischen Unterscheidung von Gesellschaft und Staat. Aus der Erkenntnis dieser Forderung nimmt «der Staat [...] seine ethische Qualität», die darin liegt, «dass er mit seiner Souveränität, mit seinem Recht über Leben und Eigentum seiner Untertanen, dem Bösen wehrt, dem die Menschen verfallen sind». Hingegen, «was man ohne diese Erkenntnis ‹Staat› nennt, ist in Wahrheit nur Gesellschaft. Und zwar eine Gesellschaft, die unrettbar in Auflösung geraten muss, da sie des Staates entbehrt».[257] Diese Auflösung geschah in der von der humanistischen, vertragstheoretisch geprägten Neuzeit, und so redet Gogarten in seinem zeitdiagnostischen Urteil vom Scheitern der Humanität als Grundlage des menschlichen Kulturschaffens, das im Erten Weltkrieg offenbar wurde. Der «Traum der Humanität» war es nämlich gewesen, dass dem Menschen «sein Leben in seine souveräne Gestaltungskraft gegeben ist; der Traum davon, dass der Mensch ein System von geistigen Anlagen, Vermögen und Fähigkeiten hat, das es auszugestalten gilt und mit dem er sich zum souveränen Herrn seines selbst und der Welt machen kann.»[258] Während also «Gesellschaft

---

255 A.a.O., 58.
256 A.a.O., 1.
257 A.a.O., 117.
258 A.a.O., 1.

Produkt und Form des menschlichen Tuns»[259] ist, ist es so, dass der Staat als notwendige Form personalen, verantwortlichen Zusammenlebens, als das «politische Sein des Menschen dagegen vor diesem Tun liegt».[260] Nach dem Ende des Traums der Humanität muss Gogarten für die Suche nach der Ordnungskraft des Staates ausserhalb der menschlichen Handlungsmöglichkeit suchen und findet diese in einem Staat, der als Offenbarungsmedium des göttlichen Gebotes fungiert und im weltlichen Bereich dessen Aufgabe übernimmt, die menschliche Sünde aufzudecken sowie den schuldigen Menschen zu bestrafen und zu erlösen. Dabei lässt Gott sein Gebot durch die *lex civilis* durchscheinen, die als von ihm aufgerichtete Schranken das Leben erhält, weshalb man sagen kann, dass es über diese im Staatswesen aufgerichteten Ordnungen «auf Erden kein grösseres Geschenk Gottes gibt».[261] Diese nun drücken sich aus im dem sittlichen Gesetz, das der wahre Staat aufstellt und einfordert und in dem der Glaube «den ewigen Schöpfungswillen Gottes» erkennt, «und so erkennt er in der *lex civilis* das Gesetz Gottes».[262] Als eine solch starke Ordnungsmacht wird der Staat darum auch zum Herrn über Leben und Tod der in ihm organisierten Menschen. Dies gilt zum einen in einem soziologischen Sinne, dass der Staat über Ab- und Zuerkennung der Ehre das Individuum als Teil der Staatsgemeinschaft annimmt oder eben aus ihr ausstösst und damit dem gesellschaftlichen Tod hingibt. Die Verfügungsgewalt des Staates über den Menschen ist aber auch buchstäblich gemeint, nämlich dass der Staat als Hüter der das Chaos eindämmenden Mächte das nackte Leben des Menschen fordern darf, wenn das seinem Auftrag dient: «Wo immer echte Obrigkeit ist, hat sie das Recht, unter Umständen das Leben der ihr Anvertrauten, ihrer Untertanen fordern zu dürfen»,[263] um das Leben der Untertanen zu schützen.

3.5) Die Aporie des reinen Autoritätsdenkens

Die Schwierigkeiten und auch das letztendliche Scheitern von Gogartens ethischer Konzeption haben ihre Wurzeln in der ungenauen Bestimmung von göttlicher Ordnung und deren Explikation in der empirischen Wirklichkeit. Dies zeigt sich in der Beschreibung des faktischen Gesetzesgebrauches im wahren Staat und in der humanen Gesellschaft einerseits, in der Frage nach der Herkunft des Gesetzes andererseits.

—

259 A.a.O., 173.
260 A.a.O., 174.
261 A.a.O., 113.
262 Ebd.
263 A.a.O., 109.

Der grosse Angriff Gogartens ging gegen die Eigengesetzlichkeit des Menschen, die er in ihrem «titanischen, faustischen Drang ins Unendliche, ins Unbedingte und Ungebundne»[264] als die Sünde der Neuzeit bezeichnen konnte, da sie durch ihren Versuch, sich auf der Basis des Individuums eigengesetzlich auszudrücken, im von ihr geschaffenen Gesetz eine Gegenwirklichkeit kreierte. Dadurch, dass der Mensch diese Gegenwirklichkeit bewohnt und sich somit dem Anspruch Gottes entzieht, macht er sich Gott gleich und wird als Sünder überführt. Gogarten betont die zerstörerischen Kräfte, die der Mensch auf diese Weise entfalten kann, läuft aber, wenn er seinen Angriff allzu stark forciert, Gefahr, diese Kräfte zu überschätzen. Denn angesichts der Souveränität Gottes muss man doch fragen, ob die Zerstörung der Welt als Handlung des Menschen überhaupt denkbar ist oder ob nicht selbst die nach Gogarten den Ersten Weltkrieg auslösende Humanität dies nur im Rahmen der göttlichen *creatio continua* vollziehen konnte, wenn diese Tat auch als Strafgericht Gottes zu deuten sein müsste. Es fragt sich also, ob Gogarten nicht um der Stärke des Angriffs willen die Macht des Menschen höher einschätzt, als sie gemäss den Grundlagen seiner Theologie eigentlich sein dürfte.

Weiter muss nach dem Verhältnis des staatlichen und gesellschaftlichen Rechtes und dem überführenden Gesetzesgebrauch gefragt werden. Wenn z. B. praktizierte Homosexualität nach dem Gesetz des Weimarer Republik ebenso unter Strafe stand wie nach dem des wilhelminischen Kaiserreiches, dann müsste doch im Sinne Gogartens wenigstens an dieser Stelle auch das vertragsrechtlich verabschiedete Sittengesetz die Gesetzesfunktion erfüllen, die in der lutherischen Terminologie als *usus legis elenchticus* bezeichnet ist. Auch dasjenige positive Recht, das nach Gogarten der individualistischen Formung entspringt, hätte demnach einen die menschliche Sünde überführenden Charakter und müsste somit sogar als gut bewertet werden, da es das wahre Sein des Menschen als erlösungsbedürftigen Sünder aufzudecken in der Lage ist. Dadurch würde aber auch der moderne Individualismus in seiner legislativen Tätigkeit die Voraussetzung der *felix culpa* schaffen. Doch kann dies nicht gemeint sein mit dem *usus elenchticus* des Gesetzes, die dem Heil vorangehende Überstellung des Menschen in den Stand der Sünde dessen freier Tat zu überlassen. Christoph Gestrich beschreibt Gogartens Vorstellung von der Sünde der Neuzeit zurecht so, dass sie eine «Verdoppelung der Wirklichkeit als schöpfungsmässige und als gemachte Welt»[265] vornahm, die rückgängig gemacht wird durch die Rückkehr in das vorneuzeitliche Weltbild, da «‹Wirklichkeit› in Ehe, Familie

---

264 Gogarten, Frage, 25.
265 Gestrich, Denken, 337.

und Staat […] unbedingt gleichbedeutend mit einer Befreiung des Lebens von der Sünde ist!»[266] Aber auch diese Lesart verlagert das Problem des Gesetzes in die Gesinnung, aus der heraus es beschlossen wird. Wirklichkeit wird dann in die Intentionalität des Menschen verlagert.

Die Gleichsetzung des überführenden Gesetzes mit dem die staatliche Gesetzgebung normierenden Sittengesetz lässt noch die Möglichkeit offen, dass ein Mensch, auch wenn dies aufgrund seiner Bindung an die vielzähligen Verantwortlichkeiten im sozialen Raum praktisch kaum denkbar ist, theoretisch nicht gegen das Gesetz verstösst und darum auch nicht als Sünder überführt wird. Es müsste Gogarten darum daran gelegen sein, die Sündhaftigkeit des Menschen ausserhalb seines konkreten Handelns zu begründen, was ihm wegen der Bindung an das Sittengesetz als weltlichem Äquivalent zur Ordnung Gottes nicht gelingen kann.

Der zweite damit verbundene Fragenkomplex dreht sich um die Frage nach der Herkunft desjenigen Sittengesetzes, das als ein solches Äquivalent gelten kann, also danach, welches Gesetz tatsächlich zum *usus legis politicus* geeignet ist. Mit Barth teilt Gogarten die paradoxe Vorstellung, dass aufgrund des postulierten unüberwindbaren Gegensatzes zwischen Zeitlichem und Ewigem jede Möglichkeit, wie sie z. B. die «*Opiniones judaicae*»[267] präsentieren, man könne durch geschichtliches Handeln das Reich Gottes vorantreiben, abzulehnen ist. Im Gegenüber zu Gott kann es keine innerweltlichen Handlungsmöglichkeiten geben, die einen Lebenswandel als gerecht qualifizieren könnten. Gleichzeitig zeitigt der Glaube aber den Willen, auf die Botschaft der Erlösung durch ein gesetzesgetreues Handeln zu antworten, was bei Luther mit dem Begriff des Dienstes[268] und bei Melanchthon mit dem *tertius usus legis* beschrieben wird. Kulturschaffen ist zwar keine dem Menschen gegebene Möglichkeit, trotzdem kann er aus dem Glauben heraus kulturschaffend handeln. Hinter dieser paradoxen Bestimmung droht der positive Impetus christlicher Ethik ebenso verloren zu gehen, wie auch jede Notwendigkeit des Menschen, sich an ein Gesetz zu halten, in Frage gestellt ist. Die Bedeutung des politischen Gesetzesgebrauchs liegt dann tatsächlich nur noch in der Erhaltung der Welt bis zum Gericht und verliert jedes qualifizierende Element.[269]

Die weiterführende Frage richtet sich darauf, woher die positiven Formen einer die Gesellschaft tragenden Ordnung kommen könnten oder wie eine inhaltliche Füllung und Begründung solcher Ordnungen, die für sich Autorität beanspruchen, gelingen kann. Denn da die geschaffene Welt

---

266 A.a.O., 108.

267 Gogarten, Ächtung, 27.

268 Vgl. Luther, Freiheit, bes. 174; 181.

269 Vgl. Gestrich, Denken, 336.

durch das Wissen um die Eigentätigkeit der Vernunft nicht als Quelle unmittelbarer Gotteserfahrung dienen kann, da also das historische Bewusstsein den Absolutheitsanspruch menschlicher Beziehungsstrukturen als zeitgegebene Formen relativiert hat, kann keine in menschlichen Möglichkeiten ausgedrückte Ordnungsform allgemeinen Geltungsanspruch erheben. Selbst wenn man von der Norm der gegenseitigen Verantwortung und Hörigkeit ausgeht, bleibt angesichts des historischen Bewusstseins das Kriterium offen, das darüber entscheiden kann, ob ein Gesetz Ausdruck menschlichen Eigenhandelns oder göttlicher Offenbarung ist.

Zwar grenzt sich Gogarten von der liberalen Vorstellung eines rationalen Aushandlungsprozesses ab, in dem die verschiedenen religiös bewegten Individuen im Glauben an das inwendige Gottesreich in Rahmen einer organisierten Sozialform die Grundakte ethischen Handelns auf die Gegenwart applizieren.[270] Dieser rationale Prozess arbeite über den historischen Rückgriff auf die in der Geschichte auffindbaren Sittenvorstellungen, aus deren Traditionalität er ihre Autorität ableite. Da aber Autorität gegenwärtig ist und sich nicht aus der Vergangenheit speise, sei dieser Versuch bloss eine nutzlose «Don Quichoterie».[271] Ebenso grenzt sich Gogarten ab von der sittlichen Frömmigkeit, die im Pietismus repräsentiert ist, da auch deren sittliche Forderungen und Ordnungsvorstellungen darauf hinaus laufen, dem Gläubigen ein innerweltliches Instrumentarium an die Hand zu geben, das es ihm erlaubt, das Reich Gottes auf Erden herbeizuführen. Die dritte Abgrenzung geschieht gegenüber dem Denken der neulutherischen Ordnungstheologie, die Gogarten mit dem Namen Paul Althaus verbindet. In dessen Postulat der «‹lebensgestaltenden Mächtigkeit› des Glaubens»[272] erkennt er einerseits den Versuch, über die Botschaft des Evangeliums dem Gläubigen Kraft zur sittlichen Vervollkommnung zukommen zu lassen, andererseits leitet die neulutherische Ordnungstheologie ihre inhaltlichen Füllungen aus der göttlichen Offenbarung ab und überschreitet damit die Grenze zwischen Weltlichem und Göttlichem. Sie wird dadurch zu einer weiteren Form einer bürgerlichen Religion, die die unüberwindbare Andersartigkeit Gottes nicht ernst nimmt.

Das Gegenmodell zu diesen Ethiken, die ihre Normen letztendlich aus dem Individuum nehmen, das seine Freiheit als sein «An-und-für-sich-Sein» postuliert und die deshalb eine Sittlichkeit des «Man-tut-das-so-oder-so»[273] konzipieren, ist für Gogarten eine Ethik, die Gottes Forderung des «Du

---

270 Vgl. für eine Begründung liberaler theologischer Ethik, die sich bewusst ist, Werturteile abzuliefern: Troeltsch, Soziallehren, 977–986.

271 Gogarten, Frage, 20.

272 Gogarten, Ächtung, 20. Gogarten zitiert hier Althaus, Krisis, 37.

273 Gogarten, Ächtung, 31.

Sollst» darstellt, die an den Einzelnen ergeht und die «dessen Annahme der Wahrheit und Wirklichkeit über sich selbst»[274] verlangt. Sich unter diese Forderung zu stellen, gelingt aber nur als ein dezisionistischer Akt, in dem eine bestimmte Autorität als dazu berechtigt postuliert wird, zu herrschen. Das Kriterium ihrer Berechtigung ist dabei letztlich das Gefühl des Einzelnen, es in dieser Macht mit einem Abbild der göttlichen Ordnungen zu tun zu haben. Ein weiteres hilfreiches Unterscheidungsmerkmal zwischen wahrer und falscher Autorität ist die Tatsache, dass eine sittliche Norm nicht in ihrer historischen Entstehung beschrieben werden kann und somit nicht als eigenmächtige Kreation von Menschen aufgedeckt wird. Diese unbestimmbare Herkunft sittlicher Normen ist am ehesten gegeben in dem, «was wir Sitte und Konvention genannt haben».[275] Das erklärt dann auch die grosse Bedeutung, die Gogarten dem Nationalen als dem Ort des Volkes beimisst. Doch unausgesprochen arbeitet dieses Modell mit einer Bewahrheitung des Sittengesetzes aus der negativen Möglichkeit, dieses historisch einzuordnen. Damit wird es zum Hasen, der den Igeln des Historismus immer mindestens einen Schritt hinterherhinkt.

Gleichzeitig ist es die Verbindung der Betonung der Autorität als Konstruktionsbedingung von Gemeinschaft und der Rückbindung an unreflektierte Kulturgestalten, die Gogartens Vorstellung von Gemeinschaftsbildung anfällig macht für den Missbrauch durch beliebige autoritäre Systeme. Denn das Fehlen von klaren Kriterien, die Massstab jeder autoritären Forderung auf ihre Begründung im Alleinherrschaftsanspruch Gottes sein können, und viel mehr noch der von Gogarten in den materialen Teilen vollzogene Rückgriff auf ein bestimmtes, zeitgeschichtlich als konservativ definierbares Wertesystem überlässt all denjenigen autoritären Gruppenbildungen die Möglichkeit der Inanspruchnahme von Gogartens Theologie und gibt ihnen damit eine theologische Legitimation, die von ganz anderen theologischen oder politischen Voraussetzungen kommend dieses Wertesystem teilen. Dass Gogarten als Steigbügelhalter nationalsozialistischer Ideologien im Bereich von Kirche und Theologie gesehen werden konnte,[276] liegt

---

274 Gogarten, Ethik, 34.

275 A.a.O., 211.

276 Vgl. z. B. Lilla, God, der Gogarten beschreibt als «minor prophet of a major political idol» (292), das für ihn der Nationalsozialismus darstellt. Lilla liest Gogarten als von der eschatologischen Sprache von K. Barths erster Römerbrieffassung inspirierten dialektischen Theologen, der mit Hilfe dieser Sprache seine Gedanken seit 1917 konsistent weiterentwickelte und zum «Cain of the theological family around Barth» (282) wurde, als er sich 1933 den Deutschen Christen anschloss. Wehler, Gesellschaftsgeschichte, nennt Gogarten gemeinsam mit Hirsch und Althaus das «berühmt-berüchtigte Theologen-Trio», 441,

hier begründet. So muss man es als grosses Versäumnis Gogartens in den letzten Jahren der Weimarer Republik bezeichnen, den in seinem eigenen Denken vorhandenen Zusammenhang zwischen menschlichen Herrschaftsansprüchen und ihrer notwendigen Begründung im gnädigen Gott, der allein Souverän ist, weil er über die Existenz des Menschen entscheidet, nicht klar genug dargestellt zu haben. Vielmehr hat er die Angriffe auf die Weimarer Republik noch befeuert, indem er deren durch die Versailler Verträge eingegangene Fremdbestimmung als dahin führend beschrieb, dass sie «dem eigenen Volk gegenüber [...] so etwas wie ein Sklavenaufseher»[277] geworden wäre.

Die fehlende Rückendeckung für die Republik ist wohl in Gogartens Willen begründet, dass er bestimmte, ihm wichtige Werte in der Zeit der Machtergreifung Hitlers wieder hergestellt sieht, worüber er die Gefahren seiner Theologie übersieht. Diese Unklarheit im eigenen Denken hat ihn auch selber dazu geführt, den Nationalsozialismus trotz seiner Warnung vor allem Nationalismus als einer weiteren Form des «Cäsaropapismus»[278] als rechtmässige Herrschaftsform anzuerkennen, anstatt ihn aufgrund der ihn leitenden individuellen Interessen der Führerschaft als Hochform der individualistischen Gemeinschaft herauszustellen und deshalb abzulehnen. Zu positiv scheint sein Verhältnis zu den geschichtlichen Wirkmächten des Gesetzes gewesen zu sein, denen er zwar nie das Recht zugestand, über die Existenz des Menschen vor Gott zu richten, deren gesetzgeberischer Tätigkeit er aber die Möglichkeit zugestand, in grossem Masse die Lebensbedingungen zu gestalten, in denen sich menschliches Leben vor Gott bewähren kann. Diese Bindung an die geschichtliche Situation, in der ein transhistorisches kritisches Element deswegen fehlt, weil die Ideologiekritik des Glaubens durch die Unendlichkeit Gottes der Geschichte entzogen ist, begünstigte die Tolerierung eines Systems wie des Nationalsozialismus. Sichtbar wird das in dem Brief, den Gogarten im Rahmen der Auflösung der Zeitschrift *Zwischen den Zeiten* an Georg Merz schrieb: «Du weisst ja wohl, dass ich der Meinung bin, dass gerade wir [...] heute nicht nur negative, protestantische Aufgaben haben, sondern positive. [...] Das ist der Grund, warum ich [...] meinen Beitritt zu den DC erklärt habe. Denn dort ist der geschichtliche Ort, an dem entschieden wird, was an unseren Kir-

—

das mit der Übernahme des von W. Stapel geprägten Volksnomosgedankens, der durch die Begründung des Staates in dem dem göttlichen Willen selber entspringenden Volk die Möglichkeit rationaler Staatsgründung negierte, massgeblich an der Delegitimierung der Weimarer Republik beteiligt war, vgl. 436–444.

277 Gogarten, Ethik, 195.

278 A.a.O., 213.

chen ist. […] Man muss Staat und Volk, die, ich will mich vorsichtig ausdrücken, mit Gesetz zu tun haben und Gesetz in irgendeiner Weise handhaben und repräsentieren, ernst genommen haben, um sich im Namen des Evangeliums gegen sie wenden zu dürfen, wenn sie ihre Grenzen überschreiten.»[279] Ist die einzige Forderung des Evangeliums aber die der Anerkenntnis der Wahrheit über sich selber und eines daraus folgenden abstrakten «Für-den-Menschen-Sein», fällt es schwer, vom Evangelium her aktuelle politische Vollzüge so zu bewerten, dass man ihnen einen Grenzübertritt nachweisen könnte, und sie dann gegebenenfalls zu kritisieren.

4) Martin Werner: Der Einzelne als Gleicher unter Gleichen – die Verteidigung der rationalen Gesellschaft

Das theologische Wirken Werners in der Zeit des Aufkommens des Nationalsozialismus in Deutschland, dessen kriegerischer Expansion im Zweiten Weltkrieg und des Untergangs des Dritten Reiches kann in drei Schaffensbereiche unterteilt werden. Seine Hauptaufgabe sieht Werner, wie er in einem der in dieser Zeit häufigen Briefe an Albert Schweitzer mitteilt, in der Ausarbeitung der in erster Auflage 1941 erschienenen «Entstehung des christlichen Dogmas».[280] Mit dieser Arbeit will er die letztlich auf die Wesensbestimmung des Christentums von Adolf v. Harnack[281] zurückgehende Grundthese der Schweitzer-Schule aus den frühchristlichen Quellen begründen, dass die Entwicklung der christlich-kirchlichen Dogmen das Resultat der Transformation des jüdisch-ethischen Grundanliegens der Jesusgemeinde in die hellenistisch-philosophische Kultur der Frühkirche sei. In Kontinuität zu den Ergebnissen seiner Dissertation bestimmt er als geistigen Rahmen der grossen Schriftkorpora des NT das zeitgenössische Judentum, weshalb ihre Verkündigung «geprägt ist von der jüdisch-apokalyptischen, speziell der henochischen Eschatologie, und sich durch die Naherwartung auszeichnet».[282] Besonders die Naherwartung des Welt-

---

279 Gogarten, in: Göckeritz, Gogartens Briefwechsel, 392–394.

280 Werner, Entstehung (1941) und Entstehung (1959). Über den Entstehungsprozess berichtet Werner regelmässig in Briefen an Schweitzer und drückt seine Hoffnung auf eine baldige Fertigstellung aus, z. B. am 8.10.1936 oder am 13.11.1938. Am 16.7.1939 schreibt er: «Ich habe nun bald vier Jahre alle meine freie Zeit […] benützt zur Durcharbeitung sämtlicher Quellen der vier ersten Jahrhunderte christlicher Dogmengeschichte. […] Ich freue mich auf den Moment, da ich Dir das Buch vorlegen kann», Schweitzer, Briefwechsel, 804.

281 Harnack, Wesen.

282 Rohls, Theologie, 491.

endes habe zu einer ethischen Grundausrichtung geführt, die durch deren Ausbleiben und den Übertritt in die hellenistische Gedankenwelt umgearbeitet wurde, wodurch aus der ethischen Lebensphilosophie Jesu eine metaphysische Christentumstheorie geworden sei.

Ein zweiter Schaffensbereich liegt in der fortgeführten Auseinandersetzung um die Positionierung und die Berechtigung der liberalen Theologie, die besonders mit dem Wechsel Barths nach Basel 1935 und dem zeitlich parallelen Durchbruch von dessen Theologie als Leittheorie auch in der Schweizer Pfarrerschaft an Vehemenz gewinnt.[283] Diese meist in gegenseitiger Polemik durchgeführten Positionierungen finden in Bern in einer Situation statt, in der eine neue Kirchenverfassung zur Disposition steht, in die die positiven und dialektisch-theologischen Kreise ein theologisches Bekenntnis zu reimplementieren versuchen, nachdem im Kirchengesetz des Kantons Bern von 1874 auf dem Hintergrund der Gefahr einer aus unüberbrückbaren Differenzen in der Lehre resultierenden Kirchenspaltung die Bekenntnisoffenheit der Landeskirche festgeschrieben worden war.[284] Werner führt diese Selbstreflexion der eigenen Theorie als einen fundamentaltheologischen Diskurs, in dem er sich der religionsphilosophischen Grundlagen seiner Theologie versichert. In diesem Prozess greift er verstärkt auf das Existenzverständnis Karl Jaspers' zurück, das sich nach Werner deshalb als philosophisches System theologischen Denkens eignet, weil in ihm eine Philosophie vorliegt, in der «der religiöse Gehalt klar zu Tage»[285] tritt. Allerdings gehört er zu den Vermittlern auf liberaler Seite, und so kommt es im Streit um die Berner Kirchenverfassung dazu, dass «so profilierte Theologen wie Martin Werner und Albert Schädelin, Max Haller und Alfred de Quervain gemeinsam um die theologische Wahrheit gerungen, sich über dem Verfassungsentwurf verständigt hatten».[286] Den-

---

283 Neben den einschlägigen Schriften Werners seien als Standortbestimmungen des liberalen Schweizer Protestantismus beispielhaft genannt: Fritz Lienhard, Ist Kant der Philosoph des Protestantismus? 1924; Ludwig Köhler, Recht und Art der freisinnigen Theologie, 1943; Karl Zimmermann, Die Bedeutung des freien Christentums für die Kirche der Gegenwart und für den einzelnen Menschen, 1943; Kurt Guggisberger, Der freie Protestantismus, 1952; Ulrich Neuenschwander, Die neue liberale Theologie, Eine Standortbestimmung, 1953.

284 Vgl. Kraus, Staatskirchenrecht, 58–61. Die Spezifika der Verfassung der Evangelisch-reformierten Landeskirche des Kantons Bern von 1946 schildert Kraus 174–178. Die Situation der Berner Kantonskirche in den Jahren vor der Verfassungsrevision legt Karl von Greyerz in seinem vom Synodalrat in Auftrag gegebenen Bericht dar: Landeskirche.

285 Werner, Gehalt, 4.

286 Dellsperger, Kirchenverfassung, 311.

noch kämpft Werner auch in Hinblick auf die Einheitsformel des ÖRK weiter für die Bekenntnisfreiheit aller Kirchengemeinschaften und fordert den Vorstand des Schweizerischen Kirchenbundes wiederholt auf, dem seinem liberalen Jesusbild widersprechenden Bekenntnis zur Göttlichkeit von Jesus nicht zuzustimmen.[287]

Einen dritten Schaffensbereich stellen die ethischen Schriften dar, die Werner in dieser Zeit als Gelegenheitsschriften mit zeitkommentierendem Charakter veröffentlicht. Weiterführend sind in diesem Bereich auch die beiden Rezensionen der Ethiken von Emil Brunner und von Alfred de Quervain, sowie die *Protestantischen Glossen zum Nationalsozialismus* aus dem Jahr 1932. Zwar fehlen in diesen Texten fundamentalethische Reflexionen, dennoch lässt sich aus der Art der Themenbehandlung das ethische Grundinteresse und das leitende Gesellschaftsbild Werners rekonstruieren.

Im Folgenden sollen (1.) die fundamentaltheologischen Bedingungen dargelegt werden, soweit sie für die Rekonstruktion der Gesellschaftstheorie von Relevanz sind. Das Kriterium, an dem sich diese Bedingungen zu messen haben, ist ihre Rationalität, die sich in ihrer philosophischen Redlichkeit ausdrückt. Dass die Philosophie selber die religiöse Frage nicht umgehen kann, die Werner als die nach der «lebenswichtige[n] Beziehung zur Gottheit bezeichnet, durch welche die Sinnfrage des menschlichen Daseins gelöst werden soll»[288], hat die Notwendigkeit einer philosophischen Begründung theologischer Systeme zur Folge, die in neuen fächerübergreifenden Wahlverwandtschaften zur Geltung kommt. Eine solche geht Werner mit der Existenzphilosophie in jener Ausformung ein, die Karl Jaspers vorgelegt hat, da sie auf eine Weise Existenz, Transzendenz und Sinnfrage zusammendenkt, in der sie für Theologie anknüpfungsfähig ist. Darauf zurückgreifend kann Werner aufzeigen, wie der Sinngehalt der neutestamentlichen Botschaft in die gegenwärtige Zeit und Denkart übersetzt werden kann. Diese fundamentaltheologische Bestimmung der Theologie als einer Religionsphilosophie, die sich auf die Gestalt des historischen Jesus als höchste Sinnerfüllung menschlicher Existenz bezieht, zeitigt (2.) ethische Folgen, die im Anschluss auf ihre Sachgemässheit befragt werden. In der explizierten Ethik kommt eine inhaltliche Nähe zur ethisch-politischen Position Barths zum Vorschein, deren Wurzeln wegen der Gegensätzlichkeit der theologischen Grundannahmen ausserhalb des theologischen Systems zu suchen sein werden. Oder anders ausgedrückt, die Divergenz politischer Optionen innerhalb der Schweizer liberalen Theolo-

---

287 Am prominentesten macht dies Werner in: Landeskirchen; Vgl. aber auch Weg II, 8–25.

288 Werner, Gehalt, 3.

gie bei der gleichzeitig bestehenden Möglichkeit einer politischen Übereinstimmung über die Grenzen der theologischen Lager hinaus weist darauf hin, dass andere als rein systemimmanente Gründe die konkreten ethischen Entscheidungen leiten, die «Ambiguitätstoleranz»[289] wird Merkmal auch der theologisch-ethischen Diskurse in der Schweiz.

4.1) Der weitergeführte theologische Ansatz

4.1.1) Der Sinnbegriff

Über die Rezeption von Albert Schweitzer wird dessen Beschreibungskategorie «Sinn» auch zu einer Grundkategorie im Denken von Martin Werner. Dieser soll es gelingen, menschliches Leben über die reine Überlebensfunktion hinaus in werthafter Weise in den Blick zu bekommen, wobei dieser Vollzug als Glaubensvollzug gedacht ist. Dies über den Sinnbegriff zu versuchen, liegt im Bereich dessen, was an der Wende zum 20. Jahrhundert in verschiedenen Bereichen der Philosophie und Theologie Konjunktur hat, obwohl die Texte Werners nicht von einer vertieften Auseinandersetzung mit ihrer Diskurs- und Begriffsgeschichte zeugen. Dennoch lässt die einseitige Rezeption Schweitzers Parallelen zu anderen zeitgenössischen Konzepten erkennen, die eine grössere Tiefenschärfe erlangen.[290]

Wie Johannes Heinrichs festgestellt hat, stellt «der Begriff Sinn nicht irgendeinen philosophischen Begriff unter anderen dar, sondern seit der Kant-Zeit den Inbegriff aller philosophischen Aufgaben».[291] Denn spätestens seit dieser Begriff in der Romantik die Bedeutung von «Wert» zumindest teilweise mit übernimmt,[292] läuft unter seiner Verwendung die Beschreibung des strukturierenden Handelns des individuellen und kollektiven Lebensvollzuges. Sinnvoll ist ein Leben dann, wenn es gelingt, dieses in einer semantischen Struktur kohärent zu erzählen. Ein solches Verständnis von Sinnstiftung, in der diese vornehmlich als sprachliches Geschehen gedacht wird, wird um 1900 hauptsächlich von Gottlob Frege zu einer sprachlogischen Begriffsbestimmung ausgearbeitet,[293] die ihren Niederschlag auch in der Literatur, beispielsweise bei Hugo v. Hofmannsthal oder bei Robert Musil findet.[294] Diese sprachlich-pragmatische Engführung, in der Leben auf die Tatsache von dessen Erzähltwerden reduziert wird, wird in den theologischen Sinnstiftungstheorien in verschiedener Weise vermieden und

---

289 Graf, Zeitgeist, 77–88.
290 Vgl. zu den verschiedenen Dimensionen der Sinnfrage Sarot, Art. Sinn II, 1336f.
291 Heinrichs, Art. Sinn/Sinnfrage I.
292 Vgl. Gebhardt, Sinn.
293 Vgl. Thürnau, Art. Sinn / Bedeutung.
294 Vgl. Wolgast, Vorwort.

um andere Elemente erweitert. So kann zum einen die individuelle Dimension um den Gedanken erweitert werden, dass es jeder Sinnstiftung um die Vermittlung der verschiedenen menschlichen Kultursphären gehe, sie also ihr Proprium erst im gesellschaftlichen Vollzug erlange. In solch einem kollektiven Vermittlungsgeschehen sei dann Religion «die symbolische Formung, die sinnbewusste Deutung der Beziehung der Menschen zu einer letzten Realität, zu jenem Unbedingten, Unendlichen, das allem sinnbewussten Selbst- und Weltumgang ebenso vorausliegt, wie es ihn transzendiert».[295] Besonders in der religiösen Sinnstiftung kommt dann zum Ausdruck, dass sie nicht rein in ihrer semantischen Struktur aufgehen könne, sondern dass sie immer nur als Lebensvollzug existiere.[296] In einer solchen Konzeption kommen auch die unterschiedlichen Ebenen zu Bewusstsein, auf denen sich Sinnstiftung zwischen reiner Bedürfnisbefriedigung und der Frage nach der Wahrheit vollzieht. Denn erst in der Verbindung ihres sprachlichen Vollzugs mit ihrer ontologischen Grundlage im «Apriori der Kommunikationsgesellschaft»[297], die der Ermöglichungsgrund jedes semantischen Sinnstiftungshandelns ist, kommt der Sinnbegriff zu seiner wahren Tiefe, die im Rahmen der Theologie zur Zeit Werners wohl am ausgefeiltesten von Paul Tillich bearbeitet wurde.[298]

Kurz skizziert sind es drei Typen der Angst, in denen nach Tillich die existentielle Frage des Menschen wurzelt. In der Angst vor Schicksal und Tod wird sich dieser der Zufälligkeit seines individuellen Lebens bewusst, der Tatsache also, dass sein Leben keine Notwendigkeit besitzt. Problematisch wird diese Zufälligkeit dadurch, dass hinter ihr die Notwendigkeit des Todes «in jedem einzelnen Augenblick der Existenz»[299] steht und mit dem Nichtsein droht. Neben der ontischen ist auch die geistige Existenz des Menschen immer vom Nichtsein bedroht, was in der Angst vor Leere und Sinnlosigkeit zum Ausdruck kommt. Auch Tillich verbindet den Begriff des Sinns mit dem des Seins, wenn er unter Sinn die Möglichkeit versteht, eine im Sein veranlagte werthafte Zweckmässigkeit zu erkennen. Sinnlosigkeit ist dann der «Verlust dessen, was uns letztlich angeht, der Verlust eines Sinnes, der allen Sinngehalten Sinn verleiht».[300] Die dritte Angst vor Schuld und Verdammung entspringt daraus, dass sich der tätige Mensch als für seine Taten verantwortlich weiss, er ist «aufgefordert zu

---

295 Gräb, Sinn, 61, der sich hier auf Schleiermacher bezieht.
296 Vgl. Heinrichs, Art. Sinn/Sinnfrage I, 287.
297 A.a.O., 289.
298 Vgl. Tillich, System, 118ff.; Religionsphilosophie, 318ff. Vgl. auch Schüssler, Tillich, bes. 35–44.
299 Tillich, Mut, 41.
300 A.a.O., 43.

antworten, wenn er gefragt wird, was er aus sich gemacht hat».[301] Die Lösung dieser Ängste sieht Tillich in der geistigen Tat des Menschen, in der er gegen die Gefahr der Sinnlosigkeit Sinn zu generieren versucht, was im «Akt des Glaubens»[302] geschieht, in dem die Erfahrung der Macht des Seins, der Gebundenheit der Nichtseinserfahrung an die des Seins und die Erfahrung des Bejahtseins gegen die Verzweiflung und Angst in Stellung gebracht werden.

Das Sinnbewusstsein selber ist wiederum aus drei Elementen zusammengesetzt, nämlich aus dem «Bewusstsein des Sinnzusammenhanges, in dem jeder einzelne Sinn steht». Dieser ist vorzustellen als dem Einzelnen entzogener, woraus sich das «Bewusstsein um einen unbedingten Sinn» ergibt. Dem wiederum entspringt die «Forderung, unter der jeder Einzelsinn steht, den unbedingten Sinn zu erfüllen».[303] In der intentionalen Ausrichtung des Willens und des Handelns auf die empirischen Formen der Welt ist dieses ein kulturelles Handeln, die intentionale Hinwendung zum unbedingten Sinn macht es zum religiösen Akt. Insofern Sinn aber immer auf einem Sinnganzen basiert, enthält der kulturelle Akt eine substantiell religiöse Komponente, die im religiösen Akt intentional ausgeführt wird. Deutlich zu erkennen ist in dieser Beschreibung die Beeinflussung durch Wilhelm Dilthey und seiner dreifachen Bestimmung, in der das Bewusstsein des Individuums um die Existenz eines Sinnzusammenhangs, um die Unbedingtheit dieses Sinns und um die Forderung an den Einzelnen, diesen Sinn zu erfüllen, weiss.[304] Allerdings übersteigt Tillich diese individualtheoretische Konzeption durch die Bindung der individuellen Sinnstiftung an ein axiomatisches transzendentes Sinnganzes, das es ermöglicht, eine Normierungsinstanz des Einzelsinns zu denken. Zur Erfassung dieses Sinnganzen bedarf es dann ebenso eines Rezeptionsorgans im Einzelnen, wie dieser auch ein Verarbeitungsorgan braucht, um die Erkenntnis des Lebensvollzugs als eines sinnvollen in ein sprachliches Gefüge von Zeichen zu transformieren. Das Verhältnis von Einzelsinn und Sinnganzem transportiert immer ein teleologisches Moment mit sich, das eine vorläufige Erfüllung des Gesamtsinns im Einzelsinn intendiert. Auf Grundlage einer solchen Struktur kann das Sinnganze ganz unterschiedlich bestimmt werden, es kann dann in der Vorgegebenheit des Erfahrungszusammenhangs

---

301 A.a.O., 46.
302 A.a.O., 130.
303 Tillich, Religionsphilosophie, 318.
304 Vgl. Dilthey, Typen, 3–51.

des Einzelnen ebenso ein Verweis auf Gott[305] wie auf einen «Sinngeber im eigenen Recht [...] das Leben selber»[306] gesehen werden.

Werner ist die Nähe seiner Konzeption zur Tillich'schen Sinndefinition durchaus bewusst, auch wenn er diese erst in der Bearbeitung von dessen *Systematischer Theologie* kennenlernt.[307] Aber genau wegen dieser späten und selektiven Rezeption – Eckhard Lessing geht sogar weiter und sagt, «eine Auseinandersetzung mit Tillich finden wir allerdings auch hier nicht»[308] – bleibt Werners eigene Sinndefinition auffallend blass, da er die Frage des Individuums nach dem Grund seines Seins zwar zum fundamentaltheologischen Ausgangspunkt entwickelt und in diese immer schon die Sinnfrage als Frage nach der Zweckgerichtetheit menschlicher Existenz implementiert sieht. So kann er sagen: «Alles religiöse Denken bricht hervor aus der Frage, was wir mit unserem kurzen Leben in dieser Welt wollen und sollen.»[309] Es bleibt die Frage nach der Intentionalität menschlichen Handelns angesichts des zweckgerichteten Wollens, also die Grunderfahrung immanent-kulturschaffenden Handelns des Menschen die einzige Wurzel der Sinnfrage. Sinnstiftung gelingt dann rein durch ethisch normierten Handlungserfolg, weshalb die Erfahrung des Scheiterns des Handelns, sei es aufgrund der Verfasstheit der Welt oder des Fehlgehens des eigenen Handelns, als sinnwidrig aufgefasst werden muss. Dadurch kommt es zu einer ethischen Verkürzung des Sinnbegriffs, in der dessen Dimensionen der reinen Existenzangst und der notwendig extern gedachten Rechtfertigung nicht mehr in den Blick genommen werden können.

4.1.2) Glaube als Nicht-wissen-Müssen. Die antispekulative Wende im Liberalismus

Mit der Verwendung des Sinnbegriffs will Werner an die Programmatik der altliberalen Theologie des 19. Jahrhunderts anknüpfen. Nach Werners Lesart wurde er dort verwendet, um die Wahrheit des Seins mit der Erkenntnis des Individuums zu vermitteln und dadurch einen Sinnzusammenhang zwischen Sein und Selbst zu kreieren. Dabei bauten alle altliberalen Theorien auf einem spekulativen Moment auf, das die prinzipielle Möglichkeit metaphysischer Sinnstiftung schuf. In der Auseinandersetzung mit den Hauptvertretern des Altliberalismus in der Schweiz kritisiert Werner deren spekulative Lösungsversuche und plädiert dafür, Sinnstiftung im

—

305 Vgl. Pannenberg, Theologie I, 180f., Anm. 129.
306 Wolgast, Vorwort, 14.
307 Werner, Weg II, VII.
308 Lessing, Geschichte, 147.
309 Werner, Sinn (1928), 6.

Rahmen des unmittelbaren Erkenntnisbereiches der Vernunft zu versuchen.

Methodologisch stellt sich Werner insofern in eine Reihe mit A. Biedermann, Richard A. Lipsius und seinem Berner Lehrstuhlvorgänger H. Lüdemann, als er mit diesen die Notwendigkeit betont, den christlichen Glauben auf der Basis des Vernunfterkennens zu begründen. Allerdings will er deren Anleihen in der Geschichtsphilosophie umgehen, da diese sie in einen Widerspruch zwischen spekulativer Erkenntnis und der unmittelbaren Wirklichkeitserkenntnis führten, wodurch ihre Theorien «von dem Odium einer Erkenntnistheorie belastet [würden], die ein Spekulieren aus blosser innerer Bedürfnisnötigkeit heraus als ‹Erkennen› ausgab».[310] Die Fehlerhaftigkeit dieses Ansatzes zeigte sich in der Bestimmung des Verhältnisses zwischen dem Sinn und dem Sinngrund, der metaphysisch als Seinsgrund fungiert. Diesen Zusammenhang versuchte z. B. Biedermann geschichtsphilosophisch zu lösen, indem er das endliche Ich des Menschen als ideelle Potenz beschrieb, in der der Geist sich durch die Natur vermittelt verwirklicht. Aus dieser Möglichkeit des Hervorgehens endlichen Geistes aus der naturhaften Materie offenbare sich einerseits die «Zweckbestimmtheit der Natur, Mittel des endlichen Geistes zu sein», andererseits «dass der Seinsgrund der Welt selbst Geist, zwecksetzender *actus purus* ist».[311] Damit fallen Seinsgrund und Sinnbestimmung in eins, wobei ihr endgültiges Offenbarwerden teleologisch zu verstehen ist. Doch nach Werner entzieht «schon der einfache empirische Nachweis, dass in unzähligen Fällen die wirkliche lebendige Natur, statt den höheren Zwecken des menschlichen Geisteslebens zu dienen, diese vielmehr hemmt und gänzlich vereitelt, diesem System universaler Teleologie gleich schon das Fundament».[312] Die spekulative Philosophie scheitert darum an der Wirklichkeitswahrnehmung und kann nicht als Begründung theologischer Theorien dienen.

Die Differenzerfahrung zwischen Wirklichkeitswahrnehmung und spekulativer Teleologie führte schon Lüdemann dazu, jede empiriefreie Spekulation dadurch zu umgehen, dass «er sich den wirklichen Tatsachen der sittlichen Erfahrung»[313] zuwandte. Dies tat er aber auf der Grundlage einer «rationalen Metaphysik»,[314] der das individuelle Wollen als Realisierungsvoraussetzung der Weltvollendung erscheint, weshalb das reale Welterleben das Erleben der «religiös und deshalb auch nur zeitlich erfassten

---

310 Werner, Prinzip, 66.
311 A.a.O., 63.
312 A.a.O., 64.
313 A.a.O., 67.
314 A.a.O., 66.

Apokatastasis»[315] ist. Als Folge der Einordnung des sittlichen Wirkens in die metaphysische Teleologie muss aber, und darin scheint nach Werner die Aporie dieser Theorie auf, auch das Böse als Teilfunktion des «metaphysischen Wesens des Seins selbst»[316] aufgefasst werden, wodurch Lüdemann dazu genötigt wird, die grundsätzlich nicht lösbare Theodizeefrage zu beantworten.

Werner sieht den von ihm verfolgten Neuliberalismus mit dem Altliberalismus in der Fundierung von Theologie in menschlicher Vernunft vereint. Einerseits zeichnet sich der hier verwendete Vernunftbegriff weiterhin als Vollzug individueller Autonomie aus, diesen versteht Werner nun andererseits als konstitutiv fallibel, wobei «eine wirklich erkennende Vernunft um ihre Fallibilität weiss».[317] Der Altliberalismus wurde in diesem Sinne Opfer dieser Fallibilität und geriet in seinem Rückgriff auf geschichtsphilosophische Theoreme in Aporien, die dessen theoretische Konstruktion zum Zusammenstürzten brachten. Demgegenüber verweist Wernr auf die Erfahrung der bleibenden Sinnwidrigkeit der Welt, die er als ein kulturelles Signum des frühen 20. Jahrhunderts ansieht. Als Antwort auf dieses Signum verzichtet er zum einen auf das «titanische, vergebliche Streben der menschlichen Vernunft»,[318] das Problem der universalen Teleologie zu lösen, da diese Möglichkeit ausserhalb ihres Rahmens liege. Zum anderen, und darum müsse dieses Problem auch gar nicht gelöst werden, stelle die Existenz des einzelnen Menschen als partikulare Ausformung des Gesamtlebens den Rahmen dar, in dem die Vernunft die Offenbarung des Sinngeheimnisses erkennen könne.

Dennoch bleibt ihr erkenntnistheoretisches Implikat gültig, das im «allgemeinen methodischen Grundsatz» enthalten ist, «die Wahrheitsfrage in bezug auf den Inhalt der christlichen Überlieferung vom Standpunkt und mit den Mitteln der Vernunft zu entscheiden».[319] Rational ist Theologie dabei durch die Übereinstimmung des unmittelbar greifbaren Erkenntnisgegenstandes mit dem individuellen Denkvermögen. In der Bestimmung der Gegenstände und der Grenzen der Erkenntnis sieht sich Werner in die gleichen Frontstellungen mit dem Altliberalismus gestellt. So positioniert er sich ablehnend gegenüber dem supranaturalistischen und dem skeptizistischen Versuch. Der Fehler des Supranaturalismus, wie er im «Lehroffen-

---

315 Hermann Lüdemann, Grundlegung, 316.

316 Werner, Prinzip, 67.

317 A.a.O., 70.

318 Ebd. Dieses Problem hatte Werner schon thematisiert in «Weltanschauungsproblem», z. B. 29.

319 Werner, Prinzip, 55.

barungsbegriff der Orthodoxie»[320] und dessen Restauration sowohl in der Theologie Ritschls wie in der dialektischen Theologie vorfindlich sei, liege in der Behauptung einer ausserhalb der unmittelbaren Erfahrbarkeit liegenden Erkenntnisquelle, die sich in einer der Vernunft nicht von sich aus zugänglichen Form zu erkennen gebe. Da hier Erkenntnis nicht als kritische Analyse durch die Vernunft verstanden werde, setze dieses System voraus, dass «der Wille [...] eben den irrationellen Sprung tun und diesen Sprung damit rechtfertigen [müsse], dass er die Diskussion über die theoretische Berechtigung dieses Sprungs verbietet».[321] Die materialen Ergebnisse dieses methodisch unzulässigen Erkenntnisverfahrens erscheinen entweder wie bei Ritschl in der Form der Glaubenslehre, also in der im «spezifisch ‹religiösen› Erkenntnisweg» geschehenden Vermittlung des individuellen Glaubenserlebens mit der «einzigen Offenbarung Gottes [... in der] geschichtlich-menschlichen Persönlichkeit Jesu von Nazareth».[322] Oder sie erscheinen in der von Barth vorgelegten Form als eine biblisch fundierte Theorie, die ebendiesen Biblizismus als Legitimationsmoment benutzt. Beide Versuche übersehen dabei, dass es angesichts der historisch-kritischen Ergebnisse und des aktuellen Geschichtsbewusstseins «keine ‹schriftgemässe› Theologie im überlieferten Sinne des Postulates geben kann»,[323] und somit ihr Begründungsmoment hinfällig ist.

Der Vernunftskeptizismus, den Werner mit den Namen Fr. Nietzsches und A. Schopenhauers verbindet, begehe den theoretischen Fehler, die Leistung der Vernunft zu gering zu schätzen, indem er diese darauf beschränke, ihre eigenen Grenzen aufzuzeigen und also «durch den kritisch-analysierenden modernen Intellekt alle überlieferten geistigen Bindungen und Geltungen völlig»[324] aufzulösen. Die Folge dieser Beschränkung für das Weltanschauungsproblem liege in der praktischen «Ausrichtung auf das Irrational-Autoritäre».[325] Dieser von Werner nicht weiter begründete Schluss lässt sich wohl so erklären, dass seines Erachtens auch die skeptizistische Lebenshaltung nicht umhinkommt, positive Welterklärungssysteme vorzulegen, diese aber durch die Destruktion der Leistungsfähigkeit der eigenen Vernunft nicht mehr aus sich selbst erzeugen kann, sondern nur im die eigene Autonomie aufgebenden Sprung in irrationale Theoriemodelle finden kann. Angesichts der Konjunktur des Irrational-Autoritären besonders in der deutschen Theologie wendet sich Werner entschie-

—

320 A.a.O., 56.
321 A.a.O., 69.
322 A.a.O., 58.
323 A.a.O., 71f.
324 A.a.O., 53.
325 A.a.O., 54.

den gegen die Versuche, dieses Denken auf die Schweiz zu übertragen und kämpft vehement gegen alle Konzepte, die ihm auf antiautonomer Autorität zu basieren scheinen. Beachtenswert ist dabei die Verwendung des Begriffs der Autorität, der allein in pejorativem Bedeutungsgehalt in Verbindung mit dem ebenfalls als schlecht bewerteten Begriff des Irrationalen Verwendung findet.

4.1.3) Die existenzphilosophische Färbung von Werners Theorie

Eine philosophische Theorie zur Unterfütterung seiner eigenen Position findet Werner in der Existenzphilosophie von Karl Jaspers. Dass er sich auf eine ausserhalb der Theologie angesiedelte Theorie beruft, liegt in seinem Anspruch begründet, sein theologisches System in methodischem Rückgriff auf die autonome Vernunft und damit allgemeinmenschlich nachvollziehbar zu gestalten. Auf der Basis dieses allgemeinverständlichen Systems soll der Gottesgedanke aus der Wirklichkeitserfahrung zu plausibilisieren sein. Gleichzeitig soll der Allgemeinheitsanspruch jeden individuellen Materialismus verhindern, in dem die Erkenntnisquelle auf die subjektive Empirie beschränkt und die Wahrheitserkenntnis an die kontingente Erfahrung des Einzelnen gebunden wird. Darum implementiert er als Theorem die Bindung der Individualität an deren Sozialität als ein beiderseits Gegebenes. Das Einstellen der Individualität in die Sozialität vollzieht er mit Rückgriff auf den bei Schweitzer gefundenen Lebensbegriff, der das Einzelleben als Teil eines Lebensganzen bestimmt, als «ein Leben im Rahmen allen Lebens, das leben will». Durch diese Koppelung des individuellen Lebensvollzugs an einen allgemein gedachten Lebensstrom verhindert er eine individualistische oder solipsistische Engführung, doch in Bezug auf den Gottesbegriff bleibt die Schwierigkeit bestehen, dass vom Begriff des Lebens aus die unverfügbare Alterität Gottes noch nicht mitgedacht ist und Gott genauso als Projektion des Gattungswesens Mensch denkbar ist.

Um Gott als unverfügbaren Seinsgrund zu reflektieren, greift Werner ab 1935 auf die Existenzphilosophie von Karl Jaspers zurück, die durch ihre konstitutive Verbindung von Existenz und Transzendenz eine der Theologie anschlussfähige philosophische Theorie bietet. Denn Jaspers gelinge es, dem modernen Selbstbewusstsein einerseits das eigene Leben als sinnvoll und dabei andererseits gleichzeitig als auf ein Äusseres bezogen aufzuschlüsseln. Diese Zweiteiligkeit aus subjektiver Sinnerfahrung und aussersubjektiver Begründung des Selbst, die Jaspers mit den gegenseitig aufeinander verweisenden Begriffen der Existenz und der Transzendenz bezeichnet, thematisiert dasjenige Erfahrungsvermögen, «was in der Religion ‹Seele› und ‹Gott› heisst».[326] Unter Existenz wird dabei die nur dem unmittelbaren Selbstbewusstsein zugängliche Seite des Menschen verstanden, die «nur in Selbstbestimmung gewiss werden [kann] für den, der sie verwirklicht».[327] Diese Bestimmung enthält ein dezisionistisches Element, insofern es eines willentlichen Schrittes vom blossen Leben in die Existenz bedarf, in der der Mensch «in innerem Aufschwung wählt und entscheidet, worauf es im Augenblick für ihn selbst unbedingt ankommt».[328] Existenz ist demnach, auch wenn Werner die Frage nach ihr als eine allgemeinmenschliche Wesenseigenschaft bestimmen will, ein Bewusstseinsbegriff, der nur durch die willentliche Tat des Einzelnen gehaltvoll wird. Insofern ist der Sprung in den Willen, sich als sinnsuchende Existenz unmittelbar gewahr werden zu wollen, zumindest funktional analog zum Sprung in die Binnenrationalität des Glaubens, in dessen Durchführung ein hauptsächlicher Kritikpunkt Werners an Barth lag.[329] Dass es eine funktionale Analogie bleibt, wird dadurch gesichert, dass die Bestimmung des Seinsgrundes der Existenz als ein ausserhalb des Existenzvollzugs selbst Liegendes vorläufig inhaltlich offen bleibt. Dies ist mit dem «zweiten existenzphilosophischen Hauptbegriff»,[330] der Transzendenz gemeint. Erst im Sprung ins christliche Sprachspiel[331] kann dieser transzendente Seinsgrund als die absolut unverfügbare, die immer «verborgene Gottheit»[332] beschrieben werden. Weil Werner aber den individuellen Willen in seiner Intention so bestimmt, dass er seinen ausserhalb seiner selbst liegenden Ursprung denkend erfassen will, gerät das Individuum in die Paradoxie, das Unendliche im Sprachmodus des Endlichen fassen zu müssen. Dieses Paradox, das Barth über den Rückgriff auf die biblische Sprache in ihrer hermeneutischen Deutungsperspektive dogmatischer Tradition löst, will Werner wiederum allgemeinverständlich lösen, indem er «alles, was uns in der Welt begegnet» als mögliches Offenbarungsmittel der verborgenen Gottheit bestimmt, insofern es «dem plötzlich erweckten philosophischen Staunen zum Wunder wird, die verborgene Gottheit als das letzteigentliche Sein an[zu]zeigen».[333] In diesem Betrachten geschieht ein Zweifaches, zum einen erkennt der Mensch, dass mit aller positiven Sinnverwirklichung ein negatives Element der Sinnwidrigkeit verbunden ist. Durch diese Unmög-

---

326 Werner, Gehalt, 4.
327 A.a.O., 6.
328 A.a.O., 7.
329 Vgl. Kap III, 2. Exkurs zu Barth.
330 Werner, Gehalt, 7.
331 Vgl. a.a.O., 12.
332 A.a.O., 9.
333 Ebd.

lichkeit, einen übergeordneten positiven Sinn zu erkennen und der Mensch wird auf sich selber als Ort der Realisierung von Sinn zurückgeworfen. Zum anderen liegt darin aber die Möglichkeit begründet, Sinn durch das individuelle Handeln zu stiften, indem die Sinnwidrigkeit ausgehalten und in der Hingabe in die Kommunikation zu überwinden versucht wird.

4.1.4) Die Sinnverwirklichung im Handeln in Liebe

Das spezifisch religiöse Element der Existenzphilosophie, das auch protestantische Theologie zu übernehmen hat, liegt nach Werner im Übergang in eine ethische Weltgestaltung, in der das Individuum versucht, entgegen dem objektiven Geschichtsverlauf eine subjektive Sinnstiftung zu vollziehen. Dies gelingt aber nicht durch den Versuch der rationalen Auflösung des Widerspruchs, sondern allein dadurch, den «Wille[n] zur Lebensvollendung»[334] zur Grundkategorie des Handelns zu machen. Unter einem individuell erfüllten Streben ist dann ein solches zu verstehen, in dem das Individuum sein Leben trotz der Widersinnigkeit der Gesamtwirklichkeit einer subjektiven Weltvollendung zuführen will. Als christliche Sinnstiftung orientiert es sich am historischen Jesus, dessen religiöser Wert dabei in seinem Vorbildcharakter liegt, in dem «er uns Bezeichnung wird für ein einzigartiges schöpferisches Wirken Gottes, das in der Geschichte einen auf Lebensvollendung gerichteten Willen wirksam werden lässt».[335] Die im Leben Jesu beispielhafte Sinnbestimmung muss durch die rationale Durchdringung ihrer Konstruktionsschemata als Allgemeintheorie exemplifiziert und im Rahmen aktueller Welterfahrung angewendet werden. Dies geschieht in der Verwendung von sprachlichen Chiffern, die das unaussprechliche transzendente Geheimnis beispielhaft zu veranschaulichen versuchen. Die Grundchiffern des christlichen Glaubens sind dabei «Gott» als Bezeichnung des Seinsgrundes und «Jesus von Nazareth» als herausragendes Beispiel für das Gelingen der Sinnerfüllung des Individuums. In der inhaltlichen Bestimmung ist das kommunikative Element der Theorie enthalten, so hat sich sinnstiftendes Handeln zu orientieren an der Liebe, verstanden als «der Wille, auch dem Andern sinnhaftes Menschsein zu ermöglichen».[336]

4.1.5) Das Wesen der Autorität Jesu

Wie schon den Sinnbegriff verwendet Werner auch den Begriff der Autorität, ohne diese Verwendung im Rahmen des theologischen Diskurses auszuweisen. Beispielhaft wird das ansichtig im Referat *Inwiefern ist uns*

—

334 Werner, Thesen, 35.
335 A.a.O., 31.
336 Werner, Gehalt, 13.

Jesus Christus Autorität?[337], das er erst 1952, also in zeitlicher Distanz zur Diskussion um den Autoritätsbegriff zwischen Barth und Gogarten hält, dessen Argumentation sich aber direkt an diese anschliesst.[338] Der unausgesprochene Gegensatz hat allerdings die gleiche Wurzel. Aus der Erfahrung der Entwicklung der menschlichen Psyche leitet Werner die Notwendigkeit autoritärer Strukturen ab, unter denen er solche Beziehungen versteht, die den Weg des Kindes aus seiner Unmündigkeit in die Mündigkeit des Erwachsenen begleiten. Insofern ist die Existenz von Autorität eine nicht zu hintergehende Grundkonstante der Existenz, deren Berechtigung Werner mit der deutschen Philosophiegeschichte hochhält. In der grundsätzlichen Gebundenheit von Autorität an eine transzendente Sphäre stimmt er der Begründungsfigur zu, die bei Barth und Gogarten vorliegt, und denkt diese letztendlich als Besitz Gottes. Der Gegensatz zu den von Werner «neuorthodox» genannten Positionen besteht in seiner Weigerung, den historischen Jesus, der für ihn der Herr der Gemeinde ist, als mit Gott identisch zu betrachten und darum als Träger letzter Autorität zu sehen. Fällt Jesus aber auch unter das Verdikt der Relativität aller Geschichte, dann ist die Autorität, die er faktisch besitzt, nicht als eine ihm als göttlichem Wesen zukommende Wesenseigenschaft zu deuten, sondern «die einzige Legitimation der Autorität, die Jesus tatsächlich ausübt, besteht in der Macht und Art des Geistes selbst, der sich unmittelbar manifestiert in seinen Weisungen wie auch in seinem Handeln».[339] Werner nimmt dadurch dem Autoritätsbegriff seine Elemente der Macht, weder ist sie *potestas* noch *persuasio*; vielmehr kann sie nur selbstreferenziell vom Individuum als das erkannt werden, wodurch es in seiner als frei vorgestellten Entwicklung geprägt wurde.

Die Verkürzung dieser Begriffsbeschreibung liegt auf der Hand. Denn auch wenn die Göttlichkeit Jesu und damit sein unmittelbarer Anteil an der grundsätzlichen Autorität bestritten wird, bleibt es doch Reflexionsaufgabe, genau diesen Grund zu beschreiben und zu bestimmen, warum es gerade in der Erzählung der Geschichte Jesu gelingt, solche Wirkungen auf die Glaubenden zu erzielen, die als autoritäre Prägungen geltend gemacht werden können. Denn dass auch andere geschichtliche Gestalten ähnliche Wirkungen ausüben konnten, wurde wenige Jahre vorher in Deutschland ansichtig. Die reine Berufung auf die inhaltliche Bestimmung der Botschaft Jesu als Begründung seiner werthaften Wirksamkeit kann diese zwar im

---

337 Werner, Jesus, 25–33.

338 Deutlich wird diese Referenz in der Feststellung, dass «die christlichen Kirchen in Christus die wahre Autorität», Jesus, 27, sehen. Diese Einschätzung kann als Reaktion auf die Lektüre von KD II/1, § 20 gelesen werden.

339 Werner, Jesus, 29.

christlichen Referenzrahmen plausibilisieren, ermöglicht aber keine wertende Gegenüberstellung zu anderen Autorität einfordernden Systemen. Dies gelingt immerhin den Systemen von Gogarten, der seine Theorie der Autorität explizit im Rahmen deutsch-konservativen Gedankengutes entfaltet, und Barths Autoritätslehre als Begründung des in der Schrift sich ansichtig machenden Herrschaftswillens Gottes.

4.2) Die ethische Reflexion

4.2.1) Das Gegeneinander weltlich-rationaler und christlich-idealer Ethik

Der konkrete Handlungsvollzug des Christen liegt nach Werner in zwei verschiedenen Handlungssphären, wobei Werner zwischen der Sphäre der weltlichen Notwendigkeit und der der christlichen Sittlichkeit unterscheidet, die beide ihre eigenen Gebote generieren und in denen beiden der Christ in je unterschiedener Funktion agiert. Die weltliche Sphäre, der auch der Christ als Teil der Gesellschaft angehört, ist sich der Tatsache nicht gewärtig, dass auch sie nicht als Schöpfung vom transzendenten Seinsgrund getrennt gedacht werden kann, weshalb sie in ihrer rationalen Organisation auf weltimmanente Sprachspiele und Plausibilisierungsmuster zurückgreifen muss. Sie versucht also nicht, in ihrer Perspektive, die Welt unter der Fragestellung ihrer inneren Funktionalität zu betrachten, einen sinnstiftenden Gesamtzusammenhang zu kreieren und von diesem aus einzelne Handlungen auf ihre Güte zu befragen, sondern bewertet Handlungen nur auf ihr Gelingen. Die Ethik der weltlichen Notwendigkeit ist also eine zweckrationale Ethik, die als obersten Zweck ihrer Wertung den Erhalt der Welt besitzt.

Demgegenüber wird in der religiösen Sphäre die Frage nach dem ethisch Guten gestellt, in der die ethische Lösung des Problems der Sinnwidrigkeit thematisiert wird. Die Bestimmung des Guten erhält das Individuum im Rückgriff auf die in der Bibel ansichtige Lehre, die als ein solches System ethischer Gebote gelesen werden kann, dessen Anwendung durch Jesus zu dessen individueller Weltvollendung geführt hat.

Diese zweifache Sphärenzugehörigkeit des sich im Rahmen der christlichen Weltdeutung verortenden Christen führt durch die ihn fordernden, sich dabei aber widersprechenden Bereichslogiken in einen «Widerspruch zwischen dem Gebot des Notwendigen und dem Gebot des wahrhaft Guten».[340] Diesen kann der Christ nicht umgehen, der unter den Bedingungen der ihn umfassenden Gesellschaft und damit im Bewusstsein um die Sinnwidrigkeit seines Tuns handelt und der gleichzeitig als Christ das

---

340 Werner, Krieg, 218.

Sinnsystem, das er in der Explikation der ethischen Botschaft der Evangelien in gegenwärtige Rationalität zu transformieren hat. Vielmehr hat er sich in der Weise darauf einzulassen, dass er die Gebote seines Glaubens im Rahmen der gesellschaftlichen Notwendigkeiten produktiv umzusetzen versucht, weshalb Werner fordert, «es bei der nüchternen Einsicht bewenden zu lassen, dass der notwendige Zweck die notwendigen Mittel immer nur – eben notwendig macht».[341]

Als Konsequenz der Trennung der Handlungssphären ergibt sich, dass sich die Ethik des einen Bereiches nicht aus den Geboten herleiten lässt, die der andere generiert, vielmehr zeitigt jede Sphäre ihre eigene Binnenlogik. Dieser Konsequenz hat sich der Christ so zu stellen, dass er die Binnenrationalität weltlicher Entscheidungsprozesse akzeptiert und sich in der Mitarbeit in der Gesellschaft an diese Forderung hält.

4.2.2) Werners Kritik an den Ethiken von Emil Brunner und Alfred de Quervain

Die Unterscheidung zwischen der weltlich-rationalen und der christlich-idealen Sphäre nicht einzuhalten, ist der entscheidende Kritikpunkt Werners an den von ihm besprochenen ethischen Entwürfen dialektischer Theologen. Denn diese versuchten, im Bereich der menschlichen Notwendigkeit Regeln zur Geltung zu bringen, die sie aus der dem Bereich des Glaubens zugehörigen Bibel ableiten. In solchen Versuchen würde, so Werner, faktisch nur eine aus einer bestimmten und bestimmbaren dogmatischen Tradition stammende Ethik scheinbar biblisch legitimiert, indem «aus einzelnen biblischen Schriften nach eigenem Ermessen einzelne Gedanken herausgezupft und diese dann in meist willkürlicher Umdeutung [...] notdürftig genug zusammengefügt»[342] werden, wie er in der Rezension der Ethik von Alfred de Quervain schreibt. Dabei verkennen die dialektischen Ethiken, dass auch ihre Wurzeln nicht allein in der reinen Lehre der Bibel liegen, sondern, indem sie in einer bestimmten Tradition der Auslegung dieser Lehre stehen, sich faktisch im Raum menschlicher Notwendigkeit bewegen. Über die Qualität der jeweiligen Ethik entscheidet dann einerseits ihre Fähigkeit, die aus dem Glauben abgeleitete Grundnorm in den Bereich menschlicher Notwendigkeit durch deren Mittel der Rationalität zu transformieren. Die materialethischen Entscheidungen Brunners und de Quervains beurteilt Werner anhand der sich ihm plausibilisierten ethischen Grundnorm in ihrer rationalen Ausarbeitung, wobei seine Kritik genau an den Stellen ansetzt, an denen ein seinem Weltbild konträres Bild auf-

---

341 Werner, Brunners, 39.
342 Werner, Beitrag, 118.

scheint. Es sind dann besonders der von ihm empfundene latente Antisemitismus und das konservative Gesellschafts- und Menschenbild, die ihn in Widerspruch zu de Quervain versetzen. So bezeichnet Werner dessen biblisch begründetes Verständnis für den Versuch, das Judentum als Ursache der Störung des Friedens alles menschlichen Lebens zu beseitigen[343], als «die illusionärste Art und Weise, in Antisemitismus auch ein wenig mitzumachen».[344] Und angesichts der wiederum biblisch begründeten Forderung der ehelichen Unterordnung der Frau unter den Mann, in der der Mann seine Frau nicht als sie selber, sondern als von Gott angenommenen Menschen achten soll, enthält sich Werner «jedes weiteren Urteils über die ‹biblische› Eigenart, den ethischen Gehalt und die Lebensnähe solcher ‹Ethik›».[345]

Im Gegensatz zur schroffen Ablehnung de Quervains missfällt Werner zwar auch das methodische Vorgehen Brunners, doch kann er zumindest dessen Ergebnisse würdigen und kommt in seiner Lektüre «zu einem etwas seltsamen Resultat: Den zugrundegelegten besondern theologischen Offenbarungsbegriff lehne ich als unhaltbar ab. Dem wesentlichen Inhalt der also begründeten Ethik muss ich zustimmen.»[346] Zwar bringe sich Brunner durch die Gegenüberstellung von Vernunft und Offenbarung in ein Problem, weil er als Offenbarungserkenntnis das Wissen um Gott als den Schöpfer bestimme, in dem die Einheit von Sein und Sollen ansichtig werde. Dadurch ist er zum einen gezwungen, die dem Menschen auch ohne Offenbarung einsichtige Grundnorm der Liebe als «Forderung des Willens Gottes als des Schöpfers auszuweisen»,[347] zum anderen muss er erklären, wie sich die als der göttlichen Einheit von Sein und Sollen entspringende Schöpfung zur «Wirklichkeit des Nicht-Sein-Sollenden»[348] verhält. Werner thematisiert als Problem dialektisch-theologischer Ethik also deren Trennung Gottes in den Schöpfer und den Erlöser, in der dem schaffenden Gott immer eine gewisse Defizienz zugesprochen werden muss, und sei es nur die, die menschliche Sündenverfallenheit zwar nicht bewirkt, aber grundsätzlich ermöglicht zu haben und auszuhalten. Der methodische Fehler liege dann im Versuch, in einer spekulativen Figur Gott als Erlöser jenseits der Erfahrung der gegebenen Welt zu erweisen. Diese komme zum Ausdruck in dem «im Bekenntnis zum Schöpfergedanken eingestandene[n] Bewusstsein um die schlechthin jenseits aller menschlichen Kompetenz in jedem Augenblick

---

343 Vgl. de Quervain, Heiligung, bes. 199–202.
344 Werner, Beitrag, 116.
345 A.a.O., vgl. de Quervain, Heiligung, 432–442.
346 Werner, Brunners, 35.
347 A.a.O., 36.
348 A.a.O., 37.

sich vollziehende Realisierung der uns gänzlich uneinsichtigen Möglichkeit der gestalteten, lebenerfüllten Welt überhaupt».[349]

Gleichzeitig aber sieht Werner in Brunners Ethik das auch von ihm präferierte kontraktualistische Denken umgesetzt, das aus der Rousseau'schen Tradition Frankreichs kommend stark auf die gesellschaftstheoretische und ethische Geisteslandschaft besonders der Westschweiz eingewirkt und das in Bern verbreitete Gesellschafts- und Staatsdenken stärker geprägt hat als ein Autoritätsdenken deutschen Stils. Aus dieser Prägung heraus wird auch die Ablehnung verständlich, mit der Werner schon 1932 dem Nationalsozialismus in Deutschland begegnet. In einer der wenigen Äusserungen zum politischen Geschehen im Ausland beschreibt er in einer Glosse die Unterstützer der neuen Bewegung als eine orientierungslose und unzufriedene Masse aus «Kleinbürgertum, [...] wirtschaftlich Ruinierte[n] und Offiziere[n]», deren Ziel die «Überwindung der Humanität» und damit unausgesprochen «Barbarei und Bestialität» ist. Die Kirchenpolitik der Nationalsozialisten sieht er von der Intention bestimmt, über eine vordergründige Selbstbeschreibung als christlich den Versuch zu verbergen, «die Kirche [...] in das System des nationalsozialistischen Staatsabsolutismus als dienstbares Organ»[350] einzugliedern. Der «chauvinistische Nationalismus und fanatische Antisemitismus» sind Zeichen der Unchristlichkeit und Kulturlosigkeit dieser Weltanschauung, die Werner darum grundsätzlich ablehnt. Dass er mit dieser Einschätzung die mehrheitliche Meinung zumindest seiner theologischen Schüler repräsentierte, zeigt sich im Wirken des Luzerner Pfarrers Julius Kaiser, mit dem Werner in den 1920er Jahren ein Konfirmationsunterrichtsbuch verfasst hatte und der ebenso seit den späten 1930er Jahren in Predigten die «Terrormethoden und Konzentrationslager an den Pranger [stellte] und Judenverfolgungen»[351] brandmarkte. Gleichzeitig steht Werner aber auch in der Nähe dessen, was seit 1938 Barth in seinen politisch-ethischen Schriften offen vertritt und was seinen prominentesten Ausdruck in den Formulierungen in *Christengemeinde und Bürgergemeinde* findet.

4.2.3) Werners ethisches Konzept

Werner versucht, seine Ethik trotz des Sphärenwiderspruchs operationalisierbar zu halten, indem er die Grundnorm des sinnhaften Verhaltens, die der religiösen Sphäre entstammt, als Norm auch im Rahmen der weltlichen Notwendigkeit plausibilisiert, wobei er sie in weltlicher Rationalität zur Geltung bringen will. Als Grundnorm dient ihm die «Ehrfurcht vor

---

349 A.a.O., 39.
350 Werner, Glossen.
351 Rumpf, Pfarrer, 8.

dem Leben», die in drei Richtungen wirken soll: Sie entspringt dem Selbsterleben und fungiert somit als Individualitätstheorie; sie fasst das Selbsterleben aber als Teil eines Gesamtlebens und schafft dadurch eine soziale Perspektive; sie denkt das erfahrbare Lebensganze als transzendenzgegründet und nimmt dadurch den Gottesgedanken auf. Durch die Fundierung in der menschlichen, mithin der individuellen Vernunft bleibt allerdings deren Vollzug im Einzelindividuum die Grundvoraussetzung der Gesamttheorie. So kann Ethik von Werner als eine solche Handlungstheorie aufgefasst werden, die dem Einzelnen eine Sinnverwirklichung in seinem Leben ermöglicht, welche durch die Übereinstimmung vom Streben des Willens mit den vollzogenen Handlungen gelingen kann. In der Verbindung zwischen dem religiösen Gefühl und der weltlichen Notwendigkeit geschieht das Postulat der Nächstenliebe, in dem die individuelle und die soziale Seite des Lebenswillens zusammenkommen. Als Rahmen ethischen Handelns sieht Werner die Gesellschaft als die Gemeinschaft der vielen Einzelnen, und so liegt dann auch in der Forderung nach Gesellschaftsbildung, mithin nach Vergesellschaftungsfähigkeit des Einzelnen sein Anliegen ethischer Bildung.

Aufgrund der Gebundenheit des Einzelnen in die Gesellschaft sieht Werner die soziale Frage als «eine verpflichtende Angelegenheit aller, die als verantwortliche Glieder der Gesellschaft in mannigfaltigen sozialen Beziehungen und Verhältnissen leben».[352] Sie wird dadurch aus dem pietistischen Kontext der Armenfürsorge gelöst und als Frage nach dem Zusammenleben der vielen Einzelnen in der Gesellschaft neu gestellt. Auf diese Weise will Werner einerseits der Tatsache Rechnung tragen, dass sich soziale Missstände nicht bloss als äusserlich anschaubare Armut und Verwahrlosung zeigen, sondern auch als psychische Dispositionen in allen gesellschaftlichen Kommunikationen auftreten können, nämlich dann, wenn das Zusammenleben an sich gestört wird, dort also, wo ein «ganze[s] verworrene[s], öffentlich nicht sichtbare[s] Knäuel von sozialen Missständen»[353] vorhanden ist, das den Einzelnen von einem sinnerfüllten Zusammenleben in der Gesellschaft abhält und das im Eheleben ebenso wie im Geschäftsleben, mithin in jeder Beziehung «einer Interessentengruppe zu einer andern Interessentengruppe»[354] anzutreffen ist. Andererseits sind diese Missstände deshalb nicht organisatorisch zu lösen, weil sie den durch die Vielzahl der Einzelleben bedingten, unendlichen Möglichkeiten konkreter Vergesellschaftungen entspringen. Weder lässt sich Ethik darum in objektiven und seriell wiederholbaren Handlungsanweisungen fassen, noch

---

352 Werner, Sinn (1945), 14.
353 A.a.O., 15.
354 Ebd.

kann die Entscheidung über ethische Verhaltensmuster einer überindividuellen Organisation übertragen werden, sondern die ethische Entscheidungsfindung muss der Einsicht gerecht werden, «dass eine wichtige Voraussetzung aller sozialen Arbeit eine möglichst tief dringende Erkenntnis des komplizierten Wesens des Menschen und der unendlich mannigfaltigen individuellen Eigenart der einzelnen Menschen und ihrer Entwicklung ist».[355] Um den Individuen die Entscheidungsfähigkeit zu ermöglichen, müssen sie darin gebildet werden, ihre ethische Grundnorm in deren rationaler Durchdringung auf die jeweilige Situation anzuwenden und so gleichzeitig sach- und situationsgerechte Ethik zu betreiben, was Werner als Aufgabe der Gesamtgesellschaft über den Aufbau von staatlichen und staatsfreien Bildungseinrichtungen betrachtet. Deren Ziel ist es, die weltanschaulichen Dispositionen zu bearbeiten und zu prägen, aus denen heraus die Einzelnen im Rahmen der Gesellschaft handeln.

Inhaltlich bestimmt ist die Grundnorm vom überindividuellen Element der christlichen Nächstenliebe, dem «bedeutsamen Grundmotiv» aus der «Geschichte der christlich-abendländischen Kultur».[356] Dieses äussert sich als Wille zur unbedingten Förderung allen Lebens und zur Schaffung eines Rahmens, in dem sinnhaftes Dasein nicht nur individuell, sondern auch kollektiv gelingen kann. Diese Lebenshaltung der Einbeziehung des anderen in den Sinnstiftungsversuch des Einzelnen bezeichnet Werner mit dem Begriff der Ehrfurcht, in der er «eine[n] der universalsten Geister unserer abendländischen Kultur» erblickt, und zwar in ihrer Form als «Ehrfurcht vor dem, was über uns ist, die Ehrfurcht vor dem, was uns gleich ist, und die Ehrfurcht vor dem, was unter uns ist».[357]

Zusammengefasst kann man den Versuch von Werners Theorie, die «unvermeidlichen harten Notwendigkeiten, die in den tatsächlichen natürlichen Umständen und Verhältnissen liegen», mit der Forderung zu verbinden, das «christliche Gebot der Liebe soweit zu erfüllen, wie dies nur möglich ist»[358], als eine Bewusstseinsschulung beschreiben, in der die Anwendung der moralischen Implikate des christlichen Glaubens auf das weltliche Leben immer neu eingeübt werden muss.

Im Jahr 1939 führt er das beispielhaft erneut an der Frage nach der Landesverteidigung und des Kriegseinsatzes von Christen durch. Dabei plädiert er zwar dafür, das christliche Nächstenliebegebot in seiner Umformung als Tötungsverbot möglichst weitgehend zur Geltung zu bringen, stellt aber die möglicherweise eintretende Notwendigkeit, die Gesellschaft

---

355 A.a.O., 20.
356 A.a.O., 23.
357 A.a.O., 25.
358 Werner, Krieg, 219.

auch militärisch schützen zu müssen, über die christliche Moral. Zwar entspringe dieser Logik keine christlich-moralische Legitimation des Tötens, wie sie im Übergang des Christentums zur römischen Staatsreligion behauptet wurde[359], aber im Widerspruch zur christlichen Moral könne es dazu kommen, dass «auch der Christ die Pflicht der Landesverteidigung anerkennen und selbst mittragen helfen» muss. Als Christ kann er darüber hinaus bloss «in sich selbst und in andern das Bewusstsein davon wach» halten und stärken, «was der Krieg in seiner tatsächlichen Wirklichkeit ist».[360] Er kann also das christlich-kulturelle Grundmotiv der Ehrfurcht vor dem Leben als Vernunfterkenntnis gegen eine solche menschliche Logik ins Spiel bringen, die Lebenszerstörung entweder direkt fordert oder zumindest durch Kriegsrüstung billigend in Kauf nimmt.

5) Zusammenfassender Vergleich

Die vier Fragerichtungen, unter denen die Ergebnisse des Kapitels zusammengefasst werden sollen, lassen sich in folgenden Fragen formulieren: a) Auf welche Weise greifen Barth, Gogarten und Werner die Politisierung besonders der deutschen Gesellschaft und das aufkommende Gegeneinander politischer Systeme in Europa ab der Mitte der 1920er Jahre bis zum Ende des Zweiten Weltkrieges in ihrer Theoriebildung auf und beteiligen sich an diesen Entwicklungen? b) Welche Transformationen erfahren ihre theologischen Modelle angesichts ihrer eigenen Gegenwartsdiagnosen und wie wird Ethik durch diese vermittelbar? c) Welche ethischen Normen entspringen diesen Transformationsprozessen in Hinblick auf das gesellschaftliche Handeln? d) Wie werden diese Normen in der Bestimmung von Gesellschaft und Kirche als Orte menschlichen und christlichen Handelns konkret umgesetzt?

a) Nach dem theoretischen und praktischen Rückzug aus dem politischen Handeln, der durch die theologische Absage an alle Reich-Gottes-Arbeit und den Wechsel vom Schweizer Pfarramt auf den deutschen Lehrstuhl bedingt war, tritt Barth ab ca. 1930 wieder verstärkt in den Raum der politischen Öffentlichkeit, in dem er sich über die kirchliche Mitarbeit auch in den Bereich der Gesellschaft einbringt. Dieses von Barth als spezifisch theologisches Handeln verstandene Eintreten, mit dem er bewusst auf die Entwicklungen in Deutschland reagiert, geschieht im innerkirchlich

---

359 Vgl. a.a.O., 209f.
360 A.a.O., 220.

geführten Kirchenkampf sehr früh und sehr direkt. Die Form politischen Handelns, die Barth vorschwebt, bedarf aber noch einer theologischen Fundamentalreflexion, die er erst am Ende des Zweiten Weltkrieges mit dem Aufsatz *Christengemeinde und Bürgergemeinde* vorlegt und die ihn als eminent politischen Denker ausweist.

Die Politisierung von Gogartens Denken wurzelt in zwei unterschiedlichen Bereichen. Eine systemimmanente Wurzel liegt in der Entwicklung seiner Philosophie des Personalismus. Während ab 1920 die Frage nach dem Einzelnen vor Gott im Zentrum seines Interesses stand, rückt dorthin nun diejenige nach dem Verhältnis der vielen Einzelnen zueinander. Durch diese Erweiterung des Blicks über den Einzelnen heraus ergibt sich zwangsläufig die gesellschaftstheoretische Frage. Eine zweite Wurzel ist die politische Situation in Deutschland, die in diesen Jahren geprägt ist vom Versuch der konservativen Revolution, die Weimarer Republik zu delegitimieren und sich dabei auf die Suche nach einer in ihrem Weltbild begründeten Gesellschafts- und Staatsordnung begibt. In deren Nähe entwickelt Gogarten seine politische Theorie, die ihn in zeitweise enge Verbindung mit dem nationalsozialistischen Staat führt.

Nur geringen Einschlag finden die politischen Fragen bei Werner, weshalb von einer Politisierung seines Denkens schwerlich zu sprechen ist. Die Zahl seiner politischen und gesellschaftstheoretischen Schriften ist zum einen überschaubar, weil sein Arbeitsschwerpunkt in diesen Jahren in der frühen Dogmengeschichte liegt. Zum anderen ist seine Theologie in einer solchen Weise auf das Individuum bezogen, dass Politik nur als der Rahmen ins Bewusstsein kommt, der den Einzelnen die Freiheit zu sichern hat, ihre Sinnverwirklichung zu erreichen.

b) Die theologische Figur, mit der es Barth gelingt, seine Theologie der Diastase zwischen Gott und Mensch, die in der dialektischen Phase zu einer Entethisierung der Theologie geführt hatte, so zu transformieren, dass eine solche Erkennbarkeit Gottes gedacht werden kann, aus der sich menschliche Handlungsdirektiven ableiten lassen, ist die der Analogie. Durch deren Einführung kann Barth eine inhaltliche Parallelität des Reiches Gottes und der Welt behaupten, deren Bestimmung sich im Glauben erschliesst. Dann wird es auch wieder möglich, aus der inhaltlichen Beschreibung des Reiches Gottes innerweltliche Handlungsschemata abzuleiten.

Ausgehend von der absoluten Souveränität Gottes, in der dieser der Herrscher der Welt auch über die Grenzen der Christenheit hinaus ist, sucht Gogarten nach den Strukturen, in denen sich diese Macht Gottes inner- und ausserhalb der kirchlichen Verkündigung vermittelt. Er findet sie mit Blick auf das Individuum in der Konstitution des Menschen, der

der Forderung nie gerecht werden kann, die seine Sozialität an ihn stellt. Im Bereich des Sozialwesens findet er sie im Staat und in dessen Anspruch, Herr über die weltliche Existenz des Menschen zu sein. Diesen Anspruch beschreibt Gogarten mit der Figur der Autorität, mit der er auf gängige semantische Muster eines deutsch-konservativen Diskurses zurückgreift.

Werner entwickelt seine Theologie, indem er die Unterscheidung zwischen weltlichen Notwendigkeiten des Handelns und der idealen Norm der Ehrfurcht vor dem Leben in seine Theorie einzieht. Dadurch wird die Ethik in den Bereich der menschlichen Vernunft gestellt, in dem sie sich durch die selbstgewählte Norm der Ehrfurcht als christliche Weltanschauung konfigurieren kann. Ethik wird also als Aufgabe des individuellen Vernunftgebrauches gefasst, die sich beispielhaft am in der Bibel geschilderten Leben Jesu sinnstiftend orientieren kann.

c) In Bezug auf die Gesellschaft und deren staatliche Organisationsform bringt Barth das Analogiepaar der göttlichen Rechtfertigung und des menschlichen Rechtes in Anschlag. Aus dem Postulat, dass «Gottes Lieben darin das göttliche, von allem anderen Lieben verschiedene Tun und Sein [ist], dass es gerecht ist» und dass diese Gerechtigkeit «eine Bestimmung der Liebe und also der Gnade und also der Barmherzigkeit Gottes»[361] ist, leitet Barth die Verpflichtung der Gesellschaft ab, sich analog dieser Eigenschaft Gottes gerecht zu organisieren, wozu es im eigentlichen Sinne des Rechtsstaates bedarf.

Der autoritäre Staat, den Gogarten vor Augen hat, bedarf der Stärke und der Gewalt über den Einzelnen, weil er nur in deren Besitz seiner Aufgabe gerecht werden kann, die Existenz und die Ehre des Einzelnen zu verbürgen. Dabei muss er sich allerdings selber begründet wissen in der vor ihm liegenden göttlichen Realität, keinesfalls darf er sich als Produkt seiner selbst verstehen.

Nichts anderes als ein Produkt menschlichen Kulturschaffens ist der Staat für Werner. Er wird darum in seiner Funktionalität beschrieben, in der er den Rahmen zu stellen hat, in dem einem Volk die freie Betätigung seiner Individuen zukommt. Dieses ist andersherum Garant des staatlichen Zusammenhaltes und dazu bemächtigt, seinen Rahmen in gleichberechtigtem Diskurs auszugestalten.

d) Der allgemeine Geltungsanspruch Gottes kommt bei Barth so zum Tragen, dass er Gesellschaft und Kirche miteinander verbindet. Dies geschieht, indem er auch das Sein der von ihm Bürgergemeinde genannten Gesell-

---

361 Barth, KD II/1, 423.

schaft auf Christus hin zentriert sieht und deren Differenz zur Christengemeinde als eine rein erkenntnistheoretische beschreibt. Es sind beide Bereiche auf Christus hin ausgerichtet und an ihn als ihren Herrn gebunden, was so allerdings nur im christlichen Bewusstsein zu verstehen ist.

Der Unterschied im Wissen um die Wahrheit des menschlichen Seins und der sittlichen Forderungen unterscheidet auch bei Gogarten den Bereich der Kirchen von dem der Gesellschaft. Während in beiden Bereichen die Herrschaftsmacht Gottes gilt, weiss die Kirche um den Gehalt dieser Macht, während sie der Gesellschaft zwar lebenspraktisch vermittelt ist, nicht aber theoretisch verstanden wird.

Werner geht in seiner Behandlung der Kirche von der soziologisch vorfindlichen Volkskirche aus, die er als Ort religiöser Kommunikation auffasst. Sie hat ihren Wert darin, die christliche Weltanschauung zu lehren und zu plausibilisieren und damit ein Beispiel gelingender Ethik im Bereich der Gesellschaft zu geben.

Kapitel IV: Theologie in der pluralen Gesellschaft

1) Einleitung: Entkirchlichung und Pluralisierung als gesellschaftliche Realitäten

Die Jahre nach 1945 sind besonders in der Bundesrepublik Deutschland,[1] aber auch in der Schweiz geprägt von der durchgesetzten Modernisierung von Politik, Wirtschaft und Gesellschaft. Nach den retardierenden Jahren des Nationalsozialismus und des Zweiten Weltkrieges, der auch für die vom direkten Kriegsgeschehen fast verschonte Schweiz einen gewissen geschichtlichen Einschnitt bedeutet, kommt es nun zur vollkommenen Entfaltung pluralistischer Gesellschaftsformen und einer wirtschaftlichen Blüte, in der BRD nun auch zur Etablierung demokratischer Staatsstrukturen. Gleichzeitig aber generiert die sich festigende Spaltung zwischen West- und Ostblock auch ein neues Bedrohungspotential, das durch die Atombombe eine neue, existentielle Dimension erlangt. Der sich der individuellen Freiheit verschriebenen westeuropäischen Weltanschauung steht im Osten ein System gegenüber, das sich in den Aufständen 1953 in der DDR, 1956 in Ungarn oder 1968 in Prag verstärkt als repressive Gewaltherrschaft zeigt, die die Individualinteressen den vom Staat definierten Kollektivinteressen unterordnet.

Die Aufgabe der westdeutschen Politik ab 1945 liegt im Aufbau einer parlamentarischen Demokratie, die widerstandsfähiger gegenüber den divergenten Kräften im Volk ist, als es die Weimarer Republik gewesen war.[2] Nach der Erfahrung der Zersplitterung des Parteienwesens in den 1920er Jahren gilt die Schaffung starker Volksparteien als Garant der Demokratie, was auf konservativ-kirchlicher Seite durch die Gründung der überkonfessionellen CDU/CSU gelingt. Zwar ist auch diese Kompromisspartei brüchig, wie die Eskalation zwischen dem katholischen Bundeskanzler Konrad Adenauer und Innenminister Gustav Heinemann – gleichzeitig Präses der Synode der EKD – zeigt, die im Oktober 1950 zur Ablösung des Ministers führt. Doch dessen Versuch, mit der GVP eine eigene Partei zu gründen, scheitert schnell und führt durch den Übertritt der Meisten seiner Parteigenossen zur SPD einerseits zur weiteren Stärkung der grossen Parteien,

---

1 Da Friedrich Gogarten nach seinem Wechsel von Breslau nach Göttingen im Bereich der Bundesrepublik Deutschland lebt und lehrt, wird im Folgenden nur auf diese Bezug genommen. Die DDR kommt allein in ihrem Verhältnis zur BRD in den Blick.

2 Vgl. zu diesem Kapitel Greschat, Protestantismus, 9–133.

andererseits zur Öffnung der SPD für ein vornehmlich protestantisches Bürgertum, wodurch es auch zu einer Entchristianisierung des Parteienwesens kommt. Zum politischen Hauptthema dieser Jahre entwickelt sich die Frage nach der aussenpolitischen Orientierung der Bundesrepublik, in der eine Westbindung oder eine blockfreie Neutralität denkbar erscheinen. Jedoch ist in den Staatsgründungen in Ost- und Westdeutschland, die den Interessen der Alliierten entsprechen, die entstehende Blockbildung schon gespiegelt und die Westorientierung der BRD realpolitisch vorgegeben. Die bundesrepublikanische Staatsbildung verhindert also den Weg in einen gesamtdeutschen neutralen Staat und zeichnet die Einbindung in das westliche Bündnissystem vor. Mit dieser verbunden ist die Streitfrage um die Wiederbewaffnung der Bundesrepublik, die letztendlich mit dem Beitritt zur NATO im Mai 1955 vollzogen wird. Diese militärische und politische Blockbildung wird flankiert vom Auseinanderdriften einer wachsenden Marktwirtschaft, die seit Ende der 1950er Jahre einer breiten Bevölkerung Wohlstand verschafft, und einem industriell immer weiter abgehängten Ostblock. Der notwendige Wiederaufbau der Infrastruktur und der Gesellschaftsstrukturen macht es der Bevölkerung leicht, die Frage nach der Kriegsschuld zu übersehen und zu übergehen, diese wird in der breiten Öffentlichkeit erst ab 1968 – also nach dem Tod auch von Karl Barth – thematisiert. Auch der gesellschaftliche Durchbruch der Individualisierung, der als Entideologisierung des Denkens und als das «Ende der grossen Erzählungen»[3] beschrieben werden kann, kommt erst dann zum vollen Durchbruch. Darum kann man konstatieren, dass die Protagonisten dieser Epoche, auch wenn sich in der Zeit ab 1945 die Moderne durchsetzt, aus einer anderen Zeit stammen und ihre Versuche der Theorieanpassung immer gleichzeitig Höhe- und Schlusspunkte einer Gedankentradition sind.

Die geschilderten politischen, wirtschaftlichen und gesellschaftlichen Entwicklungen nehmen auch auf die theologischen und kirchlichen Debatten dieser Jahre Einfluss. Dies macht sich in vier Themenbereichen kirchlicher Arbeit geltend, die diese Jahre prägen und an denen sich die Kirche nach Abschluss ihrer strukturellen Reorganisation massgeblich beteiligt. a) Der politische Streit um die künftige Gestalt des Staates droht auch die Kirche zu zerreissen und offenbart die Differenzen der in ihr vertretenen politischen Positionen. Dabei verläuft die Trennlinie vornehmlich zwischen den Parteigängern Karl Barths, zu denen auch Martin Niemöller und Gustav Heinemann gezählt werden können[4], und den Vertretern v. a. der lutheri-

---

3 Lyotard, Wissen, bes. 112–122.
4 Becker, Teil, 552.

schen Landeskirchen um den bayrischen Bischof Hans Meiser, aber auch Otto Dibelius, der inzwischen Berliner Bischof und Ratsvorsitzender der EKD geworden war[5]. In diesen politischen Diskussionen erleben der konservative Antikommunismus wie auch ein oft ausserhalb der realpolitischen Situation argumentierender Theologismus einen Aufschwung und führen teils erbitterte Grabenkämpfe. b) Diese Debatten finden grossen Widerhall und werden auf den stark besuchten Kirchentagen ebenso ausgefochten wie in den Medienorganen des Evangelischen Pressedienstes EPD und der im Jahr 1970 realisierten konservativ-pietistischen Gegengründung idea. Sie bekommen also eine Öffentlichkeitsdimension, indem sich eine breite Kirchenmitgliederzahl an ihnen beteiligt. c) Ein weiteres Thema kirchlicher Arbeit entspringt der Flüchtlingsproblematik, die neben dem auch von der Kirche zu bearbeitenden materiellen und psychischen Leiden der Vertriebenen eine konfessionelle Durchmischung aller Regionen der BRD und somit auch der bisher rein lutherischen Gebiete bewirkt. Neben kirchenrechtlichen Problemen wie der Zulassung Anderskonfessioneller zum Abendmahl entstehen auch bauliche Notwendigkeiten, die zu einer Vergrösserung des Kirchen- und Gemeindehausbestandes führen. Vor allem aber fordert die neue Situation zu ökumenischen Beziehungen heraus, die ihren Niederschlag in der kirchlichen und theologischen Praxis finden. d) Ein letztes beherrschendes Thema dieser Jahre ist die verstärkte Kulturtätigkeit der Kirchen. Dabei findet der Wille nach einer stärkeren Beteiligung der Laien seinen Ausdruck im Aufkommen der Akademiearbeit. Diese wird zum hauptsächlichen Ort der Laienbeteiligung, indem dort Bereiche aus der Lebenswelt der Kirchenglieder aufgegriffen und gemeinsam bearbeitet werden.[6]

Alle diese Themen stehen unter dem Paradigma der Säkularisierung, das die kirchlichen Debatten nach dem Zweiten Weltkrieg prägt. Die Empfindung eines Säkularisierungsschubes der Gesellschaft fordert sowohl eine Bearbeitung der theologischen Theorien durch deren Anpassung an weltliche Sprach- und Denkformen,[7] wie auch eine kirchliche Reaktion auf den beginnenden Bedeutungsverlust der Kirchenorganisationen in der Gesellschaft, der sich in nun drastisch steigenden Kirchenaustrittszahlen niederschlägt und allein durch eine starke Verwebung politischer und kirchlicher Eliten kaschiert werden kann. Neben dieser offenen Abkehr von der Kirche wächst allerdings auch die innere Distanzierung vieler, v.a. jüngerer

---

5 Vgl. Greschat, Protestantismus, 35–43.

6 Vgl. a.a.O., 51.

7 Vgl. Becker, Teil, der als Beispiel den Erfolg der Briefe aus der Haft von Dietrich Bonhoeffer mit deren Forderung nach einer religionslosen Interpretation der Bibel nennt.

Kirchenmitglieder, deren Einstellung «die Haltung ‹Ohne-mich›, das Ausweichen vor Entscheidungen, Unsicherheit und sittliche Haltlosigkeit kennzeichneten».[8] Diejenigen Gruppierungen, die in bleibender Kirchentreue ihren Glauben ausleben, tun dies nun meistens in einer stark bibelbezogenen Frömmigkeit, an die eine barthianische Theologie ebenso anschlussfähig ist wie ein pietistischer Glaubensvollzug. Erst aus dieser Bibelbezogenheit lässt sich der vehemente Protest verstehen, der sich seit Ende der 1940er Jahre gegen die Entmythologisierungstheorie in der Folge von Rudolf Bultmann entfacht.[9] Denn dessen Versuch, die mythologischen Ummantelungen der biblischen Geschichten zu lösen und ihren existentiellen Wahrheitskern luzide zum Ausdruck zu bringen, muss dann von der Mehrheit der treuen Kirchenglieder als ein Angriff auf die Grundlagen ihres Glaubens gewertet werden.

Zwar ist auch die Schweiz durch den Krieg wirtschaftlich in Mitleidenschaft gezogen worden, aber die Unversehrtheit der Industrieanlagen erlaubt es ab 1945, die Exporte ins zerstörte Europa zu steigern, wodurch die Wirtschaft aufblüht und die Gesellschaft einen breiten Wohlstand generieren kann.[10] In der Zeit des wirtschaftlichen Aufschwungs stellt sich zum einen die aussenpolitische Frage nach der Orientierung der Schweiz zwischen Anschluss an den Westblock und einer fortgesetzten Neutralität. Die Beibehaltung der Neutralität, die während des 2.Zweiten Weltkrieges durch real- und finanzwirtschaftliche Zusammenarbeit mit dem Dritten Reich erkauft wurde, findet bei den alliierten Westmächten keinen Gefallen, weshalb nach 1945 der Neutralitätsgedanke neu definiert werden muss. Dies geschieht dadurch, dass man «durch die ergänzenden Prinzipien Solidarität und Universalität Pflichten gegenüber Dritten [eingeht] und damit deren Anerkennung»[11] finden will. Einem stark erweiterten diplomatischen Corps gelingt es, die Schweiz als weltweit agierende Vermittlungskraft zur Friedenssicherung zu etablieren, die in beiden Blöcken Ansehen findet. Gleichwohl sorgt der starke Antikommunismus breiter Bevölkerungsschichten dafür, dass sich die Schweiz nach Westen hin orientiert und ideologisch ein Teil des Westblocks wird. Auch wenn sich diese Bindung nicht in der Mitgliedschaft in politischen Bündnissen ausdrückt – selbst der UNO tritt die Schweiz erst im Jahr 2002 bei –, beteiligt sich die Schweiz schon seit 1948 an verschiedenen Wirtschaftsgemeinschaften, mit denen sie sich in enge Partnerschaft zum westeuropäischen Raum begibt.

---

8 Greschat, Protestantismus, 55.
9 Vgl. zur Bewegung «Kein anderes Evangelium», a.a.O., 56f. und 94–102.
10 Vgl. zur Einführung in die politische Geschichte Maissen, Geschichte, 278–299.
11 Maissen, Geschichte, 279.

Auf der Grenze zwischen Aussen- und Innenpolitik steht die Frage nach der atomaren Bewaffnung der Streitkräfte, mit der die Schweiz ihr Abschreckungspotential deutlich vergrössern will. Obwohl sich eine Mehrheit der Wahlberechtigten für die atomare Bewaffnung ausspricht, wird sie, hauptsächlich aus Kostengründen, nicht durchgeführt. Innenpolitisch bedeutsam ist die Einführung der «obligatorischen Alters- und Hinterlassenenversicherung»[12] im Jahr 1947. Mit ihr ändert sich das Staatsbild der Schweiz, der schlanke Staat, der die Sicherung der Existenz in die Verantwortung des Einzelnen gestellt und das Auffangen individueller wirtschaftlicher Not in den Bereich der Bürgergesellschaft übertragen hatte, erhält nun ein patriarchales Moment, in dem sich der Staat selber verantwortlich für das Leben seiner Mitglieder macht, wie es in Deutschland seit der Einführung der Sozialversicherungen durch Bismarck im Jahr 1891 praktiziert worden war. Allerdings behält die AHV durch die teilweise Kapitaldeckung der Renten ein liberales Element. Mit der Einführung der Versicherung reagiert der Staat auf die gewandelten Arbeitsbedingungen einer Industrie- und Dienstleistungsgesellschaft und auf die stark gestiegene Lebenserwartung. Grosse Diskussionen zieht auch die Frage nach dem allgemeinen Frauenstimmrecht nach sich, das seit 1945 wieder verstärkt gefordert wird. Doch die meisten Versuche der Einbindung der Frauen in die politischen Prozesse scheitern und nach der Einführung des Frauenstimmrechts wenigstens auf Ortsebene in der Gemeinde Riehen im Kanton Basel-Stadt im Jahr 1958 gelingt es erst 1959, in den Kantonen Waadt, Genf und Neuenburg das kantonale Frauenstimmrecht einzuführen, 1966 auch in Basel-Stadt.

Für den Schweizer Protestantismus stellt das Ende des Zweiten Weltkrieges keinen besonderen Einschnitt dar. Leicht polemisch drückte dies Andreas Lindt so aus: Es «mag der schweizerische kirchliche Protestantismus der unmittelbaren Nachkriegszeit dem rückblickenden Betrachter im Vergleich zu dem, was die Christen im übrigen Europa damals erlebten und erlitten, vorkommen wie ein stiller Teich, in dem die Frösche quakten wie eh und je.»[13] Eher aus der allgemeinen kulturellen Entwicklung heraus sind es folgende vier Impulse, die den Schweizer Protestantismus in den letzten beiden Lebensjahrzehnten von Werner und Barth prägen. a) Der Berner Kirchenstreit Anfang der 1950er Jahre offenbart eine Differenz in der Ekklesiologie, in der sich die beiden Gruppen eines landeskirchlich orientierten und eines bekenntniskirchlich orientieren Kirchenverständnisses gegenüberstehen. Es geht dabei um die Frage, ob die Kirche als kultur-

---

12 A.a.O., 282.

13 Lindt, Protestantismus, 65f.

schaffende Organisation im Rahmen des Staates und der Gesellschaft oder aus ihrer Bindung an den die weltlichen Strukturen transzendierenden Christus verstanden werden muss. Dabei steht nicht nur das Staats-Kirchen-Verhältnis auf dem Spiel, sondern auch die Frage nach der inhaltlichen Freiheit und der kontextuellen Genese der Verkündigung. An vorderster Front dieser Debatten stehen Werner und Barth als Schulhäupter der beiden Ansätze. b) Trotz des offenen Streites der beiden Parteien wird versucht, das Richtungswesen innerhalb der Kirche zu überwinden. Während von barthianischer Seite besonders über die ökumenische Bewegung die Einfügung der schweizerischen Kirchen in die Gemeinschaft der weltweiten Kirchen gefordert wird, in der die Kleinteiligkeit der protestantischen Weltanschauungen überwunden werden könne, wird die Pflicht, auch nur die Basisformeln der ökumenischen Bewegung zu übernehmen, von der liberalen Seite als ein Angriff auf die Bekenntnisfreiheit und damit auf das protestantische Grundprinzip gewertet. c) Neben diesen hauptsächlich in Kirchenleitung und Theologie geführten Debatten erfährt die Glaubenspraxis der Kirchen eine Bereicherung durch die entstehenden Kommunitäten und Bruderschaften, wie den vom Schweizer Roger Schutz gegründeten Männerorden in Taizé. Diese neuen geistigen Lebensformen haben eine Ausstrahlung weit über ihren lokalen Rahmen hinaus in den Glaubensvollzug breiterer Schichten der Kirchenmitglieder. d) Aus der kirchlichen Basis heraus wachsen auch neue Impulse eines verantwortlichen Lebenswandels. Ein Beispiel für das liberale Lager ist die Unterstützung des Urwaldkrankenhauses von Albert Schweitzer in Lambarene. So sammelt der Kreis um Hans Baur, Martin Werner und Fritz Buri seit den 1920er Jahren Spenden, institutionalisiert wird dies im «Schweizer Hilfsverein» ab 1949. Eher in barthianischer Prägung steht die 1941 gegründete Zeitschrift «Schweizer Annalen», die inhaltlich der geschilderten Neuinterpretation der Neutralität nahesteht und die beispielhaft für die kulturelle Stimmung in der Nachkriegsschweiz ist, «weil ihr kulturelles und politisches Engagement, ihre Freudigkeit, Verantwortung für die Zukunft zu übernehmen, ihr bewusst europäisches und weltweites Denken mit zur Physiognomie gerade des Schweizerischen Protestantismus der ersten Nachkriegszeit gehörte».[14]

14 A.a.O., 70.

2) Karl Barth: Kirche als Verkündigungsgemeinschaft

Neben einer Anzahl kleinerer Arbeiten und Studien gilt Barths theologisches Hauptaugenmerk in den Jahren nach dem Zweiten Weltkrieg der Fertigstellung der Kirchlichen Dogmatik. Deren Programm besteht in der sich immer in aktueller Sprache vollziehenden Explikation der christlichen Glaubenswahrheit in der Form eines rationalen Denksystems.[15] Dadurch steht die Theorie in einem unaufgelösten Spannungsverhältnis zwischen einer an ihre Sprachform gebundenen Gegenwartsverortung und einer durch die sachliche Bindung an die Unzeitlichkeit Gottes bedingten Gegenwartsindifferenz, wodurch Barth jede Auseinandersetzung mit aktuellen Fragestellungen angesichts der Einordnung des Menschen in die überzeitliche Geschichte Gottes weitestgehend vermeidet. In der in die Christologie der Teilbände von KD IV eingeordneten Ekklesiologie wird das daran deutlich, dass Kirche als Funktion des göttlichen Heilsgeschehens behandelt wird und dabei ihre soziologische Gestalt nur in abgeleiteten Formen zur Sprache kommt. Neben dieser theologischen Arbeit verfasst Barth weiterhin politische und zeitkritische Kommentare, was weitestgehend in Gelegenheitsschriften in Form von Offenen Briefen, Gesprächen und Vorträgen geschieht, die massgebliche Quellen für Barths Auseinandersetzung mit Zeitfragen darstellen und sich teilweise mit theologischen Fragestellungen, in grossem Ausmass aber auch mit der politischen Kontroverse um die Bewertung des entstehenden Ostblocks aus christlicher Sicht und der Stellung der Schweiz im Gefüge der neu entstandenen politischen Blöcke befassen.[16] Diese Schrifttypen sind Barths präferierte Form politischer und gesellschaftsaktueller Stellungnahmen, in deen er seine theologischen Erkenntnisse auf gegenwärtige Fragestellungen in dem Selbstanspruch appliziert, nicht zur Lage, sondern zur Sache zu sprechen.[17] Im Folgenden wird in Grundzügen die theologische Explikation der in die Ekklesiologie der KD verwobenen Gesellschaftslehre (2.1.1) und Kirchenlehre (2.1.2) vorgestellt, bevor deren Ergebnisse von der Perspektive ihrer aktualisierenden

---

15 Vgl. Barth, KD IV/3, 843ff.: «Es ist ja Gottes allmächtiges Wort, das sich [...] um sich vernehmbar zu machen, sehr wohl auch solcher menschlich bedingter Worte bedienen kann. [...] Er legt sein Wort in den Mund der Menschen dieses Volkes. [...] In seiner Gnade verfügt er tatsächlich über die Sprache der Menschen seiner Gemeinde, [...] dass er [...] ihre an sich unheilige Sprache heiligt.»

16 So befasst sich immerhin ein Viertel der offenen Briefe sogar zwischen 1912 und 1968 mit dem West/Ost-Konflikt und mit Blick auf die vielen Stellungnahmen zum Nationalsozialismus. Koch, Briefe, drückt das so aus, dass «die meisten um das Problem Theologie und Politik kreisen», 474.

17 Vgl. Kap III, 2.2.1.

Anwendungen auf die sozialethischen Fragestellungen aus betrachtet werden (2.2).

2.1) Die fundamentaldogmatische Bestimmung in KD IV

Die Kirchenlehre, in deren Rahmen Barth die Gesellschaft von ihrem Verhältnis zur in der Kirche vorläufig dargestellten Gesamtwirklichkeit Gottes her bestimmt, behandelt er in der KD im Zusammenhang der Christologie. Denn seinem trinitarischen Ansatz gemäss ist es Christus als wahrer Mensch, in dem schon vor der Schöpfung die Bestimmung des Menschen an sich angelegt ist. Diese systematische Grundanlage ermöglicht es Barth, auch die um ihre Zugehörigkeit zu Christus nicht wissende Welt als untrennbaren Teil von dessen Realität zu beschreiben und im Rahmen seiner Theorie theologisch zu bestimmen. Die Gesamtwirklichkeit des Menschen beschreibt Barth dabei als abgeleitet aus der in Christus vor aller Zeit aufgehobenen und damit vorherbestimmten Menschlichkeit Gottes selbst. Er vollzieht diese Beschreibung in drei Schritten, die den Entwicklungsschritten der christologischen Beschreibung entsprechen und nachfolgen. In dieser dreifachen Gestalt der christologisch gebundenen Ekklesiologie entspricht die in §62 geschilderte Versammlung der Gemeinde Jesus Christus «als dem sich erniedrigenden und versöhnenden Gott»; die in §67 entfaltete Erbauung der Gemeinde Jesus Christus «als dem wahren, von Gott erhöhten und versöhnten Menschen»; die in § 72 ausgeführte Sendung der Gemeinde Jesus Christus als «dem Zeugen unserer Versöhnung».[18] Die hier vorgelegte Rekonstruktion der theologischen Gesellschaftslehre Barths nimmt ihren Ausgangspunkt allerdings nicht bei der Kirche, sondern in der Bestimmung von Gesellschaft in der Theorie Barths.

2.1.1) Die Bestimmung der Gesellschaft

In seiner späten Gesellschaftstheorie entwickelt Barth ein Modell, das es ihm erlaubt, die gesamte Menschheit als Teilbereich des göttlichen Herrschaftsanspruchs zu betrachten. Damit wird er der Bestimmung der *potentia absoluta* gerecht, der absoluten Souveränität Gottes, der einerseits die bleibende Trennung der göttlichen und der menschlichen Sphäre entspringt, wodurch andererseits eine bleibende Abwehr menschlicher Sinn-

---

18 Kühn, Kirche, 102. In seinem Lehrbuch zur Kirche hat Kühn eine Darstellung der Kirchenlehre der KD/IV vorgelegt, die ihrem Anspruch als Lehrbuchtext in ihrer Prägnanz und Übersichtlichkeit hervorragend gerecht wird. Eine Anlehnung an diese Darstellung lässt sich nicht umgehen. Mit interpretierendem Anspruch hat Martin Honecker, Kirche, die Entwicklung der Ekklesiologie bei Barth dargestellt.

stiftungen vollzogen wird. Als Reflexionsrahmen der Gesellschaftstheorie soll die Gesamtheit der Vergemeinschaftungsformen aller Menschen zu allen Zeiten und an allen Orten dienen, Barth überschreitet also programmatisch die ihm empirisch ansichtigen Gesellschaften. Zur Darstellung der prinzipiellen Gleichrangigkeit der verschiedenen soziologischen Gesellschaftsgruppen – auch der Kirche – verwendet Barth den Begriff des Volkes,[19] dessen inhaltliche Bestimmung er den biblischen Urgeschichten mit ihrer Betonung des Ursprungs aller Völker in Adam und Eva einerseits und der Beschränkung der Erwählung auf die Nachkommenschaft Abrahams, Isaaks und Jakobs andererseits entnimmt. Es gebe demnach eine gewisse Kommensurabilität aller Völker bei einer bestimmten Unterschiedenheit. So seien die ausserhalb der Berufung stehenden Völker «vom Volke Gottes, um dessen Väter es da geht, *verschieden* und nun doch *nicht geschieden*, sondern mit ihm verbunden, in ihrer Art und an ihrem Ort auch sie im Bereich und in der Hand seines, des einen Gottes».[20]

Diese Ausdifferenzierung der Völker kann man als Eingehen auf die Bedingungen der Moderne lesen, die durch die Diversifizierung der Gesellschaft in verschiedene Sozialgruppen und die Pluralisierung der soziologischen Beziehungen der Einzelnen gekennzeichnet ist. Denn dadurch, dass Barth die Differenzierung der Völker weder rassisch noch national begründet, kann man die soziologisch wahrnehmbare Tatsache der Ausdifferenzierung moderner Gesellschaften in sich unterscheidende und voneinander abgrenzende Sozialgruppen als in der Schöpfung schon angelegte Grundkondition menschlicher Existenz und Sozialisation auffassen. Durch diese Bestimmung passt Barth seine Theorie den veränderten Bedingungen der fortgeschrittenen Moderne an und erweist sie dadurch als «geschmeidig».[21] Diese Anpassung bleibt aber eine rein formelle Bestimmung und

---

19 Wieso in der Verwendung dieses Begriffs die Weltzugewandtheit und die Diskussionsoffenheit der Theorie gegenüber nichtchristlichen Theorien signalisiert werden soll, wie es den Duke, Gesellschaft, 27, vermutet, ist nicht recht nachzuvollziehen. Den Duke sieht in der Verwendung z. B. des Begriffs des Volkes einen Versuch Barths, in der Sprache der Welt zu argumentieren, um verstehbar zu bleiben. Doch lässt allein die in der Kirche intendierte Adressatenschaft der KD fragen, wieso diese besser in weltlicher Sprache angesprochen werden sollte. Vielmehr scheint diese Begriffsverwendung der von den Duke selber genannten Intention Barths zu entspringen, biblische Sprachbilder zu verwenden.

20 Barth, KD IV/3, 789.

21 Krötke, Kirche, 82–94, nennt die Geschmeidigkeit der Kirchenlehre eine der Forderungen der neueren, nachbarthianischen Theologie, die damit der Sache der Theologie nicht gerecht werden könne. Hier soll nun der Versuch unternommen werden, den von Krötke pejorativ verwendenden Begriff der Geschmeidigkeit positiv auf die Ekklesiologie Barths anzuwenden.

wird im gleichen Zug sachlich theologisch durch die theologische Prämisse eingegrenzt, dass sich Gesellschaft adäquat betrachten lasse, wenn man in ihr die in Christus erwählte Menschheit sieht. Somit wird die Prämisse, dass Gott in der Erwählung des einen Menschen Jesus Christus vor aller Zeit die ganze Menschheit erwählt hat, zur Grundlage aller Gesellschaftslehre, denn in dieser Tat schafft Gott einen «Zusammenhang zwischen dem Menschen Jesus einerseits und allen anderen Menschen andererseits, so dass sein extra nos und pro nobis vollbrachtes Werk alle Menschen zu zwar nicht anonymen, wohl aber virtuellen Christen macht»,[22] weshalb es Kirche und Theologie «in jedem Menschen, an den sie gewiesen ist, [...] virtuell, potentiell mit einem Christen, mit einem *christianus designatus*, einem *christianus in spe* zu tun»[23] hat.

Neben diesem der Gesellschaft von aussen zukommenden positiven Moment, das ihr im Akt der Schöpfung zufällt, kommt ihr darin ein inneres positives Moment zu, dass auch die ausserhalb der berufenen Kirche stehende Menschheit solange im Bereich der Erwählung bleibt und also nicht der Nichtigkeit verfällt, solange sie sich nicht aktiv gegen die Erwählung zur Wehr setzt, sich also der Nichtigkeit in einem Akt freier und bewusster Handlung hingibt.[24] Dieser Akt ist als Abwendung jedoch nur vom Zustand der Berufung möglich, und so kann andersherum gewendet gesagt werden: «Die Welt wird durch die Unkenntnis der Offenbarung, nicht durch den aktiven Widerstand gegen diese gekennzeichnet.»[25] Welt und Kirche unterscheiden sich also allein in der Differenz der Erkenntnis der Wahrheit. Mit dieser Bestimmung greift Barth die schon früher eingeführte Unterscheidung zwischen einer ontischen und einer noetischen Seite der Rechtfertigung wieder auf und beschreibt in Kontinuität zu seiner früheren These die gesamte Menschheit als ontologisch gerechtfertigt, die Kirche aber als den Teil dieser Gesamtheit, in dem die wahre Situation des Menschen noetisch realisiert wird. Mit dieser Ausweitung des Gnadenhandelns Gottes gibt Barth auch dem Bild der konzentrisch um Christus gelagerten Kreise aus *Christengemeinde und Bürgergemeinde* ein theologisches Fundament, indem er dieses um den Gedanken erweitert, dass Christus nicht nur das Zentrum, sondern gleichzeitig der die Menschheit umfassende Rahmen ist.

Die ethische Reflexion der Gesellschaft stellt Barth in §72 unter den von ihm schon zur 650-Jahr-Feier der Eidgenossenschaft auf die Schweiz angewendeten und dort ausgelegten Leitsatz des *confusione hominum et*

—

22 Jüngel, Art. Barth, 266.

23 Barth, KD IV/3, 927.

24 Barth, KD IV/2, 702–704.

25 Honecker, Kirche, 178.

providentia Dei regitur[26] und überträgt ihn auf die gesamte Weltgeschichte. Wie schon im Jahr 1941 postuliert Barth eine Zweiheit der geschichtlichen Wirkmächte, indem er den Menschen und Gott als jeweils eigene Handlungsakteure beschreibt. Es sind dann die per se negative und zerstörende Kraft des menschlichen Handelns und die positive und im Sinne der *creatio continua* schaffende Kraft Gottes, die gemeinsam die wahrnehmbare Weltgeschichte konstituieren. Das Zerstörerische des menschlichen Handelns liegt in dessen Mittel und Zweck verkehrenden Gebrauch der ihm zugänglichen schöpferischen Kräfte. So ist es Kennzeichen der «von den Menschen laufend verwirrten Weltgeschichte»,[27] dass der Zweck menschlicher Tätigkeit nicht im Erhalt der Schöpfung oder in der Arbeit am Reiche Gottes liegt, sondern in Umkehrung der gegebenen Zweckgerichtetheiten die eigene Selbsterfüllung der Zweck ihres Handelns wird. Barth nennt diese Verdrehung der Zweckgerichtetheit menschlichen Handelns, in der die Selbsthaftigkeit des Menschen zum Mass seines Handelns wird, die «Vermenschlichung der guten Schöpfung Gottes», deren «äusserste Spitze, [...] der schlimmste Exponent des Zerstörungswerkes»[28] der Krieg ist, der nicht bloss als aktive Tat die Welt zerstört, sondern der auch dadurch zerstörerisch ist, dass er in Friedenszeiten als Zielpunkt menschlicher Ichbezogenheit fungiert.

In dieser Beschreibung des Krieges als zwangsläufiger Konsequenz des verwirrten Handelns des Menschen schwingen ein realistisches und ein pessimistisches Moment mit, die sich aus den Erfahrungen des 20. Jahrhunderts speisen. All jene Versuche, dem Krieg etwas Positives abzugewinnen, wie sie auch in den frühesten Schriften Gogartens zu finden sind, hatten schon Barths Verzweiflung über die deutsche protestantische Theologie ab August 1914 genährt.[29] So hat Barth den Krieg selbst zu dem Zeitpunkt als schlecht und falsch bewertet, als er ihn auch aus christlicher Sicht gerechtfertigt und geboten verstehen konnte. Denn auch der in diesem Zusammenhang beispielhafte Brief an Prof. Hromádka aus dem Jahr 1938 leitete den Griff zu den Waffen ja nicht aus dem göttlichen Gebot oder einer Analogie zu dessen Handeln ab, sondern beschreibt ihn als eine notwendige Tat im Rahmen menschlichen und also fehlbaren Verhaltens.[30] Dass selbst in Friedenszeiten alles menschliche Handeln letztlich der Kriegsvorbereitung diene, wird in KD IV explizit mit der atomaren Be-

---

26 Vgl. Kap III, 2.2.4.
27 Barth, KD IV/3, 796.
28 A.a.O., 800.
29 Vgl. Kap II, 2.
30 Vgl. Kap III, 2.2.4.

waffnung in Verbindung gebracht,[31] die im zeitgenössischen Verständnis die Gefahr eines dritten Weltkrieges weiter zu steigern schien. So kann man für die Lebenszeit Barths sagen, dass sie in der Schweiz, in Deutschland wie auch in den meisten anderen europäischen Ländern von einer permanenten Spirale aus Hochrüstung und Krieg bestimmt war, die einer realistischen Betrachtungsweise die Kriegsvorbereitung als Inhalt allen menschlichen Handelns in Friedenszeiten nahelegte. Mit dieser durchaus realistischen Einschätzung Barths geht allerdings eine pessimistische Sicht des Menschen einher, die sich in der Spaltung der geschichtlichen Wirkkräfte in menschliche und göttliche Tat Ausdruck verschafft und in der ein friedenssicherndes Handeln des Menschen als undenkbar erscheint. So hält Barth eine der creatio continua entlehnte kulturelle Tätigkeit des Menschen als dessen Selbsttätigkeit nicht für möglich, sondern betrachtet dies als eine rein in der göttlichen Wirkkraft stehende Möglichkeit. Diese kulturpessimistische Annahme, in der die Differenz zu Werner und Gogarten liegt, verhindert aber die positive Reflexion über Möglichkeiten ethischer Wirksamkeit des Menschen jenseits derjenigen, Werkzeug des Heiligen Geistes zu sein, oder anders ausgedrückt, wenn menschliches Handeln nur zerstörerische Wirkungen zeitigt, bedarf es weder einer Reflexion über noch einer Lehre des guten Lebens.

2.1.2) Die Bestimmung der Kirche

Ausgehend von dieser Schau auf die Gesamtheit der Menschheit als Gesellschaft kann man Barths Kirchenlehre als Spezifizierung eines Auszuges dieser Gesamtheit sehen. Die Erlösung der Menschheit leitet sich aus der Erwählung des Menschen in Christus ab, in dem das Sein der Menschheit schon vor aller Zeit grundgelegt ist. Das Wissen um die eigene Seinsweise realisiert sich in der Verkündigung, in welcher sich Kirche als solche konstituiert. In kritischer Distanz fasst Martin Honecker als «Barths theologisches Grundaxiom und Erkenntnisprinzip» dieses auf, dass «die Christologie als theologische Ontologie vorgängig die Ekklesiologie beinhaltet».[32] Das so verstandene Sein der Kirche expliziert Barth in den drei Dimensionen der Ontologie, der Soziologie und der Funktionalität.

2.1.2.1) Die ontologische Dimension der Kirche

Barth beschreibt das Sein der Kirche mit einem statischen und einem dynamischen Moment. Die Begründung der Kirche im Sein Christi, die ihre Spitze in dem Satz findt, «Jesus Christus ist die Gemeinde», insofern

---

31 Vgl. Barth, KD IV/3, 802.

32 Honecker, Kirche, 184.

die Gemeinde «*seine* irdisch-geschichtliche Existenzform, *sein* Leib ist, an allen seinen Gliedern und deren Funktionen zu *seiner* Verfügung stehend, von *ihm* regiert und bewegt»[33], verbürgt die Identität aller kirchlichen Gestaltungsformen über Zeit und Ort hinweg. Kirche behält also ihre Seinshaftigkeit unabhängig von ihrer aktuellen Erscheinungsform, indem Gott sie als seine irdische Erscheinungsform erhält. Barth expliziert dieses, die Dauerhaftigkeit von Kirche verbürgende Axiom «in Form einer Analyse der vier Prädikate, die der *ecclesia* im Nic. Konst. Symbol gegeben werden».[34] Kirche ist dann insofern die irdische Existenzform Christi, indem sie sich als die *una, sancta, catholica et apostolica* erweist. In der Unität sind alle empirischen Gestaltungsformen von Kirche aufgehoben in die Einheit Christi. Die Einheit der Kirche geht also hinaus über die zeitlichen und räumlichen Trennungen verschiedener Kirchen, sie inkludiert Israel als das Volk Gottes und sie sichert die Identität der sichtbaren Einzelgemeinden mit der unsichtbaren Kirche. Diese Identitätsbildung führt Barth aber nicht auf ein bestimmtes menschliches Handeln zurück, sondern lässt sie in «der allerseits anerkannten Mitte jeder christlichen Gemeinde, und also in der Herrschaft des Einen, [...] der selber in *Wahrheit* ihre Einheit ist»[35] wurzeln. Dies wird, Wolf Krötke weist darauf hin, in § 62 so ausgedrückt, dass die Kirche «‹unzerstörbar›» sei, «weil, indem Jesus Christus ist, auch diese seine ‹irdisch-geschichtliche Existenzform› ist».[36] In der Rückbindung an Gottes Wirken liegt auch der inhaltliche Kern der kirchlichen Wirklichkeit, die sich darüber bestimmt, «was in diesem ‹Gotteswerk› der Versöhnung ‹gewirkt und also wirklich› ist. Wirklichkeit wäre dann das, was vom Wirken des freien Grundes der Kirche her Bestand *bekommt*, diesen Bestand für sich selbst und als solchen aber gerade nicht *hat*.»[37] Die Festsetzung der Einheitsstiftung im Wirken Gottes, das durch die Verbindung einer bestimmten geschichtlichen Gestalt von Kirche mit der wahren Kirche verunmöglicht wird, öffnet Barths Ekklesiologie einem ökumenischen Denken, indem die Gemeinschaft der vielen soziologischen Kirchengestalten ausserhalb ihrer selbst verbürgt wird und

---

33 Barth, KD IV/2, 740f.

34 Barth, KD IV/1, 746.

35 A.a.O., 765.

36 Krötke, Perspektiven, 126, mit Zitaten aus Barth, KD IV/1, 718. Auch wenn es für die faktische Gestalt der ansichtigen Welt keinen Unterschied macht, betont Barth in § 67 doch wieder mehr die Souveränität Gottes, in der es ihm vom Gedanken der absoluten Freiheit aus möglich ist, seine eigene irdische Existenzform zu zerstören: «Die Kirche ist wohl zerstörbar, sie kann und wird aber faktisch nicht zerstört werden.» Barth, KD IV/2, 760.

37 Krötke, Perspektiven, 127 mit Verweis auf Barth, KD IV/2, 695.

nicht ihrer geschichtlichen Entwicklung oder ihrer aktuellen institutionellen Form entspringt. Die Überwindung der Kirchenspaltungen wird dadurch zu einer vordringlichen Aufgabe christlichen Handelns, «angesichts des Skandals», den diese darstellen, «sollte die ganze Christenheit wenigstens darin einig sein, dass sie nur in ständiger Busse daran denken kann, und zwar [...] in einer solchen, in der man den Anderen – koste es, was es wolle! – voranzugehen willig ist».[38] Diese nicht aus der Gestalt der Einzelkirchen entspringende Partizipation der verschiedenen Gemeinschaften an der Gemeinschaft in Christus fasst Barth unter den Begriff der Heiligkeit. Heiligkeit wird dabei als eine Gabe des Heiligen Geistes aufgefasst, die einer konkreten Gemeinde ohne deren handelnde Beteiligung zugesprochen wird, indem sie von Gott erwählt wird. In der Erwählung vollzogen wird «die Gegenüberstellung der christlichen Gemeinde zu der sie umgebenden Welt und im Besonderen zu den in der Welt sonst existierenden Versammlungen und Gesellschaften».[39] Die Differenz liegt dabei in der Zweckgerichtetheit menschlicher Vergemeinschaftungen, der die Selbstzweckhaftigkeit der wahren Gemeinde kontrastiert. Statisch ist Kirche somit in ihrer Aufhebung in den Leib Christi in einem aus menschlicher Sicht passiven Akt, durch den das dauerhafte und einheitliche Sein der Kirche als nur im Glauben erkennbare Gestalt geschaffen wird. Diese Bestimmung fasst Barth in der Erklärung der dritten Eigenschaft der Kirche zusammen, wenn er den Inhalt der Katholizität derart bestimmt: «ich glaube, dass die christliche Gemeinde an allen Orten, zu allen Zeiten, innerhalb aller anderen Gemeinschaften, im Verhältnis zu allen ihren einzelnen Gliedern in ihrem Wesen *dieselbe* ist, [...] dass ihr also aufgegeben ist, sich in dieser Selbigkeit zu *behaupten* [...] und so wahre Kirche sein, wieder werden und bleiben zu wollen».[40]

---

38 Barth, KD IV/1, 754. Dieser Bewertung der Existenz verschiedener Kirchen blieb Barth lebenslang treu. Kurz vor seinem Tod äusserte er sich in einem Gespräch in der Basler Titusgemeinde über die Frage nach Ökumene und Kirchentrennung: «Geht es mit rechten Dingen zu, wenn es Kirchen gibt, die gegeneinander abgegrenzt sind? [...] Nein, das ist nicht erlaubt, geschweige denn geboten. [...] Wir müssen dazu Nein sagen, weil wir Ja sagen müssen zu Jesus Christus. [...] Er ist einer – und da kommen wir nun mit unseren Trennungen!» (462f.) Diese seien durch Bibellektüre zu überwinden. Aus Barths Aussage ist auch eine Kritik an der Ablehnung der Schweizer Liberalen gegen den ÖRK zu lesen, die alle gesamtkirchlichen Bekenntnisformeln ablehnten, ohne dabei gegen die Kommunikation zwischen den verschiedenen Kirchen insgesamt zu sein.

39 Barth, KD IV/1, 765.

40 A.a.O., 790.

Das dynamische Moment der Kirche liegt in der menschlichen Antwort auf die Erwählung im Heiligen Geist und drückt sich in ihrer Apostolizität aus, die «in denkwürdiger Präzision das *konkrete geistliche Kriterium* zur Beantwortung der Frage: wo und inwiefern wir es da und dort mit der einen, heiligen, katholischen Kirche zu tun und nicht zu tu haben»[41] bezeichnet, nämlich zwar als ein «*geistliches*»[42] Kriterium, das aber als «*konkretes Kriterium*»[43] eine «sachgemässe und zuverlässige Interpretation gerade ihrer Grundbestimmung»[44] an die Hand gibt, an der auch die Kirchlichkeit sichtbarer Sozialgestalten bewertet werden kann. Die der menschlichen Verfügbarkeit zugängliche Seinsweise der Kirche wird dadurch dynamisiert, indem sich das Kirchesein einer Gemeinschaft an ihren Handlungen misst, die an der biblischen Norm messbar sind. Für diese Verflüssigung und Dynamisierung verwendet Barth den Begriff des Geschehens, weshalb das Sein der Kirche immer nur in ihrem Vollzug und ihrem Werden existiert. Dies bringt Barth prägnant zur Sprache, wenn er schreibt: «Kirche ist, indem es geschieht, dass Gott bestimmte Menschen leben lässt als seine Knechte, Freunde, Kinder, als Zeugen der in Jesus Christus schon geschehenen Versöhnung der ganzen Welt mit ihm, als Verkündiger des in ihm schon gewonnenen Sieges über Sünde, Leid und Tod, als Vorboten seiner künftigen Offenbarung, in welcher die Herrlichkeit des Schöpfers als die seiner Liebe, Treue und Barmherzigkeit der ganzen Schöpfung kund werden wird.»[45] Gemäss dieser Bestimmung ist es dann nicht möglich, Kirche mit einer bestimmten Institution oder Gemeinschaft zu identifizieren, vielmehr entsteht sie in einem bestimmten normgerichteten Handeln je aktuell. «Wer hier an irgendeiner Stelle verharrt und meint, er hätte nun die wirkliche Kirche, der hat schon alles verdorben – und wenn er noch so viel Barth zitiert. Es gibt keinc ‹barthianische› Kirche.»[46] Dieses kirchenkonstituierende Geschehen bindet Barth allerdings zurück an die schriftgebundene Prüfnorm der Apostolizität, an der sich die Kirchlichkeit menschlichen Gemeinschaftshandelns ausweisen lässt, wodurch er die Transformation kirchlicher Selbstbestimmung durch traditionale oder aktuale Definitionsnormen verhindern will. Barth weist dabei auf die Notwendigkeit hin, apostolische Sukzession nicht formal, sondern material und dabei als einen «geistlichen Vorgang», als «das Werk des Heiligen Geistes und als solches gerade in seiner konkreten

---

41 A.a.O., 795.
42 Ebd.
43 A.a.O., 796.
44 A.a.O., 797f.
45 A.a.O., 727.
46 Krötke, Perspektiven, 127.

Auszeichnung nur durch den Heiligen Geist und also nur im Glauben erkennbar»[47] zu verstehen, deren Inhalt es ist, «in die Nachfolge, in der Schule, unter der massgebenden Autorität, Belehrung und Anleitung der *Apostel*, in Übereinstimmung mit ihnen, weil auf sie hörend und ihren Auftrag aufnehmend»[48] zu existieren. Quelle dieser «Norm kirchlicher Existenz»[49] ist die Bibel «in ihrem spezifischen Charakter als unmittelbare Bezeugung des gestern und heute lebenden Jesus Christus»[50], die zu respektieren kirchliche Aufgabe ist.

2.1.2.2) Die soziologische Dimension der Kirche

Bei aller Betonung der Ausgesondertheit der Kirche aus der Welt sind es in KD IV/3 doch vor allem die äusseren Gemeinsamkeiten beider Gruppen, die Barth hervorhebt. Denn ihre Aktualität und Dynamik bedingt, dass sie keine eigenen Formen entwickelt, sondern in den Kategorien weltlicher Gemeinschaftsformen handelt. Deren Kategorien sind auch für die empirisch fassbare Kirche massgeblich, denn diese «existiert auch, und zwar wesentlich, *nach außen* ‹mitten im Weltgeschehen›»,[51] wodurch sie «ihre Gleichartigkeit und Solidarität mit der Welt bekundet».[52] Diese Bestimmung des Verhältnisses der Kirche zur Welt stellt Barth unter das Gegensatzpaar von Abhängigkeit und Freiheit, das Kirche prägt. Aus menschlicher Perspektive steht dabei die Abhängigkeit gegenüber der Welt an erster Stelle. Dabei ist «unter ‹*abhängig*› zu verstehen: in aller Freiheit gebunden an sie, auf sie angewiesen, bedingt und begrenzt durch sie – und unter ‹*frei*›: ihr in aller Abhängigkeit souverän, eigenen Rechtes, von daher eigenwillig und eigenmächtig, sie bedingend und bestimmend, wie sie von ihr bedingt und bestimmt ist».[53] Dieses gegenseitige Bedingungsverhältnis kommt dabei vornehmlich in den Bereichen der Sprache und der soziologischen Strukturen zur Geltung. Denn in diesen beiden Bereichen besitzt die Kirche keine der Welt enthobene Quelle, sondern sie agiert im Rahmen allgemeiner menschlicher Sprache und der verschiedenen ihr vorgegebenen Sozialstrukturen.

In Bezug auf die Sprache stellt sich Barth damit gegen die mit dem Vorschlag Bonhoeffers nach einer nichtreligiösen Interpretation biblischer Begriffe verbundene Vorstellung, Kirche hätte einen eigenen Sprachschatz,

---

47 Barth, KD IV/1, 798.
48 Ebd.
49 A.a.O., 805.
50 A.a.O., 806.
51 Barth, KD IV/3, 827.
52 A.a.O., 830.
53 A.a.O., 841.

den sie um ihrer Verständlichkeit gegenüber der Welt willen zu transformieren hätte in die der Welt zugänglichen Sprache.[54] Gleichfalls verneint er die Höherbewertung biblischer Sprache, in der dieser eine besondere Heiligkeit zugesprochen werde, denn auch hinter ihrem «quasi-heiligen Klange» sei immer noch «ihre ursprüngliche Profanität»[55] erhalten. Demgegenüber hält Barth die Trennung zwischen Göttlichem und Menschlichem und die damit verbundene Unmöglichkeit unmittelbarer Gotteserkenntnis hoch, weshalb er auf dem autopoietischen Charakter von Sprache beharrt, die ihr als menschengemachtem Kommunikationsmittel zukomme und aus dem heraus es im Rahmen der menschlichen Sprachlichkeit keinen an sich abgesonderten Raum geben könne. Einen solchen Raum einzuräumen hiesse, die Differenz zwischen Gott und Welt zumindest an dieser Stelle vonseiten der Kirche her einzuebnen und einen Teil der Göttlichkeit als Wesenseigenschaft der Kirche zu verstehen. Zudem würde eine solche Bestimmung das Sein der Kirche insoweit statisieren, als sie an eine bestimmte Art der Sprache gebunden würde, was dem dynamischen Kirchenverständnis von Barth widerspricht, unabhängig davon, ob der Ort der Kirche in dieser Abgesondertheit gesehen werde oder sie zum Weg aus dieser heraus aufgefordert wird. Der Aktualität des Geschehens der Kirche entspreche es vielmehr, ihre äusseren Wesenseigenschaften als rein weltliche zu beschreiben, weshalb Barth in Hinblick auf die Sprache kirchlichen Handelns sagt, dass die Kirche «nur weltlich reden»[56] kann, dass sie «keine eigene Sprache»[57] hat. Ungeachtet dessen besteht die Freiheit der Kirche gegenüber der Welt im Bereich der Sprache darin, dass es im Vermögen Gottes liegt, die kirchliche Verkündigung zu seinem eigenen Wort zu machen und dadurch in der ihm eigenen Tat ein in der Kirche aktuelles Sprachgeschehen zu einem Geschehen seines Offenbarungshandelns zu transformieren. Das Wissen um diese Möglichkeit enthebt den kirchlichen Sprachgebrauch zumindest potentiell der reinen Profanität und ermöglicht die Vorstellung eines wirksamen Sprechens von Kirche.

Auch im Bereich ihres äusseren Erscheinens, also in ihrer soziologischen Struktur hat die Kirche keine ihr eigene Quelle, sondern rezipiert weltliche Sozialformen: «Ihre Verfassung und Ordnung war und ist vielmehr bei allen Besonderheiten im Einzelnen in ihren grossen Linien zu

---

54 Insofern ist fraglich, ob sich der Versuch, kirchliches Handeln in der Form einer «Bilinguality» zu beschreiben, wie er jüngst bei Harasta, Barth, 184–199, oder Bedford-Strohm, Politik, 42–55, zu finden ist, berechtigterweise auf Karl Barth berufen kann.

55 Barth, KD IV/3, 842.

56 Ebd.

57 A.a.O., 841.

allen Zeiten und an allen Orten bestimmt und bedingt durch gewisse aus ihrer weltgeschichtlichen Situation mehr oder weniger imperativisch sich aufdrängende Vorbilder politischer, wirtschaftlicher, kultureller Natur.»[58] Auch in diesem Bereich will Barth die Dynamik der Kirche also dadurch wahren, dass er eine bestimmte Sozialform als ihr allein entsprechend ablehnt und vielmehr eine jeweils aktuelle Entwicklung in anpassender oder ablehnender Auseinandersetzung mit den Formen ihres Umfeldes einfordert. Wenn Barth als Kriterium der soziologischen Entscheidung der Kirche die Adäquanz der Form mit der Sache der Verkündigung benennt, zeichnen sich allerdings Grenzen ab, innerhalb derer er die Möglichkeiten der Ausformung kirchlicher Gemeinschaften sieht. Dabei weckt die Vorstellung einer bestimmten, der Kirche wesenhaft zugehörigen Form seinen Widerstand, wie sie das hierarchische Modell des römischen Katholizismus bietet. Aber solche Anpassungen an zeitgeistige Sozialisationsformen, die deren weltanschauliche Prämissen trotz ihrer Gegensätzlichkeit zur Sache der Christusverkündigung übernehmen und in diesem Licht Kirche transformieren, lehnt er ab. Beispielhaft steht für Barth hier der Versuch der Deutschen Christen der volkstheoretischen Umformung der Kirche, den er in der Zeit des Ost-West-Konfliktes auch in der reformierten Kirche in Ungarn durchgeführt sieht.[59] Auch greift Barth den Versuch, die Kirche als kulturellen Funktionsbereich eines an sich zu bejahenden Staates zu machen und sie in dessen ideologischer Aufbauung und Festigung aufgehen zu lassen, hart an, wie es im Streit mit dem Schweizer Nationalrat Markus Feldmann geschieht, in dem Barth für die Freiheit der christlichen Verkündigung auch gegen den demokratischen Rechtsstaat kämpft.

Doch trotz des letzten Einwandes der Forderung nach unbedingter weltanschaulicher Neutralität steht die von Barth selber in den gesellschaftsformierenden sozialethischen Kontexten ins Spiel gebrachte eigene, christliche Sozialform in der Nähe zu demokratischen Strukturen. So hatte er in *Christengemeinde und Bürgergemeinde* die Vorbildfunktion der Kirche für den Staat betont, in der diese das Reich Gottes für den Staat erkennbar widerspiegele, und hatte damit einer konkreten Sozialform von Kirche grosse Bedeutung zukommen lassen. Dieser Widerspruch in der Reflexion des Verhältnisses lässt sich durch die Aufteilung in einen formalen und in einen inhaltlichen Aspekt auflösen. Die Abhängigkeit der Kirche zur Welt ist dann auf den Bereich ihrer formalen Gestalt begrenzt, in dem sie «notorisch von *fremdem*, vielmehr: von *allgemeinem* Gut [lebt], d.h. in lauter Gestalten, die sie im Anschluß an ihre Umwelt wie im Gegensatz zu ihr bei

58 A.a.O., 845f.

59 Vgl. Barth, An Bischof Albert Bereczky.

diesr zu entlehnen hatte».[60] Mit dieser Bestimmung wird Barth dem absoluten Gegensatz zwischen Gott und Menschen gerecht, indem er weiterhin die Denkmöglichkeit einer den Bedingungen der Welt enthobenen kirchlichen Sozialform, und damit die unmittelbare Anschaulichkeit Gottes verneint. Kirche als menschliche Vergemeinschaftung bleibt also weltlichen Konstitutionsbedingungen unterworfen. In ihrer inhaltlichen Ausgerichtetheit wird Kirche allerdings als Folge göttlichen Gnadenhandelns aus der Vielzahl weltlicher Sozialformen ausgesondert und es «geschieht: dass diese oder jene an sich unheilige Möglichkeit der Gestaltung menschlichen Zusammenlebens geheiligt»[61] wird. Der Indikator für die Kirchlichkeit einer Gemeinschaft ist damit nicht auf formaler, sondern auf inhaltlicher Ebene zu finden, indem deren Ansichtigkeit nicht in ihrer Struktur, sondern in ihrem Vollzug aufscheint. Kirche ist also menschliche Antwort in Bekenntnis und Verkündigung, sie ist unabhängig von ihrer institutionellen Form dadurch Kirche, «dass sie bekennende, dass sie Missionskirche ist».[62] Dadurch realisiert sie über die institutionellen Trennungen hinweg ihre Einheit «als Einheit der Schriftauslegung unter der Leitung des Heiligen Geistes im Gottesdienst».[63]

Mit dieser Einordnung der soziologischen Seite der Kirche in den Bereich der Welt lässt Barth die Institution der Kirche als ihrem gegenwärtigen Bezugsrahmen anpassungsfähig erscheinen und schreibt die Wandlungsfähigkeit ihrer äusseren Erscheinungsform in ihre Wesensbestimmung ein. Kirchenstrukturen müssen daher nicht in Rücksicht auf traditionelle Gestaltungen festgehalten werden, sondern können den gegenwärtigen Umständen angepasst werden, wie es die Bekennende Kirche ab 1933 durchführte und wovon die Selbstdefinitionsdiskurse der Kirche in der DDR handelten, zwei Prozesse, die Barth aktiv begleitete. Andererseits öffnet sich eine solche Ekklesiologie aber auch der Ökumene, weil sie die Kirchlichkeit der anderen Christengemeinschaften nicht nach ihrer soziologischen Gestalt und ihrer Organisationsform bemisst, sondern als Kriterium ihrer Verbundenheit allein die inhaltliche Ausgerichtetheit bewertet. In der Abwertung der äusseren, formalen Faktoren zugunsten der inneren, inhaltlichen Elemente des kirchlichen Handelns ist die Notwendigkeit einer Kontextualisierung der kirchlichen Sprach- und Organisationsformen im Bereich der Gesellschaft also schon mit eingeschrieben. Darum «muss Barth dann aber auch gar keine bestimmte Option formulieren, hinsichtlich der

---

60 Barth, KD IV/3, 847.
61 Ebd.
62 A.a.O., 849.
63 Honecker, Kirche, 189.

gesellschaftlichen Organisationsform, mit der dies zu geschehen habe».[64] Vielmehr gelingt es ihm, Kirche als vertragsrational begründete Gemeinschaft den kontextuellen Bedingungen der ihr zugehörigen Mitglieder zu unterstellen und übernimmt damit ein wesentliches Element moderner demokratischer Rechtsstaaten. Damit stellt er sich innerprotestantisch in einen Gegensatz zu solchen Ordnungsschemata, die auch die äussere kirchliche Ordnung ordnungstheologisch ableiten wollen und stellt sich in die Tradition des Schweizer Liberalismus, der durch die konstitutiv gegebene Möglichkeit der Wahl der kirchlichen Sozialform deren Anpassungsfähigkeit an den sie umgebenden Sozialrahmen propagiert.

2.1.2.3) Die funktionale Dimension der Kirche

Durch die Verlagerung der ontologischen Wesensbestimmung der Kirche in die ausserhalb der menschlichen Erkenntnisfähigkeit liegende göttliche Sphäre und die Unterwerfung der erkennbaren äusseren Gestalt von Kirche als Institution unter die Gesetzmässigkeiten der Soziologie wird Kirche stärker unter dem Bestimmungsmerkmal ihrer Funktionalität bedacht. Im Vollzug ihrer Funktion, Barth nennt dies die Erfüllung ihres Auftrages[65], erweist sich Kirche als ihrer Berufung und ihrer Sendung treu. Dabei ist dieser Auftrag als menschliche Antwort auf diejenige Tat Gottes zu verstehen, in der er die Kirche erst konstituiert. In diesem realisieren Menschen in aktueller Gestalt die Kirche, wobei ihr Gelingen am Inhalt des Auftrages zu messen ist, der darin besteht, die in Christus «geschehene Heiligung der ganzen Menschenwelt»[66] vorläufig darzustellen. Kirche erfüllt demnach ihre Funktion, wenn sie entsprechend ihrem Auftrag «die gute, die fröhliche Botschaft von Jesus Christus, von der wirklichen Tat und von der wahren Offenbarung der Güte, in der Gott sich selbst zum Gott des Menschen, den Menschen zu seinem Menschen machen wollten und gemacht hat»[67] bekennt. Dieses Bekennen ist dabei nicht als binnenkirchliches Geschehen zu denken, sondern muss sich an die Gesamtheit der Menschen richten, die Objekt des Handelns Gottes ist. Darum «ist die Kirche nur Kirche als Kirche für die Welt»,[68] sie wird ihrem Wesen nur in ihrer Hinwendung zur

---

64 Gräb, Ekklesiologie, 45.

65 Vgl. Barth, KD IV/3, 910–950. Als Kriterien der sachgemässen Durchführung nennt Barth die Reinheit (929) des Auftrags, die Lebendigkeit (931–935) und die Konstanz (935–944) seiner Durchführung.

66 Barth, KD IV/3, 695; 702.

67 A.a.O., 916.

68 Gräb, Ekklesiologie, 44. Gräb sieht in der Funktionalisierung des Kirchenbegriffs die Stärke der Barth'schen Ekklesiologie, durch die diese an aktuelle Debatten anschlussfähig bleibt. «Die Funktionalisierung des Kirchenbegriffs

ganzen Menschheit gerecht, die ohne ihr Wissen von der Güte Gottes umschlossen ist.

Diese Bestimmung der Sendung in die Welt als eigentliche Aufgabe der Kirche ist als Antwort auf diejenigen Entchristianisierungsprozesse zu lesen, die unter dem Schlagwort der Säkularisierung firmieren können. Denn die Betonung des Verkündigungsauftrages impliziert die Trennung der Gesellschaft in einen christlich durchgeformten Teil, der im Glauben die Wahrheit seines Seins erkannt hat, und einen der Wahrheit Gottes indifferent gegenüberstehenden Teil. Unter diesem zweiten Teil sind nicht nur «jene unzähligen bloss nominellen Christen» zu verstehen, als die sich selbst jene «immer wieder [...] entdecken müssen, ‹die mit Ernst Christen sein möchten›»[69], sondern es gilt in besonderem Masse auch, «den Völkern, den ‹Heiden› diese Botschaft zuzutragen».[70] Geht man von einer sich entchristlichenden Gesellschaft auch in den ehemals christianisierten europäischen Ländern aus, die entweder aus tatsächlich nicht mehr kirchlich gebundenen Menschen oder aus einer «schlafenden Kirche» der zwar getauften, das Evangelium aber «nur vom Hörensagen»[71] kennenden Kirchenmitglieder besteht, dann wird die Frage nach der Kirche im Pluralismus als jene aktuelle Problemlage deutlich, auf die Barths Ekklesiologie antworten will. Es ist also das Problem der Moderne mit der Ausdifferenzierung der im Weltanschaulichen untereinander ganz unterschiedlich geprägten Gesellschaftsbereiche, der sich Barth widmet, indem er das aus einer noch zumindest formal christianisierten Neuzeit stammende Bild des Pietismus von der *Ecclesiola in ecclesia* in das der *ecclesia in societate* transformiert und in diesem Bild Kirche als den Ort bestimmt, an dem sich das Wissen von Menschen um die Wahrheit ihrer Wirklichkeit aktuell realisiert.

---

bedeutet im Kern sowohl seine Entsakramentalisierung, wie seine Entinstitutionalisierung, wie auch seine Enthistorisierung. Sie bedeutet die entschiedene Dogmatisierung und Aktualisierung, man könnte auch sagen, einen ungeheuren Modernisierungsschub im Kirchenverständnis», 45. Dabei basiert Gräbs Modernisierungsbegriff auf der systemtheoretischen These der Moderne als einer Epoche der funktionalen Differenzierung der Gesellschaft in sich von einander entfernende Subsysteme, in denen der Einzelne unterschiedliche Kommunikationsrollen einnimmt. In seiner Lesart von Barth bietet sich dann in dessen Lehre eine Theorie an, die die Aushandlungsprozesse der als eines gesellschaftlichen Subsystems verstandenen Kirche als notwendige Folge ihrer theologischen Wesensbestimmung erscheinen lässt.

69 Barth, KD IV/3, 1001.

70 A.a.O., 1002.

71 A.a.O., 1000.

Dieser funktionale Kirchenbegriff ist auf seine gesellschaftstheoretischen und seine individualtheoretischen Konsequenzen hin zu überprüfen. Auf der Ebene der Gesellschaft passt sich die Ekklesiologie den Erfordernissen neuzeitlicher Gesellschaften an, ohne den Selbstgestaltungsanspruch von Kirche zu negieren. Dies gelingt durch das geschilderte Verhältnis von Abhängigkeit und Freiheit gegenüber den anderen Gesellschaftsgruppen. Kirche wird eine reine Binnenkommunikation verboten, ohne dass die qualitative Sonderstellung ihres Inhaltes bestritten würde. Dadurch gelingt es Barth, jeder konkreten kirchlichen Gemeinschaft sowohl Ort als auch Existenzrecht in einer Gesamtgesellschaft zu sichern, die selber durch das Auseinanderdriften der vielen Gemeinschaftsformen gekennzeichnet ist. Die Sicherung der Existenzberechtigung knüpft Barth dabei an ein drittes Wesensmerkmal, das er den beiden *notae ecclesiae* der Wortverkündigung und der Sakramentsverwaltung[72] hinzufügt. Denn wahre Kirche ist unter modernen Umständen nur eine solche Gemeinschaft, die sich in einer solchen Hinwendung zur Welt versteht, die in der formalen und inhaltlichen Tradition der biblischen Apostel steht. So wird die Forderung an die Gemeinde, für die Welt zu existieren, «eine richtige nota ecclesiae: […] ein äusseres Kennzeichen, das der wirklichen Gemeinde Jesu Christi unmöglich fehlen kann».[73] Barth zieht dadurch eine weitere Bestimmung der Kirche ein, indem ihr in der Apostolizität eine gegenwartsaffine Aufgabe beigegeben wird, in der sie als Teilbereich einer sich differenzierenden Gesellschaft verstanden wird. «Dadurch kann die Kirche nämlich, abgesehen von der Art und Weise, wie sie Predigt und Sakrament unterhält, hinsichtlich ihrer Haltung gegenüber der Welt beurteilt werden.»[74]

Allerdings handelt es sich bei dieser kollektiven Kirchenbestimmung um eine schematisierende Darstellung, die vom konkreten Vollzug der vielen Einzelnen in der Gemeinschaft der Kirche abstrahiert. Darum ist eine individualtheoretische Reflexion notwendig, in der danach zu fragen ist, inwieweit jeder Einzelne die Wesenseigenschaften der Kirche mit vollziehen muss. Denn augenscheinlich «ist es doch schwer zu bestreiten, dass es in der äusseren Verfassung der Kirche immer Glieder gegeben hat und gibt, die an der Sendung der Gemeinde überhaupt keinen Anteil nehmen

---

72 Vgl. CA VII: Est autem ecclesia congregatio sanctorum, in qua evangelium pure docetur et recte administrantur sacramenta, in: BSLK, 61.

73 Barth KD IV/3, 883.

74 den Dulk, Gesellschaft, 28. Den Dulk betont stark die Bedeutung, die Barth der Apostolizität und damit dem Auftrag der Kirche an die Welt beimisst. Folgerichtig sieht er als Gegensatzpaar nicht Kirche und Welt an, sondern Chaos und Gnade, die sich beide jeweils in beiden realisieren können.

und in diesem Sinne eben nicht ‹drinnen›, sondern ‹draussen› sind».[75] Es ist darum zu fragen, ob Barth die soziologische Bestimmung des Einzelnen zwischen seiner doppelten Partizipation an den beiden Sozialbereichen der Gesellschaft und der Kirche in ausreichendem Masse reflektiert und eine positive Bestimmung auch des Menschen zu geben in der Lage ist, der nicht durchgängig in dem in ihrer apostolischen Tätigkeit als dynamisch bestimmten Sein der Kirche lebt.[76]

2.1.3) Der Einzelne zwischen Gesellschaft und Kirche

Die so starke Rolle der Gemeinde in der späten Theologie Barths stellt nun allerdings die Bedeutung des Individuums zur Diskussion, in dem sich die noetische Realisation des Erlösungswissens vollzieht. Diese Frage stellt sich umso mehr, als die Gesellschaft der Schweiz und in geringerem Masse auch die westdeutsche Gesellschaft nach 1949 auf der politischen Entscheidungsverantwortung des Einzelnen aufbaut. Inwiefern Barth die in den gesellschaftlichen Umständen gegebene Verantwortung des Einzelnen dogmatisch und ethisch reflektiert und in seine Theorie mit einbezieht, soll nun gezeigt werden.

In der dogmatischen Reflexion, als deren Kollektivobjekt die Kirche als partikularer Teil der Menschheit in den Blick kam, abstrahiert Barth von dieser der weltlichen Rationalität zugänglichen Grösse und betrachtet den Einzelnen allein von seiner Aufgehobenheit in Christus her. In der Tat Gottes, in der er sich in der Erwählung des einen Menschen Jesus die ganze Menschheit erwählt, ist die Situation des Individuums mit enthalten: «Der wirkliche Mensch aller Zeiten ist nun einmal, im Spiegel Jesu Christi

---

75 So wendet sich denn auch Krötke, Kirche, gegen den Dulks durchgehend zustimmende Besprechung dieser Facette in Barths Ekklesiologie und gibt zu bedenken: «Aber es ist doch schwer zu bestreiten, dass es in der äusserlichen Verfassung der Kirche immer Glieder gegeben hat und gibt, die an der Sendung der Gemeinde überhaupt keinen Anteil nehmen und in diesem Sinne eben nicht ‹drinnen› sondern ‹draussen› sind», 93. Interessanterweise nähert sich Krötke hier einem Volkskirchendenken an, das er in den Überlegungen für die Neuformation der Kirche in der ehemaligen DDR noch zu verhindert versuchte, wenn er 1991, Ekklesiologie, eine Neubestimmung des Gemeindebegriffs vornehmen wollte, in dem das Tätigsein in der Verkündigung zur Aufgabe Aller wird: «Glied der christlichen Gemeinde sein oder werden bedeutet darum, selbst Verantwortung für das Zeugnis von Jesus Christus zu übernehmen, mit dem eigenen Reden und dem eigenen Leben», 25f.

76 Insofern ist an Den Dulk, Gesellschaft, die kritische Anfrage zu stellen, wieso er meint, «die Bildung von Elitegruppen, die sich in missionarischer Hinsicht als die wahre Kirche nennen, ist eine Eigenart der protestantischen Tradition, die Barth nicht unterstützen möchte», 30.

erkennbar, der verlorene aber auch gerettete Mensch.»[77] Wie schon oben gesehen[78], wird die partikulare Individualität des Einzelnen aufgehoben in die wahre Individualität des Christus, der Einzelne wird also von seiner Identität mit Christus her bestimmt.[79] Dogmatisch unterreflektiert bleibt dabei aber die Frage danach, ob diese Wesensbestimmung des Einzelnen allein substantiell zu denken ist und dem Einzelnen ein individuelles akzidentielles Wesen erhalten bleibt, oder ob es sich im Akt der Erlösung um eine «Gleichschaltung des anderen»[80] Einzelnen mit der Individualität Gottes handelt.

Einen Hinweis darauf, dass Barth davon ausgeht, dem Einzelnen bleibe seine Eigenheit in gewissem Masse auch und gerade als Christ erhalten, liefert die Beschreibung der Handlungsmöglichkeiten des Einzelnen innerhalb der Kirche und der Gesellschaft. Anlässlich der Diskussion um die deutsche Remilitarisierung reflektiert Barth im Jahr 1952 den Vollzug christlicher Entscheidungsfindung im Bereich der Politik.[81] Er stellt dabei das vom Kollektiv gedachte Synodalwesen, wie es im deutschen und im schweizerischen Protestantismus auftritt, der Praxis individueller Stellungnahmen einzelner Christen entgegen. Kennzeichen des ersten ist es, dass sowohl die Entscheidungsbefugnis als auch die Verantwortung für die Entscheidungen in einem hierarchischen Prozess dem Einzelnen entzogen und an eine kleine Führungselite delegiert werden, die dann die Glaubensgegenstände und die christliche Bewertung des Politischen zu ihnen verfügbaren Verhandlungsinhalten erklärt und über diese dann auch verhandelt. Mit dieser Praxis wird Kirche aber nicht der Tatsache gerecht, dass sich Glaubenserkenntnis je aktuell im Einzelnen vollzieht. Darum ist ein weiterführendes Einbringen christlicher Positionen in den politischen Diskurs für die Kirche nur möglich «in Gestalt von Stellungnahmen und Äusserungen einzelner ihrer Glieder […], vollzogen in der Freiheit und Gebundenheit ihrer persönlichen christlichen Verantwortung».[82] Mit dieser starken Bestimmung des Einzelnen als Handlungsträger der Verantwortung auch für das Kollektiv stellt Barth seine Theorie in die Nähe eines

---

77 Barth, Humanismus, 24f.

78 Vgl. Kap II, 2.2.

79 Diese Identität des Christen mit Christus fasst schon Luther, Freiheit, in die klassische Formulierung: «Ei, so will ich einem solchen Vater, der mich mit seinen überschwenglichen Gütern so überschüttet hat, meinerseits frei, fröhlich und umsonst tun, was ihm wohlgefällt; ich will gegenüber meinem Nächsten auch ein Christ werden, wie Christus es mir geworden ist.» (183).

80 Wagner, Gleichschaltung, 22, vgl. Kap IV, 2.

81 Vgl. Barth, Entscheidung.

82 A.a.O., 7.

bürgerlichen Denkens, in dem das Gemeinwohl als Gegenstand des Interesses der vielen Einzelnen gesehen wird. Dabei erweitert er allerdings in Vergleich mit dem bürgerlichen Weltbild den Kreis derer, die kompetente Träger der Verantwortung sein können, über den Stand der Bürger auf potentiell alle Menschen, soweit sie die politischen Argumente abwägen, gegeneinander in Spiel bringen und dabei «den Mut haben, sich [ihres] eigenen Verstandes zu bedienen».[83] Die spezifische Leistung des Christen und die Besonderheit seines Beitrags liegt darin, dass er diese Betrachtung «nicht in einem von seinem Glauben getrennten Raum, sondern vor [...] dem im Evangelium von Jesus Christus zur Welt, zur Gemeinde und so auch zu ihm redenden Gott»[84] vollzieht. Kirche wird dann zu einer Gemeinschaft der vielen eigenverantwortlichen Christen, die sich «ihre Einsicht tatsächlich je und je in Frage» stellen lässt, um sie «dann erst auf einer höheren Stufe»[85] wiederzufinden. Dieser kollektive Erkenntnisprozess gelingt nur als ein gegenseitiges Befragen der Einzelpositionen und der Gruppenansicht. Als Resultate dieses Prozesses können dann auch politische Äusserungen zu stehen kommen, die wiederum einer individuellen Glaubenserfahrung entspringen. Diese individuelle Verwurzelung der politischen Äusserung kommt anschaulich in der ersten Anforderung zur Geltung, die Barth an eine solche stellt. So verlangt er neben der Nüchternheit in der Sache «ein gutes Teil einfachen, gesunden Menschenverstandes und einen Funken von Prophetie»,[86] die beide nur als Individualereignisse verstanden werden können. Mit dieser Individualisierung und Rationalisierung der christlich fundierten politischen Entscheidungsfindung kommt Barth in grosse Nähe zur Theorie Werners, die hauptsächlich unterschieden bleibt durch Barths reales Verständnis des Aufgehobenseins des Menschen in Christus. In rein weltlicher Perspektive jedoch zeigt sich seine Individualtheorie als dem bürgerlich-demokratischen Verständnis weit angenäherte Theorie.

2.2) Die konkrete Ethik

Die entscheidende Neuerung, die Barth in seiner Staats- und Gesellschaftsethik vornimmt, ist die Beschreibung der Politik als «Administration».[87] Mit dieser Festlegung gelingt ihm eine doppelte Erweiterung seiner Theo-

—

83 A.a.O., 8. Offensichtlich ist Barths Zitation von Kants berühmtem Diktum aus *Was ist Aufklärung*.

84 A.a.O., 7.

85 A.a.O., 10.

86 A.a.O., 14.

87 Barth, Fragebeantwortung (1960), 102.

logie. Zum einen befreit er damit die Politik und den Staat von allen metaphysischen Begründungen und damit vom Anspruch, direkter Handlungsträger des göttlichen Wirkens zu sein. Der Staat ist nun nicht mehr als abstrakte Engelsmacht gedacht, die losgelöst von den personalen Bezügen ihrer Zusammensetzung den Willen Gottes bewirkt. Denn auch wenn Barth den Staat weiterhin als von Gott eingesetzte Macht beschreiben kann, dem der Christ Achtung zu zollen hat,[88] schränkt er die Möglichkeiten seiner Entfaltung doch als Folge der Trennung zwischen göttlicher und weltlicher Sphäre deutlich ein. Dies kommt in der Formulierung zum Ausdruck, es gebe «keine Möglichkeit, dass durch politische Mittel Erlösung erlangt oder die Welt versöhnt oder der Friede Gottes erreicht wird»,[89] die andersherum dann aber auch so zu lesen ist, dass durch politische Mittel die Welt nicht zerstört werden kann.[90] Von der Pflicht befreit, in Vertretung Gottes in der Welt zu regieren, ist der Politik dann aber die Möglichkeit gegeben, innerhalb der Grenzen und auf Grundlage der Vernunft des Menschen die Verantwortung dafür zu übernehmen, den Staat als einen Lebensrahmen zu schaffen und zu erhalten, in dem dem Einzelnen die «Freiheit» gewährt wird, «verantwortlich zu leben».[91]

Die Entmetaphysizierung des Staates gibt zum anderen dem Christen die Möglichkeit und stellt ihn in die Pflicht, sich in den politischen Diskurs zu begeben und in diesem gemäss seiner Glaubensinhalte zu handeln. Politisches Handeln wird nun nicht mehr bloss als Vollzug politischer Amtsträger verstanden, sondern wird als Dienstpflicht auch jedem einzelnen Christen übertragen. Dies geschieht allerdings nicht in der Hoffnung, dass in der Politik handelnde Christen das Reich Gottes eher herbeiführten. Vielmehr könne eine von Christen verantwortete Politik, die sich als Administration versteht, den Willen Gottes in der Gesellschaft in der Weise ansichtig werden lassen, dass sie diese als einen Rahmen gestaltet, in dem es möglich ist, «menschliche Freiheit und Gerechtigkeit zu finden und auszuüben».[92] Die Politik als Teil des innerweltlichen Bereiches ist den diesem gegebenen Konstitutionsbedingungen und Gesetzmässigkeiten unterworfen, deren wichtigste die menschliche Vernunft als allgemeine Denkgrundlage ist. Darum soll sich der in ihr agierende Christ argumentativ an sie anpassen und seine Inhalte nicht in theologischer, sondern in vernunftbasierter Weise einbringen: «In der Politik muss es sich also ohne Gebrauch explizit gemachter biblischer und theologischer Argumente zeigen,

---

88 Vgl. Barth, An einen Pfarrer (1958), bes. 429.
89 Barth, Fragebeantwortung (1960), 103.
90 Vgl. Barth, KD IV/3, 796.
91 Barth, Fragebeantwortung (1960), 108.
92 A.a.O., 102.

dass der Christ von biblischen und theologischen Erkenntnissen herkommt und von daher ‹nach dem Mass menschlicher Einsicht und menschlichen Vermögens› [...] im Blick auf die konkreten und konkretesten Fragen des Gemeinwesens klarer zu denken, deutlicher zu reden, bessere Vorschläge zu machen, begründeter zu wählen und sich zu entscheiden weiss als seine von anderswoher kommenden Mitbürger.»[93] Die Aufforderung, die politischen Argumente nicht in der Form von Glaubensaussagen, sondern im Rahmen der allgemeinen Vernunft auszudrücken, trifft dabei nicht nur die Kirche, insofern sie das politische Geschehen wertet, sondern auch solche Politiker, die auf der Grundlage eines eigenen christlichen Glaubens handeln. So sagt Barth, auch in Rückgriff auf die schon in *Christengemeinde und Bürgergemeinde* aufgenommene Reflexion über den Sinn einer christlichen Partei: «Ich würde es vorziehen, wenn [die Politiker] nicht den Namen Jesu Christi nennen würden, aber dass in dem, was sie vertreten und verkündigen, das Evangelium Christi der entscheidende Hintergrund und Unterton wäre.»[94] Dass neben der christlichen Argumentation eine in gleicher Weise gültige vernunftmässige Begründung des Staates stehen kann, liegt daran, dass «Gott immer [redet] und seine ganze Schöpfung Offenbarung [ist]»[95], sein Wille also prinzipiell auch ausserhalb der eindeutigen Offenbarung Gottes in Jesus Christus erkennbar ist. Darum ist es auch ausserhalb des christlichen Offenbarungswissens möglich, den Willen Gottes zu erkennen, nach dem der Staat einzurichten sei. Barth übernimmt hier das Verständnis eines auf der allgemeinen menschlichen Vernunft beruhenden Staates, der als weltanschauungsneutral keine unterschiedlich qualifizierten Argumentationsgänge innerhalb seiner selbst kennt. Ziel des politischen Handelns eines solchen Staates ist es, die Freiheit des Einzelnen zum individuellen Vollzug seines Glaubens in Gebet und Verkündigung zu schaffen und insofern die Möglichkeit allgemeiner Meinungsfreiheit und deren Äusserung zu gewährleisten. Diese Freiheit kann Barth dann auch gegenüber Staaten einfordern, wie er es gegenüber der DDR unternimmt. Denn in dem Moment, in dem diese die freie Verkündigung der Kirche einschränke oder verhindere, stelle sie sich selber in die Nähe des Nationalsozialismus, indem hier wie dort «nur eine der offiziellen Kulturdoktrin gleichgeschaltete, also unfreie, also unchristliche Kirche legitim Bestand haben»[96] könne. Faktisch stellt sich Barth also auf die Seite «speziell ein[es] liberal-demokratischen Konzept[es] von Politik», auch wenn er meint,

---

93 Barth, Nachrichtendienst, 106.
94 Barth, Interview, 256.
95 A.a.O., 253.
96 Barth, Minister, 336.

dieses sei «auf jede Form von Regierung anzuwenden».[97] Allein die Tatsache, dass die real existierenden demokratischen Systeme nach Barth nicht entschieden genug die Umsetzung von Freiheit und Gerechtigkeit durchführen, hält ihn davon ab, «sich in die Fronten des Kalten Krieges einzureihen»[98] und lässt ihn versuchen, auf dem schmalen Grad zwischen Westen und Osten stehenzubleiben. Dazu müsse die positive Antwort des demokratischen Systems auf die Herausforderung des Kommunismus «in der Schaffung gerechter, für alle Schichten der Bevölkerung tragbarer sozialer Verhältnisse»[99] liegen. Es zeigt sich aber hieran, dass auch für Barth die beste Staatsform die liberale und rechtsstaatliche Demokratie ist, weil diese ohne solche eigenen ideologischen Grundlagen auskommt, die der göttlichen Offenbarung entgegenstehen könnten. Da sie also zu ihrem Überleben solche Grundlagen benötige, die sie selber nicht zu garantieren vermag,[100] könne sie der Kirche den Raum zur Ausgestaltung ihres Eigenlebens geben, in dem diese sich wiederum konstitutiv verantwortlich für den Staat weiss.

Konkret sind es, wie Barth in den 1960er Jahren schreiben kann, die Themen «Atomrüstung, Krieg, Antisemitismus, Ostverträge»[101], in der Schweiz auch die Frage nach dem Frauenstimmrecht,[102] mit denen sich die Kirche in ihren ethischen Reflexionen zu befassen habe und in denen Barths politische Position zur Geltung kommt. Gegen jede ideologische Überhöhung des Ost-West-Konfliktes betont er dabei die Alleingültigkeit des gött-

---

97 Barth, Fragebeantwortung (1960), 106.

98 Koch, Briefe. 485.

99 Barth, An Pfarrer Wolf-Dieter Zimmermann (1950), 210.

100 Vgl. Böckenförde, Staat, 60.

101 Barth, An Adolf Grau, 519–521.

102 Vgl. Barth, Einführung, 89: «Wehe und Heil sogar uns ebenso selbstgerechten wie erwerbstüchtigen wie im tiefsten ängstlichen Schweizern mit unserer Milch und unseren Uhren, mit unserer Fremdenindustrie, mit unserer bornierten Ablehnung des Frauenstimmrechts und mit unserm etwas kindischen Begehren nach ein paar zünftigen Atomkanonen.» Noch expliziter bezieht er Stellung in einem offenen Brief an die Frauenzentrale Basel von 1959, 458f., in dem er auf die Anfrage einer Stellungnahme zum Vorstoss einer Verfassungsrevision zugunsten des Frauenstimmrechts durch den Bundesrat schreibt: «Unzählige selbständig denkende, tätige und erwerbende Frauen gehören längst zu den Trägern unserer kulturellen, kirchlichen und wirtschaftlichen und damit auch unserer politischen Existenz. Sie sollen als solche auch anerkannt und sichtbar werden. Alle Frauen waren und sind beteiligt an unsrer *politischen* Gesinnungs- und Willensbildung und so auch an den aus dieser hervorgehenden politischen *Entscheidungen*. Sie sollen in aller Form auch in die politische *Verantwortlichkeit* gerufen werden. Darum bin ich für das Frauenstimmrecht.»

lichen Herrschaftsanspruchs, und warnt darum «weiterhin eindringlich vor der Übernahme geschichtsphilosophischer Grundvorstellungen und vor der Angleichung an politische Ideologien».[103]

3) Friedrich Gogarten: Die Selbstsäkularisierung Gottes im Vollzug der Gesellschaft

Der Blick auf die Zahl, aber auch auf die Art der Publikationen lässt einen grossen Wandel in Gogartens Arbeitsweise nach 1938 erkennen. Veröffentlichte er in der Zeit zwischen 1920 und 1935 jährlich durchschnittlich zehn Aufsätze und Rezensionen und schrieb in diesen Jahren nur zwei Monographien, so bringt er allein in den Jahren 1948–1952 vier Monographien auf den Markt, während er bis zu seinem Lebensende kaum mehr Artikel publizierte. Diese formalen Verschiebungen weisen auch auf eine Verschiebung des Arbeitsinteresses hin. Wie wir sahen, entwickelte Gogarten seine Theologie zwischen den Weltkriegen in permanenter Auseinandersetzung zwischen seinen eigenen theologischen und weltanschaulichen Hintergründen und Quellen einerseits und den Problemlagen der Zeitgeschichte andererseits. Auch wenn seine Theologie dabei den Anspruch einer überzeitlichen Allgemeingültigkeit erhob, entwickelte sie sich faktisch aus ihrem konkreten Eingehen auf die aktuelle Situation. Diese Arbeitsweise führte u. a. zu seinem grossem politischen Selbstmissverständnis, als er aus dem Willen politischer Einflussnahme heraus durch die konservative Interpretation seiner Theologie eine Affinität zum Führerstaat bekundete und den Deutschen Christen beitrat.

Nach dem Zweiten Weltkrieg kehren sich die Vorzeichen gewissermassen um. Ausgehend von einer analytischen Gegenwartsdiagnose wird nun auch der christliche Glaube in seiner Genese und Gestaltungsmöglichkeit mit hineingenommen in den Bereich der Geschichte. Die sich auf allgemeine anthropologische Konstanten gründende Theorie der frühen Jahre wird ersetzt durch als zeitbedingt interpretierte anthropologische Muster. Gogartens Denken wurzelt nun nicht mehr in der Gegenüberstellung des modernen, idealistisch-individualistischen Menschen mit demjenigen, der die überzeitliche Wirklichkeit seiner selbst zu erkennen vermag. Vielmehr setzt er nun den Übergang in die Moderne mit ihren Errungenschaften menschlicher Autonomie als gegeben voraus, woraus sich dem Einzelnen die Möglichkeit eröffnet, seine Wirklichkeit als im Gegenüber zu Gott zu erkennen. Gogarten rezipiert die Moderne nun also grundsätzlich positiv

---

103 Koch, Briefe, 486.

und betrachtet von dort aus die konkrete Situation des Menschen. Dies ist die Grundlage seiner Beschreibung des Menschen als Gegenüber Gottes. Durch die Loslösung von aktuellen Konflikten und den Versuch der Zusammenschau christlichen Glaubens mit der modernen Welt gewinnen die verschiedenen Bücher dieser Jahre an innerer Stringenz und Geschlossenheit, schirmen sich aber eher ab gegen konkrete Aktualisierungen. So wird die Frage nach einem richtigen Gebrauch der faktisch gegebenen Autonomie des modernen Menschen, die Gogarten als Epochenmerkmal der Moderne herausstellt und positiv würdigt, zur eng mit dem Stichwort der Säkularisierung verbundenen Leitfrage seiner Theologie (3.1.1). Noch stärker als vor 1938 löst Gogarten nun sein theologisches Reden aus jedem empirischen Erfahrungszusammenhang und bindet es an die Sprachgestalten des paulinischen und johanneischen Schrifttums sowie an diejenige Luthers. So wird ihm die Zwei-Regimenten-Lehre Luthers zur erkenntnistheoretischen Grundanschauung, der es gelingt, die Situation des Menschen zwischen dem Gott, der den Menschen auffordert, tatsächlich Mensch zu sein, und der Welt, die von Gott als eigenständiger Handlungsrahmen des Menschen geschaffen ist, sachgemäss zu beschreiben.

Es bleibt allerdings eine Entkoppelung der Frage nach der Wirklichkeit von der Erfahrungswelt bestehen, die durch die jetzige Form des Personalismus eine subjektive Verengung bedingt, in der alle Gotteserfahrung letztendlich im Individuum verwurzelt bleibt, das in sich den Erkenntnisboden für die ausser ihm liegende Welt enthält (3.1.2.). Gesellschaft und Kirche kommen dann nicht mehr als überindividuelle Ordnungen in den Blick, sondern werden nur als Subjektassoziationen reflektiert, die als solche funktionale Bedeutung haben. Die aus dem Volkstum abgeleitete Sitte wird abgelöst durch «die Einsicht in den Gang der geschichtlichen Entwicklung und in das Wesen geschichtlichen Seins».[104] Dies wirkt überraschend angesichts der Weiterentwicklung des frühen Personalismus zur reifen Form des «Im-Gegenüber-Leben»,[105] in der die Verantwortung für den anderen Menschen intendiert ist (3.1.3.). Dieser Personalismus hat seinen Sinn unter den Voraussetzungen der modernen Autonomie, die erst da zu ihrem Ziel kommt, wo sie sich gebunden weiss an eine die Welt umfassende Macht, die im eigentlichen Sinne nur in Gott gesehen werden kann (3.1.4.). Allerdings lässt ein so gestaltetes Personverständnis die Arbeit an Vergesellschaftung unnötig erscheinen und spielt die individuelle Rechtfertigung gegen sozialethisches Engagement aus. Denn die individuell verstandene wahre Selbsterkenntnis, die sich aus der Sündenerkenntnis und

---

104 Lessing, Problem, 237.
105 Gogarten, Verkündigung, 487.

der Verkündigung der Erlösungshoffnung zusammensetzt, wird als rein subjektiver Akt in den Blick genommen und auf die Begegnung mit dem Du Gottes reduziert, was ein konstruktives Verständnis von Gesellschaft unnötig macht (3.1.5.).[106]

Vielmehr ist Gesellschaft als geschichtlicher Ort des Rechtfertigungsgeschehens des Einzelnen funktional bestimmt, insofern sie es der Kirche ermöglicht, ihren Auftrag zu erfüllen, der darin besteht, den Ort der Begegnung des Einzelnen mit Gott zu konstituieren (3.2.). Auch Kirche wird darum weiterhin nicht in ihrer Sozialform, sondern allein als dogmatische Konstruktion behandelt, die den Rahmen der Gottesbegegnung aufbauen und erhalten soll, der durch Gottes Wirken geschaffen ist.

3.1) Die Wirklichkeit des Menschen zwischen Gott und Welt

3.1.1) Die Autonomie des modernen Menschen

Während Gogarten den älteren Ergebnissen seiner Neuzeitanalyse in seiner späten Theologie treu bleibt, ändert er nun deren Bewertung grundlegend. Weiterhin sieht er wie in den Anfängen der dialektischen Phase in einer liberalen Theologie und Philosophie des 19. Jahrhunderts seine grossen Feindbilder und verwahrt sich gegen deren Postulat der reinen Autonomie des Individuums, in der es die Welt aus sich selbst heraus als Ganzes zu schaffen versucht. In dieser geistesgeschichtlichen Entwicklung, in der sich der Mensch an den ihm vorgegebenen Ordnungen der Welt abarbeitet, erkennt er auch 1948 noch den Ursprung der von ihm wahrgenommenen gegenwärtigen Krise. Aber die früher präferierte Problemlösung «des romantischen Konservativismus» betrachtet er nun als gescheitert, weil dieser «das Problem des Ganzen unter dem Gesichtspunkt der Ordnung und der volklichen Gemeinschaft ins Spiel»[107] brachte und sich damit den neuzeitlichen Errungenschaften zu entziehen versuchte. Doch dieser Versuch ist gescheitert, denn, so sagt Gogarten nun, «es kann sich heute kein Mensch mehr, ohne zu einem Don Quichotte oder vielmehr zu einer Karikatur dieser Karikatur zu werden, diesem Denken und der Verantwortung, die die moderne Menschheit mit ihm auf sich genommen hat, entziehen».[108] Vielmehr gehe es nun um eine konstruktive Aufnahme der menschlichen Situation der Autonomie. Mit der Annahme dieser neuzeitlichen Bedingung ist Gogarten aus der Epoche «zwischen den Zeiten» aufgebrochen, hat also die Transformationskrise überwunden und stellt sich an den geschicht-

—

106 Vgl. Walther, Theologie, 83–124.
107 Lessing, Problem, 239.
108 Gogarten, Verkündigung, 9.

lichen Ort der Gegenwart, die nun prinzipiell positiv bewertet werden kann.[109] Aufgabe der Theologie in der Neuzeit ist es, ausgehend von den anthropologischen Bedingungen der Zeit, diese als spezifische Frucht des christlichen Glaubens herauszustellen, in dessen Errungenschaften auch das neuzeitliche Denken wurzelt. Das bedeutet aber auch, dass die Kirche ihre Aufgabe in der spezifischen Situation der Neuzeit erfüllen muss und auf sie einzugehen hat.

Diese spezifisch neuzeitliche Situation des modernen Menschen zeichnet sich aus durch dessen Loslösung aus dem kirchlich-sakramentalen Weltbild des Mittelalters, wodurch dieser sich «seiner selbst und damit seiner Freiheit bewusst» wird und er «mit Hilfe dieses seiner selbst bewussten Geistes der Herr der Welt ist, der sie nicht nur begreift, sondern der sie auch, weil er sie begreift, beherrscht».[110] Der selbstbewusste und von den vorgegebenen Ordnungen und Mächten der Welt befreite Mensch erkennt die Welt als Gestaltungsraum seines freien Willens, und die Welt wird ihm in allen ihren Bezügen und Funktionen «zum toten, leblosen Stoff für die Herrschaft, für das Machen, das *fabricari*».[111] Gogarten ist bereit, diese mit Kants Begriff der «Mündigkeit»[112] verbundene Bestimmung des Menschen mitzugehen, «weil ein mündig gewordener Mensch nicht wieder in den Zustand der Unmündigkeit zurückgebracht werden kann, ohne dass ihm sein Menschsein geraubt wird». Aus dieser Mündigkeit, in der der Mensch sich seine Welt so auf seine Freiheit hin geschaffen hat, «dass sie nur von freien, selbständigen Menschen und den eigentümlichen geistigen Kräften, die in ihnen durch die Freiheit wachgerufen werden, verwaltet und weitergeführt werden kann»,[113] entspringt zwangsläufig die Verantwortung für die Welt, die nun keine anderen Mächte mehr übernehmen können. Diese Selbständigkeit gegenüber auch den die mythische Welt bestimmenden Mächten, die sich in der Reflexion des Menschen auf sich selber[114] ausdrückt, nennt Gogarten Säkularisierung.[115] Damit bezeichnet er den geistesgeschichtlichen Prozess der Autonomisierung des Menschen von der Welt und seiner Loslösung aus ihrer Ummantelung, indem die Welt verweltlicht wird, was bedeutet, «dass diese unter allen

---

109 Vgl. Fischer, Theologie, 141–148.
110 Gogarten, Verkündigung, 408.
111 Ebd.
112 Kant, Aufklärung, 75.
113 Gogarten, Mensch, 213.
114 Vgl. Gogarten, Verkündigung, 405–408.
115 Vgl. zu Gogartens Begriff der Säkularisierung die Monographien von Vohn, Erkenntnis; Schleiff, Gottesgedanke, sowie Rendtorff, Säkularisierung, bes. 330–335.

Umständen und in jeder Hinsicht und in allem, was zu ihr gehört, ist und bleibt, was sie ist, eben Welt».[116] Wird die Welt als solche begriffen, nämlich als der geordnete, durch Gesetze geregelte Kosmos, dann geschieht in der Säkularisierung die Befreiung des Menschen von diesen Gesetzen, durch welche er in die Lage versetzt wird, seine Lebenswelt durch sein eigengesetzliches Handeln zu formen. Weil der Mensch befreit ist aus den Zwängen dieser Welt und aus ihren Forderungen, kann er in Bezug auf das Leben in ihr selber Forderungen und Gesetze aufstellen, die er seiner Vernunft entnimmt. In diesem Sinne ist dann auch der Satz des «Alles ist erlaubt» des Paulus aus dem Korintherbrief zu verstehen. Denn mit diesem Satz ist gesagt, «dass der Raum, den der Glaube sich öffnet, indem er sich diese Freiheit vor Gott nimmt, der Raum des ganzen menschlichen Lebens und der ganzen Welt und allen darin möglichen Tuns ist».[117] Von hier aus kann Ethik dann unter dem Begriff der Verantwortung in den Gestaltungsbereich des sich vor Gott wissenden, innerweltlich autonomen Menschen gelegt werden.

Bevor wir den Prozess der menschlichen Gesetzgebung weiter analysieren, muss noch die Unterscheidung zwischen der positiv konnotierten Säkularisierung als dem Vollzug des Menschen, «als der in sich freie im christlichen Glauben gebunden»[118] Wissende, und der negativen Möglichkeit des Säkularismus beschrieben werden. Denn die Freiheit von der Welt, aus der die menschliche Autonomie entspringt, wendet sich in dem Moment ins Negative, in dem sie sich von ihrer Verantwortung gegenüber Gott löst und in Eigenverantwortlichkeit oder in selbstmächtiger Verschlossenheit verharrt. Denn bleibt der Raum leer, den im eigentlichen Sinne Gott besetzen sollte, «so dringen die mit ihrem (= der Neuzeit) Beginn aufkommenden Freiheitsideen in ihn ein und verstehen sich, obwohl sie faktisch säkularisiert sind, religiös».[119] Der neuzeitliche Gedanke der absoluten, auch weltanschaulichen Freiheit des Menschen erweist sich als Trugschluss, ist an die Stelle Gottes doch einfach der Glaube an die Selbstmächtigkeit des Menschen getreten. Diese meint aber nicht den konkreten Menschen als Person, sondern macht den Menschen zur Idee, im Idealismus «zur Idee des Geistes», der in seinem Werden «die Weltgeschichte ist»[120] und somit den Platz Gottes einnimmt. Darin liegt der Fehler der Neuzeit begründet, dass sie die Loslösung aus den Fängen der Welt missverstanden hat als eine

—

116 Gogarten, Verhängnis, 12.
117 A.a.O., 100.
118 Gogarten, Mensch, 214.
119 Gogarten, Kirche (1948), 30.
120 Gogarten, Mensch, 200, vgl. auch 118.

Aufforderung zu absoluter Selbstbegründung, durch die sie verlernt hat, die sie umschliessende göttliche Wirklichkeit wahrzunehmen.[121]

3.1.2) Das Gesetz unter den Bedingungen der Moderne

In einer in der Säkularisierung beibehaltenen Bindung an Gott ist es möglich, die in der Welt herrschenden positiven Ordnungsformen zu transformieren und in der je eigenen Situation neu auszubilden, was in der Neuzeit dazu führt, dass der Mensch, «wenn er [...] aus irgendeinem Grund zu einer sittlichen Selbstbesinnung kommt, [...] gar nicht anders als nach diesem Ethos des in sich freien autonomen Menschen urteilen»[122] kann. Bei dieser Bestimmung beruft sich Gogarten auf Luther, der die ethische Tätigkeit in seiner Zwei-Regimenten-Lehre vom Bereich des Glaubens entkoppelt und der menschlichen Vernunft unterordnet, durch die der Mensch kraft der ihm «von Gott eingepflanzten natürlichen Weisheit»[123] die sittlichen Gebote zwar nicht selber erdenken kann, sie aber durch diese Weisheit finden und dadurch «diese Ordnungen wahren und ihnen die Gestalt geben» kann, «die den jeweiligen Umständen entspricht».[124] Autonomie und Mündigkeit des Menschen führen darum nicht zu einer Gesetzeslosigkeit oder zu einer libertinistischen oder voluntaristischen Beliebigkeit. Das «Dass des Gesetzes und seiner Gebote, also [...] dass hier gefordert wird»[125], kann nach Gogarten nicht hinterfragt werden. Aber in Bezug auf den Inhalt der Forderungen lehrt er eine Mehrstufigkeit des Gesetzes, die dem spezifischen Verhältnis zwischen geschaffener Welt und autonomem Menschen entspringt.

Besonders in *Der Mensch zwischen Gott und Welt* umkreist Gogarten das Verhältnis von Gesetz und Evangelium durch zwei Rückgriffe auf Paulus und Luther, die er mit seiner eigenen Gegenwartsdeutung vermischt. Charakteristisch für alle Verhältnisbestimmungen ist die Unterscheidung zwischen einem aus der *conditio humana* vorgegebenen Grundgesetz, weiterhin der Möglichkeit von dessen Ausgestaltung und schliesslich dem Gesetz, das in der Forderung Gottes entgegentritt. So behalten auf einer ersten Stufe die der Schöpfung inhärenten Grundordnungen, die «von Gott *statim creatio mundi*, gleich bei der Erschaffung der Welt gestifteten *ordines*»[126], ihre Gültigkeit, die – und hier kommt wieder ein Gedanke aus

---

121 Vgl. Rendtorff, Säkularisierung, 333.

122 Gogarten, Mensch, 209f.

123 A.a.O., 118.

124 A.a.O., 123.

125 Gogarten, Verhängnis, 91.

126 Gogarten, Mensch, 225.

Wider die Ächtung der Autorität zum Vorschein[127] – aus den «ursprünglichen Beziehungen, in denen der Mensch ist, weil er Mensch ist»[128], entspringen. Man hat hier vor allem an die Formen vorgegebener menschlicher Lebenszusammenhänge zu denken, wie sie in familiären oder gesellschaftlichen Bindungen aufscheinen. Welt wird also verstanden als Bereich der zwischenmenschlichen Kommunikation, als ein «geistiger Bereich, ein System von Beziehungen», das alle denkbaren Beziehungen zwischen Menschen umfasst und beinhaltet. Und «diese grosse, die ungezählten Bereiche in sich schliessende Welt kann nicht Welt, nicht ein geordnetes Ganzes sein, es herrsche denn in ihr ein vielfältiges Gesetz, das die tausend- und hunderttausendfältigen Beziehungen der Menschen in ihr in Ordnung bringt und in ihr hält».[129] Die erste Funktion des Gesetzes liegt deshalb darin, die Welt als Raum menschlichen Zusammenlebens vor dem Fall ins Chaos zu schützen; sein Inhalt liegt in den Ordnungen, in die der Einzelne sich hineinstellen kann. In einer geordneten Welt besteht deshalb ein Gesetz, um ihre Ordnung vor dem Einbrechen des Chaos zu bewahren. Eine solche Welt geordneter Beziehungen kann dann vom Menschen als sinnvoll wahrgenommen werden, indem sie ihm ein Leben ermöglicht, das seinen persönlichen personellen Interaktionen entspricht. Mit dieser Gesetzesvorstellung bewegt sich Gogarten im Rahmen eines theologischen Ordnungsdenkens, das sich in christlicher Auslegung in der Erlanger Schule wiederfindet und das in philosophischer Begründung auch von Werner geteilt werden kann.

Die spezifisch christliche Auslegung vollzieht sich in der zweiten Stufe der Gesetzesgenese, in der der eigentliche Positionswechsel Gogartens zu sehen ist, indem hier «der Begriff der Geschichte den der Sitte ablöst».[130] Die Form dieses Gesetzes, also die Weise der existierenden Bindungen wird nun nicht mehr als fest in der Tradition verwurzelt gesehen, und der Einzelne muss nicht mehr aus der Quelle des Volksnomos schöpfen, sondern aufgrund des rechtmässigen Paradigmas der menschlichen Autonomie ist das gesetzgebende Handeln prinzipiell offen für eine vernunftmässige und zeitgemässe Ausgestaltung. Denn «für den *Inhalt* der einzelnen Werke (des Glaubens) hat der Glaube keine Bedeutung, er bestimmt sich durch die *Vernunft*»,[131] die in der Erkenntnis des Historismus «dass die sogenannten Normen in Wahrheit auch geschichtliche, zeitbestimmte sind»[132] die Vor-

---

127 Vgl. Kap III, 3.3.
128 Gogarten, Mensch, 126.
129 Gogarten, Kirche (1948), 86f.
130 Lessing, Problem, 236.
131 Fischer, Theologie, 146.
132 Gogarten, Mensch, 157.

stellung von deren Überzeitlichkeit aufgegeben hat. Der Mensch steht nun in einem dialektischen Verhältnis. Auf der einen Seite besitzt er eine ethische Autonomie, die er der Ermächtigung durch Gott verdankt, in der er in Verantwortung vor Gott «innerhalb dieser Grenzen [...] sein Tun vor seiner Vernunft rechtfertigen kann und soll».[133] Auf der anderen Seite stehen die «von Gott, dem Schöpfer, gestifteten *ordines*»,[134] die als «Gottes die ganze Welt durchwaltendes und unablässig im Schwange gehendes Schaffen»[135] Grundorientierung der autonomen Gesetzesbildung sind. In dieser dialektischen Spannung zwischen der Autonomie gegenüber der Welt und ihrer Anerkenntnis als Geschöpf Gottes steht der moderne Mensch in seinem ethischen Handeln.

Liest man Gogarten nun so, dass er in seinem theologischen System die Figur des Konservatismus überwunden hat, die aus der Rückbindung an das in der Tradition liegende Erbe der Gegenwart die normative Bestimmung für die Zukunftsgestaltung sucht, dann heisst das für die Konstruktion von Gesellschaft, dass die traditionellen Gesellschaftsgefüge zu repristinieren kein Zwang mehr herrscht, vielmehr Staat und Gesellschaft in ihrer Genese als Produkte der freien und rationalen Willensübereinkunft der Einzelnen verstanden werden können, solange sich diese an der grundsätzlichen Tatsache orientieren, den Menschen in vorgegebenen Beziehungen zu verstehen.[136] Dann liesse sich, obwohl Gogarten das nicht selbst durchführt, ein Gestaltungsrecht des Menschen über die Öffentlichkeit[137] herauslesen, das die Bildung der Welt im Rahmen des sich Gott gegenüber wissenden Menschen vorsieht oder ermöglicht. Die geschichtlich fehlende produktive Gestaltungskraft Gogartens ist dann nicht systemimmanent, sondern Folge eines faktischen Mangels an Gestaltungswillen.[138] Dies ist

---

133 A.a.O., 226.

134 A.a.O., 227.

135 A.a.O., 229.

136 Strohm, Theologie, 184, liest Gogarten entgegengesetzt, wenn er die Verbundenheit der Vernunft an eine bestimmte überkommene geistesgeschichtliche Position bei ihm gegeben sieht: «Der Vernunft ist die Welt als ‹Erbe› vorgegeben. Mit ihrer Hilfe soll die Welt als Schöpfung Gottes verwaltet werden». In Strohms Lesart ist es dann folgerichtig, wenn er das fehlende weltgestalterische Potential Gogartens hier verankert sieht: «Verantwortlich ist man da jedoch nur für das Überkommene, und die Vernunft bleibt jenem Denken verhaftet, das in dem ‹Einholen› und Verwalten des Gewachsenen und Seienden seine Begrenzung findet.»

137 Vgl. Lessing, Problem, 247.

138 Fischer, Theologie, 147, argumentiert selber geschichtlich und nicht systematisch, wenn er sagt, dass «das christlich legitime Ereignis der Säkularisierung in

umso verwunderlicher, als die Pointe von Gogartens weltlichem Gesetzesverständnis diese ist, dass, «wenn die Forderung dieser Freiheit und Autonomie des Menschen sich selbst und seiner Welt gegenüber wirklich das Gesetz ist, das dem heutigen Menschen gilt», es sich dabei ergeben müsste, «dass uns in diesem Gesetz das Evangelium begegnet».[139] Das Evangelium begegnet aber nur in einer auf eine bestimmte Weise gestalteten Welt, weshalb eine politische und gesellschaftliche Selbsteinschränkung eines Christen die Möglichkeit des im Gesetz begegnenden Evangeliums konterkariert. Dass sich Gogarten diese Selbsteinschränkung auferlegt, kann dann plausibel wiederum nur aus einer konservativen Mentalität erklärt werden, der ein Misstrauen gegenüber jeder vertragsrationalen Strukturierung politischer Systeme immanent ist.

Das Evangelium begegnet nach Gogarten in der dritten Stufe des Gesetzes und ist mit dieser identisch als Forderung Gottes an den Menschen. Denn neben den innerweltlichen Gesetzen, die dem Zusammenhalt der Welt als menschlichem Lebensraum dienen, tritt als entscheidendes Gesetz dasjenige Gottes auf den Plan, durch das er den Menschen richtet. Darin liegt die Berechtigung der Gesetzeskritik von Paulus und Luther, dass sie erkannt haben, dass die judaistischen[140] Gesetze oder die der «mittelalterlichen katholischen Kirche»[141] nicht der Massstab des göttlichen Gerichtes sind. Denn Gott richtet in «der Forderung der schlechthinnigen Freiheit, in der der Mensch sich nicht durch irgendetwas, was nicht er selbst ist, bestimmen lässt, sondern er allein sich selbst bestimmt».[142] In der freien Bestimmung des Menschen über sich selbst nimmt er seine Aufgabe als für Gottes Schöpfung verantwortlicher Sohn wahr, die ihm in Jesus Christus übertragen wurde und die Inhalt des Evangeliums ist. Gottes Forderung besteht demnach in der Annahme der Rechtfertigung durch den sich als Sünder erkennenden Menschen. Diese geschieht nicht «durch ein bestimmtes Tun»[143], sondern in der Annahme von «Gottes göttlich-schöpferischer Zuwendung zu ihm, dem Menschen»[144], die sich ausdrückt «in ihrem ursprünglichen Sinn, die empfangene Gabe des Personseins, das ist er, der Mensch selbst, in einer Ganzheit und Einheit seines Willens und seines

---

der Neuzeit auf weiten Strecken lediglich im deformierten Gewand des ‹Säkularismus› identifizierbar» ist.

139 Gogarten, Mensch, 233, vgl. auch 260.

140 Vgl. a.a.O., 77–84.

141 A.a.O., 88 u. ö.

142 A.a.O., 232.

143 A.a.O., 257.

144 A.a.O., 252.

Seins, die vor allem Tun gegeben sein muss».[145] Denn in der personal zu denkenden Beziehung des Menschen als Sohn zu Gott ereignet sich die Wirklichkeit des Menschen und erst «in der sohnhaften Herrschaft über die Welt, die ihm im Glauben erschlossen wird, erlangt der Mensch die Wirklichkeit seines Wesens».[146] Die entscheidende Pointe von Gogartens Gesetzesverständnis liegt in seiner Verknüpfung des Gesetzes mit dem Evangelium, durch die die Erfüllung seiner Forderung in der Anerkenntnis der Wirklichkeit des schon gegebenen Seins besteht. «Gottes Gesetz, das die mit der Gabe der Existenz verbundene Forderung eben dieser Existenz ist, kennt nur eine einzige Forderung. Die des Glaubens, und das ist die Forderung, dass ich Gott gehöre, und zwar in demselben Sinn, in dem ich von seinem Wort aus dem Nichts in das Sein vor ihm gerufen bin.»[147] Besteht das Gesetz aus der Forderung der Anerkenntnis der Wirklichkeit und entspringt diese Anerkenntnis der Gnadengabe Gottes seinem verständlichen Reden, dann ist tatsächlich das Evangelium mit dem Gesetz aufs Engste verbunden. Und auch der Gedanke der Neuzeit als notwendiger Folge der christlichen geistesgeschichtlichen Entwicklung ist sinnvoll, wenn die aus dem Glaubensakt resultierende Annahme der Verantwortung für die Welt die entscheidende Forderung in Gottes richtendem Handeln ist. Dann wird die personale Beziehung[148] des Menschen zu Gott zur notwendigen Bedingung dafür, dass die in der Neuzeit zu allgemeiner Geltung gekommene Autonomie vollzogen wird, in der sich der Mensch als Sohn Gottes und somit als in seiner Existenz an Gott Gebundenen erkennt.

3.1.3) Die Neuzeit als Scheitern wahren Personseins

Aus dem geschilderten Verständnis Gogartens von Evangelium und Gesetz, in dem das Evangelium identisch ist mit der Forderung des göttlichen Gesetzes an den Menschen, der zu werden, als der er von Gott angesprochen ist, erschliesst sich die Bedeutung des Personalismus, der auch nach 1945 die leitende Figur in der Beschreibung des Individuums bleibt. Dabei wird dieser nun noch viel stärker als bisher zur erkenntnistheoretischen Grundform ausgebaut. Speiste sich der Personalismus im Frühwerk mit der konstitutiv gedachten Korrelation des Ich mit einem Du noch stark aus dem antiidealistischen Affekt, so bekommt er jetzt in Gogartens System eine tragende Funktion in der Beschreibung von Individuation. Der moderne, autonome Mensch erkennt sein wahres Sein, indem er sich als ein anderen Subjekten gegenüberstehendes Subjekt begreift. In dieser Erkennt-

---

145 A.a.O., 255.
146 A.a.O., 377.
147 Gogarten, Kirche (1948), 120.
148 Vgl. Gogarten, Mensch, 16.

nis sieht er sich als der von Gott in Verantwortung genommene Sohn, der mit Gottes Forderung konfrontiert ist, diese Wahrheit über sich anzuerkennen, und der von Gottes Gnade erfährt, mit der dieser ihn annimmt. Diese Bestimmung ist auch aus ihren Abgrenzungen verstehen, einerseits gegen die Theologie Barths und dessen Unternehmen, das Subjekt in einem ungeschichtlichen, überindividuellen und überzeitlichen weltanschaulichen Rahmen aufgehen zu lassen, und andererseits gegen solche Versuche, die das Gegenüber rein als Objekt der eigenen Erkenntnis wahrnehmen wollen. Mit dem erkenntnistheoretischen Prinzip eines christlichen Selbstbildes im Gegenüber zu einem anderen Subjekt versucht Gogarten nun einen Mittelweg einzuschlagen, insofern er die Subjektivität der Weltwahrnehmung des Individuums und damit ihre historische Vermittlungsleistung anerkennt, dieser ihr Recht allerdings aus dem Wissen des Gegenübers des göttlichen Subjekts zuspricht.[149]

Konnte Gogarten um 1930 im Nationalsozialismus noch eine Macht sehen, unter der das Individuum deshalb zu wahrer Freiheit gelangt, weil in seiner Herrschaft eine Autorität aufschien, die die Existenz des Menschen begründete, so nötigt ihm nun die Erfahrung bis 1945 eine neue Bewertung des Verhältnisses von Freiheit und Gebundenheit ab. In der fälligen Neuorientierung beschreibt er den Versuch des gescheiterten Nationalsozialismus als eine die neuzeitliche Autonomie auflösende Neuschaffung eines zeit- und individualitätsübergreifenden mythischen Weltbildes, in dem «das Volk wieder zu dem Umfassenden»[150] gemacht werden sollte, in das der Einzelne sich einzuordnen hatte. Diesem Versuch haftet der Makel an, dass der Mensch zwar notwendigerweise in einer ihn umfassenden Lebenseinheit lebt, diese hier aber entgegen ihrer eigentlichen Beschaffenheit innerweltlich gesetzt wurde. Die Setzung des Volkes als desjenigen

---

149 In diesem Zusammenhang fragt Pannenberg, 241, ob bei Gogarten von einem dualistischen Personalismus überhaupt gesprochen werden könne. Denn in der Konstruktion des Ich aus seinem Angesprochensein durch das göttliche Du im Du des Nächsten werde das göttliche Du zu einem eigenen Ich, das das menschliche Ich bestimme, weshalb eigentlich eine verlängerte Ich-Philosophie vorliege, in der das Ich Gottes die Grundlage des eigenen Ich bilde. Allerdings übersieht diese Argumentation m. E., dass der kategoriale Unterschied zwischen dem wesentlich ungeschichtlichen Ich Gottes und dem wesentlich geschichtlichen Ich des Menschen zwar tatsächlich Gottes Ich zur Grundlage des eigenen Ich macht. Im nur geschichtlich denkbaren Selbstvollzug der menschlichen Existenz kann die Person Gottes nur als geschichtlich ansichtiges, äusserliches Du erfahrbar werden. Das Ich Gottes kann dann nur in der Retrospektive als Grund des eigenen Ich postuliert werden.

150 Gogarten, Kirche (1948), 21.

Rahmens, aus dem der Einzelne seine Existenz empfängt, stellt einen Rückschritt hinter die reformatorische Erkenntnis der Freiheit des Menschen von den weltlichen Zwängen und seiner Existenzbegründung allein in Gott dar. Denn eine solche Begründung setzt dem Individuum ein Gesetz vor, das menschlicher Willkür unterworfen ist, anstatt sich aus Gottes Ordnung abzuleiten. In dieser weltimmanenten Ableitung fehlt ihm dann aber das Evangelium als positive Perspektive tatsächlicher Lebensstiftung. Kennzeichen des mythischen Menschen ist, dass «er ganz hingegeben ist an die Wirklichkeiten, die ihn umfangen, und an seine Wirkungen auf ihn».[151] Es fehlt ihm die kritische Distanz zu sich selbst, aus der heraus er potentielle andere Gestaltungen seiner selbst prospektieren könnte. Vielmehr erscheint seine Personalität nur als «Gesicht, [...] Anschein einer Person»,[152] der das innere Leben als von den weltlichen Handlungszusammenhängen befreites fehlt. Darum ist jeder Versuch mythischer Welterkenntnis ein Rückschritt hinter die real vollzogene Säkularisierung der menschlichen Lebenswelt.

In der Aufarbeitung des Nationalsozialismus wird dieser aber nicht nur als Versuch der Wiederbelebung eines mythischen Weltbildes beschrieben, sondern auch als «grausige Konsequenz einer von langer Hand vorbereiteten Entwicklung», deren «erster Fehltritt [...] in der Loslösung des Menschen aus der umfassenden Ordnung der Kirche und der christlich-abendländischen Welt»[153] liegt. Daraus ergibt sich eine enge Verwandtschaft zum sich selbst nicht bewussten Individuum und dem «Existenzverlust des modernen Menschen»,[154] der der fehlenden Rezeption des christlichen Personalismus seit der Aufklärung entspringt und durch deren Aufgabe der Mensch in die neue Unfreiheit neuzeitlicher Massen geführt wurde. Diese entstehen, wenn sich der Mensch im Verlust des durch Gottes Ansprache konstituierten personalen Gegenübers «in Reih und Glied»[155] stellt und damit aus dem Bereich reziprok gedachter Verantwortlichkeit fällt. In der Konzeption der Verantwortlichkeit ist die von früher bekannte Anklage gegen den idealistischen Individualismus enthalten. Dieser bedeutet «das Herauslösen des Menschen aus den überkommenen und ihm überhaupt von aussen her begegnenden Bindungen und die Selbstbehauptung des einzelnen, seiner selbst mächtigen und sich selbst gehörenden Menschen ihnen gegenüber».[156] Der sich selbst begründende Mensch ist also

---

151 Gogarten, Verkündigung, 442.
152 A.a.O., 444.
153 Strohm, Theologie, 166.
154 Gogarten, Verkündigung, 484.
155 A.a.O., 487.
156 A.a.O., 468.

weiterhin als der gedacht, der zwar eine adäquate Trennung zwischen sich als Erkenntnissubjekt und dem Gegenüber als einer ausser ihm liegenden objekthaften Wirklichkeit vollziehen kann; er schafft es aber nicht, in dem ihm gegenüberliegenden Objekt ein eigenes Subjekt zu gewärtigen, zu dem er in verantwortlicher Verbindung steht.[157] Diese Kritik ist wiederum vom konservativen Standpunkt her und von dessen Prävalenz der Freiheit vor der Gleichheit zu verstehen, wobei unter Freiheit die Möglichkeit des Einzelnen gemeint ist, sich gemäss der ihm gültigen Ordnung zu verhalten. Aus dieser Perspektive liegt der Fehler des Nationalsozialismus dann in dessen Gleichschaltung aller gesellschaftlichen Bereiche und der Fehlleitung von Autoritätsstrukturen. Stillschweigend transformiert Gogarten dabei seine frühere Begriffsbestimmung von Autorität, die er jetzt im Sinne Barths als einen Besitz Gottes wertet, die dieser zuerkennt, weshalb er die Implikationen des Führerprinzips der Aufhebung individueller Freiheit und der autoritätsbasierten hierarchischen Gliederung von Gesellschaft nicht mehr vertritt.

3.1.4) Die wahre Existenz im Gegenüber Gottes

Die Relation zwischen Gott und Mensch beschreibt Gogarten in seiner späten Theologie verstärkt als ein Wort-Geschehen und baut diesen Gedanken systematisch aus. Die Wahl des Begriffs «Wort» fällt durch die prononcierte Stellung des Begriffs «Logos» im Johannesevangelium und dessen Übersetzung mit «Wort» durch Luther. Gogartens Emphase liegt nun darauf, die Besonderheit dieses göttlichen Wortes aufzuzeigen. Denn dieses ist nicht schlicht eine sprachliche Äusserung, durch die ein Subjekt ein ihm externes Objekt bezeichnet, sondern «der Logos [...] ist ja Gott selber, insofern er sich offenbart».[158] Es stecken in dieser Bestimmung zwei entscheidende Elemente, die das göttliche Wort charakterisieren. Zum einen betont Gogarten die Identität des Logos mit Gott. Entsprechend der altkirchlichen dogmatischen Bestimmung der Wesenseinheit zwischen Vater und Sohn hält er daran fest, dass Gott als Vater in Jesus Christus nicht ein zweites Wesen aus sich heraus setzt, das ihm beigestellt oder subordiniert wäre, sondern dort, wo Gott sich dem Menschen offenbart, tut er es nicht anders als in dem Wort, das in Jesus Christus sichtbar ist. Aus der Perspektive des Menschen heisst das, dass, wo er Gott wahrnimmt, er ihn nicht anders wahrnehmen kann denn als Wort. Mit der Kategorie des Wortes ist die dualistische Struktur von Offenbarung vorgegeben, bedarf es doch in jedem sinnvollen und erfolgsfähigen verbalen Verständigungs-

---

157 Vgl. Lessing, Problem, 237, der den Rahmen der Verantwortung durch die göttlichen *ordines* und die Verbindungen zu den Mitmenschen gegeben sieht.

158 Gogarten, Kirche (1948), 68. Gogarten zitiert hier Bultmann, Evangelium, 40.

geschehen eines Sprechenden und zumindest eines Hörenden. Mit der Betonung der Worthaftigkeit als einziger dem Menschen erkennbarer Erscheinungsweise Gottes will Gogarten die Kommunikabilität des Beziehungsgeschehens zwischen Gott und Mensch fixieren. Gleichzeitig schiebt er damit der Vorstellung der Gotteserfahrung im mystischen Selbstgespräch einen Riegel vor. Durch das Postulat der unauflösbaren Verbindung der Erkennbarkeit Gottes mit seiner Vergeschichtlichung in Christus wird Gogarten seiner Grundannahme gerecht, dass menschliche Erkenntnis in der Moderne nicht anders als in der Geschichte gelingen kann, dass also nur geschichtlich bestimmbare Ereignisse Erkenntnis- oder Offenbarungscharakter haben können.

Das zweite Element von Gogartens Definition des göttlichen Offenbarungsträgers als Wort grenzt mit Hilfe einer angedeuteten Zeichenlehre das wirksame Wort Gottes von dem Wort als akustischem Zeichen ab. Als akustisches Zeichen ist ein Wort etwas Unverbindliches und ein subjektiver Setzung entspringendes Signal des in seiner Welt verschlossen bleibenden Menschen, das alles Bezeichnete «zum Ding, zu ihrem Objekt, zum Gegenstand»[159] macht. Das einfache Wort benennt also ein Ding, wobei Sprecher, Hörer und Bezeichnungsgegenstand jeweils sie selber bleiben. Darum zeigt sich auch nicht in den Wörtern, die Jesus spricht, Gottes Offenbarungshandeln. Eine Kirche, die diese als vorbildstiftende Wörter versteht, die den Hörenden zur Nachahmung aufrufen, kann aber nur die Wirklichkeit des Menschen Jesus rezipieren und wird zur Statthalterin eines «Christentums des Gesetzes».[160]

In einem solchen Wort, «das zum Personsein gehört»[161], stimmen Sprechakt und Inhalt überein, «mit ihm verspricht einer sich dem, zu dem er spricht».[162] Dabei bedarf es nicht einmal eines akustischen Signals, da das Charakteristikum dieses personhaften Wortes seine Wirkung ist, zwei Subjekte einander aufzuschliessen. Insofern kann Gogarten sagen, dass ein solches Wort überall dort geschieht, ob ausgesprochen oder in akustischer Stille, «wo ein Mensch sich als Person einem anderen öffnet und mit seinem ganzen Sein zuwendet».[163] Dass eine solche Zuwendung danach drängt, «dass dieses Wort auch lautlich gesprochen werde»,[164] ist keine Grundbedingung personaler Erkenntnis, sondern eine Folgeerscheinung.

---

159 Gogarten, Kirche (1948), 91.
160 A.a.O., 95.
161 A.a.O., 91.
162 Ebd.
163 A.a.O., 92.
164 Ebd.

Der spezifische Mehrwert, den Gogarten aus der Verwendung des Begriffs «Wort» zu ziehen versucht, liegt in der sprachlichen Entwicklung hin zum Begriff der Verantwortung, die als Folge wahren Angesprochenseins, also als Konsequenz des konstituierten Relationsgeschehens zwischen Gott und Mensch erscheint. Deutlich wird dies in Gogartens Versuch einer etymologischen Ableitung von «verantwortlich» in Bezug auf die menschliche Existenz, dass «diese selbst wortlich, worthaft ist»,[165] wobei man «statt ‹wortlich› ‹verantwortlich›»[166] sagen kann. Die Begriffswahl wird dadurch zu einem Versuch, den Gedanken der Verantwortung zu untermauern. Dies ist nötig, weil es die eigentliche Konsequenz seines Personalismus ist, dass «in der Verantwortung offenbar wird, dass ich nicht etwas für mich bin, sondern dass ich einem anderen gehöre und zwar wie eben nur eine Person einer anderen gehören kann».[167] Das Wort Gottes, mit dem er den autonomen Menschen aus seiner selbstgewählten Isolation herausruft, «setzt das Menschsein des Menschen als nicht erst durch sein Tun gegeben voraus»,[168] entbindet ihn somit von jeglicher sittlichen Forderung, an der er nur scheitern könnte, und wird dadurch zum «Christentum der Gnade.»[169] Dieses Wort der bedingungslosen Zuwendung Gottes an den Menschen, das der Kirche «von ihrem Ursprung her eingestiftet ist und das als die ihr innewohnende Worthaftigkeit ihr Kern und ihre eigentliche Wirklichkeit ist»,[170] ist darum ihr zu verkündigen aufgetragen, weil in ihm, «wo und wie immer Gott sein Wort spricht, geschieht, was mit dem Satz, dass er die Toten lebendig macht, am deutlichsten ausgedrückt ist: er ruft dem, das nicht ist, dass es sei».[171] Wiederum also verknüpft Gogarten den Sprechakt Gottes mit der Schaffung der Wirklichkeit und mit ihrer Erkenntnis durch den Menschen.

In seiner Verallgemeinerung erfährt der Personalismus eine eigentümliche Veränderung, in der die frühere direkte Verknüpfung zwischen wahrer Existenz und personhafter Gotteserkenntnis nun so modifiziert wird, dass der Mensch nur von Gott her zu bestimmen ist, «dass er der auf Gott Angewiesene ist».[172] Dadurch generiert die Theorie eine auch den autonomen Menschen einbeziehende Allgemeingültigkeit. Diese Angewiesenheit gibt es

---

165 Ebd.
166 Ebd.
167 A.a.O., 93.
168 A.a.O., 98.
169 A.a.O., 95.
170 A.a.O., 98.
171 A.a.O., 106.
172 Gogarten, Verkündigung, 485.

im Sinne der frühen Theologie nur «im elementarsten Sinne auf Du und Du».[173]

Mit dieser Fokussierung auf Jesus Christus als das Wort, durch das der Mensch als Person gerufen wird, verändert Gogarten seinen späten Personalismus an einer entscheidenden Stelle gegenüber der frühen Position. Denn während in den zwanziger Jahren das Du Gottes noch im Du des anderen begegnete und somit immer einen geschichtlich definierten Ort hatte, scheint nun das Du Gottes allein im von der Kirche verkündigten Christus auf, offenbart sich also nicht mehr im anderen, sondern nur durch diesen vermittelt. Es bleibt damit zwar die von Luther übernommene *coram-deo*-Struktur[174] der menschlichen Existenz vorhanden, deren Erkenntnis wird aber abstrahiert in den Verkündigungsakt der Kirche.

Mit dieser an Christus gebundenen Fassung der Personalität gelingt es Gogarten, eine Begründungsstruktur individueller Freiheit zu geben, in der das Element der konstitutiven Gottesbeziehung jeder subjektiven Beliebigkeit eine Grenze setzt. Das Verhältnis zwischen Freiheit und Gebundenheit kann durch die Betonung der Trennung zwischen Welt und Gott als bereichstypisch definiert werden, wodurch die Gleichzeitigkeit beider Elemente keinen Widerspruch darstellt. Vielmehr schafft es Gogarten, durch die vorgestellte Grundlegung der Existenz in der Gebundenheit an Gott durch Christus eine valide Struktur des auch empirisch gedachten Phänomens zu geben, «dass niemand sich selbst lebt», aus der heraus sich ein Rahmen individueller Freiheit im Bereich der Ausgestaltung innerweltlicher Bezüge ergibt.

Diese neue Fassung generiert allerdings ein Problem. Einerseits wird Gotteserkenntnis in den Bereich der Geschichte verwiesen. Am konkreten geschichtlichen Ort muss sich in einer Gestalt, die diesem entspricht, der Glaubensakt des Menschen ereignen, um der geschichtlichen Weltanschauung des modernen Menschen gerecht zu werden und um dadurch für diesen rezipierbar zu sein. Andererseits wird die Geschichtlichkeit der personalen Erkenntnis ins Ungeschichtliche abstrahiert, wenn das dem Ich des Menschen gegenübertretende Du nicht mehr im konkreten Du des anderen, sondern im Du Jesu Christi gesehen wird, das dem unmittelbaren Zugriff durch den Menschen nicht zugänglich ist. Mit Luther plädiert Gogarten zwar für eine Versprachlichung des Glaubensgeschehens, in dem die «Rolle des Zuschauers oder gar des Sehers durch den Zuhörer umbesetzt» wird, denn «die Gnade ist ein Wort; sie hat eine Stimme».[175]

---

173 A.a.O., 419.

174 Vgl. zur Coram-Deo-Struktur bei Luther, Joest, Ontologie, z.B. 47f.

175 von Soosten, Wahrheit, 370.

Dann muss Gogarten aber erklären, wie sich diese Stimme in der Geschichte vernehmbar macht.

In der aufschlussreichen Studie zum Problem der Rhetorik bei Luther bietet Joachim von Soosten verschiedene Lösungsmodelle an. So könnte mit der Figur der Bergnymphe Echo diese als «sinnliche Repräsentantin einer nicht mehr im originalen Kontakt vernehmbaren Stimme» aufgefasst werden, also als «Repräsentantin des Nicht-Repräsentierbaren».[176] Nur wird es sich schwer verifizieren lassen, ob das gehörte Echo, das in der Form menschlicher Worte ja selber nur Zitat des ersten Wortes ist, tatsächlich Nachhall des göttlichen Wortes ist. Zudem bringt die Wortfixierung im «hörenden Hören» des Menschen ein Sinnesorgan gegen den Glauben als «Vorgang des geistigen Lebens» in Stellung, dessen Bewahrheitung immer zweifelhaft bleiben muss,[177] weil die Legitimationsmacht im «Transferprozess zwischen Zitat und Zitat»[178] verloren zu gehen droht. Damit wäre – und Gogarten wählt, wie wir später sehen werden, diesen Weg – das Wort Gottes immer nur als durch die Lehre der Kirche vermittelt zu betrachten. Die dann fehlende Unmittelbarkeit des Wortes Gottes könnte ebenso wie die Worte der ersten Zeugen als Metapher vorgestellt werden. Sie gingen dann darin über reine Zitate hinaus, dass sie die Wirklichkeit, die sie besprechen, gleichzeitig realisieren. In dieser Realisierung wäre Christus als das Wort Gottes am Ort seiner Verkündigung real präsent und würde durch seine Verkündigung «als Metapher [...] unsere Sprache, unser Wirklichkeitsverständnis auf freiheitsfördernde und solidaritätsgünstige Weise»[179] erweitern. Der wirklichkeitserweiternde Charakter und damit die «inventorische Kraft der Bildrede Christi liegt in ihrem sonderbaren, befremdenden, extravaganten, kurzum: in ihrem atopischen Charakter. [...] Sie sorgt schon deswegen für Grenzüberschreitungen, weil sie rein sprachlich betrachtet den Panzer systemkonformer Bedeutungsfestlegungen sprengt».[180]

---

176 A.a.O., 372.

177 Bultmann, in: Göckeritz, Bultmann, Brief vom 31.12.1922, 18. Nach von Soosten, Wahrheit, liegt das Bewahrheitungskriterium des rhetorischen Aktes bei Luther in der Vorstellung des Heiligen Geistes als optimus rhetor, der «auf bestmögliche Weise die Geschäftszweige von Rhetorik und Dialektik» vereint und durch den «Wahrheit [...] das Ereignis einer Anrede, die den Menschen Freiheit finden und entdecken und wiederum *frei*, *heiter* und *spontan* antworten lässt», 376.

178 von Soosten, Wahrheit, 372.

179 A.a.O., 373.

180 A.a.O., 378.

Folgt man dieser Luther-Interpretation, könnte man auf Gogarten übertragen sagen, dass in dieser Beschreibung des Wortes Gottes die von ihm intendierte Wirkung treffend zum Ausdruck gebracht wird, die ja darin liegt, den Menschen aus den sprachlich vermittelten Fesseln der Mächte der Welt zu befreien zu einem Leben im Gegenüber zu dem Gott, der Wahrheit über die Konstitution der Welt hinaus ist. Dabei bleibt die Frage, ob die Engführung auf das verbal verstandene Wort nicht einen grossen Teil möglicher Gotteserkenntnis ausser Acht lässt, wie sie in der Vorstellung der Realpräsenz Gottes im Abendmahlsgeschehen und dessen Repräsentation in den Elementen vorstellbar wäre, wenn dort die Lehre einer wiederholten bildlichen oder realen Inkarnation und Repräsentation des Wortes Gottes vertreten wird.[181]

3.1.5) Die Aporie der Gesellschaftslehre angesichts der Privatisierung des Menschen

Im Blick auf das Verhältnis zwischen dem autonomen Menschen und den ihn umfassenden Bindungen hatten wir die eigentümliche reziproke Beziehung zwischen der aus dem Gebrauch der Vernunft resultierenden Eigengesetzlichkeit und der heteronomen Bestimmung des Gesetzes durch ihre transzendentale Rückbindung beobachtet. In der inhaltlichen Füllung dieser Rückbindung wird Gogarten, ohne dass dies ein unausweichliches Resultat seiner Argumentation wäre, wieder von seinem konservativen Weltbild eingeholt. Denn der im zweiten Kapitel aufgezeigte Hang des Konservatismus zum Privatisieren der Lebensführung gelangt im Rahmen der nach 1945 virulenten Schuldfrage zu neuer Bedeutung. Dieses anthropologische Grundinteresse, das Theologie auf die Frage nach der wahren Existenz und dem Heil des Einzelnen einzuschränken droht, führt in der Gesellschaftslehre zu einer unangemessenen Engführung, die sich an der Schuldfrage gut aufzeigen lässt.

Trotz der kommunikativen Grunddimension des Menschseins steht im Fokus von Gogartens Theorie der Einzelne in seinem Rechtfertigungsbedürfnis. Gesellschaft ist dann mitgedacht als konstitutiver Rahmen gelungener Individuation, war doch die Möglichkeit der Anerkennung des anderen als eigenes Subjekt das Grunddatum christlicher Existenz. Das meint Gogarten mit folgender wiederholt aufgegriffenen Unterscheidung: «Die Welt, von der hier die Rede ist, ist immer die Welt des Menschen und nicht die Welt im Sinne des Weltalls, die anthropologische Welt und nicht die kosmologische. Es ist die Welt, für die der Mensch verantwortlich ist (für das Weltall kann er, diesem kosmologischen Begriff entsprechend,

---

181 Vgl. auch v. Soosten, Präsenz.

nicht verantwortlich sein), auch wenn er von ihr beherrscht wird und alles, was er tut, unter ihrer Macht geschieht: aber eben dafür, dass das so ist, dass er ihr verfallen ist, dafür ist er verantwortlich.»[182] Aber der moderne Mensch kann, wenn er Gott als Schöpfer denken soll, ihn nicht anders als «in der Vorstellung der Kausalität»[183] denken. Der Bezugs- und Handlungsrahmen des Einzelnen ist also nicht die in ihren Naturgesetzen repräsentierte Welt, sondern die geordnete, aus den Menschen bestehende Welt, mit der der Einzelne in verantwortlicher Verbindung existiert.[184] Die Welt als realer Ort menschlichen Lebens kann demnach nur als Gesellschaft gedacht werden.

Aber die so gedachte Gesellschaft geht in ihrer Funktion nicht darüber hinaus, den Rahmen des Vorlaufs zur Rechtfertigung des Einzelnen zu liefern. Als dieser übermittelt die Gesellschaft zwar das für den ihr zugehörigen Menschen gültige Gesetz, das den Kosmos als solchen erhält, diesem Gesetz fehlt aber die übergesellschaftliche, allgemeinmenschliche Gültigkeit. Eine zweifache Gefahr liegt in diesem Gesetzesverständnis. Denn zum einen können über die Ableitung des Gesetzes aus der Tradition, die zusätzlich noch die Einzelvölker als Träger je eigener, untereinander differierender Gesetze sieht, rassistische oder chauvinistische Elemente in die Gegenwart tradiert werden, wie dies in der christlichen, geschichtlichen Begründung des Antisemitismus geschehen ist. Zum anderen entzieht sich das Gesetz der rationalen Begründung durch den Einzelnen, was diesen in seiner der Welt gegenüber empfundenen Autonomie mit ihrer Eigengesetzlichkeit in die Privatheit drängt, da er im Bereich der Gesellschaft nicht als der Autonome agieren kann, der er in seinem Selbstverständnis ist. Gesellschaft wird somit zum Ort, an dem der Einzelne in seiner Privatheit zur Gotteserkenntnis kommen kann. Als dem Einzelnen vorgegebener weltlicher Rahmen seines Erlebens ist sie nicht Adressat seines Handelns, sondern wird nur da zum Objekt christlichen Gestaltungswillens, wo es ihre aktuelle Konstitution dem Einzelnen verwehrt, zu Gott zu kommen, oder wo der Kirche ihr Recht zur Verkündigung abgestritten wird.

Auf die nach dem Zweiten Weltkrieg öffentlich diskutierte Schuldfrage wirkt sich das so aus, dass Gogarten Schuld nicht aus der Sicht der Opfer betrachtet, indem ihr Leiden oder die ihnen entgangenen Lebensmöglichkeiten zum Massstab der Bewertung der Schuld genommen werden, sondern «der eigentliche Kern der Schuldfrage» liegt darin, dass «diese Welt zusammengebrochen ist, weil der Mensch in ihr seine, des Menschen, Exis-

---

182 Gogarten, Kirche (1948), 129.
183 A.a.O., 131.
184 Vgl. Beiner, Sein, 226, Gogarten, Mensch, 15.

tenz verloren hatte»[185] und gegenüber Gott und den Mitmenschen schuldig geworden ist. Die Greuel und Verbrechen des 20. Jahrhunderts sind demnach notwendige Folgeerscheinungen des neuzeitlichen Existenzverlustes, haben aber trotz ihrer Grausamkeit und trotz der «eingebrochene[n] Gleichgültigkeit gegenüber jedem Menschenrecht» nur einen nachgeordneten Wert angesichts der «schier wehrlose[n] Anfälligkeit für sie (= die Gleichgültigkeit), die den heutigen Menschen in allen gesellschaftlichen Schichten und jeden Bildungsgrades ergriffen hat».[186] Das Böse liegt dann also nicht im Vollzug der Taten, sondern in der Prädisposition der Menschen, sie zu tun. Dadurch wird die Schuld verallgemeinert, die konkrete Tat ausgespielt gegenüber der auch in den Nichttätern schlummernden Potentialität zur Tat und somit abgewertet. Schuld wird also nicht mehr als Übertretung eines innergesellschaftlichen Konsenses gedeutet, sondern als individuelle Veranlagung, als Resultat eines falsch verstandenen Gegenübers zu Gott. Und so ist die eigentliche Sühne trotz der Möglichkeit politischer, rechtlicher oder moralischer Satisfaktion der Gesellschaft entzogen und liegt bei Gott, der die wahre Existenz des Menschen wieder herstellt. Damit wird aber zum einen die Tatschuld als konkrete Form der Sünde mit ihr gleichgesetzt, wodurch ihre Sühne dem Menschen entzogen wird. Andererseits banalisiert diese Gleichsetzung angesichts der Sündenverfallenheit aller Menschen die Schrecken des Nationalsozialismus, die ja dann in nichts schlimmer sind, als es die Taten jedes anderen Menschen auch sind. Damit hintergeht Gogarten seine eigene Vorstellung der eigentlichen Sünde, die «allen Menschen unbekannt»[187] ist.

---

185 Gogarten, Verkündigung, 488.

186 A.a.O., 490.

187 Pfleiderer, Sünde, 330–349. Ähnlich kritisiert auch Strohm, Theologie, 172, die fehlgeleitete Schuldzuweisung weg von den nationalsozialistischen Machthabern: Gogarten «zieht aus dem Anschauungsunterricht der letzten Jahrzehnte den für seine Denkweise charakteristischen Schluss, nicht die verbrecherische Unvernunft bestimmter Machthaber und der absolute Verzicht auf eigenes Denken habe die neue Ordnung, die ihm als Unordnung gilt, hervorgebracht, sondern die aus der zwanghaften Konsequenz der Vernunft hervor gewachsene Eigengesetzlichkeit des mechanisch-kausalen Weltgeschehens». Die Konsequenz dessen, wenn, «wie wir es an anderer Stelle im Hinblick auf die mythische Ordnung gesehen haben, die mittelalterliche Welt als das Urbild einer Welt mit immer schon gegebenen Ordnungen vorgestellt wird», ist diese, dass «von dieser Sichtweise aus die Gegenwart als im Grunde indiskutabel abgewertet, jedem verändernden Zugriff entzogen und die Mitverantwortung für die Gestaltung und Rettung eben dieser Ordnung abgelehnt werden» kann.

3.2) Kirche als Ort des Zusammenkommens von Gott und Mensch

3.2.1) Die Transzendierung des Einzelnen im dogmatisch bestimmten Vollzug von Kirche

Auch im Spätwerk Gogartens wird Kirche nur als dogmatisches Konstrukt, nicht als soziologischer Ort konkreten kirchlichen Handelns in den Blick genommen, da ihr Spezifikum in ihrem die weltlichen Sozialisationsbedingungen übersteigendem Sein als das die beiden Sphären der Welt und Gottes verbindende Wesen liegt. Eigentliche Kirche existiert bloss als Ereignis, nicht in geschichtlicher oder menschlicher Kontinuität. Damit steht sie parallel zur Welt, die auch nicht in der Verkettung kausaler Zusammenhänge aufgeht, sondern als Kommunikationsrahmen entsteht, in dem Menschen miteinander in Verbindung treten. Kirche ist dann der Kommunikationsrahmen, in dem sich Gott durch sein Wort zu hören gibt und der hörende Mensch in der Verkündigung dieses Wortes antwortet, ihre Existenz ist also an den Akt der Verkündigung geknüpft, in dem sich Gott in ihr präsent macht. Beispielhaft zeigt Gogarten das anhand der Briefanfänge und -schlüsse des Paulus auf, an denen er beobachtet, wie sie den Predigtakt performieren und einen wirksamen Raum der Gottesbegegnung im Predigtgeschehen schaffen, denn durch sie ruft «der Sprechende [...] sich und die, zu denen er spricht, hinein in die Wirklichkeit, wo allein alles das gilt, was er zwischen diesen Anrufen sagt».[188]

Eine weitere Folge der Dogmatisierung des Kirchenbegriffs lässt sich in der Frage nach dem Öffentlichkeitsauftrag erkennen, die im Rahmen der Abfassung des Grundgesetzes der BRD auch an der Göttinger Theologischen Fakultät in einer Sammelvorlesung im Jahr 1948 thematisiert wurde. Dort erörterte Gogarten unter dem Titel *Der Öffentlichkeitscharakter der Kirche* seinen Standpunkt bezüglich der Rolle der Kirche im Staat. Grundlegend unterscheidet er die Vorstellung, Kirche sei eine «Vereinigung von Menschen, die [...] ursprünglichen Charakter[s]» durch die «Wichtigkeit» der «von ihr vertretenen Interessen [...] ein[en] gewisse[n] Öffentlichkeitscharakter» durch den Staat «zugesprochen» bekommt, und jene aus dem Selbstverständnis der Kirche stammende, dass sie zwar Öffentlichkeitscharakter habe, dieser aber eine «von keiner Instanz in der Welt geliehene Hoheit»[189] meine. Betrachtet man diese Positionen im Rahmen der Diskussionen des Parlamentarischen Rats über die Stellung der Kirchen im Grundgesetz[190], so kann man hinter der ersten Vorstellung Gogartens die

—

188 Gogarten, Kirche (1948), 112.

189 Gogarten, Öffentlichkeitscharakter, 344.

190 Feldkamp, Rat, 29f. In heftigen Diskussionen wurde um die Rolle der Kirchen im Grundgesetz gerungen. Letztendlich einigten sich die Väter und Mütter der

Bestimmung von Art. 137 WRV erkennen, in dem die Voraussetzungen definiert sind, wie Religionsgemeinschaften als «Körperschaften öffentlichen Rechts» staatliche Anerkennung mit den gesetzlich dazugehörigen Rechten und Pflichten erlangen können. Kirche wird in diesem Verständnis zu einem Objekt staatlichen Handelns, weil sie in weltimmanenter Logik als soziologische Grösse auf ihren funktionalen Gewinn für die Gesamtgesellschaft betrachtet wird. Entsprechend dem ihr zuerkannten Stellenwert wird sie im Handeln in eine vom Staat begünstigte Position gebracht. Nun liegt nach Gogarten die staatstheoretische Behandlung der Kirche nahe, da sie in ihrer eigenen Sprache auf Begrifflichkeiten zurückgreift, die sie dem Staat entlehnt hat. Das Urchristentum wählt als Ausdruck der Selbstbezeichnung nicht einen dem religiösen Vereinswesen entstammenden Begriff wie Eranos oder Thiasos, sondern greift auf die politischen Begriffe der Ekklesia und des Volkes zurück. Damit scheint eine analoge Behandlung der Kirche zu anderen menschlichen Gemeinschaften vonseiten des Staates gerechtfertigt zu sein. Die Pointe von Gogartens Argumentation ist nun aber die, dass sich gerade in der Übernahme der politischen Begrifflichkeiten die unhinterfragbare Analogielosigkeit und Einzigartigkeit der Kirche zeigt. Das altertümliche Volk ist der ethnisch und kulturell vorgegebene Rahmen, «die den Menschen in seiner ganzen Existenz umschliessende Macht und Wirklichkeit […], aus der er sein Leben empfängt und aus der er sich darum als Mensch versteht».[191] Die Übernahme der politischen Begriffe durch die Kirche bedeutet die Übernahme des Anspruchs, den Einzelnen aus der Macht des Volkes herauszunehmen und ihn in Christus einer anderen, ausserweltlichen, umschliessenden Wirklichkeit zu unterstellen, die repräsentiert wird durch die «Schöpfung, wie diese in Christus, der das Bild, die εικων, des unsichtbaren Gottes ist, […] geschaffen ward».[192] Die in Christus kulminierende Schöpfung Gottes, die der Lebensrahmen aller Menschen ist, begründet den Öffentlichkeitsanspruch der Kirche, insofern es keinen Bereich gibt, der nicht Christus als dem Haupt der Schöpfung untergeordnet wäre. Die Besetzung der politischen Begrifflichkeiten durch die Kirche hat demnach deren Delegitimierung im politischen Bereich zur Folge und kann somit als absolutheitskritisches Element gelesen werden. Gleichzeitig entspringt der

---

Verfassung darauf, die schon im Jahr 1918 umstrittenen Artikel 136–139 und 141 der Weimarer Reichsverfassung in Art. 140 GG zu übernehmen. Dieser Kompromiss, der den staatskirchenrechtlichen Mittelweg der «hinkenden Trennung» zwischen beiden Grössen weiterschritt, konnte von allen Seiten als weiteres Ertragen des Status quo geduldet werden.

191 Gogarten, Öffentlichkeitscharakter, 347.

192 A.a.O., 349.

von Gogarten aufrechterhaltenen Trennung zwischen Gott und Welt die Abwehr jedes Versuchs, die Kirche zu einer in der Welt herrschenden Macht zu machen, die, wenn sie auch «die mächtigste jener Ordnungs- und Gesetzesmächte der Welt»[193] wäre, doch durch ein ordnendes und von den Einzelnen einzuhaltendes Gesetz herrschen müsste. Dies widerspräche aber Gogartens Verständnis des Evangeliums, das nicht auf weltlich zu erfüllende Handlungsforderungen Gottes an den Menschen antwortet, sondern das die positive Seite der göttlichen Forderung an den Menschen ist, sich als Sohn Gottes wahrzunehmen. Der Öffentlichkeitsanspruch der Kirche besteht darum nicht in einer Beteiligung an der dem Staat als weltimmanenter Ordnungsgrösse zukommenden politischen Macht, sondern in ihrem öffentlichen Handeln, in dem sie das Evangelium als für die gesamte Welt gültig bezeugt. Gogarten gibt keine politische Stellungnahme zum von ihm prävalierten staatskirchenrechtlichen Verhältnis ab, jedoch spricht die auch hier wieder gesehene Dogmatisierung der Kirche für eine weiterhin geringe Wertschätzung der Kirche als sozialer Grösse.

3.2.2) Die Kirche als Ort der Wahrheit

Die dogmatisch verstandene Kirche bekommt von Gogarten in der späten Fassung des Personalismus eine neue Wichtigkeit zugeschrieben. Denn da die Figur, nach der der Mensch das Du Gottes im Du des anderen erkennt, zugunsten der Vorstellung der Gotteserkenntnis durch das in Jesus Christus als Wort entgegentretendes Du Gottes zurückgetreten ist, bedarf es eines Vermittlungsrahmens, in dem der Einzelne durch andere die Botschaft des Wortes Gottes erfährt. Diese Ansprache des Einzelnen durch das Du Gottes denkt Gogarten als ein Wortgeschehen, das sich in der Verkündigung der Kirche ereignet. Diese Verkündigung ereignet sich zwar im konkreten Du des anderen, der spricht, und ist somit in einer geschichtlich fassbaren Gestalt präsent. Aber dieser andere ist doch nicht in erster Linie Repräsentant Gottes, sondern antwortet selber als erster Hörer des im Kerygma Jesu Christi gegenwärtigen Wortes Gottes auf dieses. Denn das ihn treffende ursprüngliche Wort verlangt nach einer Antwort, will es tatsächlich ein personales und damit notwendig reziprokes Verhältnis zwischen Sprecher und Hörer begründen. Darum ist schon die erste Lehre, die in der Bibel überliefert ist, als eine solche Antwort zu lesen, die bestimmte Menschen in der je individuell konkreten und geschichtlich bestimmbaren Situation, in die sie Gottes Wort getroffen hat, gegeben haben. Sie ist dann aber Produkt eines Verstehensprozesses, der das Kerygma nach Massgabe des je eigenen Gottes- und Weltverständnisses transformiert und ihm eine

---

193 Ebd.

geschichtliche Gestalt gegeben hat. Aus dem sich zwangsläufig vollziehenden hermeneutischen Transformationsprozess leitet Gogarten die Tatsache ab, «dass z. B. die Lehre des Paulus und die des Verfassers des Johannesevangeliums voneinander verschieden sind, trotz jener Einheit, ohne die sie nicht echte Lehre der Kirche wären».[194] Daraus entspringt die Notwendigkeit, das nachgesprochene Gotteswort unter der Norm der kirchlichen Lehre je aktuell an die geistige Situation anzupassen, in der sich der aktuelle Hörer befindet.[195] Diese Bestimmung bedeutet eine faktische Klerikalisierung in Gogartens Denken, weil die Möglichkeit unmittelbarer Gotteserkenntnis vollkommen auf interpersonale Verkündigungsvollzüge beschränkt wird und diese an die Institution der Kirche gebunden sind. Denn nur diese kann Gogarten im Blick haben, wenn es um die Frage nach der geistigen und zeitlichen Kapazität geht, den hermeneutischen Aufwand der Antwort auf Gott zu leisten. Empirisch betrachtet wird Predigt vornehmlich dort als rechtmässig wahrgenommen, wo institutionell-kirchliches Handeln geschieht und wo es durch kirchliche Autorität legitimiert wird. Dieser Aufwertung der Kirche als dem singulären und dadurch herausgehobenen innerweltlichen Ort, an dem sich wahre Gotteserkenntnis ereignet, kontrastiert die gleichzeitige, schon in der frühen Theologie Gogartens wahrgenommene Abwertung der Kirche, sobald sie sich von der Wortverkündigung als ihrem originären Auftrag entfernt. Rein funktional gefasst als solchermassen geschichtlicher Ort der Gottesbegegnung spricht Gogarten ihr weiterhin jedes Recht ab, als Kirche innerweltlich politische Interessen zu verfolgen oder vereinshaft zu handeln, da sie dadurch ihre Position in Antwort auf das Wort Gottes aufgebe.

194 Gogarten, Verkündigung, 426.

195 In dieser Fassung des Verkündigungsgeschehens, die Gogarten aus dem biblischen Zeugnis ableitet, trifft er sich mit dem System der Gotteserkenntnis bei Tillich, Theologie, der in seiner «Methode der Korrelation» Theologie als das Unterfangen beschreibt, das «Botschaft und Situation zu vereinigen» versucht, indem es die «Fragen, die in der Situation enthalten sind, mit den Antworten, die in der Botschaft enthalten sind, in Korrelation zu bringen» (15) trachtet. Sie «erklärt die Inhalte des christlichen Glaubens durch existentielles Fragen und theologisches Antworten in wechselseitiger Abhängigkeit» (74), wobei unter existentiell ein Gegenstand verstanden wird, «sofern er uns unbedingt angeht» (20), was er tut, «sofern er über unser Sein und Nicht-sein entscheidet» (21).

4) Martin Werner: Weltgestaltung im protestantischen Weg des Glaubens

Im Zentrum der Arbeit Werners ab 1945 steht die Abfassung einer Christentumstheorie, die er mit *Der protestantische Weg des Glaubens* vorlegt. Mit dieser will er auf der einen Seite der «einzigartigen Offenbarung Gottes als des Seinsgrundes» in der Person Jesus von Nazareth gerecht werden und sie so als eine christliche Theorie legitimieren. Auf der anderen Seite beansprucht sie durch die Wahl ihrer Methode und ihrer inhaltlichen Grundannahmen eine über die christliche Ausformung des Glaubens hinausgehende Gültigkeit und behauptet, trotz ihrer weltanschaulichen Partikularität die Ganzheit des Seins in den Blick zu bekommen. Den Ausgangspunkt seiner Theoriebildung nimmt Werner in der unumgänglichen Erfahrung des Einzelnen als Seienden. Damit grundiert er seine Theorie auf einer allgemeinanthropologischen Konstante und löst ihre vorgängige Gebundenheit an den Glauben an den christlichen Gott. Grundmotiv aller menschlichen Selbstreflexion ist dann die Erfahrung der eigenen Existenz. Als Ausdruck dieses Existenzbewusstsein entlehnt Werner den bei Jaspers gefundenen Begriff des Kreaturbewusstseins (4.1.1). Dieses Motiv reichert er um die axiomatische Bestimmung an, in der Erkenntnis seiner selbst als Individuum erkenne sich der Einzelne zwangsläufig als Teil eines ihn selbst übersteigenden Sinnzusammenhangs. Diese Erkenntnis wird ausgedrückt in der «Frage nach einer Grunderfahrung, aus welcher der Einzelne für sich selbst solche Gewissheit gewinnt», dass er «zu einer Letztwirklichkeit, die mit Recht den Namen Gott verdient, in einer Beziehung»[196] steht (4.1.2). Aus der unauflöslichen Verbindung zwischen dem Einzelnen und dem Gesamten ergibt sich die Frage nach deren Sinn, die vorläufig im Streben des Einzelnen nach Annäherung an diesen Gesamtwillen liegt (4.1.3). Auch wenn die postulierte grundsätzliche Sinnhaftigkeit des Werdens des Gesamtseins durch die Erfahrung sinnwidriger Ereignisse immer wieder in Frage gestellt wird (4.2.1), wird der Einzelne durch die Bestimmung des Verhältnisses zwischen dem Einen und dem Allen immer vor die Frage nach dem Sinn seiner eigenen Existenz gestellt, die er nur im Rahmen der Gesamtheit des Seins beantworten kann (4.2.2). Die Möglichkeit, die Sinnfrage zu stellen und zu beantworten, entspringt demjenigen Offenbarungsgeschehen, welches «das besondere Wirken Gottes in der Geschichte, das, wann und wie und wo Gott will, den Menschen überhaupt zum Wissen von der Möglichkeit sinnhaften Menschseins erweckt und ihm die Freiheit

---

196 Werner, Weg II, 52.

zur Verwirklichung solcher Möglichkeit schenkt».[197] Vorbildcharakter für sinnvolles Handeln hat das Leben Jesu, wie es in den Evangelien erzählt und von Paulus ausgelegt ist. Dessen inhaltliche Grundbestimmung ist die Ehrfurcht vor dem Leben, worunter Werner die Gesamtheit alles weltlichen Lebens versteht. Aus dieser Ehrfurcht leitet sich alle Ethik ab, deren inhaltliche Bestimmung in der materialen Grundnorm gefasst werden kann, dass Leben zu fördern und nicht zu hemmen oder zu vernichten sei.[198] Somit ist der bisher rein formal bestimmte Gottesbegriff, in dem Gott als allgemeiner Seinsgrund auch als Grund des eigenen Seins erfahren wird,[199] durch den in der Bibel beschriebenen christlichen Gott überschrieben, dessen Besonderheit Werner in der Formel der «Einzigartigkeit»[200] der Gottesoffenbarung in Jesus fasst (4.2.3). Da das Einzelleben des Menschen aber nur im Zusammenhang des ihn umgebenden Sozialrahmens zu denken ist, enthält die Lehre auch eine gesellschaftstheoretische Implikation, in der Werner die Umsetzung seiner ethischen Grundnorm mit den Leitbegriffen der Gesellschaft und der Gemeinschaft darstellt (4.3). Im Ergebnis wird die Gesellschaftslehre seiner Christentumstheorie zu einer Legitimation des Schweizer Republikanismus, den Werner – mit Einschränkungen – als die der christlichen Grundnorm grundsätzlich adäquateste Staatsform beurteilt (4.4).

4.1) Der Aufbau der reifen Christentumstheorie

4.1.1) Die grundlegende Seinserfahrung des Einzelnen als Kreaturbewusstsein

In seinem Spätwerk kommt das zentrale Anliegen Werners vollends zur Geltung, das darin liegt, seine Religionstheorie auf allgemein-anthropologischen Voraussetzungen aufzubauen und sie somit jenseits der durch dogmatische Systeme gesetzten Grenzen der verfassten Kirchentümer plausibilisieren zu können. Damit positioniert er sich deutlich gegen alle «bekenntniskirchlichen»[201] Theologien, die sich als Funktion der Kirche als eines partikularen Teilbereichs menschlicher Sozialität verstehen, wie Werner sie vorbildlich in Karl Barths Kirchlicher Dogmatik durchgeführt sieht.[202] Werner baut im Gegensatz zur von ihm diagnostizierten Selbstabschottung solcher bekenntniskirchlicher Theologien gegenüber der Gesell-

---

197 A.a.O., 235.
198 Vgl. a.a.O., 348.
199 A.a.O., 75.
200 A.a.O., 251.
201 A.a.O., 17.
202 Barth, KD I/1, 1–10.

schaft und ihrer Fundierung auf autoritär angeeigneten biblischen und dogmatischen Glaubenssätzen seine eigene Theologie auf der Grundlage der Selbsterfahrung desjenigen Individuums auf, das sich als Teilmenge der Gesamtmenge der Menschheit versteht. Damit sollen allgemeinanthropologische Verstehenskategorien, vornehmlich die Fähigkeit zu rationalem Denken, zur Basis seiner Theorie werden; deren Explikation in Sprachspielen biblischer und christlicher Tradition bildet erst einen zweiten Schritt.

Die Erfahrung, in der die religiöse Frage wurzelt, die nach Werner jedem tieferen Denken innewohnt, ist die der «Individualität, Endlichkeit und Zufälligkeit» des menschlichen Daseins, in der «uns offenbar wird, dass [dieses Dasein] nicht aus sich selbst verständlich ist».[203] Die Erfahrung der Individualität verweist einerseits darauf, dass der religiöse Fragehorizont im Einzelnen liegt, weshalb wir auf die vom Dasein gestellte Frage «als Einzelne für uns selber einer Antwort [...] bedürfen».[204] Andererseits beschreibt Werner Individualität immer in ihrer Bindung an den allgemeinen Seinsgrund, als deren partikulare Ausformung sie zu verstehen ist. Durch diese doppelte Beschreibung konzipiert Werner eine Individualtheorie, die sich durch die transzendente Gebundenheit des Einzelnen vor der Möglichkeit einer subjektivistischen Engführung zu schützen versucht. Strukturell wird ein solches Denken zum Glauben, in dem die Erfahrung «alles Wirkliche in unmittelbare Beziehung zum Geheimnis göttlicher Wirklichkeit»[205] setzt und aus dieser Verbindung heraus in «ehrfürchtiger Bereitschaft und Entschlossenheit, vorbehaltlos und bedingungslos das Leben unter allen Umständen so, wie es ist, sich geben»[206] lässt und es bejaht.

Die Partikularität des Erkenntnissubjektes wird in der Zeitlichkeit des Einzellebens deutlich, das sich im Wissen um die Unumgänglichkeit des eigenen Todes als endlich erfährt und das sich «als ein unserer Kompetenz völlig entzogenes zeitliches Fliessen bewusst»[207] macht, in dem sich Sein und Werden in solcher Weise zueinander stellen, dass das zufällige Vorhandensein in seinem Werden als konsistent erfahren wird. Diese menschliche Konstitution kann der Einzelne annehmen und sich bewusst zu ihr bekennen. Die Haltung, in die er sich damit begibt, bezeichnet Werner im Rückgriff auf die Philosophie von Karl Jaspers als die der «Existenz», die

203 Werner, Weg II, 55.
204 A.a.O., 52.
205 Werner, Aberglaube, 126.
206 A.a.O., 127.
207 Werner, Weg II, 54.

sich im «Kreaturbewusstsein»[208] ausdrückt. Dieses Kreaturbewusstsein entwickelt sich aus der Differenzerfahrung des sich als Geschöpf erkennenden Einzelnen mit dem ihm unbekannten und unerkennbaren Anderen, das er als seinen Schöpfungsgrund, in personaler Chiffrierung als seinen Schöpfer postuliert. In der Erkenntnis seiner Selbst als eines vergänglichen Seins ist dann die Frage nach dem «Woher» des eigenen wie allen Seins angelegt, deren Antwort – in aller inhaltlichen Unbestimmtheit – das ist, was «durch den Ausdruck Gott bezeichnet werden soll».[209] Es wird also ein vorerst unbestimmter transzendenter Schöpferglaube aus der Erfahrung eines solchen Geschaffenseins abgeleitet, das sich in «unmittelbare[r] Ursprungsbeziehung zu der in ewiger Aktualität wirksamen göttlichen Schöpfermacht»[210] weiss. Gegen die bei Barth wahrgenommene Engführung des Offenbarungsbegriffs auf das in der Heiligen Schrift ansichtige Wort Gottes setzt Werner die jeder menschlichen Beobachtung zugängliche Natur in ihrer als unendlich aufzufassenden Werdensgestalt als Offenbarungsquelle.

4.1.2) Der Sein-Sinn-Zusammenhang

Wie schon in der ersten Übernahme des Sinnbegriffs gesehen, leitet Werner aus der Erfahrung eines Zusammenhangs allen Seins die These ab, dass in diesem ein Sinn liegen müsse, der auch die Frage nach dem Sinn der Einzelexistenz hervorrufe. Dass dem Gesamtsein ein Sinn innewohne, folgert Werner aus der Erfahrung, dass sich die Welt in solchen Mustern und Strukturen organisiere, die als sinnvoll deutbar sind. Beispielhaft nennt er die physikalisch-mathematische Grundstruktur der Welt[211] sowie die Möglichkeit, die Weltgeschichte als konsistent darzustellen.[212] Diese in mathematischen oder geometrischen Formeln sowie in konsistenten Erzählungen beschreibbaren Ordnungen ermöglichen die Wahrnehmung eines «Wirksamseins eines ideellen Moments in der Natur. In ihm wird das Walten der schöpferischen Macht als ein ideebestimmtes Wirken offenbar.»[213] Diese allgemeine Sinndimension fordert zugleich das Individuum auf, die Sinndimension des eigenen Seins zu suchen, also «über den Sinn seines Menschseins»[214] zu reflektieren. Aus dem Kreaturbewusstsein heraus verlange der Einzelne nach einer Antwort auf die Frage nach dessen Sinn, in der eine Einordnung in einen überindividuellen Rahmen des Lebens gelinge. Diese

---

208 A.a.O., bes. 52–56.
209 Schleiermacher, Glaubenslehre, § 4, 4, 28f.
210 Werner, Weg II, 82.
211 Vgl. a.a.O., 94–112.
212 Vgl. a.a.O., 112–132.
213 A.a.O., 104.
214 A.a.O., 55.

Antwort vollzieht sich im «Willensakt, der einmal erkannten Wahrheit in der Weise treu zu bleiben, dass sie für das Denken das Gewicht einer begründeten Voraussetzung erhält und für die praktische Haltung zum Richtung gebenden Motiv wird».[215] Diesen Willensakt versteht Werner als den Glauben, der zur rationalen Erkenntnis in einem solchen Verhältnis steht, dass diese jenen bewahrheitet und dadurch legitimiert und jener den Gehalt von dieser zu einer im konkreten Lebensvollzug anwendbaren Haltung transformiert.

4.1.3) Die transzendente Begründung des Gesamtsinns

In seiner Bestimmung des Verhältnisses zwischen Transzendenz und Immanenz wiederholt Werner seine These vom notwendigen Wissen um das Nichtwissen,[216] mit der er die absolute inhaltliche Trennung zwischen der immanenten Existenz des Einzelnen und seinem transzendenten Grund beshreibt. So wird dem Menschen vom transzendenten Gegenüber nur anhand der eigenen Kontingenz, die auf ein Geschaffensein verweist, die Tatsache bewusst, in Verbindung zum Grund des Seins, personal dechiffriert mit dem Schöpfer zu stehen.

Mit dieser Bestimmung stellt sich Werner gegen die transzendentalphilosophische Idee, es gebe transzendente Kategorien, die immanentes Verstehen erst ermöglichen. Diese Vorstellung transformiere aber nur menschlich-immanente Denkkategorien und behaupte sie als wesensmässig im Schöpfergrund angelegt, was «ein verfälschendes Erfassen der Wirklichkeit bedeute.»[217] Vielmehr müssen alle Denkkategorien als weltimmanent verstanden werden und somit der Vernunft unmittelbar zugänglich. Der schon in den 1930er Jahren beobachtete Impuls gegen jeden Kantianismus kommt also auch hier wieder zum Tragen.[218] Die Trennung zwischen Schöpfer und Geschöpf, die im Geschöpf allein das Wissen um sein Geschaffensein entstehen lässt, führt vielmehr dazu, dass die deutende Sinnstiftung als subjektive Aneignung der Erkenntnis des Seinsganzen zu verstehen ist.

4.2) Der Inhalt christlicher Sinnstiftung

4.2.1) Das Problem von Sinn und Sinnwidrigkeit

Jeder Versuch menschlicher Sinnstiftung stösst allerdings immer darin an seine Grenze, dass sich die Welterfahrung der letzten Sinnerfüllung widersetzt und die Erfahrung widersinniger Ereignisse hervorbringt. Die erfah-

---

215 A.a.O., 261.
216 Vgl. Kap IV, 4.
217 Werner, Weg II, 44.
218 Vgl. Kap III, 4.1.2.

rene Welt geht also nicht in den als sinnvoll gedachten Ordnungen auf, sondern bestimmte Handlungsmuster und Geschichtsereignisse haben nicht bloss aufgrund ihrer Unverständlichkeit als sinnlos zu gelten, sondern müssen von der Warte des erkannten ideellen Seins als sinnwidrig bezeichnet werden. Diese Ambiguität zwischen sinnvollen und sinnwidrigen Erfahrungselementen nötigt zu immer neuen Sinnstiftungsversuchen, die nach Werner sowohl ideell als auch handlungspraktisch konzipiert sein können. Allerdings scheitern alle theoretischen Versuche, die Frage nach der Herkunft der Sinnwidrigkeit zu lösen, an den Erkenntnisschranken der menschlichen Vernunft, die über ihren Stand des Geschöpfes hinaus in den Wissensbereich des Schöpfers hineinblicken müsste.

Werner verwirft darum als gängige Lösungsversuche des Problems der Sinnwidrigkeit die apologetischen Versuche wie die dualistische Aufteilung des Seinsgrundes in einen guten Schöpfergott und sein zerstörerisches Pendant, die klassischen Theodizeebehandlungen in der Folge von Leibniz und den christlichen Wunderglauben, nach dem eine wundersame Aufhebung der Naturgesetze möglich sei. Aber auch die Lösung des Atheismus, der von der grundsätzlichen Sinnlosigkeit des Weltverlaufs ausgeht, vermag nicht zu überzeugen, weil in diesem Fall eine Erklärungsbedürftigkeit des als sinnvoll Erfahrenen entstehe. Zwar sagt Werner die Theorie vom werdenden Gott zu, insofern sie «die Sinnzwiespältigkeit der Welt als eine in Gott als dem Einen Seinsgrund begründete Notwendigkeit»[219] deute. Doch auch diese überschreitet mit ihrem spekulativen teleologischen Moment die Erkenntnisfähigkeit des Menschen und sei daher abzulehnen.

Als Konsequenz aus dem Scheitern aller theoretischen Lösungsversuche plädiert Werner für eine praktische Lösung des Problems der Sinnwidrigkeit des Welterlebens, die in der guten Handlung liegt.

4.2.2) Der Vollzug individueller Sinnstiftung

Das Ziel von Werners Theorie liegt darin, die Hinwendung zu den christlichen Glaubensinhalten nicht als dezisionistische Wahl eines beliebigen Glaubenssystems zu bestimmen, wie er es in der neueren Offenbarungstheologie wahrnimmt, sondern aus einer denknotwendigen allgemeinmenschlichen Weltwahrnehmungsstruktur. So betont er, «der Glaube [sei] kein Sprung ins Dunkle»,[220] sondern das Resultat eines «Vernunftdenken[s], das sich vollzieht als die Selbstbesinnung, in der sich der zum Fragen nach der Offenbarung Gottes erweckte Mensch zum Bewusstsein bringt, wie er im Tiefsten sich selbst erfährt, und, in Auseinandersetzung mit der

---

219 Werner, Weg II, 148.
220 A.a.O., 260.

Wirklichkeitserkenntnis seines Verstandes, sich über die Bedeutung dieser Grunderfahrung für den Sinn seiner Existenz Rechenschaft gibt».[221]

Ob sich die Unterscheidung zwischen einem dezisionistischen Vernunftgebrauch und einem rationalen Vernunftgebrauch aufrechterhalten lässt, ist fraglich. Denn die formale Differenz, die Werner zwischen seinem und dem System Barths sieht, übersieht, dass sowohl der irrationale Sprung in den Kreis biblischer Logizität als auch der rationale Erkenntnisprozess auf dem Postulat menschlicher Erkenntnisfähigkeit beruhen. Dass ein qualitativer Unterschied zwischen der Erkenntnisfähigkeit menschlicher Rationalität und einem blossen Für-wahr-Halten eines falsch verstandenen Glaubens besteht, dass also einem von Werner präferierten neuzeitlichen Welt- und Selbsterkennen ein kategorial unterschiedenes Mass an Erkenntnisfähigkeit zugebilligt werden kann, wie es das im christlichen Sprachspiel stehende Erkennen besitzt, ist allerdings eine These, die einer letztlich nicht begründbaren und darum voluntativen Wertschätzung der menschlichen Rationalität entspringt. Werner unterlässt es in der formalen und inhaltlichen Bestimmung der individuellen Sinnstiftung allerdings, eine Begründung für die Prävalenz solcher Sprachgestalten zu liefern, die sich als rational verstehen, und argumentiert trotz dieser Begründungslücke inhaltlich.

Zur inhaltlichen Bestimmung der Erkenntnis, aus der der Glaube entspringt, verwendet Werner den Begriff der Ehrfurcht, unter der er eine «unmittelbare tiefe Regung von staunender und scheuer Ergriffenheit in einem»[222] versteht. Auch wenn er dies nicht expliziert, lehnt er sich mit dieser Bestimmung an die von Rudolf Otto eingeführte Charakterisierung des Numinosen an, die dieses in die Hauptbestandteile des Mysterium tremendum und des Fascinans zerlegt, wobei das Tremendum als das «Unterste und Tiefste in jeder starken frommen Gefühlsregung»[223] aufscheint, mit dem das Fascinans «in eine[r] seltsame[n] Kontrast-Harmonie»[224] steht, in der «das Dämonisch-Göttliche dem Gemüte [...] lockend-reizvoll wird».[225] Dieses Gefühl des Numinosen verbindet Werner mit der von

—

221 Ebd.

222 A.a.O., 257.

223 Otto, Heilige, 13.

224 A.a.O., 42.

225 Ebd. Der Verweis auf Otto, den Werner in *Weg II* nicht erwähnt, gewinnt Plausibilität dadurch, dass auch Otto die Grundlage der menschlichen Selbsterkenntnis im «Kreaturgefühl», 8–12, gelegt sieht, das die funktionale Stelle einnimmt, die Schleiermacher im Gegensatz zur einfachen Abhängigkeit und zur Freiheit mit dem Gefühl schlechthinniger Abhängigkeit und Werner mit dem Kreaturbewusstsein füllt.

Albert Schweitzer übernommenen Begriffsbestimmung der Ehrfurcht, die vorreflexiv das blosse Ergriffensein vom Erleben der eigenen Kreatürlichkeit bedeutet und die sich in reflexiver Form als Ehrfurcht vor dem Leben ausdrückt. Vorgängig zu dieser inhaltlichen Füllung des Ehrfurchtgedankens liegt seine formale Bestimmung darin, eine Antwort auf die Frage «nach dem Sinn der menschlichen Existenz im innerlichen Erleben der unmittelbaren, ehrfürchtigen Beziehung zum Urgeheimnis der Schöpfung selbst»[226] zu geben, wobei die Pointe des Gedankens im konstruktiven Charakter der Sinnstiftung liegt, der sich dadurch ausdrückt, «dass der Mensch Sinnerfüllung seiner Existenz nur erreicht durch einen Sinn, den er selber seinem Leben gibt».[227] Darum begrenzt sich die Frage nach dem Sinn konstitutiv auf den Bereich der individuellen Existenz in ihrem aktuellen und konkreten Beziehungsgeflecht und negiert die Möglichkeit, die «Frage nach dem Sinn der Welt im Ganzen»[228] zu beantworten.

4.2.3) Der Vorbildcharakter von Jesus und Paulus

Die Transformation der allgemeinen Religionstheorie in eine Christentumstheorie vollzieht Werner durch den Rückgriff auf die Sinnstiftungsmodelle von Jesus und Paulus, die er vor allem in handlungspraktischer Sicht als vorbildhafte Aufschlüsselungen des Sinnproblems des Individuums beschreibt. Den gedanklichen Weg in deren Sinnstiftungsangebote bahnt die thematische Behandlung des Alten Testaments. In diesem ist die Entwicklung von einem nach Massgabe der menschlichen Taten vergeltenden Gott zu einem Erlösung schenkenden Gott ansichtig, die sowohl als geschichtliche Entwicklung der jüdisch-christlichen Glaubenstradition wie als Entwicklung des individuellen Gottesglaubens gelesen werden kann. Darum lohnt sich ein Blick auf die religionsgeschichtliche Rekonstruktion, die Werner darbietet.

Diese Glaubenstradition entspringt in einem Gottesbild, das die erfahrene Sinnwidrigkeit als Ausdruck des Zorns Gottes sieht, der in der prophetischen Kritik als Strafe für die menschliche Verfehlung des göttlichen Gebotes gedeutet wird. Gemeinsam mit der Liebe Gottes als Belohnung für die Erfüllung der Gebote entsteht eine Dualität des Vergeltungsgeschehens, die als *do-ut-des*-Mechanismus gefasst wird, in dem Gehorsam mit Hilfe und Wohlstand, Ungehorsam mit Strafe beantwortet wird. Dieser Mechanismus verliert seine Plausibilität dann, wenn kein menschliches Fehlverhalten mehr zur rechtfertigenden Deutung der erlittenen Strafe herangezogen werden kann, was im Alten Testament geschichtlich in der Zeit des

---

226 Werner, Weg II, 267.
227 Ebd.
228 Ebd.

Exils geschieht. Denn wenn die Deutung eines erlittenen Unheils nur noch mittelbar durch den Rückgriff auf die Taten der Ahnen gelingt, wird die Eigenschaft der Gerechtigkeit Gottes zweifelhaft. Aus diesem Zweifel wird neben der Vergeltungstheorie «der Wunsch vernehmlicher [...], das Verhältnis Jahwes zu seinem Volk, ja letztlich auch zum einzelnen Israeliten zutiefst in der väterlichen Liebe und Güte Gottes begründet denken zu dürfen».[229] Pointiert findet dieser Wunsch seinen Ausdruck in der Verheissung des neuen Bundes in Jeremia 31. Es ist zwar auf diese Weise die unbefriedigende Vergeltungstheorie abgelegt und durch die Hoffnung auf die sich in Zukunft erweisende Güte Gottes ersetzt, allerdings geschieht dies auf Kosten einer kaum mehr befriedigenden Lösung, in der das Sinnwidrige entweder als ein nicht verstehbarer Affekt in der Göttlichkeit belassen oder in eine zweite, subordinierte Göttlichkeit ausgelagert wird, die z. B. im Hiobbuch «in Satan, dem Gottessohn personifiziert und ihm so gegenübergestellt»[230] wird. Beide Lösungsmöglichkeiten ziehen sich bis ins Neue Testament durch und finden dort Anwendung. Parallel wird dann in den neutestamentlichen Texten einerseits damit gerechnet, «dass [Satan] es ist, der mit einem Heer von bösen Dämonen und widergöttlichen Engeln in der bestehenden Welt als der ursprünglichen Schöpfung Gottes eine grosse verwüstende Macht ausübt»,[231] andererseits dass Gott selber seine Eigenschaft des Zorns aktuell und eschatologisch anwendet.

Eine einzigartige Rolle nehmen im Rahmen dieser Versuche, die Möglichkeit der «Verwirklichung sinnhaften Menschseins»[232] zu entfalten, diejenigen von Jesus und von Paulus ein, weil es ihnen gelingt, eine Sinnerfüllung aufscheinen zu lassen, in der Lehre und Leben kohärent verbunden sind. Dabei spielt die Frage nach der Historizität der Person Jesus als Frage nach der Notwendigkeit der Geschichtlichkeit der Darstellung für ihren gegenwärtigen Wert keine Rolle, weil die Evangelien als literarische Werke das Leben Jesu immer nur in der rückblickenden Perspektivierung der Jünger in den Blick nehmen und es aus deren geschichtlicher Deutungssituation heraus beschreiben. Darum wird im Evangelium nicht Jesus selber in seiner Geschichte erkennbar, «sondern der Christusglaube der ersten Gemeinde». Als literarisches Werk wird die mögliche Faktualität der Bibel immer durch den Verdacht literarischer Fiktionalität überlagert, weshalb «wir angewiesen sind, uns an diesem wichtigen Punkt mit einer Fiktion abzufinden: Angeblich wird für unsern Glauben Christus ‹der

—

229 A.a.O., 156.
230 A.a.O., 166.
231 A.a.O., 175.
232 A.a.O., 231.

Herr›. In Wahrheit ist der wirkliche ‹Herr› die erste Gemeinde mit ihrem Glauben.»[233]

Jenseits der Frage nach der historischen Echtheit der Jesusberichte bringen diese das spezifisch christliche Element in die philosophische Fundamentalbestimmung Werners und bestimmen diese inhaltlich, soweit es ihrem Inhalt gelingt, zur faktischen Geltung im Individuum und in der Gemeinde zu kommen. Inhaltlich ist der Wert der Person Jesu für die aktuelle Gemeinde nicht durch das Postulat von dessen göttlicher Natur geprägt, sondern von der Art der Übereinstimmung seiner Lehre und seines Lebens, insofern das Bild dieser Sinnverwirklichung aktuell plausibel wird. Gelingt die Darstellung von Lehre und Leben Jesu als beispielhafte Sinnverwirklichung, dann ist es, wie Werner sagt, «keine falsche Verabsolutierung der geschichtlichen Persönlichkeit Jesu, sondern eine berechtigte Aussage über seine menschliche Bedeutung, wenn wir rückblickend feststellen: Achten wir auf das, was in den vergänglichen Vorstellungen und Begriffen seiner besondern geistigen, geschichtlichen Umwelt zum Ausdruck kommt, so begegnen wir im Wesen seiner Persönlichkeit, seiner Botschaft, seinem Wirken und Streben dem Aufleuchten einer einzigartigen Offenbarung Gottes als des Seinsgrundes menschlicher Existenz. Und wer in solcher Begegnung mit dem in den Urkunden sich bezeugenden Geiste Jesu von dieser Offenbarung innerlich betroffen wird, erfährt dieses Betroffenwerden als Wandlung der eigenen Existenz und hat damit innerlich den Weg der Nachfolge betreten, zu der Jesus aufgerufen hat.»[234]

Diese einzigartige Offenbarung Gottes enthalte nach Werner eine Verbindung der prophetischen Kritik mit ihrer Emphase der sittlichen Forderung und der Predigt vom neuen Bund, in dem die Möglichkeit der Einhaltung des göttlichen Gebotes begründet liegt. Während die eschatologische Perspektive die Möglichkeit von Sinnverwirklichung eröffnet, liefert die sittliche mit der Orientierung auf die Mitmenschen den Verwirklichungsrahmen. Die grösste und dauerhafteste Leistung von Jesus besteht nun darin, dass er das sittliche Gebot aller autoritären Gesetzlichkeit entkleidet und verinnerlicht hat. Die Ethik wird dadurch zu einer individuellen Gesinnungsethik, die sich in der tätigen Durchführung des ethischen Grundprinzips bewährt. Dieses Grundprinzip leitet sich, auch wenn es individuell realisiert werden muss, aus dem als sozial bestimmten Rahmen menschlicher Tätigkeit ab, der also für die Handlung sowohl richtungsleitend als auch normierend wirkt. Als materiales Prinzip entspringt dieser Konstellation aufgrund ihrer inneren Gerichtetheit darauf, Sinn zu verwirklichen,

---

233 A.a.O., 237.
234 A.a.O., 251.

«das Streben, die menschliche Existenz in ihrem Verhalten zu sich selbst, zum Seienden ausser ihm und zum Sein schlechthin sinngebend zu verwirklichen»,[235] was auf die «kürzeste Formel gebracht lautet [...]: Gut ist Leben erhalten; Böse ist Leben hemmen und vernichten».[236] Insofern das uns überlieferte Leben Jesu eine permanente Durchführung dieses Grundsatzes darstellt, ist es auf eine solche Weise beispielgebend, dass von ihm das Gebot ausgeht, diese Grundnorm auf die eigene Lebenssituation zu übertragen und also in freier ethischer Entscheidung nach ihr zu handeln. Wie sich dies praktisch vollziehen kann, zeigt sich in der Theologie von Paulus, der die Übertragung der Grundnorm in die von seiner Weltanschauung der Naherwartung geprägte Situation vorgenommen hat, weshalb seine Ethik nicht als «Sozialethik im Sinne eines christlich-sozialen Reformprogramms»[237] zu lesen ist, sondern als aktuelle Explikation angesichts des erwarteten nahen Weltendes bloss «provisorische Notlösungen»[238] enthält. Losgelöst von diesem weltanschaulichen Implikat, das heute keine Plausibilität mehr erzeugen kann, muss also eine neue Übertragung versucht werden, die dann aus Reformprogrammen bestehen kann. Die ethische Aufgabe der Theologie besteht dann in der Übertragung des jesuanischen Sinnstiftungsversuches auf die gegenwärtige Lage. Dadurch entsteht eine Gesinnungsethik, in der die Haltung in der Ehrfurcht vor dem Leben als handlungsleitende Maxime das ethisch verantwortete Handeln des Einzelnen prägt. Diese ist zu verstehen als ein wertrelativistischer Rationalismus, der Werte nicht essentialistisch, sondern dynamisch bestimmt und ihren Geltungsanspruch darum aus ihrer Fähigkeit ableitet, sich je aktuell zu plausibilisieren.

4.2.4) Kritische Anfragen

Eine kritische Anfrage an den Aufbau der Theorie Werners richtet sich auf den Begründungsversuch in allgemeinanthropologischen Denkmustern. Denn schon in die Beschreibung der Konstitutionsbedingungen menschlicher Selbst- und Weltdeutung mit den Begriffen der Offenbarung und des Glaubens trägt er zumindest Lehnwörter aus dem Begriffsfeld christlicher Theologie in die dem Anspruch nach philosophische Grundlagentheorie ein. Dadurch läuft die Theorie Gefahr, ihre Anschlussfähigkeit an philosophische Diskurse schon durch ihre wegen der christlichen Engführung misslungene Fundierung auf Allgemeingültigkeit plädierenden Grundlagen zu verlieren. Die Theorie kann das, was sie leisten will, nicht leisten, weil

—

235 A.a.O., 205.
236 A.a.O., 206.
237 A.a.O., 224.
238 A.a.O., 226.

sie damit rechnet, dass es im philosophischen Diskurs Sprachspiele zur Beschreibung der Grundkonstitution des Menschen gibt, die voraussetzungsärmer und dadurch allgemeinverständlicher wären als die der christlichen Tradition. Im Aufbau auf diese könne dann eine christliche Deutungsstruktur plausibel gemacht werden, die den Sinnstiftungswillen des Einzelnen besser darstellen könne, als es anderen Weltanschauungen gelinge.

Die Verwendung christlicher Begriffe schon in der Beschreibung der Grundkonstitution des Menschen lässt allerdings fragen, ob es die Möglichkeit gibt, weltanschauungsfrei und damit voraussetzungslos vom Menschen zu sprechen, oder ob im Akt des Sprechens nicht schon immer eine vorgängige Gebundenheit des Menschen zum Ausdruck kommt. Es weist die kritische Reflexion Werners vieler auch philosophischer Theorien darauf hin, dass er durchaus nicht von deren weltanschaulicher Voraussetzungslosigkeit ausgeht. Voraussetzungslos scheint nach Werner nur die Tatsache der Rationalität des Menschen zu sein, doch ist fraglich, ob die positive Bewertung der reinen Denkmöglichkeit des Menschen, also das Postulat einer ungebundenen Rationalität aus Sicht der sprachlichen Verfasstheit des Menschen nicht deren Möglichkeit überschätzt und die Ratio fälschlicherweise substantialisiert.

Es müsste darum weiter gefragt werden, ob man von der Tatsache des Christseins so abstrahieren kann, dass die Beschreibung der theoretischen Grundelemente in einem weltanschauungsfreien Raum geschehen kann. Schon die Tatsache, dass es Werner darum geht, eine protestantische Theologie als Religionsphilosophie vorzulegen, indem er eine von ihm aufgestellte allgemeine Religionsphilosophie christlich expliziert, weist darauf hin, wie fragwürdig dieser Plan ist. Denn dieser beruht ja auf der kontingenten Tatsache, dass Werner sich selber als Christ versteht.

Liegt aber der Plausibilisierungsgrund der christlichen, genauer der jesuanischen Explikation für Werner in der geschichtlichen Tatsache seines Christseins, dann nimmt die geschichtliche Situation des Einzelnen die Funktion ein, die bei Barth der Sprung in den biblischen Realismus innehat. Denn wie dieser einen willentlichen Entschluss voraussetzt, eine gewisse Irrationalität als Voraussetzung rationalen Denkens in dessen Rahmen in Kauf zu nehmen, setzt Werners Theorie die Annahme der Geschichtlichkeit der Welt voraus, also eine Wesenhaftigkeit der Geschichte, die nicht Gegenstand der unmittelbaren Vernunfterkenntnis sein kann. Diese Wertschätzung der Geschichtlichkeit der Welt spielt aber den faktischen Geschichtsverlauf als Quelle der Weltdeutung und deren moralischer Bestimmung gegen die individuelle Selbstbestimmung aus und stellt die Geschichte in die Rolle, die bei Barth der übergeschichtliche Gott einnimmt.

Wird die Notwendigkeit der Christlichkeit der Explikation allerdings allein aus der Faktizität der christlich-kulturellen Prägung des Einzelnen gezogen, wird also dem christlichen Element keine Bedeutung über sein reines Vorhandensein im denkenden Individuum beigemessen, dann könnte man Theologie auch als Abwicklung einer überkommenen Denkfigur aufbauen und den pädagogischen und missionarischen Zug der Religion ganz auslagern und bestreiten. Denn wozu soll es gut sein, Kinder in die christlichen Explikationsformen der religionsphilosophischen Theorie hinein zu erziehen, wenn sich die Theorie letztendlich in unzähligen anderen Formen auch ausdrücken könnte? Dies ist umso mehr zu fragen, wenn man davon ausgeht, dass sich die Kategorie der Wahrheit als Erkenntnisobjekt nur auf den Bereich des Individuums beschränkt. Die Aufgabe der Theologie bestünde dann nicht mehr in der Explikation der jesuanischen Sinnstiftungstheorie, sondern in der immer neuen Erzählung der ethischen Grundnorm der Ehrfurcht vor dem Leben, wobei fraglich bliebe, ob diese als universalisierbare Norm gedacht werden kann oder in ihrer Wirkung nicht schon wieder an die geschichtliche Prägung des Einzelnen gebunden ist.

Ein dritter Punkt liegt in der Bestimmung des Verhältnisses zwischen individueller und allgemeiner Sinnerfüllung. Zwar kann man von der Bestimmung der Erkenntnisgrenzen des Menschen aus solche teleologischen Versuche als unmöglich betrachten, die den Zweck ethischen Handelns des Menschen im Hervorbringen einer spekulativen Heilszeit sehen. Daraus aber die Beschränkung der Handlungszwecke auf die individuelle Sinnverwirklichung zu begrenzen, also die Reflexion einer allgemeinen Zukunftsperspektive zu unterlassen, reisst den Menschen aus dem Tradierungsprozess heraus, in dem er notwendig lebt und den er von dem Blick in die Vergangenheit aus auch in die Zukunft erweitern kann.

4.3) Die ethische Dimension der Gesellschaft

Aus der geschilderten Darstellung der jesuanischen Verkündigung wird die eigentliche Intention Werners ersichtlich, die in der Bildung einer christlich formierten Gesellschaftslehre liegt, wobei das Ergebnis zeigen wird, dass dieses Gesellschaftsbild als Abbild der bürgerlichen Gesellschaft der Schweiz gelesen werden kann.[239] Gesellschaft realisiert sich im Sozialhandeln der Individuen, wobei der Einzelne im gesellschaftsstiftenden Handeln eine Sinnverwirklichung seiner eigenen Existenz unter der Norm der unbedingten Lebensförderung zu erreichen versucht. Durch diese Individualisierung

---

239 Vgl. Stückelberger, Interdependenz.

des Handlungsrahmens wird auch der Aspekt der Teleologie aus dem Horizont der Gesamtgesellschaft in den des Einzelnen verlagert, nicht die spekulativ beschriebene Vervollkommnung der Zeit als Weltende, sondern die Verwirklichung des Einzellebens erscheint als Ziel der individualisierten Sinnstiftung. Handlungshorizont des Individuums ist dessen phänomenaler Erfahrungsraum. Seine Handlungsnormen generieren sich aus seiner geschichtlichen Situation, indem er die tradierten Normen in einem Akt der Freiheit in den konkreten Moment hinein transformiert und sich aneignet. Diese Zweiseitigkeit aus Individualität und Sozialität entspricht der Tatsache des nur als individuell zu denkenden Erkennens und Deutens einerseits und der vorgängigen und unauflöslichen Gesellschaftsbindung des Einzelnen andererseits. Das so bestimmte Verhältnis des Einzelnen zum Ganzen fordert diesen dazu auf, sich in der Bejahung dieser seiner Situation der Gesellschaft gegenüber affirmativ zu verhalten, was aus der Haltung der christlichen Grundnorm heraus als kulturschaffendes Handeln erscheint, das darin besteht, «sich zu üben in einer gegenüber dem eigenen Ich wahrhaftigen und wachsamen Selbstbesinnung; seine Fähigkeiten auszubilden; diese als freies, verantwortungsbereites Wesen zu verwerten durch ein Wirken in einer menschlichen Gemeinschaft, die beruht auf der Anerkennung des Mitmenschen als eines zu gleicher Freiheit sinnhafter Selbstverwirklichung Berufenen».[240]

Werner muss diesen Ansatz nun in zwei Richtungen weiterdenken. Er muss zum einen nach den empirischen Rahmenbedingungen fragen, in denen sich das Kulturhandeln des Einzelnen vollziehen kann. Dies führt zur Frage nach dem Staat. Zum andern muss er bestimmen, auf welche Weise dieses Kulturhandeln sich sinnerfüllend vollziehen kann. Für die Beantwortung dieser Frage greift er auf die Unterscheidung zwischen Gesellschaft und Gemeinschaft zurück. Von diesen Reflexionen ausgehend kann er Kirche als Gemeinschaft bestimmen und ihre Stellung zum Staat klären.

4.3.1) Der Staat

Den Garanten der Möglichkeit des Kulturhandelns des Einzelnen sieht Werner in einem solchen Staat, dem es gelingt, seinem Auftrag gerecht zu werden, zwischen den Interessen des Individuums und denen des Kollektivs zu vermitteln. Dies geschieht in Bezug auf die Handlungsmöglichkeiten der Gesellschaftsakteure dann, wenn deren Interessen so zur Geltung kommen können, dass in ihnen kein Einzelinteresse verabsolutiert wird.

---

240 Werner, Weg II, 308.

Der gute Staat – für Werner der Kulturstaat[241] – zeichnet sich also dadurch aus, dass er die Ausübung der Interessen Aller fördert. Dazu muss er sich so organisieren, dass schon in seinem eigenen Aufbau die Verabsolutierung von Partikularinteressen von den im Kollektivsubjekt «Staat» zusammengefassten Einzelpersonen verhindert wird. Dies gelingt in besonderer Weise in einer Demokratie, die durch das allgemeine Wahlrecht oder die Gewaltenteilung eine Machtanhäufung Einzelner verfassungslogisch auszuschliessen versucht. In der Schaffung solcher, den Machtmissbrauch verhindernder Strukturen hat der demokratische Rechtsstaat seine Berechtigung als die dem christlichen Glauben am ehesten angemessene Staatsform. Dabei hält er sich als wahrer Kulturstaat zurück, die Staatsbürger zu reglementieren, und baut auf die «Vertrauenswürdigkeit und Kulturfähigkeit der Menschen»[242], die in seinem Bereich leben.

4.3.2) Gesellschaft und Gemeinschaft

Um die Güte einer konkreten Sozialform zu bewerten, greift Werner auf die Tönnies'sche Unterscheidung zwischen Gesellschaft und Gemeinschaft zurück.[243] Gesellschaft ist dabei als funktionalistische Sozialform gedacht, in der sich die Einzelnen als Träger ihrer jeweiligen Funktionen treffen, während Gemeinschaft, hier in grosser Nähe zu Gogartens Rezeption dieser Formel, durch den Einbau eines personalistischen Moments als die Sozialform erscheint, in der sich die Einzelnen als Menschen begegnen und in der in einem «natürlichen und tatsächlichen Aufeinanderangewiesensein aller der Einzelne sich zum andern Einzelnen als dem Mitmenschen verantwortungsbewusst verhält».[244] Gemeinschaft ist dann die ethisch qualifizierte Form von Gesellschaft. In ihr realisiert sich das dem Seinsgrund adäquate Leben. Sie ist also das Resultat wahrer, als Religion benennbarer Freiheit, wodurch in ihr die religiöse Erfahrung des Geschenktseins dieser Freiheit aufscheint, die als «Geheimnis des schöpferischen Waltens des Geistes Gottes in der Geschichte»[245] versprachlicht werden kann. Dass sich Menschen losgelöst von ihrer Funktionalität im Gesellschaftszusammenhang treffen können, ist ein Resultat eines solchen Glaubens, der «der einmal erkannten Wahrheit in der Weise treu [bleibt], dass sie für das Denken das Gewicht einer begründeten Voraussetzung erhält und für die praktische Haltung zum Richtung gebenden Motiv wird».[246] Denn ist

---

241 Vgl. a.a.O., 381.
242 A.a.O., 383.
243 Vgl. Kap I, 2.4; II, 2.3.1; III, 3.1.1.
244 Werner, Weg II, 404.
245 A.a.O., 407.
246 A.a.O., 261.

dieses Motiv als Wille zur Sinnverwirklichung durch die Erhaltung und Förderung von Leben bestimmt, dann kommt der Nächste als zu förderndes Leben, mithin als Mensch in den Blick. Dieses auf gegenseitige Lebensförderung zielende Handeln schafft eine Gemeinschaft freier Menschen, wie sie beispielhaft in den Zeugnissen derjenigen Gemeinschaft begegnet, die «im Lebenskreis der geschichtlichen Persönlichkeit Jesu zum Aufleuchten gekommen ist».[247]

Die Übernahme dieser Begriffsunterscheidung, die immerhin mindestens 20 Jahre nach deren Konjunktur in der deutschen Theologie nach dem Ersten Weltkrieg erfolgt, kann in zweifacher Weise gedeutet werden. So könnte sie als Nachweis konservativen Gedankenguts in Werners Weltanschauung dienen und wäre dann als Anpassung an einen deutschen Diskurs zu lesen, wie sie auch bei Barth in den 1920er Jahren gesehen werden konnte. Dass es in den gesellschaftstheoretischen Explikationen zu ideologischen Wahlverwandtschaften zwischen dem Konservatismus und liberalen Weltanschauungen kommen konnte, wurde schon anhand der Begriffsgeschichte von «Autorität» aufgezeigt. Die noch aufzuzeigenden ethischen Urteile zugunsten des Frauenwahlrechtes und der politischen Beteiligung aller Sozialgruppen bei Werner lässt aber eher vermuten, dass, worauf die späte und unzeitgemässe Rezeption dieser Begriffe hinweist, ihm eine Begriffsunterscheidung plausibel wird, die er jenseits ihres vorgegebenen Rahmens kennenlernt und in seine Theorie mit einbaut.

4.3.3) Die Kirche

Das Wesen der Kirche bestimmt Werner vom Begriff der Gemeinschaft her, an deren idealer Erscheinungsform es sich zu orientieren und zu messen hat. Dabei parallelisiert er die beiden Begriffe über einen Dreischritt: a) Gemeinschaft realisiert sich im Glauben an die Möglichkeit individueller Sinnverwirklichung. b) Beispielhafte Vergemeinschaftung wird im Leben und Wirken Jesu ansichtig, in dem die christliche Kirche ihren geschichtlichen Anfang nimmt. c) Wo gemeinschaftsstiftende Sinnverwirklichung in Nachfolge der einzigartigen Offenbarung Gottes in Jesus stattfindet, realisiert sich Kirche.

Voraussetzung dieser Ekklesiologie ist die Annahme eines unmetaphysischen Kirchenbegriffs, in dem Kirche als dynamisches Geschehen aufgefasst wird, das ihr Wesen immer nur in der konkreten Durchführung zur Erscheinung bringt und das zu erreichen im Bereich menschlicher Handlungsmöglichkeiten liegt. Denn «am Massstab der urchristlichen Botschaft erscheint ihm (sc. Werner) institutionelles Kirchentum zwangsläufig in

---

247 A.a.O., 407.

zweifelhaftem Licht».[248] Dies soll durch die Näherbestimmung der drei Schritte erläutert werden.

Ad a) Werner agiert mit einem Begriff des Glaubens, in dem dieser als eine dem Menschen inhärente Möglichkeit aufgefasst wird, die zwar dem «in unzulänglichen Worten menschlicher Sprache» ausgedrückten «Geheimnis des schöpferischen Waltens des Geistes Gottes in der Geschichte» geschuldet und darum als «Geschenk»[249] aufzufassen ist. Die Realisation dieses Grundzuges der *conditio humana* als geschenkter ist aber als Möglichkeit des Menschen zu denken, was in Bezug auf den Glauben so zu verstehen ist, dass dieser ein «Vernunftdenken [ist], das sich vollzieht als die Selbstbesinnung, in der sich der zum Fragen nach der Offenbarung Gottes erweckte Mensch zum Bewusstsein bringt, wie er im Tiefsten sich selbst erfährt, und, in Auseinandersetzung mit der Wirklichkeitserkenntnis seines Verstandes, sich über die Bedeutung dieser Grunderfahrung für den Sinn seiner Existenz Rechenschaft gibt».[250] Entspricht der materielle Inhalt des so verstandenen Glaubens derjenigen Norm, die im Handeln Jesu ansichtig wird, dann kann der Mensch aus seinem Glauben heraus eine den Kriterien der Norm genügende Gemeinschaft schaffen. Die Pointe besteht darin, dass die Schaffung einer solchen Gemeinschaft durch den in der allgemeinen Vernunft wurzelnden Glaubensbegriff nicht an ein Handeln Gottes gebunden ist, sondern im Bereich menschlichen Kulturschaffens liegt.

Ad b) Urbild aller Kirche ist die von Jesus gesammelte Gemeinschaft, auf die sich die Kirche geschichtlich gegründet weiss. Die in ihr zur Geltung gekommenen sozialen Normen sind Ausdruck des Wesens von Kirche, das auf diese Weise nicht metaphysisch, sondern historisch bestimmt wird, dabei allerdings aus dieser Historizität eine typenbestimmende Autorität erhält. Dass sich Gemeinschaft auch ausserhalb des Rahmens christlicher Tradition entwickeln kann und dass diese dann auch den Bestimmungen von Kirche gerecht wird, zeigt sich in deren Charakterisierung, die Werner in säkularen Termini beschreibt, besonders in der Formulierung des Kerns von Kirche, der in der «ganz einfache[n] Solidarität des gegenseitigen Gebens und Empfangens in der persönlich-unmittelbaren Beziehung zwischen Mensch und Mitmensch»[251] besteht. In dieser Beschreibung kann «von Kirche als Glaubensgemeinschaft geredet werden»[252], die mit

---

248 Balsiger, Werner, 9.
249 Werner, Weg II, 407.
250 A.a.O., 260.
251 Werner, Weg II, 409.
252 Lessing, Geschichte, 150.

weltlichen Gemeinschaften insofern parallelisiert ist, als dass das Betätigungsfeld auch «des denkenden Glaubens die Kultur»[253] ist.

Ad c) Die bisherige Bestimmung kann man auf zwei verschiedene Arten lesen. In der einen Lesart könnte man die Gemeinschaftstheorie für säkular anschlussfähig halten. Werner installiert dann mit dem solidarischen Verantwortungsbewusstsein eine aus der Vernunft ableitbare Grundnorm als Kriterium wahrer Gemeinschaft. Diese Norm ist, da sie sich aus der weltimmanenten Wahrnehmung plausibilisieren lässt, weder an einen metaphysischen Gottesglauben gebunden, noch ist sie in ihrer Genese einlinig auf die in Jesus ansichtige Gemeinschaft zurückzuführen, da sich Beispiele ihrer Durchführung auch ausserhalb des christlichen Wirkzusammenhangs finden lassen. Wenn sich das Christentum in der Entfaltung seiner eigenen Gemeinschaftsformen auf Jesus beruft, dann ist dies weniger der inhaltlichen Sachlichkeit als vielmehr der eigenen Geschichte geschuldet. Die Wahrheitsgemässheit von Gemeinschaft entspringt dann nicht der äusseren Rückführung auf eine bestimmte Geschichtsgestalt, sondern wahre Gemeinschaft, welche auch Kirche ist, misst sich am Kriterium ihrer weltlichen Handlungsnorm.

In einer zweiten Lesart könnte man Werner aber fragen, ob die inhaltliche Bestimmung wahrer Gemeinschaft nicht schon in einer solchen Weise durch die christliche Tradition vorgeprägt ist, dass das Ergebnis der Weltwahrnehmung nur so ausfallen kann, dass es auf eine Gleichartigkeit zwischen der idealen Kirche und der idealen Gemeinschaft hinausläuft. Anders gesagt, es ist zu fragen, ob das Gute der Gemeinschaft tatsächlich aufgrund seiner rationalen Herleitung gut ist oder nicht vielmehr deshalb, weil es sich Werner im Rahmen seiner eigenen geschichtlichen – und also christlichen – Prägung als gut plausibilisiert hat. Welches allgemeinanthropologische Kriterium oder welcher ausserhalb des Menschen stehende Massstab über die Güte urteilen könnte, bleibt Werner zu beantworten schuldig. Seine eigene Prägung allerdings lebt von affirmativen Setzungen wie der Annahme eines transzendenten Seinsgrundes und dem Gegebensein der Existenz und damit der Handlungsfreiheit des Einzelnen. Dadurch werden aber Denkmodelle wie die der Selbstreferenzialität des Individuums kategorisch ausgeschlossen, selbst wenn es ihnen möglich sein sollte, Gemeinschaft als solidarische Verantwortlichkeit zu konzipieren. In dieser Lesart muss man bei Werner eine gedankliche Engführung konstatieren, in der er die Tatsache der christlichen Prägung auch aus der von ihm angewendeten philosophischen Tradition auszublenden scheint, indem er sie zu

253 A.a.O., 151.

einer solchen Allgemeintheorie umwandelt, die dennoch keine allgemeine Geltung zu beanspruchen vermag.

4.4) Der praktische Weg des Glaubens als Kommentar zur Schweizer Gesellschaft

In der Behandlung konkreter ethischer Fragestellungen bringt Werner das Modell in Anschlag, das er zwar schon in den Aufsätzen der 1930er Jahre verwendet, dessen volle Wirkung er aber erst nach der Fertigstellung der Dogmengeschichte entfaltet. Die dort ausgeführte und an Quellen belegte These, die christliche Dogmatik hätte sich in stetiger Beeinflussung durch die sozialen, politischen und weltanschaulichen Umstände ihrer Umgebung entwickelt, erlaubt es ihm, den in der Tradition der Kirche immer wieder behaupteten Absolutheitsanspruch christlich-ethischer Theorien zu relativieren.[254] So könnten weder die kirchlichen Ethiken noch selbst die des Neuen Testaments als direkte Handlungsanweisungen für Christen unter den Vorzeichen der Moderne gelesen werden, weil in ihnen die zeittypische Situation der Gegenwart nicht angemessen in Rechnung gestellt werde. Das traditionelle Begründungsverfahren ethischer Konzepte habe darum nur eine jeweils zufällige «Sozialtheorie [...] als unantastbare gottgewollte Weltordnung [...] sanktioniert und verabsolutiert».[255] Selbst wenn diese Ordnung mit der Grundlage des aktuellen Denkens übereinstimme, wie es auf die «ursprüngliche Botschaft Jesu als [...] dreifache Liebe zu Gott, zum Nächsten und zu sich selber» zutreffe, die als «Entfaltung des Einzelnen zur unendlich wertvollen, vor Gott anerkannten Persönlichkeit, wie auch [in] Verwirklichung einer menschlichen Gemeinschaft, in welcher jeder Einzelne als solche Persönlichkeit von allen anderen respektiert wird»,[256] könne aus Sicht aktueller ethischer Urteilsfindung die reine Berufung auf die in Bibel und Tradition ansichtigen geschichtlichen ethischen Entwürfe nicht ihren Geltungsanspruch begründen. Vielmehr habe sich dieser aus einer allgemein zugänglichen religionsphilosophischen Reflexion abzuleiten, als deren Ergebnis die «ehrfürchtige Anerkennung des in der mensch-

---

254 Diese Tatsache bezeichnet Werner schon im einleitenden Abschnitt der *Thesen zum Christusproblem* als zentrales Problem aktueller Theologie. Denn seines Erachtens müsste die Formel der «Offenbarung Gottes in Christus» der Tatsache Rechnung tragen, «dass der Christusgedanke eine Geschichte erlebt hat und in ihr ein Schicksal» (7). Diese Entwicklung der religiösen Ideengeschichte nicht ernst zu nehmen oder sogar zu negieren sei das Problem «moderner Dogmatik» (7).

255 Werner, Religion, 20.

256 A.a.O., 19.

lichen Existenz offenbar werdenden Geheimnisses der Schöpfung» steht, wodurch dem Menschen ein «unbedingter Wert»[257] zuzuerkennen sei. Dieses Ergebnis treffe sich mit der Grundnorm, die in der Verkündigung von Jesus einen plausiblen Ausdruck gefunden habe.

Die Aufgabe der ethischen Reflexion sieht Werner in der Korrelation der religionsphilosophisch gefundenen Norm mit den sozialen und politischen Notwendigkeiten der Gegenwart und verortet sie im Bereich des Individuums, Ziel dessen christlichen Lebenswandels die Sinnverwirklichung seiner Existenz ist. Erst in einem zweiten Schritt erweitert sich die Reflexion der individuellen Lebensverwirklichung auf die politische oder soziale Reflexion der Gesellschaft, wie Werner es in den Studien *Heilsgeschichte und Sinnfrage* und *Alkoholismus als ethisches Problem* beispielhaft durchführt. Werner konzipiert Ethik also als reine Individualethik, die eine sozialethische Ausweitung dadurch erfährt, dass der Einzelne seine Existenz als fundamental in einen konkreten Sozialzusammenhang eingebunden sieht. Die Erweiterung der Perspektive auf den Sozialverband vermeide dabei eine bestimmte Engführung: «Der Fehler der humanistischsten Individualethik besteht [...] darin, dass sie vom *isolierten* Einzelnen ausgeht, als wäre der Einzelne nicht der *Einzelne*, sondern geradezu der *Einzige*.»[258] Vielmehr ist es Aufgabe des Einzelnen, sich in die Verantwortung «für Leben, Wohlergehen und Schicksal an all den beteiligten einzelnen Menschen» zu begeben und somit «eine Mitverantwortlichkeit für das Schicksal des Mitmenschen»[259] zu übernehmen. Dies wird durch soziale Arbeit erreicht, deren Ziel darin liegt, «dass der einzelne Mensch dazu befähigt werde, auf Grund eigener Arbeitsleistung selbständig ein menschenwürdiges Dasein zu gestalten».[260] Gesellschaft als Lebensraum der Einzelnen hat einerseits diese Möglichkeit organisatorisch zu schaffen und zu gewährleisten, andererseits eine solche Arbeit zu ermöglichen und zu unterstützen, die die «seelische Hygiene»[261] der Einzelnen herstellt. Beispielhaft auf die Armenpflege bezogen fasst Werner die Summe seines sozialethischen Ansatzes so zusammen: «Die Aufgabe der Armenpflege ist also die durch wirtschaftliche Notlage begründete und im Hinblick auf das Bildungsziel des normalen Menschen erzieherisch zweckmässige Hilfeleistung.»[262] In dieser Formulierung sind die beiden Elemente vereint, dass der Christ Verantwortung zu übernehmen habe angesichts des konkreten

---

257 A.a.O., 23.
258 Werner, Alkoholismus, 230.
259 Werner, Sinn (1956), 173.
260 Werner, Sinn (1945), 21.
261 A.a.O., 22.
262 Werner, Grundlagen, 249.

Leiden des Nächsten, dass die Hilfeleistung aber neben der Stillung der direkten Bedürfnisse immer auch in der Befähigung des Nächsten liegen müsse, selber zu einem freien, selbstbestimmten und kulturschaffenden Teil der Gesellschaft werden zu können, weshalb die Bildungsaufgabe einen solch hohen Stellenwert erhält.

5) Zusammenfassender Vergleich

Auch dieser Vergleich steht unter den vier Fragerichtungen, auf welche Weise Barth, Gogarten und Werner a) die zeitgenössischen Stimmungen und Gegenwartsdeutungen rezipiert und in ihre systematische Lehrbildung aufgenommen haben, b) sie durch diese Rezeption die Grundlage ihrer theologischen Theorien bearbeitet haben, c) sie ihre ethischen Grundannahmen im Rahmen ihrer theologischen Arbeit veränderten und sie d) diese im Bereich der Gesellschaft und der Kirche anwendeten.

a) Einerseits findet die gesellschaftliche Situation der Nachkriegszeit in Barths Schaffen in den ethischen Schriften einen deutlichen Niederschlag, wie es die Offenen Briefe und die Gespräche zeigen. Andererseits stellt Barth aber seine gleichzeitig vorangetriebene dogmatische Arbeit unter den Anspruch, losgelöst von den gegenwärtigen Problemen systematisch-konstruktiv zu fungieren, weshalb er die Explikation des christlichen Glaubens ganz aus der zeitlosen Offenbarung Gottes her entwirft. Dadurch gewinnt seine Theologie einen scheinbar situationsunabhängigen Zug, dessen situative Bedingtheit sich erst wieder von seinen ethischen Aussagen her erschliesst.

Zu den Verhaltensweisen vieler deutscher Intellektueller nach Ende des Nationalsozialismus gehört eine Verdrängung der eigenen Verantwortlichkeit für das politische Handeln ab 1930. Beispielhaft stehen dafür die Diskussionen um die Geltung des Stuttgarter Schuldbekenntnisses und des Darmstädter Wortes im Jahr 1945. Auch Gogarten präsentiert sich ab 1945 als selbstunkritischer Kritiker des Nationalsozialismus, dem er nun vorwerfen kann, die Vermassung der Bevölkerung und damit die Abkehr der Neuzeit vom christlichen Menschenbild vorangetrieben zu haben. Aus dieser Position heraus unterstützt er ideell und politisch den sich nun in der CDU sammelnden deutschen Konservatismus und nimmt dessen Forderungen nach einem demokratischen, gleichwohl autoritätstheoretisch unterfütterten neuen deutschen Staat auf.

Ebenso wenig, wie sich die Schweiz durch die Jahre des deutschen Nationalsozialismus in ihren ideologischen Grundfesten erschüttern lässt, lässt sich eine grundlegende Änderung im Denken Werner aufzeigen. Zwar erweitert sich mit den Problemlagen der Nachkriegsgesellschaft sein Themenspektrum um die Frage nach der atomaren Bewaffnung oder den Aufgaben des Sozialstaates. Aber seine aktuellen Stellungnahmen als Reflexionen punktueller Problemlagen nimmt Werner in dem – schon in seiner frühen Schaffensphase entwickelten – System theologischer und ethischer Urteilsfindung vor.

b) Auf die innergesellschaftliche Pluralisierung, vor allem aber auch auf das Auseinanderdriften der verschiedenen Staaten im beginnenden Kalten Krieg reagiert Barth durch die Relativierung dieser Trennungsmomente, was ihm im Gedanken der geschöpflichen Gleichrangigkeit aller Menschen gelingt. Dieser schöpfungstheologische Gedanke wird souveränitätstheoretisch expliziert, indem Christus als der Herr der ganzen Menschheit behauptet wird. Das Problem der Partikularität des Christentums im Gesamten der Weltbevölkerung löst Barth weiterhin durch die Unterscheidung zwischen der ontischen Struktur des Menschen als Geschöpf des einen Gottes und deren noetischer Realisierung im Einzelnen. So kann er einerseits auch die Nichtchristen dem Heilshandeln Gottes unterstellt wissen, andererseits die wahre Selbsterkenntnis des Menschen in Gott als Ziel von Kirchengemeinschaft und Mission nennen.

Den verlorenen Allgemeingültigkeitsanspruch christlich-dogmatischer Rede in den westlichen Gesellschaften bezeichnet Gogarten positiv als ein Phänomen der Säkularisierung. Diese beschreibt er im Gegensatz zur allgemeinen Bedeutung der Abkehr vom christlichen Glauben als eine Folge göttlichen Handelns, indem sich Gott nicht mehr allein in den kirchlich-traditionellen Sprachspielen zu erkennen gibt, sondern sich darüber hinaus auch in vormals weltlich bezeichneten Ausdrucksweisen sichtbar macht. Aufgabe der theologischen Theoriebildung ist es dann, den Wesenskern der göttlichen Wahrheit in diesen Ausdrucksformen luzide zur Geltung zu bringen, Theologie wird also Gegenwartshermeneutik im Lichte des göttlichen Schöpfungs- und Erlösungshandelns.

Aufgrund seines individualtheoretischen Ansatzes baut Werner seine theologische Lehrbildung weiterhin auf der individuellen religiösen Erfahrung auf, die sich als Sinnstiftungsversuch angesichts der Differenzerfahrung sinnvollen und sinnwidrigen Erlebens vollzieht. Die zeitgenössische Situation kommt dabei insofern zur Geltung, als dass die individuelle Bedrohungslage durch die Anonymisierung der Gesellschaft und die gesamtgesellschaftliche Bedrohungslage durch die Atombombe eminent gestiegen sind. Diese Steigerung der Sinnwidrigkeitserfahrungen generiert einen neuen Bedarf an Sinnstiftungstheorien, die Werner handlungstheoretisch in der Form des Kulturschaffens konstruieren will.

c) Nachdem Barth in den 1930er Jahren die *analogia fidei* zu dem theoretischen Instrument gemacht hatte, das es ihm ermöglichte, menschliche Ethik in Ableitung aus dem Willen Gottes zu entwerfen, gelingt es ihm durch die Entmythologisierung der Kollektivakteure menschlichen Handelns wie dem Staat, der Regierung oder der Kirche, seine ethische Theorie praktikabel zu machen. Denn in der Beschreibung z. B. der Regierung als Administration werden deren Handlungen nicht mehr den Grundsätzen theologisch-göttlicher, sondern kybernetisch-weltlicher Methodik unterworfen. Menschlichem Handeln wird damit eine Eigengesetzlichkeit zugeschrieben, in der dieses nicht mehr an sich sündig ist, sondern potentiell Gutes wirken kann.

Gogarten bleibt auch in seinem Spätwerk in der Ableitung seiner ethischen Theorie der Figur des Personalismus treu. Da sich der Mensch selbst erkennt in seinem Angesprochensein durch Gott, das durch die Ansprache durch den Mitmenschen vermittelt wird, liegt die ethische Aufgabe im Aufrechterhalten der Kommunikation, anders ausgedrückt, in der gegenseitigen Verantwortung. Auf diese Weise versucht Gogarten, aus der nach ihm verbal bestimmten Konstitution der Welt als menschlicher Lebenswelt menschliches Handeln als verantwortliches Handeln zu bestimmen.

Dass die individualtheoretisch begründete Theorie Werners nicht in diesem Individualismus stehen bleibt, liegt an der von ihm vorausgesetzten politischen Bestimmtheit des Menschen. Da dieser nicht anders als in Gemeinschaft leben kann, ist es ihm eine unumgängliche Aufgabe, diese Gemeinschaft mit zu gestalten und sich für den Erhalt der Gemeinschaft einzusetzen. Die Ausübung dieser Gestaltung wird nicht durch göttliche Gebote normiert, sondern unterliegt der menschlichen Rationalität, die allein an die Grundnorm der Ehrfurcht vor dem Leben gebunden ist. Wie diese im konkreten Fall umzusetzen sei, liegt aber im Verantwortungsbereich der menschlichen situationsbedingten Rationalität.

d) Das wichtigste Thema der konkreten politisch-ethischen Arbeit Barths ist sein Versuch, die programmatische Trennung von Kirche und Gesellschaft aufrechtzuerhalten. Kirche darf deshalb nicht in die Gesellschaft überführt werden, weil sie dadurch ihre Funktion als Korrektiv der menschlichen Sphäre verlieren würde. Vielmehr ist sie als Bekenntnisgemeinschaft verpflichtet, die sich jeder menschlichen Ideologie entziehende Wahrheit Gottes zu verkündigen, aus der heraus sie ideologiekritisch das Weltgeschehen zu kommentieren hat. Weil Barth in der Konfrontation des Kalten Krieges eine ideologische Überspannung auch auf der Seite des Westens bemerkt, nimmt er nicht am Abwehrkampf gegen den Sowjetbolschewismus Teil, sondern plädiert für eine ideologische Abrüstung der Fronten, der eine reale Abrüstung des Militärs zu entsprechen hat. Neben dieser globalpolitischen Option plädiert Barth für ein Gesellschaftssystem, in dem die Rechte den faktisch übernommenen Pflichten entsprechen, weshalb er sich u. a. dauerhaft für das Frauenstimmrecht in der Schweiz einsetzt.

Auch nach dem Zweiten Weltkrieg bleibt Gogarten vornehmlich der dogmatischen Arbeit verpflichtet, neben seiner Neubearbeitung des dogmatischen Lehrsystems verfasst er kaum mehr ethische Studien. Zwar ist in seinem Schuldgedanken ein ethisches Implikat angelegt, das sich über die Forderung nach verantwortlichem Handeln im Rahmen der personalen Struktur der Gesellschaft vermittelt. Aber in der Behandlung der Schuldfrage zeigt sich, dass diese Vermittlung nicht nur die konkrete Situation verengt von den dogmatischen Voraussetzungen her deutet, sondern schon in der Analyse der Situation zu Ergebnissen kommt, in denen dann z. B. die Schuldfrage der Deutschen auf ein allgemeinanthropologisches Phänomen zurückgeführt wird, das zufällig in einer kleinen Bevölkerungsgruppe des deutschen Volkes fehlerhaft durchgeführt wurde.

Ist der Handlungsrahmen des Einzelnen für Werner die ihn umgebende Gesellschaft, dann zielt auch sein ethisch reflektiertes Handeln auf deren Erhaltung und Förderung. Inhaltlich geprägt wird er dabei von der Sinnstiftungsinstitution der Kirche, die auf diesem Weg ihrem Auftrag nachkommt, kulturschaffend zu sein. Die sie dabei leitende Norm ist die Ehrfurcht vor dem Leben, deren konkrete Umsetzung sich in der solidarischen Umgestaltung der Gesellschaft, in der Bildung der vielen Einzelnen und damit in deren Befähigung zeigt, selber kulturschaffend in der Gesellschaft mitzuwirken. Aus diesem Programm ergibt sich auch Werners persönliches Engagement in der Erwachsenenbildung und im Kampf gegen den Alkoholismus.

Kapitel V: Die mentale Prägung theologischer Arbeit. Ein Ausblick

«*Von des Rheines Gold hört' ich raunen:*
Beute-Runen berge sein roter Glanz;
Macht und Schätze schüf ohne Mass ein Reif.»
(Wotan, in: Richard Wagner, Rheingold, Zweite Szene)

Das geografische Element, um das herum sich die Schweiz und Deutschland im 20. Jahrhundert legen, ist der Rhein. Die ideologische Bedeutung, die dem Rhein zugedacht wird und die ihn in den Erzählungen der deutschen Geschichte und Identität so bedeutsam macht, beruht vornehmlich auf zwei Elementen. Zum einen ist er mit seinen 1233 km der längste Fluss Mitteleuropas und mit einer Abflussmenge von 2330 m^3/sec, mit der er eine Fläche von ca. 200.000 km^2 entwässert, auch der wasserreichste. Die reine Naturgewalt, die er damit darstellt, lädt schon früh zu seiner mythologischen Überhöhung, wie sie ihren Niederschlag in später Reflexion in den Rheinsagen z. B. bei Richard Wagner findet. Zum anderen sind es aber auch geschichtliche Marker, die es ermöglichen, ihm eine solch hohe Bedeutung in der Konstruktion einer nationalen Geschichtsschreibung zuzuschreiben. Als Teilstück der wichtigsten Verkehrsroute zwischen den süd- und den nordalpinen Gebieten seit der Zeit des Römischen Reiches sind im Einzugsgebiet der Oberrheinebene mit Basel, Speyer, Worms oder Mainz Hauptorte des mittelalterlichen Reiches gelegen. Und auch die niederrheinischen Gebiete zwischen den Machtzentren Köln und Xanten sind ein durchgehend städtisch besiedelter Kulturraum seit den römischen Siedlungszeiten. Dieses geschichtliche Erbe wurde besonders dann bedeutsam, als sich in der Frühen Neuzeit die territorialen Abgrenzungen verschoben und der Rhein seine Lage im Zentrum des Reiches durch zwei Bewegungen verlor. Zum einen etablierte sich südlich des Hochrheins mit der Eidgenossenschaft ein Territorium, das sich 1648 aus dem Verbund des Reiches lösen konnte. Damit war der Hochrhein als Südgrenze des Reiches für beide Seiten festgelegt, was auch die Ausdehnungsversuche der Schweiz nach Norden, z. B. auf Rottweil oder Konstanz, stoppte. Zum anderen versuchte Frankreich besonders unter König Ludwig XIV. vehement, den Rhein zur Ostgrenze seines Reiches zu machen. Die Einnahme Strassburgs im Jahr 1681 und den Friedensschluss am Ende des Pfälzer Erbfolgekriegs im Jahr 1697 mit der rechtlichen Übertragung des Elsass an Frankreich kann man als Schlusspunkte dieser Entwicklung betrachten. Auch wenn es Frankreich nicht gelang, die linksrheinischen Gebiete nördlich des Elsass zu halten, waren diese durch den stetigen Aufstieg der östlichen Mächte der preussischen Hohenzollern, der Habsburger, der bayrischen Wittelsbacher und Sachsens weitgehend an den Rand der Reichspolitik gedrängt. Der Rhein war damit nicht nur Grenzfluss zwischen den Ländern der Schweiz, Frankreichs, verschiedener Stände des Deutschen Reiches und der Niederlande geworden, an seinen Ufern trafen damit in der Neuzeit und der Moderne auch verschiedene nationale Kulturen und Mentalitäten aufeinander. Die unterschiedlichen politischen und gesellschaftstheoretischen Erfahrungen, die auf den jeweiligen Seiten des Rheins gemacht wurden, bedingen, dass von einer einheitlichen Mentalität der Anrainer des Rheins nicht (mehr) gesprochen werden kann und Kennzeichen der Verbindung eher die Trennung ist.

Diese Trennung besonders im Bereich mentaler Dispositionen aufzuzeigen und den Einfluss nachzuzeichnen, den sie auf theologische Lehrbildungen nimmt, war die Aufgabe, der sich die vorliegende Arbeit gestellt hat. Denn man kann – in das Bild des Flusses übersetzt – theologische Lehrbildung und ein systematisch-theologisches Lehrgebilde als den aus dem Geist eines Einzelnen entspringenden Hauptstrom beschreiben, der immer von einer Vielzahl kleiner Nebenflüsse gespeist wird. In der neueren Theologiegeschichtsschreibung sind im Bereich der systematischen Theologie vor allem die ideengeschichtlichen und die schulspezifischen Nebenflüsse kartografiert, vermessen und erklärt worden. Mit der Einordnung theologischer Entwürfe in denkerische Traditionslinien wurden auf diese Weise die Beeinflussungen Barths und Gogartens durch ihre Lehrer Herrmann und Troeltsch ebenso präzise nachgezeichnet, wie die Abhängigkeit Werners vom Denken Albert Schweitzers dargestellt wurde. Aus kirchengeschichtlicher Perspektive wird besonders der Subtext der historischen Beeinflussung aufzuschlüsseln versucht. Es wird dabei die Frage thematisiert, wie geschichtliche Rahmenbedingungen wie die Ereignisse des Ersten Weltkrieges oder das Aufkommen des Nationalsozialismus in Deutschland Niederschlag im Denken von betroffenen Menschen finden und sich dieses dadurch ändert.

Im Grenzbereich zwischen diesen beiden Beobachtungsperspektiven ist das mit dem Begriff der Mentalität verbundene Konzept beheimatet, in dessen Bereich die vorliegende Arbeit einen klärenden Beitrag leisten will. Mit Mentalitäten werden solche Dispositionen im Denken bezeichnet, die als die langfristigen Weltdeutungsmuster des gesellschaftlichen Umfeldes einen unhintergehbaren und vorreflexiven prägenden Einfluss auf das Denken des Einzelnen nehmen. Historisch gesehen stellen Mentalitäten epochenübergreifende Denk- und Handlungsmuster dar, erfahren als solche allerdings gleichzeitig Änderungen durch die geschichtlichen Rahmenbedingungen. Ihren positiven Ausdruck finden sie in semantischen Gebilden und Konnotationen, in denen bestimmten Begriffen gruppenspezifische Bedeutungen eingetragen werden. Die systematisch-theologische Fragestellung in Blick auf die Mentalitäten richtet sich darum auf die semantischen Bezüge, die sich in bestimmten und abgegrenzten Sozialgruppen entwickeln und ausprägen.

Im Vorhergehenden wurden in einem ersten Schritt solche einzelnen gesellschaftlichen Gruppen mit ihren je eigenen mentalen Dispositionen beschrieben, die prägend auf die Theologie- und Kirchengeschichte in Deutschland und der Schweiz im 20. Jahrhundert eingewirkt haben. In einer groben Näherbestimmung wurde als massgebliche Trägerschicht evangelischer Theologie dabei das Bürgertum genannt, diese Selektion wurde für die vorliegende Arbeit noch einmal eingeschränkt auf das städtische Bürgertum um 1900. Als exemplarische Vertreter dieser Mentalitäten wurden die drei Theologen Karl Barth, Friedrich Gogarten und Martin Werner ausgewählt und vorgestellt. Die Vergleichbarkeit ihrer Positionen ergibt sich zum einen aus der Ähnlichkeit der geschichtlichen Erfahrungen, die sich aus der Gleichheit der Geburtsjahre ergibt. Ausserdem entstammen alle drei biografisch dem Bildungsbürgertum der Grossstädte. Durch die Ähnlichkeit der materiellen Bedingungen und der formalen Bildungsideale konnten allfällige Unterschiede als Ausdruck unterschiedlicher Subtexte verstanden werden.

Als Folge des Wiener Kongresses gelingt es Preussen, seine niederrheinischen Besitzungen deutlich zu erweitern und zu einem durchgängigen Territorium zu vereinen. Durch die Erweiterung des Stammlandes zwischen Memel und Elbe um die neuen Gebiete der Rheinprovinz und der Provinz Westfalen, die jedenfalls in retrospektivischer Sicht als Vorgeschmack auf die Reichsgründung im Jahr 1871 gelesen werden können, wird der Rhein zum grössten Fluss Deutschlands und über die Gründungsmythen des Deutschen Reiches in den altgermanischen Sagen und der Rheinromantik auch zu dessen ideellem Zentrum. Allerdings wird der Rhein dabei seiner geschichtlichen Eigenständigkeit entledigt und in die preussische Reichsideologie integriert. Sichtbare Zeichen dieses Prozesses sind die vier Standbilder preussischer Könige an der Hohenzollernbrücke in Köln oder die Namen etlicher Sportvereine in diesem Gebiet.

In diese Gemengelage eines von der preussischen Staatsideologie durchdrungenen Niederrheingebietes, in dessen ideologischer Ausprägung der Rhein weit östlich der Westgrenze fliesst[1], wird Friedrich Gogarten geboren. Er wird hier darum als Vertreter der deutschen Seite des Rheins

1 Vgl. Hoffmann (von Fallersleben), Lied.

vorgestellt. Damit repräsentiert er ein deutsch-protestantisches Bürgertum, das sich auf der Grundlage eines historischen Relativismus und Liberalismus in der als Transformationskrise verstandenen Zeit des Ersten Weltkrieges den Semantiken des Altkonservatismus zuwandte. Denn der Umwandlungsprozess einer ideell und politisch-strukturell noch agrarisch geprägten Gesellschaft, die dabei wirtschaftlich den Höhepunkt der Industrialisierung schon überschritten hatte und auf dem Weg in eine Dienstleistungsgesellschaft war, wurde von den alten Bildungseliten vornehmlich in seiner Bedrohung für den eigenen privilegierten Stand wahrgenommen. Dieser Bedrohung begegnete auch Gogarten mit dem Rückbezug auf die Vorstellungsgehalte des Konservatismus, in denen eine stark stratifizierte Gesellschaft als Idealbild wahrer Vergemeinschaftung vorgestellt wurde. Das Bindungspotential der Gesellschaft wurde v. a. mit den Begriffen der Autorität, der Ehre und des Standes zum Ausdruck gebracht. Im Versuch einer spezifisch theologischen Durchdringung band Gogarten diese Begriffe zwar zurück an die Instanz eines Schöpfergottes, der in seinem erlösenden Handeln dem Einzelnen seinen jeweiligen Platz in der Gemeinschaft erst zuweist. Doch die Verwurzelung im historischen Denken erlaubte es ihm, die historisch ansichtigen Gesellschaftsmodelle als gottgewollte Explikationen des göttlichen Schöpfungshandelns zu sehen und dadurch die Modelle bzw. die inhaltlichen Füllungen der Semantiken des deutschen Kaiserreiches zu repristinieren. Dass sich Gogarten dabei im Rahmen der aufkommenden Ich-Du-Philosophie bewegt, ist insofern folgerichtig, als in dieser der elitäre Selbstanspruch eines auf dem Markt der demokratischen Meinungsbildung und der wirtschaftlichen Fachkräfteschwemme marginalisierten Bürgertums aufrechterhalten werden kann. Denn in dieser kann Gogarten gleichzeitig durch die Singular-Setzung der Handlungssubjekte die Herausgehobenheit des Einzelnen postulieren und durch die konstitutionelle Gebundenheit des Ich an ein Du jede erkenntnistheoretische Individualisierung umgehen. Das sich seines Standes bewusste Ich behält seine herausgehobene Position in einer sich egalisierenden Gesellschaft. Dass diese Qualität des Ich mit dem Begriff der Ehre verbunden ist, signalisiert die Verwurzelung Gogartens in einem Begriffsfeld, das als dasjenige des deutschen Konservatismus des späten 19. Jahrhunderts sichtbar gemacht werden kann.

Mit dem Fortschreiten des demokratischen Versuchs der Weimarer Republik sucht auch Gogarten nach Möglichkeiten, den von ihm ungeliebten, rational-vertragslogisch aufgebauten Staat zu überwinden. Die Zustände politischer, gesellschaftlicher und wirtschaftlicher Anarchisierung, die in den Jahren nach 1930 neben Massenarbeitslosigkeit und Wirtschaftskrise auch zu Strassenkämpfen und einer überforderten Jurisprudenz führen, können nach Gogarten nur durch autoritäre Macht- und Herrschaftssetzungen überwunden werden. Darum liegt sein theologisches Hauptinteresse in diesen Jahren in der Ausarbeitung einer Gesellschaftslehre, die auf dem Begriff der Autorität beruht und von diesem her die innergesellschaftlichen Konstruktionsmuster bedenkt und entwickelt. Zwar wird dieser Begriff rückgekoppelt an die Setzung jeder Machtstrukturen durch die göttliche Wirklichkeit. Aber in der faktischen Durchführung dieses Postulates werden alle göttlichen Instanzen durch innerweltliche Herrschaftsstrukturen substituiert. Dadurch kommt Gogarten in die berüchtigte Nähe zur Theologie der Deutschen Christen und zu einer grundsätzlichen Unterstützung des nationalsozialistischen Führerstaates in seinen ersten Jahren.

Das Scheitern des nationalsozialistischen Staates fasst Gogarten wiederum als ein Scheitern auch seiner Theologie auf, weswegen er sie in den Jahren ab 1940 erneut transformiert. Ohne die Semantiken und Denkstrukturen des deutschen Konservatismus zu verlassen, greift er nun verstärkt in liberaler Couleur auf den Historismus zurück und unterscheidet rigoroser zwischen der Realität Gottes und ihres Geltungsanspruchs und der menschlichen Notwendigkeit, diesen in historisch kontingenten Formen ausdrücken zu müssen. Als Schlagwort dieser Denkbewegung benutzt Gogarten den Begriff der Säkularisierung, die er als Bewegung Gottes in den Raum seiner Schöpfung ansieht. Besonders mit der letzten Wende im Denken Gogartens, die in den schon in den Jahre zuvor vorbereiteten Veröffentlichungen ab 1948 zur Geltung kommt, zeigt sich deutlich die doppelte Beeinflussung seines Denkens, einerseits durch die langanhaltenden Prägungen einer preussisch-protestantisch bürgerlichen Mentalität, die – wie in der Zwei-Regimenten-Lehre ansichtig – ihre Sprache und Begriffe immer auch aus dem Werk Luthers nimmt, andererseits aus den jeweils historisch gegebenen Umständen der Gesellschaft, der sich Gogarten dauerhaft zugehörig und verantwortlich fühlt. Mit dieser letzten Wendung seines Denksystems wird Gogarten wieder anschlussfähig für eine liberale Theologie, die sich im Gegensatz zur vorherrschenden dialektischen Nachkriegstheologie individualitätstheoretisch aufbauen will, und praktisch anwendbar für eine Kirchenlehre, die ihre Zukunft in der Bindung an die demokratischen Staats- und Gesellschaftsbilder des Westens sieht. Geradezu typisch in dieser liberal-historistischen Rückbesinnung bei Gogarten und seinen Altersgenossen ist dabei das vollkommene Verschweigen der eigenen Rolle in den politischen Entwicklungen am Ende der Weimarer Republik, die nun als Opfer einer kleinen Clique von verblendeten Faschisten dargestellt wird und deren Untergang nicht in Verbindung gesetzt wird mit der Geisteshaltung auch weiter Teile der protestantischen Bildungs- und kirchlichen Funktionseliten.

Während der Rhein über weite Strecken hinweg als natürliche Grenze der Schweiz zu Liechtenstein, Österreich und Deutschland fungiert, verschiebt sich bei Schaffhausen und bei Basel die Grenze nach Norden, so dass dort auch nordrheinisch gelegene Landstriche zum Schweizer Territorium gehören. Diese im hohen Mittelalter entstandene Ausdehnung der Stadt Basel auf beide Seiten des Rheins ist als besonderes Kennzeichen umso bedeutsamer, als dass der Rhein auch in dieser Region seit der langsamen Einverleibung des Elsass ins Französische Reich im 17. Jahrhundert ein Grenzfluss ist. Die Grenzstadt Basel ist damit in der Logik, dass Grenzen entlang grosser Flüsse gezogen werden, sogar eine Stadt jenseits der Grenze. Nach dieser Logik ist dann auch der in Kleinbasel geborene Barth geografisch ein «Deutscher», und dieser Zufall der Grenzziehung lässt es in der Verbindung mit der Biografie von Barth als sinnvoll erscheinen, diesen in der Untersuchung als Repräsentanten einer Theologie auf der Grenze zweier geografischer Räume und zwischen zwei politischen Systemen zu bearbeiten. So entwickelt Barth sein Denken entsprechend der flussübergreifenden Ausdehnung der Stadt Basel bewusst als eine Theologie für die nördliche und die südliche Seite des Rheins. Aber ebenso wie Basel dauerhaft Teil der Schweiz blieb, ist auch die langfristig mentale Disposition von Barth als eine solche beschreibbar, die fest im Bürgertum der helvetischen Städte verwurzelt ist.

Die Selbstverortung Barths auf beiden Seiten des Rheins gewinnt ihren Ausdruck darin, dass er schon früh seine Aufmerksamkeit nach Norden wendet. Durch seine vielen Studienkontakte lässt er sich lange vor dem Antritt der Göttinger Professur von den politischen, gesellschaftlichen und geschichtlichen Problemen des Nachbarlandes gefangen nehmen und involviert sich in dessen Diskurse. So lässt er sich in stärkerer Weise, als es für die Schweizer Öffentlichkeit üblich ist, «irre»[2] machen von der Kriegspolitik ab dem August 1914. Und heftiger als bei vielen seiner Landsleute nimmt die Gesellschaftskrise Deutschlands ab 1918 Einfluss auf sein Denken und politisches Handeln. Insofern ist der Schritt des Schweizers in den Kontext deutscher Universität nicht allzu gross. Und dennoch bleibt Barth auch dort Schweizer, was er nicht nur offen betont, sondern was auch in seinem Denken und Handeln ansichtig wird.

In den Jahren in Deutschland sind es v. a. die Auseinandersetzungen mit deutsch-konservativen Kollegen wie Emanuel Hirsch und später Friedrich Gogarten, in denen sich zeigt, dass es selbst bei zeitweise ähnlicher theologischer Lehre und bei einem gleichen Interesse nach einer Existentialisierung der Theologie durch die unterschiedlich geprägten Bilder davon, was

2 Vgl. Barth, Götze.

eine gute Gesellschaft sei, bald zu grosssen und offen ausgetragenen Differenzen kommt. Konnte Barth diese durch seine vorläufige politische Zurückhaltung noch bis kurz vor die Machtergreifung der Nationalsozialisten kaschieren, so treten sie spätestens dann offen zutage, als sich ab 1930 in Deutschland ein solches Gesellschaftsbild auch politisch durchzusetzen beginnt, das den gesellschaflichen und politischen Vorstellungen Barths diametral widerspricht. So wird in der Ausarbeitung der theologischen Begründung der politischen Theologie in den 1930er und 1940er Jahren ersichtlich, dass vor der Theologie immer schon ein bestimmtes Gesellschaftsbild steht, das dann legitimiert und theologisch abgesichert wird. Dass dieses Modell je länger je stärker die Formen einer idealisierten Schweiz der freien Bürger annimmt, ist gemäss der These der Handlungsleitung durch mentale Dispositionen wenig verwunderlich. Mit der Rückbesinnung auf ein schweizerisches Bürgergesellschaftsmodell überwindet Barth die Vorstellungen von Gesellschaft als einem Handlungsort von Kollektivsubjekten, die seit den Römerbriefkommentaren sein politisches Denken geprägt hatten. Mit der dort vollzogenen Begriffsübernahme von «dem Staat» und «der Kirche» hatte er sich in den Rahmen biblischer Sprache begeben, dabei aber gleichzeitig aber auch Ideengehalte übernommen, die der lutherischen Zwei-Reiche-Lehre des 19. Jahrhunderts entstammen.[3] So bestimmte er wie diese den Einzelnen von dem Funktionszusammenhang her, in den hinein dieser ordiniert sei und dem er sich unterzuordnen habe. Dadurch konnte menschliche Gesellschaft als Funktionszusammenhang kollektiver Gruppen erscheinen.

Nach den gesellschaftstheoretischen Vorarbeiten, wie sie Barth u. a. in *Christengemeinde und Bürgergemeinde* vorgelegt hatte, löst er spätestens in der Ekklesiologie der KD, die ab 1953 erscheint, diese Vorstellungen ab. Nun werden die verschiedenen gesellschaftlichen Institutionen von den in ihnen engagieren Einzelnen her durchdacht. Dabei wird die gesellschaftliche Position als prinzipiell frei wählbar gedeutet und nicht als von Gott ordinierte Stellung. Auch in dieser Wählbarkeit des innerweltlichen Standes zeigt sich ein Gegensatz zu einem vornehmlich[4] nördlich des Rheins verwurzelten Ordnungsdenkens. Gleichzeitig leistet Barth mit dieser Neukonzeption einem elitizistischen Denken Vorschub, in dem zwar das Amt durch die Person ersetzt wird, die Zahl der handelnden Personen sich aber vornehmlich auf die Funktionsträger innerhalb der Handlungsgemeinschaften beschränkt. Diese Reduktion des Einzelnen auf das Gesellschafts-

---

3 Vgl. Duchrow, Umdeutungen.

4 Auf Brunner, Gesetz und Ordnung, und de Quervain, Heiligung, die eine Ausnahme in der schweizerischen Theologie bilden und durchaus ordnungstheologische Muster übernehmen, wurde weiter vorne hingewiesen.

system, in dem er Leistungsrollen übernimmt[5], wodurch dessen gleichzeitige Übernahme von Komplementärfunktion in anderen Systemen übersehen wird, entspricht dem Weltbild gesellschaftlicher Eliten in bürgerlich-demokratischen Strukturen, schafft aber keine Identifikationsmöglichkeiten weiterer Bevölkerungsschichten. Folgerichtig wendet sich Barths Denken im Weiteren von einem volkskirchlichen Denken ab, dem er in seinen Pfarramtsjahren noch selbstverständlich anhing, und wird zu einem bekenntniskirchlichen Ansatz transformiert. Die Wirkungen dieser Wandlung wurden für solche Theologien plausibel, die sich unter den Druck einer Gesellschaft gestellt sahen, ihre Kirchlichkeit aufzugeben, wie es in den kommunistischen Staaten des Ostblocks politisch geschah und wie man die andauernden Entkirchlichungsprozesse im Westen deuten konnte. Mit der Selbstseparierung der Kirche als eines von der Gesellschaft weitgehend getrennten Systems mit eigener, gesellschaftlich unkompatibler Wahrheitswahrnehmung und Sprachform zementiert Kirche aber auch ihr Anderssein und schottet sich fortlaufend von ihrer Umgebung ab. Der diachrone Fortbestand der Kirche ist dann nur noch durch ihre Selbstreproduktion in der Sprachbefähigung ihrer Mitglieder vorstellbar. Barth selber versucht allerdings dieser in seiner Theologie angelegten Selbstseparierung der Kirche zu entgehen und ihr entgegenzuwirken, indem er die Kirche im Raum der Schöpfung und der Kultur verortet und deren Gesetzmässigkeiten unterstellt. So bleibt nur eine solche Kirche anschlussfähig an die Welt, die v.a. ihre Gebundenheit an den menschlichen Sprachraum begreift. Und erst im bewussten Eingang in diesen Raum kann sie ihrem Auftrag der Zeugenschaft Gottes gerecht werden. Diese Ambiguität aber, die Barths Denken bleibend innewohnt, wird in der Möglichkeit sichtbar, ihn sowohl als Kronzeugen einer bekenntnistheologischen Ekklesiologie heranzuziehen, wie es besonders in den Theologien repressierter Kirchen geschehen ist[6], als auch als einen herausragenden Vertreter eines existentialistisch-kulturtheoretischen Protestantismus zu beschreiben.[7]

Fliesen zwei Flüsse zusammen, dann übernimmt im Regelfall im weiteren Verlauf der kleinere der beiden Zuflüsse den Namen des grösseren. In Ausnahmen bekommen sie wie Brigach und Breg als Donau einen neuen Namen zugeschrieben. Eine andere Ausnahme stellt die Aare dar, die bei Koblenz (CH) in den Rhein mündet. Während der Rhein auf seinem Weg aus den Bündner Alpen durch den Bodensee an dieser Stelle eine Wasserführung von ca. 460 m³/sec hat, führt die Aare nach ihrem 295 km langen

---

5 Vgl. Luhmann, Funktion, 234–242.
6 Vgl. Krötke, Ekklesiologie.
7 Vgl. Pfleiderer, Theologie.

Weg aus dem Berner Oberland durch das Mittelland 560 m³/sec. Erst durch diesen Zufluss wird der Rhein zu dem grossen Strom, der dann die oberrheinische Tiefebene bilden und sich den Weg durch die westdeutschen Mittelgebirge von Eifel bis Westerwald bahnen kann. Die Aare, die immerhin 43 Pozent der Fläche der Schweiz entwässert und deren Flussgebiet damit das des Rheins in der Schweiz übertrifft, verliert nach Norden hin ihre Bedeutung und ist nach dem Rheinknie bei Basel bloss noch eine vage Erinnerung.[8] Während die an der Aare und ihren Nebenflüssen Reuss und Limmat gelegenen Städte den Kern der Schweiz bilden – besonders Bern, Luzern und Zürich, aber auch die Städte der Urkantone oder die Bischofsstadt Solothurn gehören in diese Aufzählung –, ist jenseits des Rheins die Bedeutung dieser Gebiete begrenzt.

Das Schicksal der Aare ist in gewisser Weise auch derjenigen Theologie beschieden, die im 20. Jahrhundert an ihren Ufern getrieben wurde. Während Martin Werner und seine wichtigsten Schüler Fritz Buri und Ulrich Neuenschwander mit ihren theologischen Arbeiten eine Schule gründen konnten, die innerhalb der Schweiz eine gewisse Breitenwirkung erzielte, ist ihre Arbeit hinter dem Zusammenfluss von Aare und Rhein kaum wahrgenommen worden. Was als liberale Individualtheorie in der Schweiz auf fruchtbaren Boden fiel und rezipiert wurde, fand in Deutschland nur in den liberalsten Kreisen Beachtung und Zuspruch.[9] Dabei ist die Theorie Werners kein reines Schweizer Gedankengebilde. Auch wenn Schlatter zu seinen wichtigen Lehrern gehört, sind es doch mit Albert Schweitzer und Karl Jaspers zwei Deutsche, die sein Denken massgeblich prägen. Dass seine Christentumstheorie dennoch als spezifisch Schweizer Theologie zu lesen ist, beruht darauf, dass sie immer den gebildeten und politisch aktiven Bürger vor Augen hat, auf dessen Bild die Konstruktion der republikanischen Schweiz der Neuzeit basiert. Sie wird also als eine explizite Individualtheorie gebaut, die ihren Kern in der deutenden Bearbeitung der eigenen Existenz hat. Dieses Spezifikum des Werner'schen Ansatzes lässt sich anschaulich im Vergleich mit Barths Theologie aufzeigen. Denn auch diese hat zwar ihre Wurzel im Betroffensein des Einzelnen durch den Inhalt der biblischen Botschaft. Doch während bei Barth als Folge dieser Betroffenheit der Einzelne in die Individualität Christi aufgehoben wird und von dessen Einzelexistenz aus sein Leben durch die Form der biblischen Geschichten auslegen und in seiner Eigentlichkeit ansichtig machen kann, kehrt Werner die Blickrichtung um und setzt als Grundlage des Denkens den konkreten, empirisch ansichtigen Lebensvollzug des Men-

---

8 Vgl. zu den Zahlen Tietze, Art. Aare, 10, und Art. Rhein, 1011–1013.

9 Vgl. die Arbeiten im Umfeld des Bundes für Freies Christentum oder der Tempelgesellschaft, die sich um die Erinnerung an Werner bemühen.

schen, den er beschreiben will. Erst in einem zweiten Schritt gilt es dann diesen Vollzug auszulegen, wozu sich die biblischen und kirchlichen Erzählungen jedenfalls im Raum der mitteleuropäischen Kultur durchaus anbieten. Insofern bildet also der sich im Rahmen der christlichen Tradition vollziehende deutende Selbstvollzug des Individuums den Kern der Theorie.

Nach Werner entspringt die Selbstdeutungsbedürftigkeit der Erfahrung der Sinnwidrigkeit des Lebens. Erst aus der Wahrnehmung heraus, dass das einfache Sinnstiftungskonzept eines guten und gelingenden Lebens nicht unmittelbar gelingt, wird der Einzelne gezwungen, die als schlecht oder böse benennbaren Lebensvollzüge auf ihre Begründung hin zu erklären. Die Bibel als Geschichtsbuch christlicher Kultur und die Dogmengeschichte der christlichen Kirchen stellen dabei verschiedene Sinnstiftungsmuster zur Verfügung, die Werner in ihrer geschichtlichen und ideologischen Genese darstellt, wobei sein Augenmerk darauf liegt, neben der historischen auch die inhaltliche Entwicklung der Lehren aufzuzeigen. Als menschliche Sinnstiftungskonstruktionen sind diese Deutungsversuche aber dem Relativitätsdogma historischer Forschung unterworfen und als Wahrheit nur in aktualer Bewahrheitung denkbar. Deutlich wird die Anwendung der historisch-kritischen Methode auf die christlichen Dogmen in Werners Ablehnung der eschatologischen Vorstellungen der Naherwartung der Parusie bei Jesus und Paulus. Es bedeutet im Rahmen historischer Forschung dann auch keinen Widerspruch zum christlichen Glauben, wenn Werner diesen Vorstellungsgehalt der Weltanschauung von Jesus als gescheitert bezeichnet. Denn ohne diesen Gehalt bleibt von der jesuanischen Botschaft nach Werner immer noch die Forderung nach radikaler Nächstenliebe, die er mit der Formel Albert Schweitzers von der Ehrfurcht vor dem Leben als mustergültig beschrieben sieht. Er reiht sich mit der Nachfolge Schweitzers positiv in die Tradition der Lebensphilosophie ein, indem er den Selbstvollzug des Individuums an den Lebensbegriff rückbindet, in dem er die Vielzahl der Weltvollzüge aufgehoben sieht. Die Verbindung der Vorstellung eines Lebensganzen, von dem der Einzelne einen partikularen Teil darstellt, mit der Forderung an den Einzelnen, sich diesem Ganzen gegenüber verantwortlich zu machen, bildet dann nicht nur die Grundlage der Ethik Werners, sondern wird gleichzeitig zur grundlegenden Gestalt seiner Gesamttheorie.

Werner setzt diese Forderung praktisch um, indem er den Einzelnen vor die zweifache Forderung stellt, zum einen sein Leben als sinnvoll zu beschreiben in der lebenserhaltenden Tat, zum anderen diese lebenserhaltende Tat als Handlung in der Gesellschaft aufzufassen. Damit übernimmt er ein ethisches Konzept, das den Bedürfnissen einer Bürgerrepublik entspricht, in der es dem Einzelnen auch intellektuell, materiell und politisch strukturell möglich ist, über den privaten Raum hinaus Einfluss auf die Gesellschaft zu nehmen. Gleichzeitig beruht die Theorie auf dem Bild einer Gesellschaft, die sich als Zusammenschluss der vielen Einzelnen konzipiert und nicht als dem Einzelnen vorgegebene Ordnung gedacht ist. In diesem Bild scheint wieder diese Art von Gesellschaft auf, die Werner in der Schweiz idealtypisch vorfindet und die er dann theoretisch legitimiert und festigt.

Inwieweit heutiges Denken an die Theorie Werners anknüpfen kann, hängt auch von der eigenen Bewertung der aktuellen gesellschaftlichen Zusammenhänge ab. So ist es fraglich, ob man heute angesichts der Aufspaltung der Staatenbevölkerungen in verschiedenartig geprägte Milieus sinnvollerweise noch von einer gebildeten Bürgertumsschicht als Träger der Gesamtgesellschaft ausgehen kann, die in Werners Theorie angesprochen wird. Das hohe Mass an Eigenverantwortung für die Selbstdeutungsprozesse des eigenen Lebens und für die Gestaltung der gesamtgesellschaftlichen Rahmenbedingungen und Regelungen, das sie einfordert, wird man nicht als Fähigkeit aller Menschen ansehen können. Insofern ist auch Werners Theorie als eine Elitentheorie zu lesen, die in Ermangelung von solchen Eliten, die sie umsetzen könnten, sich selbst marginalisiert. Gleichzeitig hat diese Theorie, wie es auch im ausseruniversitären Handeln von Werner aufscheint, einen visionären Zug. Denn sowohl in der starken Betonung ihrer Allgemeingültigkeit wie auch im bildungspolitischen Engagement Werners scheint sein Versuch auf, einen möglichst grossen Teil der Bevölkerung, gerade auch der bildungsfernen Schichten, zu solchen Eliten zu erziehen, die in Eigenverantwortung im Rahmen einer liberalen Gesellschaft aktiv werden können. Versteht man die Theorie Werners als eine solche Vision einer liberalen Bürgertumsgesellschaft, die zu bilden Aufgabe einer theologisch fundierten Kirche ist, dann kann dieser kleine schweizerische Nebenfluss theologischer Arbeit auch den deutschen Strom theologischer Lehrbildung bereichern.

Literaturverzeichnis

1.) Quellen

1.1) Karl Barth

Der Römerbrief (Erste Fassung) 1919, hrsg. von Hermann Schmidt, Zürich 1985. (zitiert als R I).
Der Römerbrief, Zweite Auflage (1922), hrsg. von Cornelis van der Kooi, Katja Tolstoja, Zürich 2010. (zitiert als R II).
KD I/1, Die Lehre vom Wort Gottes. Prolegomena zur Kirchlichen Dogmatik, Erster Teil, Zollikon 1939.
KD I/2, Die Lehre vom Wort Gottes. Prolegomena zur Kirchlichen Dogmatik, Erster Teil, Zollikon 1939.
KD II/1, Die Lehre von Gott, Erster Teil, Zollikon 1940.
Die protestantische Theologie im 19. Jahrhundert, Zollikon 1947.
KD IV/1, Die Lehre von der Versöhnung, Erster Teil, Zollikon-Zürich 1953.
KD IV/2, Die Lehre von der Versöhnung, Zweiter Teil, Zürich [4]1985.
KD IV/3, Die Lehre von der Versöhnung, Dritter Teil, Erste Hälfte, Zürich 1959.
KD IV/3, Die Lehre von der Versöhnung, Dritter Teil, Zweite Hälfte, Zürich 1959.
Einführung in die Evangelische Theologie, Zürich 1962.

Karl Barth – Eduard Thurneysen. Briefwechsel, Band 1, 1913–1921, hrsg. von Eduard Thurneysen, Zürich 1973.
Karl Barth – Eduard Thurneysen. Briefwechsel, Band 2, 1921–1930, hrsg. von Eduard Thurneysen, Zürich 1974.
Karl Barth – Eduard Thurneysen, Briefwechsel, Band 3, 1930–1935, einschliesslich des Briefwechsels zwischen Charlotte von Kirschbaum und Eduard Thurneysen, hrsg. von Caren Algner, Zürich 2000.
Friedrich Gogartens Briefwechsel mit Karl Barth, Eduard Thurneysen und Emil Brunner, mit einer Einführung hrsg. von Hermann Götz Göckeritz, Tübingen 2009.

Brief an Martin Werner, 28.12.1932, unveröffentlicht in: Staatsarchiv Bern, Nachlass Werner.
Abschied von Zwischen den Zeiten, in: Der Götze wackelt.
Brief an Professor Hromádka in Prag, in: Karl Barth, Eine Schweizer Stimme 1938–1945, Zollikon-Zürich 1945, S. 58f.
An den Nachrichtendienst der Pressestelle der Evangelischen Kirche der Rheinprovinz, 1949, in: Karl Barth, Offene Briefe 1945–1968, hrsg. von Diether Koch, Zürich 1984, S. 94–107.
An Pfarrer Wolf-Dieter Zimmermann, ‹Unterwegs›, Berlin (-West) 1950, in: Karl Barth, Offene Briefe 1945–1968, hrsg. von Diether Koch, Zürich 1984, S. 202–214.

An Bischof Albert Bereczky, Budapest 1951, in: Karl Barth, Offene Briefe 1945–1968, hrsg. von Diether Koch, Zürich 1984, S. 274–289.
An Minister Wilhelm Zaisser, Berlin (-Ost) 1953, in: Karl Barth, Offene Briefe 1945–1968, hrsg. von Diether Koch, Zürich 1984, S. 332–337.
An einen Pfarrer in der Deutschen Demokratischen Republik, 1958, in: Karl Barth, Offene Briefe 1945–1968, hrsg. von Diether Koch, Zürich 1984, S. 401–439.
An die Frauenzentrale Basel, 1959, in: Karl Barth, Offene Briefe 1945–1968, hrsg. von Diether Koch, Zürich 1984, S. 458f.
An Adolf Grau, Wuppertal 1966, in: Karl Barth, Offene Briefe 1945–1968, hrsg. von Diether Koch, Zürich 1984, S. 519–521.
Fragebeantwortung bei der Konferenz des ‹Weltbundes christlicher Studenten› in Strassburg (19.7.1960), in: Karl Barth, Gespräche 1959–1962, hrsg. von Eberhard Busch, Zürich 1995, S. 98–117.
Interview von Heinz Knorr und Rudolf Rohlinger, Westdeutscher Rundfunk (2.5.1966), in: Karl Barth, Gespräche 1964–1968, hrsg. von Eberhard Busch, Zürich 1997, S. 248–259.
Gespräch in der Basler Titusgemeinde (25.6.1968), in: Karl Barth, Gespräche 1964–1968, hrsg. von Eberhard Busch, Zürich 1997, S. 460–471.
Gedanken zur Religionsphilosophie, in: Karl Barth, Vorträge und kleinere Arbeiten 1909–1914, hrsg. von Hans-Anton Drewes und Hinrich Stoevesandt, Zürich 1993, S. 126–132.
Der Christ in der Gesellschaft, 1919, in: Karl Barth, Das Wort Gottes und die Theologie, München 1925, S. 33–69.
Biblische Fragen, Einsichten und Ausblicke, 1920, in: Karl Barth, Das Wort Gottes und die Theologie, München 1925, S. 70–98.
Über Kirche, 1922, in: Karl Barth, Vorträge und kleinere Arbeiten 1920–1925, hrsg. von Holger Finze-Michaelsen, Zürich 1990, S. 1–5.
Die kirchlichen Zustände in der Schweiz, 1922, in: Vorträge und kleinere Arbeiten 1922–1925, hrsg. von Holger Finze-Michaelsen, Zürich 1990, S. 14–38.
Sunt denique fines, in: Zwischen den Zeiten Jahrgang 3, 1925, S. 113–116.
Die Kirche und die Kultur, 1926, in: Karl Barth, Vorträge und kleinere Arbeiten 1925–1930, hrsg. von Hermann Schmidt, Zürich 1994, S. 6–40.
Nachwort, 1933, in: «Der Götze wackelt»: Zeitkritische Aufsätze, Reden und Briefe von 1930–1960. Hrsg. von Karl Kupisch, Berlin 1961, S. 58–62.
Theologische Existenz heute!, in: Theologische Existenz heute! Eine Schriftenreihe, Heft 1, München 1933.
Die Barmer Theologische Erklärung (1934), in: Evangelischer Presseverband für Baden e. V. (Hg.), Bekenntnisschriften der Evangelischen Landeskirche in Baden, [9]Karlsruhe 1995, S. 141–146.
Rechtfertigung und Recht, 1938, in: Karl Barth, Rechtfertigung und Recht; Christengemeinde und Bürgergemeinde, Theologische Studien 104, Zürich 1970, S. 5–48.
Hominum confusione et Dei providentia Helvetia regitur, 1941, in: Karl Barth, Eine Schweizer Stimme 1938–1945, Zollikon-Zürich 1945, S. 233–239.

Im Namen Gottes des Allmächtigen, 1941, in: Karl Barth, Eine Schweizer Stimme 1938–1945, Zollikon-Zürich 1945, S. 201–232.
Vorwort, 1945, in: Karl Barth, Eine Schweizer Stimme 1938–1945, Zürich 1945, S. 5.
Christengemeinde und Bürgergemeinde, Theologische Studien 20, Zollikon-Zürich 1946.
Humanismus, Theologische Studien 28, Zollikon-Zürich 1950.
Politische Entscheidung in der Einheit des Glaubens, in: Theologische Existenz heute! Eine Schriftenreihe, Heft 34, München 1952.

1.2) Friedrich Gogarten

Religion weither, Jena 1917.
Zwischen den Zeiten, Erstveröffentlichung: Christliche Welt 34, Marburg 1920, S. 374–378, abgedruckt auch in: Jürgen Moltmann (Hg.), Anfänge der Dialektischen Theologie, Teil 2: Rudolf Bultmann, Friedrich Gogarten, Eduard Thurneysen, München 1963, S. 95–101.
Gemeinschaft oder Gemeinde?, Erstveröffentlichung: Friedrich Gogarten, Von Glauben und Offenbarung. Vier Vorträge, Jena 1923, abgedruckt auch in: Jürgen Moltmann (Hg.), Anfänge der Dialektischen Theologie, Teil 2: Rudolf Bultmann, Friedrich Gogarten, Eduard Thurneysen, München 1963, S. 153–171.
Die Frage nach der Autorität, in: Zwischen den Zeiten 1, München 1923, S. 6–27.
Die Kirche und ihre Aufgabe, in: Zwischen den Zeiten 1, München 1923, S. 52–70.
Historismus, in: Zwischen den Zeiten, München 1924, S. 7–25.
Protestantismus und Wirklichkeit, Nachwort zu Martin Luther, Vom unfreien Willen, München 1924, S. 344–371, abgedruckt auch in: Jürgen Moltmann (Hg.), Anfänge der Dialektischen Theologie, Teil 2: Rudolf Bultmann, Friedrich Gogarten, Eduard Thurneysen, München 1963, S. 191–218.
Ich glaube an den dreieinigen Gott. Eine Untersuchung über Glaube und Geschichte, Jena 1926.
Glaube und Wirklichkeit, Jena 1928.
Die Schuld der Kirche gegen die Welt, Jena 1928.
Das Problem einer theologischen Anthropologie, in: Zwischen den Zeiten 7, München 1929, S. 493–511.
Wider die Ächtung der Autorität, Jena 1930.
Politische Ethik. Versuch einer Grundlegung, Jena 1932.
Staat und Kirche, in: Zwischen den Zeiten 10, München 1932, S. 390–410.
Einheit von Evangelium und Volkstum? Hamburg 1933.
Gericht oder Skepsis. Eine Streitschrift gegen Karl Barth, Jena 1937.
Weltanschauung und Glaube, Berlin 1937.
Die Verkündigung Jesu Christi. Grundlagen und Aufgabe, Heidelberg 1948.
Die Kirche in der Welt, Heidelberg 1948.
Der Öffentlichkeitscharakter der Kirche. Eine Vorlesung, EvTh 8, München 1948/49, S. 343–350.
Der Mensch zwischen Gott und Welt. Eine Untersuchung über Gesetz und Evangelium, Heidelberg 1952.

Verhängnis und Hoffnung der Neuzeit. Die Säkularisierung als theologisches Problem. Stuttgart 1953.

Rudolf Bultmann, Friedrich Gogarten, Briefwechsel 1921–1967, mit einer Einführung hrsg. von Hermann Götz Göckeritz, Tübingen 2002.

Friedrich Gogartens Briefwechsel mit Karl Barth, Eduard Thurneysen und Emil Brunner, mit einer Einführung hrsg. von Hermann Götz Göckeritz, Tübingen 2009.

1.3) Martin Werner

Wodurch wird die Zugehörigkeit zu unserer Kirche begründet? (Zur bernischen Kirchenordnung), in: Kirchenblatt für die reformierte Schweiz, Jg. 33/1918, S. 24.

Die grosse Krise für den Christusglauben der Gegenwart, in: Kirchenblatt für die reformierte Schweiz, 34. Jahrgang 1919, S. 109–111, 113–115, 117–119, 131–132, 135–137.

Das Weltanschauungsproblem bei Karl Barth und Albert Schweitzer. Eine Auseinandersetzung, Bern 1924.

Sinn und Aufgabe des freien Christentums, Separatum aus Schweizerische Reformblätter, Zürich 1928.

Vorlesungsmanuskripte Dogmatik 1, Dogmatik 2, Dogmengeschichte 4, ab 1928, unveröffentlicht in: Staatsarchiv Bern, Nachlass Werner.

Christentum und Krieg, Zürich 1930.

Protestantische Glossen zum Nationalsozialismus, in: Schweizerisches Reformiertes Volksblatt, 11. Juni 1932.

Zu Emil Brunners Ethik, in: Kirchenblatt für die reformierte Schweiz, Jg. 89/1933, S. 35–40.

Thesen zum Christusproblem. Ein Beitrag zur Kritik der Theologie der Gegenwart, Bern 1934.

Absetzung von Prof. Karl Barth, in: Schweizerisches Reformiertes Volksblatt, 29.12.1934.

Das Prinzip der liberalen Theologie in der Gegenwart, in: Schweizerische Theologische Umschau, Jg. 6 (1936), S. 53–71.

Krieg und Christentum, in: Schriftenreihe, herausgegeben vom Gemeindeverein freigesinnter Kirchgenossen der reformierten Kirchgemeinde Luzern, Heft I, 1937.

Die Entstehung des christlichen Dogmas, problemgeschichtlich dargestellt, Bern 1941.

Der religiöse Gehalt der Existenzphilosophie. Rektoratsrede, gehalten an der 109. Stiftungsfeier der Universität Bern, 20. November 1943, Bern, 1943.

Ein Beitrag der dialektischen Theologie zum Problem der Ethik, in: Schweizerische Theologische Umschau, 14. Jahrgang, 1944, S. 115–119.

Der Sinn der sozialen Arbeit, Bern 1945.

Die schweizerischen reformierten Landeskirchen und die Weltkirchenkonferenz in Amsterdam, in: Schweizerische Theologische Umschau, 1948, S. 42–46.

Aberglaube und Glaube, 1948, in: Martin Werner, Glaube und Aberglaube. Aufsätze und Vorträge, gesammelt aus Anlass seines 70. Geburtstages, Bern/Stuttgart 1957, S. 115–130.

Inwiefern ist Jesus Christus uns Autorität?, in: Schweizerische Theologische Umschau, 22. Jahrgang, 1952, S. 25–33.

Die Menschenrechte, Pro Humanitate Nr.1, Schwarzenburg 1953.

Albert Schweitzers Antwort auf die Frage nach dem historischen Jesus, in: Albert Schweitzer, Ehrfurcht vor dem Leben, Eine Freundesgabe zu seinem 80. Geburtstag, Bern 1954, S. 13–29.

Der Alkoholismus als ethisches Problem, Separatum aus ‹Der Fürsorger›, Lausanne 1955.

Der Sinn der Bergpredigt, 1956, in: Martin Werner, Glaube und Aberglaube, Aufsätze und Vorträge, gesammelt aus Anlass seines 70. Geburtstags, Bern/Stuttgart 1957, S. 163–177.

Die Entstehung des christlichen Dogmas, problemgeschichtlich dargestellt, Gekürzte Studienausgabe, Stuttgart 1959.

Albert Schweitzers ‹Weltanschauung der Ehrfurcht vor dem Leben›, in: Willy Bremi, Martin Werner, Fritz Morel und Hermann Baur, Albert Schweitzer. Mensch und Werk. Eine kleine Festgabe zu seinem 85. Geburtstag, Bern 1959, S. 43–76.

Der Protestantische Weg des Glaubens. Bd. II: Systematische Darstellung. Bern 1962.

2.) Sekundärliteratur

25-Punkte-Programm der NSDAP vom 24. Februar 1920; in: http://www.dhm.de/lemo/html/dokumente/nsdap25/index.html, letzter Aufruf 29.12.2011.

Abel, Wilhelm (Hg.), Handwerksgeschichte in neuer Sicht, Göttingen 1978.

Agamben, Girgio, Homo Sacer. Die souveräne Macht und das nackte Leben, Frankfurt 2002.

Algner, Caren, Kirchliche Dogmatik im Vollzug, Karl Barths Kampf um die Kirche im Spiegel von seiner und Charlotte von Kirschbaums Korrespondenz mit Eduard Thurneysen 1930–1935, Neukirchen-Vluyn 2004.

Althaus, Paul, Die Krisis der Ethik und das Evangelium, Berlin 1926.

Althaus, Paul, Grundriss der christlichen Lehre, I, Erlangen 1936.

Amelung, Eberhard, Art. Autorität III, in: TRE, Bd. 5, Berlin 1980, S. 36–40.

Anselm, Rainer, Ekklesiologie als kontextuelle Dogmatik. Das lutherische Kirchenverständnis im Zeitalter des Konfessionalismus und seine Rezeption im 19. und 20. Jahrhundert, Göttingen 2000.

Bajohr, Klaus, Zum Ursprung der Theologie Karl Barths in der schweizerischen religiös-sozialen Bewegung. Karl Barth – Leonhard Ragaz. Geschichte einer theologischen Begegnung. 1. Teil. Die religiös-soziale Bewegung am Beispiel Max Gerbers und Emil Brunners. Berlin 1994.

Balsiger, Max Ulrich, Martin Werner – Unbekannter Theologe, in: Forum freies Christentum Nr. 16, Stuttgart o. J.

Barth, Heinrich, Gotteserkenntnis, in: Jürgen Moltmann (Hg.), Anfänge der dialektischen Theologie, Teil 1: Karl Barth – Heinrich Barth – Emil Brunner, München 1962, S. 221–255.

Bautz, Friedrich Wilhelm, Art. Barth, in: BBKL, Bd. 1, Hamm 1975, Sp. 698.

Becker, Winfried, IV. Teil, Neueste Zeit (1803/06–1995), in: ders., Günter Christ, Andreas Gestrich, Lothar Kolmer, Die Kirchen in der deutschen Geschichte. Von der Christianisierung der Germanen bis zur Gegenwart, Stuttgart, 1996, S. 466–572.

Bedford-Strohm, Heinrich, Politik und Religion. Öffentliche Theologie, in: Verkündigung und Forschung 54, Gütersloh 2009, S. 42–55.

Beiner, Melanie, Intentionalität und Geschöpflichkeit. Die Bedeutung von Martin Luthers Schrift «Vom unfreien Willen» für die theologische Anthropologie, Marburg 2000.

Beintker, Michael (Hg.), Karl Barth in Deutschland (1921–1935). Aufbruch – Klärung – Widerstand; Beiträge zum [ersten] Internationalen Symposion [zum Werk Karl Barths] vom 1.–4. Mai 2003 in der Johannes a Lasco Bibliothek, Emden, Zürich 2005.

Bernhardt, Reinhold, God's Sovereignty as the Centre of Faith. Predestination and Providence, in: ders., Christoph Stückelberger, (Hg.) Calvin global. How faith influences societies, Genf 2009, S. 39–51.

Beyreuther, Erich, Geschichte der Diakonie und Inneren Mission in der Neuzeit, Berlin 1983.

Bezzel, Hannes, Art. Weinel, Heinrich, in: RGG4, Bd. 8, Tübingen 2005, Spalte 1361.

Bias-Engels, Sigrid, Zwischen Wandervogel und Wissenschaft, Köln 1988.

Birkner, Hans-Joachim, Natürliche Theologie und Offenbarungstheologie. Ein theologiegeschichtlicher Überblick, NZStTh 1961, S. 279–295.

Böckenförde, Ernst-Wolfgang, Staat, Gesellschaft, Freiheit. Studien zur Staatstheorie und zum Verfassungsrecht, Frankfurt a. M. 1976.

Bonhoeffer, Dietrich, Sanctorum Communio. Eine dogmatische Untersuchung zur Soziologie der Kirche, Berlin 1930.

Bonhoeffer, Dietrich, Ethik, Gütersloh ^{2}2006.

Bonus, Arthur, Zur religiösen Krisis, Jena 1911.

Brandi-Hinnrichs, Friedrich, Von der personalen zur politischen Theologie. Die theologie- und kulturgeschichtlichen Hintergründe der Theologie Friedrich Gogartens zwischen 1924 und 1934 – mit einem Vergleich zu Emil Brunner, Hochschulschrift, Hamburg 1990.

Brunner, Emil, Das Gebot und die Ordnungen, Entwurf einer protestantisch-theologischen Ethik, Zürich ^{4}1939.

Buess, Eduard, Mattmüller, Markus, Prophetischer Sozialismus, Blumhardt – Ragaz – Barth, Freiburg i. Ü. 1986.

Bultmann, Rudolf, Welchen Sinn hat es, von Gott zu reden? (1925), in: ders., Glauben und Verstehen. Gesammelte Aufsätze. Band 1, Tübingen 1933, S. 26–37.

Bultmann, Rudolf, Das Evangelium des Johannes, Göttingen 1941.

Busch, Eberhard, Karl Barths Lebenslauf, nach seinen Briefen und autobiographischen Texten, München 1975.

Busch, Eberhard, Karl Barth im Zeitgeschehen. «Eine Schweizer Stimme» zwischen 1935 und 1950, in: Michael Beintker, Christian Link und Michael Trowitzsch, Karl Barth im europäischen Zeitgeschehen (1935–1950). Widerstand – Bewährung – Orientierung. Beiträge zum Internationalen Symposion vom 1. bis 4. Mai 2008 in der Johannes a Lasco Bibliothek Emden, Zürich 2010, S. 47–66.

Busch, Eberhard, Meine Zeit mit Karl Barth. Tagebuch 1965–1968, Göttingen 2011.

Bussche, Raimund von dem, Konservatismus in der Weimarer Republik. Die Politisierung des Unpolitischen, Heidelberg 1998.

Chalamet, Christophe, The Birth of the Ritschlian School, ZNThG, 15. B, S. 263–289, Göttingen 2008.

Clausert, Dieter, Theologischer Zeitbegriff und politisches Zeitbewusstsein in Karl Barths Dogmatik dargestellt am Beispiel der Prolegomena, München 1982.

Claussen, Johann Hinrich, Adolf von Harnack, in: Friedrich Wilhelm Graf (Hg.), Klassiker der Theologie, Zweiter Band. Von Richard Simon bis Karl Rahner, München 2005, S. 141–154.

Colonge, Paul, Das Frankreichbild der deutschen Katholiken im Kaiserreich (1871–1914), in: Bernhard Löffler, Ruppert, Karsten (Hg.), Religiöse Prägung und Politische Ordnung in der Neuzeit, Köln/Weimar/Wien 2006, S. 307–326.

Confessio Augustana, in: BSLK, Göttingen 1998, S. 33–137.

Conze, Werner, Sozialgeschichte, in: Hans-Ulrich Wehler, Moderne deutsche Sozialgeschichte, Königstein/Ts./Düsseldorf [5]1981, S. 19–26.

Dahm, Karl-Wilhelm, Pfarrer und Politik. Soziale Position und politische Mentalität des deutschen evangelischen Pfarrerstandes zwischen 1918 und 1933, Köln/u. a. 1965.

Dalferth, Ingolf, Theologischer Realismus und realistische Theologie bei Karl Barth, in: EvTh 46, 1986, S. 402–422.

Dannemann, Ulrich, Theologie und Politik im Denken Karl Barths, München/Mainz 1977.

Dantine, Johannes, Thien, Klaus, Weinzierl, Michael, Einleitung, in: Dies. (Hg.), Protestantische Mentalitäten, Wien 1999, S. 12.

de Quervain, Alfred, Die Heiligung, Ethik, Erster Teil, Zürich [2]1946.

Dellsperger, Rudolf, Alois Emanuel Biedermann. Freie Theologie, in: Stephan Leimgruber, Max Schoch (Hg.), Gegen die Gottvergessenheit, Schweizer Theologen im 19. und 20. Jahrhundert, Basel/u. a. 1990, S. 86–103.

Dellsperger, Rudolf, Fünfzig Jahre bernische Kirchenverfassung. 1946–1996, in: ders., Kirchengemeinschaft und Gewissensfreiheit. Studien zur Kirchen- und Theologiegeschichte der reformierten Schweiz: Ereignisse, Gestalten, Wirkungen, Bern/Berlin/Frankfurt a. M./Wien 2001, S. 309–325.

Denzinger, Heinrich, Schönmetzer, Adolf, Enchiridion Symbolorum. Definitionum et declarationem de rebus fidei et morum, Freiburg 1963.

Dibelius, Otto, Die Verantwortung der Kirche. Eine Antwort an Karl Barth, Berlin 1931.

Dilthey, Wilhelm, Die Typen der Weltanschauung und ihre Ausbildung in den metaphysischen Systemen, in: Max Frischeisen-Köhler (Hg.), Weltanschauung, Berlin 1911, S. 3–51.

Dinzelbacher, Peter, Zu Theorie und Praxis der Mentalitätsgeschichte, in: ders. (Hg.), Europäische Mentalitätsgeschichte. Hauptthemen in Einzeldarstellungen, Stuttgart 1993, S. XV–XXXVII.

Drechsel, Wolfgang, Finitum capax infiniti und die Gnade, endlich sein zu dürfen. Anmerkungen zur Seelsorgetheorie und -praxis, in: Wege zum Menschen, 60, 2008, 5, S. 423–440.

Duchrow, Ulrich, Umdeutungen der Zweireichelehre Luthers im 19. Jh., Gütersloh 1975.

Duke, Maarten den, Eine Gesellschaft mit einem Gedicht als Grundsatz. Über Karl Barths Ekklesiologie in KD IV/3, §72, ZDTh 40, Kampen 2004, S. 21–36.

Dunkel, Daniela, Art. Religiöser Sozialismus, in: TRE, Bd. 28, Berlin 1997, S. 504–513.

Emidio Campi u. a. (Hg.), Alexander Schweizer (1808–1888) und seine Zeit, Zürich 2008.

Ebeling, Gerhard, Karl Barths Ringen mit Luther, in: ders., Lutherstudien Bd. 3, Tübingen 1985, S. 428–573.

Ebner, Ferdinand, Gesammelte Werke, Teil 1: Das Wort und die geistigen Realitäten, hrsg. von Michael Pflügler, Wien 1952.

Eichhorn, Mathias, Es wird regiert! Der Staat im Denken Karl Barths und Carl Schmitts in den Jahren 1919 bis 1938, Berlin 1994.

Feldkamp, Michael F., Der Parlamentarische Rat und die Entstehung des Grundgesetzes für die Bundesrepublik Deutschland 1948 bis 1949. Option für die Europäische Integration und die Deutsche Einheit, Berlin/Sankt Augustin 2008.

Ficker Stähelin, Daniel, Karl Barth und Markus Feldmann im Berner Kirchenstreit, 1949–1951, Zürich 2006.

Fischer, Hermann, Systematische Theologie, Konzeptionen und Probleme im 20. Jahrhundert, Stuttgart/u. a. 1992.

Fischer, Hermann, Systematische Theologie in liberaler Perspektive. Zu den Prinzipien der Dogmatik als Glaubenslehre, in: Friedrich Wilhelm Graf (Hg.), Liberale Theologie. Eine Ortsbestimmung, Gütersloh 1993, Troeltsch-Studien 7, S. 32–51.

Fischer, Johannes, Theologische Ethik, Stuttgart/Berlin/Köln 2002.

Flückiger, Felix, Alexander Schweizer. Vermittler zwischen Glaube und Wissen, in: Stephan Leimgruber, Max Schoch (Hg.), Gegen die Gottvergessenheit, Schweizer Theologen im 19. und 20. Jahrhundert, Basel/u. a. 1990, S. 68–85.

Fontane, Theodor, Effi Briest, Frankfurt 1997.

Gäbler, Ulrich, Die Schweizer – ein «Auserwähltes Volk»?, in Zwingliana 19/1, Zürich 1992, S. 143–155.

Gäbler, Ulrich, Art. Schweiz, in: TRE, Bd. 30, Berlin 1999, S. 682–712.

Gay, Peter, Die Republik der Aussenseiter. Geist und Kultur in der Weimarer Zeit 1918–1933. Neuausgabe Frankfurt a. M. 2004.

Gebhardt, Volker, Sinn des Lebens, Historisches Wörterbuch der Philosophie, Bd. 9, Darmstadt 1995, S. 815–824.

Gestrich, Christof, Neuzeitliches Denken und die Spaltung der dialektischen Theologie, Tübingen 1977.

Göckeritz, Hermann Götz (Hg.), Rudolf Bultmann, Friedrich Gogarten, Briefwechsel 1921–1967, Tübingen 2002.

Göckeritz, Hermann Götz (Hg.), Friedrich Gogartens Briefwechsel mit Karl Barth, Eduard Thurneysen und Emil Brunner, Tübingen 2009.

Gollwitzer, Helmut, Reich Gottes und Sozialismus bei Karl Barth, in: Ausgewählte Werke, Bd. 8, Auch das Denken darf dienen. Aufsätze zur Theologie und Geistesgeschichte, Friedrich-Wilhelm Marquardt (Hg.), München 1988, S. 325–386.

Gräb, Wilhelm, Karl Barths Ekklesiologie im Kontext der Problemgeschichte des neuzeitlichen Kirchenverständnisses, in: ZDTh, Kampen 1991, S. 29–46.

Gräb, Wilhelm, Sinn fürs Unendliche. Religion in der Mediengesellschaft, Gütersloh 2002.

Graf, Friedrich Wilhelm, Kritik und Pseudo-Spekulation, München 1982.

Graf, Friedrich Wilhelm, Der Götze wackelt? Erste Überlegungen zu Karl Barths Liberalismuskritik, in: Evangelische Theologie 46, 1986, S. 422–441.

Graf, Friedrich Wilhelm, Konservatives Kulturluthertum, in ZThK 85, 1988, S. 31–76.

Graf, Friedrich Wilhelm, Friedrich Gogartens Deutung der Moderne, in: ZKG 100, Stuttgart 1989, S. 169–230.

Graf, Friedrich Wilhelm, Das Laboratorium der religiösen Moderne. Zur «Verlagsreligion» des Eugen-Diederichs-Verlags, in: Gangolf Hübinger (Hrsg.), Versammlungsort moderner Geister, München 1996, S. 243–298.

Graf, Friedrich Wilhelm, Der heilige Zeitgeist. Studien zur Ideengeschichte der protestantischen Theologie in der Weimarer Republik, Tübingen 2011.

Greiffenhagen, Martin, Das Dilemma des Konservatismus in Deutschland, München 1977.

Greive, Wolfgang, Die Kirche als Ort der Wahrheit. Das Verständnis der Kirche in der Theologie Karl Barths, Göttingen 1991.

Greschat, Martin, Der Protestantismus in der Bundesrepublik Deutschland (1945–2005), Leipzig 2010.

Greyerz, Karl von, Die bernische Landeskirche im Lichte des Evangeliums, Bern 1941.

Grossheim, Michael, Politischer Existentialismus. Subjektivität zwischen Entfremdung und Engagement, Tübingen 2002.

Gschwend, Lukas, Art. Todesstrafe, Historisches Lexikon der Schweiz, http://www.hls-dhs-dss.ch/textes/d/D9617.php, letzter Aufruf 14.12.2011.

Guggisberg, Kurt, Der freie Protestantismus, Bern 1952.

Guggisberg, Kurt, Bernische Kirchengeschichte, Bern 1958.

Harasta, Eva, Karl Barth, a Public Theologian? The One Word and Theological 'Bilinguality', in: International Journal of Public Theology 3.2 (2009) S. 184–199.

Härle, Wilfried, Der Aufruf der 93 Intellektuellen und Karl Barths Bruch mit der liberalen Theologie, ZThK 72, 1975, S. 207–224.

Harnack, Adolf von, Das Wesen des Christentums, Berlin 1900.

Hauschild, Wolf-Dieter, Lehrbuch der Kirchen- und Dogmengeschichte, Band 2, Gütersloh 1999.

Heinrichs, Johannes, Art. Sinn/Sinnfrage I, TRE Bd. 31, Berlin 2000, S. 285–293.

Henning, Friedrich-Wilhelm, Deutsche Wirtschafts- und Sozialgeschichte im 19. Jahrhundert, Paderborn/München/Wien/Zürich 1996.

Herrigel, Hermann, Dialektische Theologie oder theologische Dialektik?, in: Kunstwart 44, München 1930/31, S. 544–548.

Herrmann, Ulrich, Art. Jugendbewegung I, in: RGG^4, Bd. 4, Tübingen 2001, Sp. 658–661.

Herrmann, Wilhelm, Moderne Theologie des alten Glaubens, in: ZThK 16, 1906, S. 175–233.

Herzig, Arno, Der Lassalle-Kult als säkularisierter Kult eines politischen Heiligen, in: Jürgen Petersohn (Hg.), Überlieferung – Frömmigkeit – Bildung als Leitthemen der Geschichtsforschung, Wiesbaden 1987, S. 114–130.

Hildebrandt, Bernd, David Friedrich Strauss als systematischer Theologe. Zum Anliegen seiner «Glaubenslehre», in: Werner Zager, Führt Wahrhaftigkeit zum Unglauben? D. Fr. Strauss als Theologe und Philosoph, Neukirchen-Vluyn 2008, S. 13–36.

Hirsch, Emanuel, Das kirchliche Wollen der Deutschen Christen, Göttingen 1933.

Hirsch, Emanuel, Vom verborgenen Suverän, in: Glaube und Volk 2 (1933), christlich-deutsche Monatsschrift, S. 4–13.

Hölscher, Lucian, Datenatlas zur religiösen Geographie im protestantischen Deutschland. Von der Mitte des 19. Jahrhunderts bis zum Zweiten Weltkrieg, Berlin/New York 2001.

Hoffmann (von Fallersleben), August Heinrich, Das Lied der Deutschen, in: Der neue Conrady. Das große deutsche Gedichtbuch. Von den Anfängen bis zur Gegenwart, Düsseldorf und Zürich 2000, S. 476.

Honecker, Martin, Kirche als Gestalt und Ereignis. Die sichtbare Gestalt der Kirche als theologisches Problem, München 1963.

Hübinger, Gangolf, Kulturkritik und Kulturpolitik des Eugen-Diederichs-Verlags im Wilhelminismus. Auswege aus der Krise der Moderne?, in: Horst Renz (Hg.), Umstrittene Moderne. Die Zukunft der Neuzeit im Urteil der Epoche Ernst Troeltschs, Troeltsch-Studien 4, Gütersloh 1987, S. 92–114.

Hübinger, Gangolf, Vorwort, in: ders. (Hg.), Versammlungsort moderner Geister, München 1996, S. 7.

Hübinger, Gangolf, Verlagsgeschichte als Kulturgeschichte, in: ders. (Hg.), Versammlungsort moderner Geister, München 1996, S. 9–25.

Hübinger, Gangolf, Drei Generationen deutscher Kulturprotestanten 1860–1918, in: J. Dantine, K. Thien, M Weinzierl (Hg.), Protestantische Mentalitäten, Wien 1999, S. 181–193.

Hüttenhoff, Michael, Im Kampf gegen die Einheitsfront der natürlichen Theologie, Karl Barth und seine Gegner 1932–1935, ZDTh 53, Kampen 2010, S. 12–44.

Jacobi, Gerhard, Tagebuch eines Grossstadtpfarrers. Briefe an einen Freund, Berlin 1929.

Jehle-Wildberger, Marianne, Adolf Keller (1872–1963). Pionier der ökumenischen Bewegung, Zürich 2008.

Jochmann, Werner, Gesellschaftskrise und Judenfeindschaft in Deutschland 1870–1945, Hamburg 1988.

Joest, Wilfried, Ontologie der Person bei Luther, Göttingen 1967.

Jorio, Marco, Art. Geistige Landesverteidigung, in: Historisches Lexikon der Schweiz, http://www.hls-dhs-dss.ch/textes/d/D17426.php, Letzter Aufruf 15. 11.2011.

Jülicher, Adolf, Ein moderner Paulus-Ausleger, in: Jürgen Moltmann (Hg.), Anfänge der dialektischen Theologie, Teil I: Karl Barth – Heinrich Barth – Emil Brunner, München 1962, S. 87–98.

Jüngel, Eberhard, Gottes Sein ist im Werden, Tübingen [3]1975.

Jüngel, Eberhard, Art. Barth, Karl, TRE, Bd. 5, Berlin 1980, S. 251–268.

Jüngel, Eberhard, Zum Verhältnis von Kirche und Staat nach Karl Barth, in ZThK, Beiheft 6, Tübingen 1986, S. 76–135.

Jung, Edgar J., Sinndeutung der deutschen Revolution, Leipzig 2007.

Kant, Immanuel, Fortschritte der Metaphysik, in: Karl Rosenkranz (Hg.), Immanuel Kants kleine logisch-metaphysischen Schriften, Leipzig 1838, S. 556–578.

Kant, Immanuel, Kritik der praktischen Vernunft, Grundlegung zur Metaphysik der Sitten, Werkausgabe Band VII, Herausgegeben von Wilhelm Weischedel, Frankfurt a. M. 1974.

Kant, Immanuel, Was ist Aufklärung? Herausgegeben von Jörgen Zehbe, Göttingen 1967.

Kasser, Werner, Erinnerungen an Martin Werner, in: Franceso Scutio, Weg und Werk Martin Werners, Bern/u. a. 1962, S. 87–92.

Kersting, Wolfgang, Jean-Jacques Rousseaus ‹Gesellschaftsvertrag›, Darmstadt 2002.

Kierkegaard, Sören, Einübung in das Christentum, 1850, in: Gesammelte Werke und Tagebücher, Abt. 26 (übersetzt von Emanuel Hirsch), Düsseldorf 1951.

Kittel, Manfred, Provinz zwischen Reich und Republik. Politische Mentalitäten in Deutschland und Frankreich 1918–1933/36, München/Oldenbourg 2000.

Kittsteiner, Heinz Dieter, Romantisches Denken in der entzauberten Welt, in: G. Hübinger, (Hg.), Versammlungsort moderner Geister, München 1996, S. 486–507.

Klein, Christian, Martinez, Martin (Hg.), Wirklichkeitserzählungen. Felder, Formen und Funktionen nicht-literarischen Erzählens, Stuttgart/Weimar 2009.

Koch, Diether, Offene Briefe Karl Barths zum Ost-West-Konflikt, in: Richte unsere Füsse auf den Weg des Friedens, Helmut Gollwitzer zum 70. Geburtstag, München 1979, S. 474–490.

Köhler, Ludwig, Recht und Art der freisinnigen Theologie, Basel 1943.

Kondylis, Panajotis, Konservatismus. Geschichtlicher Gehalt und Untergang. Stuttgart 1986.

Kooi, Cornelis van der und Tolstoja, Katja, Einleitung, in: Karl Barth, Römerbrief, Zweite Fassung (1922), Zürich 2010, S. IX–XXXVIII.

Korsch, Dietrich, Zum historischen Ort dialektischer Theologie, in: ders., Dialektische Theologie nach Karl Barth, Tübingen 1996, S. 3–22.

Korsch, Dietrich, Hermann Cohen und die Protestantische Theologie, in: ders., Dialektische Theologie nach Karl Barth, Tübingen 1996, S. 41–73.

Koselleck, Reinhart, Einige Fragen an die Begriffsgeschichte von ‹Krise›, in: ders., Begriffsgeschichten. Studien zur Semantik und Pragmatik der politischen und sozialen Sprache, Frankfurt a. M. 2006, S. 203–217.

Kozljanič, Robert Josef, Lebensphilosophie. Eine Einführung, Stuttgart 2004.

Kraus, Dieter, Schweizerisches Staatskirchenrecht, Hauptlinien des Verhältnisses von Staat und Kirche auf eidgenössischer und kantonaler Ebene, Tübingen 1993.

Kroeger, Matthias, Friedrich Gogarten. Leben und Werk in zeitgeschichtlicher Perspektive – mit zahlreichen Dokumenten und Materialen, Stuttgart/Berlin/Köln 1997.

Krötke, Wolf, Die Ekklesiologie Karl Barths im Kontext der Aktualität. Ein Beitrag zur theologische Problemlage, in: ZDTh 7, Kampen 1991, S. 11–27.

Krötke, Wolf, Perspektiven der Ekklesiologie Karl Barths, in: ders., Die Kirche im Umbruch der Gesellschaft, Tübingen 1994, S. 125–140.

Krötke, Wolf, Die Kirche als «vorläufige Darstellung» der ganzen in Christus versöhnten Menschheit, ZDTh 46, Kampen 2006, S. 82–94.

Kühn. Ulrich, Kirche, Gütersloh ^{2}1990.

Kuhn, Thomas K., «Geistige Landesverteidigung» und reformierte Theologie in den 1930er Jahren, ZKG 114, Band 2003/1, S. 21–44.

Lächle, Rainer, Protestantismus und völkische Religion, in: Uwe Puschner, Walter Schmitz, Jusuts H. Ulbricht, Handbuch zur «völkischen Bewegung» 1871–1918, München/u. a. 1999, S. 149–163.

Lahn, Silke, Meister, Jan Christoph, Einführung in die Erzähltextanalyse, Stuttgart/Weimar 2008.

Lange, Peter, Konkrete Theologie? Karl Barth und Friedrich Gogarten zwischen den Zeiten (1922–1933); eine theologiegeschichtlich-systematische Untersuchung im Blick auf die Praxis theologischen Verhaltens, Zürich 1972.

Laube, Martin, ‹Innere Differenzen des religiösen Lebens›, Die Debatte um das Verhältnis von lutherischem und reformiertem Protestantismus im 19. Jahrhundert, ZThK 108, Tübingen 2011, S. 50–71.

Leiner, Martin, Gottes Gegenwart. Martin Bubers Philosophie des Dialogs und der Ansatz ihrer theologischen Rezeption bei Friedrich Gogarten und Emil Brunner, Gütersloh 2000.

Lessing, Eckhard, Das Problem der Gesellschaft in der Theologie Karl Barths und Friedrich Gogartens, Gütersloh 1972.

Lessing, Eckhard, Geschichte der deutschsprachigen evangelischen Theologie von Albrecht Ritschl bis zur Gegenwart, Band 2: 1918–1945, Göttingen 2004.

Lienhard, Fritz, Ist Kant der Philosoph des Protestantismus? Bern 1924.

Lilla, Marc, The stillborn God. Religion, Politics, and the Modern West, New York 2007.

Lindt, Andreas, Deutsche Theologie und deutsche Demokratie. Ernst Troeltsch, Emanuel Hirsch und die Anfänge der Weimarer Republik. In: Ulrich Neuenschwander, Rudolf Dellsperger (Hg.), Humanität und Glaube. Gedenkschrift für Kurt Guggisberg, Bern 1973, S. 217–232.

Lindt, Andreas, Der schweizerische Protestantismus – Entwicklungslinien nach 1945, in: Victor Conzemius, Martin Greschat, Hermann Koche, Die Zeit nach

1945 als Thema kirchlicher Zeitgeschichte, Referate der internationalen Tagung in Hünigen/Bern 1985, Göttingen 1988, S. 61–71.

Lohmann, Johann Friedrich, Karl Barth und der Neukantianismus. Die Rezeption des Neukantianismus im «Römerbrief» und ihre Bedeutung für die weitere Ausarbeitung der Theologie Karl Barths, Berlin/New York 1995.

Luder, Ernst, Der Deuter der von Wahrheit und Freiheit, in Francesco Sciuto (Hg.), Weg und Werk Martin Werners. Studien und Erinnerungen., Bern 1968, S. 93–105.

Lüdemann, Heinrich, Grundlegung christlicher Dogmatik, Bern/u. a. 1924.

Lüthi, Christian, Art. Safenwil, in: Historisches Lexikon der Schweiz, http://www.hls-dhs-dss.ch/textes/d/D1822.php, letzter Aufruf 14.12.2011.

Luhmann, Niklas, Funktion der Religion, Frankfurt am Main 1977.

Luther, Martin, Von der Freiheit eines Christenmenschen, Siebensternausgabe, Stuttgart 1982, S. 161–187.

Lyotard, Jean-François, Das postmoderne Wissen. Ein Bericht, [aus d. Franz. von Otto Pfersmann], Graz/Wien 1986.

Maissen, Thomas, Die Bedeutung der Religion in der politischen Kultur der Schweiz. Ein historischer Überblick, in: Béatrice Acklin Zimmermann, Ulrich Sigrist, Hanspeter Uster (Hg.), Ist mit Religion ein Staat zu machen? Zu den Wechselbeziehungen von Religion und Politik, Zürich 2009, S. 13–28.

Maissen, Thomas, Geschichte der Schweiz, Baden 2010.

Mannheim, Karl, Konservatismus. Ein Beitrag zur Soziologie des Wissens, Frankfurt 1984.

Marchal, Guy P., Schweizer Gebrauchsgeschichte. Geschichtsbilder, Mythenbildung und nationale Identität, Basel 2006.

MarquardtFriedrich, Theologie und Sozialismus. Das Beispiel Karl Barths, München/Mainz 1972.

Marti, Paul, Anfänge und Dauer einer Freundschaft, in Francesco Sciuto (Hg.), Weg und Werk Martin Werners. Studien und Erinnerungen, Bern 1968, S. 107–121.

Marti, Paul, Das Leben Martin Werners, in: Francesco Sciuto (Hg.), Weg und Werk Martin Werners. Studien und Erinnerungen, Bern 1968, S. 139–160.

Martinez, Matias, Scheffel, Michael, Einführung in die Erzähltheorie, München ^{8}2009.

Mattmüller, Markus, Leonhard Ragaz und der religiöse Sozialismus, Band I, Zürich 1957.

Mattmüller, Markus, Leonhard Ragaz und der religiöse Sozialismus, Band II, Zürich 1968.

Mattmüller, Markus, Religiöser Sozialist und Pazifist, Leonhard Ragaz (1868–1945), in: Evangelische Kommentare, 8/95, Stuttgart 1995, S. 486–488.

McCormack, Bruce L., Theologische Dialektik und kritischer Realismus. Entstehung und Entwicklung von Karl Barths Theologie 1909–1936, Zürich 2006.

Mehlhausen, Joachim, Art. Nationalsozialismus und Kirchen, in: TRE, Bd. 24, Berlin 1998, S. 43–78.

Mettler, Heinrich (Hg.), «Tell» und die Schweiz, die Schweiz und «Tell». Ein Schulbeispiel für die Wirkkraft von Schillers «Wilhelm Tell», ihre Voraussetzungen und Folgen, Thalwil 1983.

Meyer, Andreas, 1896–1930: Der Verlagsgründer und seine Rolle als «Kulturverleger», in: Gangolf Hübinger, Versammlungsort moderner Geister, München 1996, S. 26–89.

Michel, Wilhelm, «Wider die Ächtung der Autorität», Bemerkungen zu der neuen Schrift Friedrich Gogartens, in: Kunstwart, 44, München 1930/31, S. 57–59.

Mohler, Armin, Die konservative Revolution in Deutschland 1918–1932. Grundriss ihrer Weltanschauungen, Stuttgart 1950.

Mondin, Battista, Art: Analogy, Theological use of, New Catholic encyclopedia, Vl. 1, p. 465–468, Washington D. C. 1967.

Morandi, Pietro, Art. Konkordanzdemokratie, Historisches Wörterbuch der Schweiz, http://www.hls-dhs-dss.ch/textes/d/D10095.php, letzter Aufruf 14.12.2011.

Müller, Nadja, Im Schlagschatten von Karl Barth – Die Barth-Rezeption bei Martin Werner, i. E.

Murphy, John L., Art: Analogy of Faith, New Catholic encyclopedia, Vl. 1, p. 468f., Washington D. C. 1967.

Naumann, Gottfried, Art. Ehre, in: RGG[1], Bd. 2, Tübingen 1910, Sp. 227–230.

Nawiasky, Hans, Staatstypen der Gegenwart, St. Gallen 1934.

Neuenschwander, Ulrich, Die neue liberale Theologie, Eine Standortbestimmung, Bern 1953.

Neuer, Werner, Adolf Schlatter. Ein Leben für Theologie und Kirche, Stuttgart 1996.

Niemöller, Martin, Vom U-Boot zur Kanzel. Warneck, Berlin 1934.

Nigg, Walther, Geschichte des religiösen Liberalismus. Entstehung, Blütezeit, Ausklang, Zürich 1937.

Nipperdey, Thomas, Religion im Umbruch, Deutschland 1870–1918, München 1988.

Nöthiger-Strahm, Christiane, Der deutschschweizerische Protestantismus und der Landesstreik von 1918, Bern 1983.

Nowak, Kurt, Evangelische Kirche und Weimarer Republik. Zum politischen Weg des deutschen Protestantismus zwischen 1918 und 1932, Göttingen 1981.

Nowak, Kurt, Geschichte des Christentums in Deutschland. Religion, Politik und Gesellschaft vom Ende der Aufklärung bis zur Mitte des 20. Jahrhunderts, München 1995.

Otto, Rudolf, Das Heilige, Über das Irrationale in der Idee des Göttlichen und sein Verhältnis zum Rationalen, Nachdruck, München 1997.

Pannenberg, Wolfhart, Systematische Theologie I, Göttingen 1988.

Pannenberg, Wolfhart, Problemgeschichte der neueren evangelischen Theologie in Deutschland. Von Schleiermacher bis zu Barth und Tillich, Göttingen 1997.

Petersen, Andreas, Radikale Jugend. Die sozialistische Jugendbewegung der Schweiz 1900–1930: Radikalisierungsanalyse und Generationentheorie, Zürich 2001.

Peukert, Detlev, Die Weimarer Republik. Krisenjahre der klassischen Moderne, Frankfurt a. M. 1987.

Pfahl-Traughber, Armin, Freimaurer und Juden, Kapitalisten und Kommunisten als Feindbilder rechtsextremistischer Verschwörungstheorien vom Kaiserreich bis zur Gegenwart, in: Uwe Backes (Hg.), Rechtsextreme Ideologien in Geschichte und Gegenwart, Köln/Weimar/Wien 2003, S. 193–234.

Pfister, Rudolf, Kirchengeschichte der Schweiz, Band 3. 1720–1950, Zürich 1985.

Pfleiderer, Georg, Karl Barths praktische Theologie. Zu Genese und Kontext eines paradigmatischen Entwurfs systematischer Theologie im 20. Jahrhundert, Tübingen 2000.

Pfleiderer, Georg, Die eigentliche Sünde ist allen Menschen unbekannt. Überlegungen zum Verhältnis von Sünde und Sündenerkenntnis. In: Neue Zeitschrift für Systematische Theologie und Religionsphilosophie 43, 2001, S. 330–349.

Pfleiderer, Georg, Die Gemeinschaft der Gesellschaft, in: ders. u. a., Protestantische Kirche und moderne -Gesellschaft, Zur Interdependenz von Ekklesiologie und Gesellschaftstheorie in der Neuzeit, Zürich 2003, S. 207–239.

Pollack, Detlef, Art. Kirchenaustritt I. Historisch und soziologisch, in: RGG[4], Bd. 4, Tübingen 2001, Sp. 1053–1056.

Rabe, Horst, Autorität, in: Geschichtliche Grundbegriffe, Bd. 1, Stuttgart 1972, S. 382–406.

Ragaz, Leonhard, Das Evangelium und der soziale Kampf der Gegenwart, Basel 1906.

Raupp, Werner, Art. Blumhardt, in: RGG[4], Bd. 1, Tübingen 1998, Sp. 1646–1648.

Rendtorff, Trutz, Säkularisierung als theologisches Problem, in: NZfSysTh 4 (1962), S. 318–339.

Rendtorff, Trutz, Ethik. Grundelement, Methodologie und Konkretionen einer ethischen Theologie, Band, I, [2]Stuttgart 1980.

Rendtorff, Trutz, Freiheit – Schnittpunkt von Religion und Geschichte, in: ders., Theologie in der Moderne, Über Religion im Prozess der Aufklärung, Troeltsch-Studien Band 5, Gütersloh 1991, S. 91–109.

Rendtorff, Trutz, Der Freiheitsbegriff als Ortsbestimmung neuzeitlicher Theologie, in: ders., Theologie in der Moderne. Über Religion im Prozess der Aufklärung, Troeltsch-Studien Band 5, Gütersloh 1991, S. 146–166.

Ringer, Fritz K., Die Gelehrten. Der Niedergang der deutschen Mandarine 1890–1933, München 1987.

Rössler, Andreas, Seinsgrund und Sinngrund. Zum Gottesverständnis des Berner Theologen Martin Werner (1887–1964), in: Zeitschrift ‹Freies Christentum›, Stuttgart 2004, S. 116–128.

Rohls, Jan, Protestantische Theologie der Neuzeit, Band II, Das 20. Jahrhundert, Tübingen 1997.

Rombold, Günter, Art. Expressionismus, in: RGG[4], Bd. 2, Tübingen 1999, Sp. 1832–1838.

Ruddies, Hartmut, Unpolitische Politik? Überlegungen zum Verhältnis von Theologie und Politik bei Karl Barth nach 1945, in: ZDTh 16, Kampen 1992, S. 173–197.

Ruddies, Hartmut, Liberale Theologie. Zur Dialektik eines komplexen Begriffs. in: Friedrich Wilhelm Graf (Hg.), Liberale Theologie. Eine Ortsbestimmung, Gütersloh 1993, Troeltsch-Studien 7, S. 176–203.

Rumpf, Robert, Pfarrer Julius Kaiser (1899–1980), in: Schweizerisches Reformiertes Volksblatt, 133. Jahrgang, Ebmatingen 1999, S. 8–9.

Sarasin, Philipp, Stadt der Bürger. Bürgerliche Macht und städtische Gesellschaft. Basel 1846–1914, Göttingen 1997.

Sarot, Marcel, Art. Sinn II, in: RGG^4, Bd. 7, Tübingen 2004, Sp. 1336f.

Schäfer, Wilhelm, Drei Briefe mit einem Nachwort an die Quäker, München 1921.

Schellack, Fritz, Nationalfeiertage in Deutschland von 1971 bis 1945, Frankfurt a. M. 1990.

Schieder, Rolf, Art. Konservatismus, in: RGG^4, Bd. 4, Tübingen 2001, Sp. 1615.

Schiller, Friedrich, Wilhelm Tell, Stuttgart 1971.

Schleiermacher, Friedrich Daniel Ernst, Über die Religion, Reden an die Gebildeten unter ihren Verächtern, Berlin 2001.

Schleiermacher, Friedrich Daniel Ernst, Der christliche Glaube nach den Grundsätzen der Evangelischen Kirche im Zusammenhange dargestellt (1830/31), hrsg. von Martin Redeker, Berlin/New York 1999.

Schleiff, Thomas, Gottesgedanke, Freiheitsbewusstsein und Säkularisierung. Untersuchungen zu Richard Rothe, Hermann Cohen und Friedrich Gogarten, Göttingen 1980.

Schneider-Ludorff, Gury, Magdalene von Tilling. Ordnungstheologie und Geschlechterbeziehung. Ein Beitrag zum Gesellschaftsverständnis des Protestantismus in der Weimarer Republik, Göttingen 2001.

Scholder, Klaus, Neuere deutsche Geschichte und protestantische Theologie, Aspekte und Fragen, in: ders.: Die Kirchen zwischen Republik und Gewaltherrschaft, hrsg. von Karl Otmar von Aretin und Gerhard Besier, Berlin 1988, S. 75–97.

Schulz, Peter, Sommer, Andreas, Fritz Buri: Sein Weg, Leben – Denken – Glauben, Göttingen 2007.

Schüssler, Werner, Paul Tillich, München 1997.

Schwaabe, Christian, Die deutsche Mentalitätskrise. Politische Kultur und Mentalität von der Reichsgründung bis zur Wiedervereinigung, München 2005.

Schweitzer, Albert, Von Reimarus zu Wrede. Eine Geschichte der Leben-Jesu-Forschung, Tübingen ^{9}1984.

Schweitzer, Albert, Verfall und Wiederaufbau der Kultur, Kulturphilosophie. Erster Teil, München 1923.

Schweitzer, Albert, Kultur und Ethik, Kulturphilosophie. Zweiter Teil, München 1923.

Schweitzer, Albert, Gesammelte Werke Bd. 7, Theologischer und philosophischer Briefwechsel 1900–1965, hrsg. von Werner Zager, München 2006.

Schweizer, Paul, Freisinnig-Positiv-Religiössozial. Ein Beitrag zur Geschichte der Richtungen im Schweizerischen Protestantismus, Zürich 1972.

Schwöbel, Christoph, Einleitung, in: ders. (Hg.), Karl Barth / Martin Rade, ein Briefwechsel, Gütersloh 1981, S. 9–56.

Siegenthaler, Hansjörg, Handbuch der europäischen Wirtschafts- und Sozialgeschichte, Bd. 5, S. 443–473.

Simmel, Georg, Der Individualismus der modernen Zeit, in: ders., Individualismus in der modernen Zeit und andere soziologische Abhandlungen, ausgewählt und mit einem Nachwort von Otthein Rammstedt, Frankfurt a.M. 2008, S. 346–354.

Simmel, Georg, Exkurs über das Problem: Wie ist Gesellschaft möglich? In: ders., Soziologie. Untersuchungen über die Formen der Vergesellschaftung, herausgegeben von Otthein Rammstedt, Frankfurt a. M. 2006.

Slenczka, Notger, Der Glaube und sein Grund. F. H. R. v. Franck, seine Auseinandersetzung mit A. Ritschl und die Fortführung seines Programms durch L. Ihmels, Studien zur Erlanger Theologie I, Göttingen 1998.

Slenczka, Notger, Auf der Suche nach der Rolle der christlichen Kirchen im weltanschauungsfreien Verwaltungsstaat. Zwei Fallstudien, in: G. Pfleiderer u. a. (Hg.), Protestantische Kirche und moderne Gesellschaft, Zürich 2003, S. 241–255.

Söding, Thomas, Wege der Schriftauslegung, Methodenbuch zum Studium des Neuen Testaments, Freiburg i. Br./Basel/Wien 1998.

Söhngen, Gottlieb, Catholica 3, S. 113–136; 176–208; Catholica 4, S. 38–42.

Soosten, Joachim von, Wahrheit und Rhetorik. Die Rhetorizität kommunikativer Freiheit, in: Hans-Richard Reuter, u. a. (Hg.), Freiheit verantworten, Festschrift für Wolfgang Huber zum 60. Geburtstag, Gütersloh 2002, S. 369–379.

Soosten, Joachim von, Präsenz und Repräsentation. Die Marburger Unterscheidung, in: Dietrich Korsch (Hg.), Die Gegenwart Jesu Christi im Abendmahl, Leipzig 2005, S. 99–122.

Spieckermann, Ingrid, Gotteserkenntnis. Ein Beitrag zur Grundfrage der neuen Theologie Karl Barths, München 1985.

Spieler, Willy, u. a., Für die Freiheit des Wortes. Neue Wege durch ein Jahrhundert im Spiegel der Zeitschrift des Religiösen Sozialismus, Zürich 2009.

Stadler, Peter, Das Deutsche Reich im Urteil der Schweiz, in: Klaus Hildebrand (Hg.), Das Deutsche Reich im Urteil der Grossen Mächte und europäischen Nachbarn (1871–1945), München 1995, S. 1–11.

Stark, Michael, Art. Expressionismus, in: Horst Brunner, Rainer Moritz, (Hg.), Literaturwissenschaftliches Lexikon. Grundbegriffe der Germanistik, Berlin [2]2006, S. 112–116.

Steinberg, Hans-Josef, Sozialismus und deutsche Sozialdemokratie. Zur Ideologie der Partei vor dem I. Weltkrieg, Berlin/Bonn [5]1979.

Straub, Jürgen, Identität und Sinnbildung. Ein Beitrag aus der Sicht einer handlungs- und erzähltheoretischen Sozialpsychologie. In: Jahresbericht 94/95 des Zentrums für interdisziplinäre Forschung der Universität Bielefeld. Bielefeld 1995, S. 42–90.

Strohm, Christoph, Theologische Ethik im Kampf gegen den Nationalsozialismus, München 1989.

Strohm, Christoph, Johannes Calvin. Leben und Werk des Reformators, München 2009.

Strohm, Theodor, Theologie im Schatten politischer Romantik, München 1970.

Stückelberger, Christoph, Interdependenz zwischen schweizerischer Konkordanzdemokratie und schweizerischer protestantischer Ekklesiologie im 20. Jahrhundert – und im 21.? In: Albrecht Grözinger, Georg Pfleiderer, Georg Vischer (Hg.),

Protestantische Kirche und moderne Gesellschaft. Zur Interdependenz von Ekklesiologie und Gesellschaftstheorie in der Neuzeit, Zürich 2003, S. 291–310.
Tanner, Albert, Arbeitsame Patrioten – wohlanständige Damen. Bürgertum und Bürgerlichkeit in der Schweiz, 1830–1914, Zürich 2005.
Tanner, Klaus, Die fromme Verstaatlichung des Gewissens. Zur Auseinandersetzung um die Legitimität der Weimarer Reichsverfassung in Staatsrechtswissenschaft und Theologie der zwanziger Jahre, Göttingen 1989.
Thürnau, Donatus, Art. Sinn/Bedeutung, Historisches Wörterbuch der Philosophie, Bd. 9, Darmstadt 1995, S. 808–815.
Tietze Wolf, Art. Aare, in ders. (Hg.), Westermann, Lexikon der Geographie, Braunschweig 1968, Bd. A–E, S. 10.
Tietze Wolf, Art. Aare, in ders. (Hg.), Westermann, Lexikon der Geographie, Braunschweig 1968, Bd. L–R, S. 1011–1013.
Tillich, Paul, Die sozialistische Entscheidung, Berlin 1933.
Tillich, Paul, Systematische Theologie, Bd. 1, Stuttgart 1956.
Tillich, Paul, Das System der Wissenschaften nach Gegenständen und Methoden, in: GW I, Frühe Hauptwerke, hg. von Renate Albrecht, Stuttgart 1959, S. 109–293.
Tillich, Paul, Religionsphilosophie, in: GW I, Frühe Hauptwerke, hg. von Renate Albrecht Stuttgart 1959, S. 295–364.
Tillich, Paul, Auf der Grenze, Aus dem Lebenswerk Paul Tillichs, Stuttgart 1962.
Tillich, Paul, Der Mut zum Sein, in: GW XI, Sein und Sinn. Zwei Schriften zur Ontologie, Stuttgart 1969, S. 13–139.
Tönnies, Ferdinand, Gesellschaft und Gemeinschaft, Grundbegriffe der reinen Soziologie, Neudruck der 8. Auflage von 1935, Darmstadt 2005.
Trillhaas, Wolfgang, Dogmatik, Berlin ^{2}1967.
Troeltsch, Ernst, Idealismus, deutscher, in: RE, Bd. 8, Leipzig 1900, S. 612–637.
Troeltsch, Ernst, Die Soziallehren der christlichen Kirchen und Gruppen, Tübingen 1912.
Troeltsch, Ernst, Der Geist im neuen Deutschland, 1920, jetzt in KGA 20.
Troeltsch, Ernst, «Ein Apfel vom Baume Kierkegaards», in: Jürgen Moltmann (Hg.), Anfänge der dialektischen Theologie, Teil 2: Rudolf Bultmann, Friedrich Gogarten, Eduard Thurneysen, München 1963, S. 134–140.
Troeltsch, Ernst, Glaubenslehre, München 1925.
Troeltsch, Ernst, Über historische und dogmatische Methode in der Theologie, in: ders., Gesammelte Schriften II, Aalen ^{2}1962, S. 729–753.
van Norden, Günther, Kirchenkampf im Rheinland. Die Entstehung der Bekennenden Kirche und die Theologische Erklärung von Barmen 1934, Köln 1984.
van Norden, Günther, Die Weltverantwortung der Christen neu begreifen. Karl Barth als homo politicus, Gütersloh 1997.
Vischer, Lukas (Hg.), Ökumenische Kirchengeschichte der Schweiz, Fribourg 1994.
Vohn, Josef, Sittliche Erkenntnis zwischen Rationalität und Glauben. Ein Aspekt der Säkularisierung im Licht der Theologie Friedrich Gogartens, Paderborn 1977.
Wagner, Falk, Theologische Gleichschaltung. Zur Christologie bei Karl Barth, in: Trutz Rendtorff (Hg.), Die Realisierung der Freiheit, Gütersloh 1975, S. 10–43.

Wagner, Falk, Metamorphosen des modernen Protestantismus, Tübingen 1999.
Wallmann, Johannes, Die Anfänge des Pietismus, in: ders., Pietismus-Studien. Gesammelte Aufsätze II, Tübingen 2008, S. 22–66.
Walther, Christian, Theologie und Gesellschaft, Zürich 1967.
Weber, Max, Politik als Beruf, Nachdruck, Schutterwald 1994.
Weber, Max, Wirtschaft und Gesellschaft, Teilband 1, Tübingen 2002.
Weber, Max, Wirtschaft und Gesellschaft, Teilband 4, Tübingen 2005.
Wehler, Hans-Ulrich, Deutsche Gesellschaftsgeschichte, Bd. 4: Vom Beginn des Ersten Weltkriegs bis zur Gründung der beiden deutschen Staaten 1914–1949, München 2003.
Weigelt, Klaus, Art. Konservatismus, in: Martin Honecker u. a. (Hg.) Evangelisches Soziallexikon, Stuttgart 2001, Sp. 891f.
Weinhardt, Joachim, Art. Wilhelm Herrmann, in: RGG^4, Bd. 3, Tübingen 2000, Sp. 1686f.
Weissmann, Karlheinz, Art. Gogarten, in: Lexikon des Konservatismus, S. 218–220.
Windelband, Wilhelm, Präludien, Bd. 1, Tübingen ^{6}1919.
Winter, Jörg, Staatskirchenrecht der Bundesrepublik Deutschland. Eine Einführung mit kirchenrechtlichen Exkursen, 2., völlig neu bearbeitete Auflage, Köln 2007.
Wolgast, Karin, Vorwort, in: Dies. (Hg.), Sinnverlust und Sinnfindung am Anfang des 20. Jh., Würzburg 2011, S. 9–20.
Wucherer-Huldenfeld, Augustinus Karl, Personales Sein und Wort. Einführung in den Grundgedanken Ferdinand Ebners, Wien 1985.
Zimmermann, Karl, Die Bedeutung des freien Christentums für die Kirche der Gegenwart und für den einzelnen Menschen, Basel 1943.
Zunkel, Friedrich, Art. Ehre, in: Geschichtliche Grundbegriffe, Band 2, Stuttgart 1979, S. 1–63.

Namensregister

Auf die drei Theologen Karl Barth, Friedrich Gogarten und Martin Werner wird im Namensregister nur dann verwiesen, wenn sie in den Kapiteln genannt werden, die sich den jeweils anderen beiden Theologen widmen. Verweise auf Namensnennungen von Barth, Gogarten und Werner in den allgemein einführenden Kapiteln und in den jeweiligen Studien wurden nicht in das Register aufgenommen.